# ENCYCLOPÉDIE DU
# CHIEN

# ENCYCLOPÉDIE DU
# CHIEN

David Alderton

# PaRragon

Bath · New York · Singapore · Hong Kong · Cologne · Delhi · Melbourne

Projet original de Studio Cactus

Conception graphique : Laura Watson, Sharon Rudd
Suivi éditorial : Jennifer Close


Réalisation de l'édition française : Belle Page, Boulogne
Traduction de l'anglais : Francine Sirven

# SOMMAIRE

# À PROPOS DE L'ENCYCLOPÉDIE

Il n'existe pas aujourd'hui de système de classification des races canines universellement reconnu, et la nomenclature en vigueur fait généralement référence à leur fonction traditionnelle et historique. De même, concours et compétitions ne reconnaissent pas l'ensemble des races et les critères d'admission varient entre les instances concernées d'un pays à l'autre.

## LA DÉSIGNATION D'UNE RACE

La classification adoptée dans cet ouvrage est conforme à celle des différentes fédérations cynologiques et clubs de races du monde. La présentation de chaque race mentionne sa reconnaissance par le Kennel Club britannique (KC), la Fédération cynologique internationale (FCI) ou un des nombreux Kennel Clubs américains (AK).

## SYMBOLES UTILISÉS

Les symboles qui accompagnent la présentation de chaque race vous aideront à choisir l'animal qui correspond à vos attentes en fonction de la taille du chien à l'âge adulte, des caractéristiques de sa robe ou son besoin en exercice. La hauteur au garrot renvoie à une hauteur moyenne, mais au sein des grandes races, la femelle est souvent légèrement plus petite que le mâle. De même, le besoin en exercice d'un chien sera fonction à la fois de son âge et de son état de santé général.

Néanmoins, cela ne signifie pas que les modalités d'admission soient identiques dans chaque cas. Parce que ces critères peuvent varier d'un organisme à l'autre, le processus d'admission au standard d'une race donnée se trouve lui-même affecté. Ainsi, si certaines instances admettent qu'un chien puisse présenter différentes couleurs de robe, cela n'implique pas pour autant que toutes ces variétés soient universellement reconnues par les juges de concours.

## LES COULEURS DE ROBE

Les couleurs de robe mentionnées pour chaque race n'ont en aucun cas valeur de critère absolu et exclusif. La couleur crème, par exemple, désigne une robe très claire, dont les nuances peuvent s'échelonner du blanc au crème foncé. Des données plus spécifiques sur les couleurs de robe sont parfois indiquées, mais l'on doit se souvenir que toutes les couleurs et variantes de robe mentionnées ne sont pas également distribuées au sein de la race donnée. Dans d'autres cas, notamment dans celui du golden retriever, la couleur de la robe s'impose comme un critère de reconnaissance déterminant de la race.

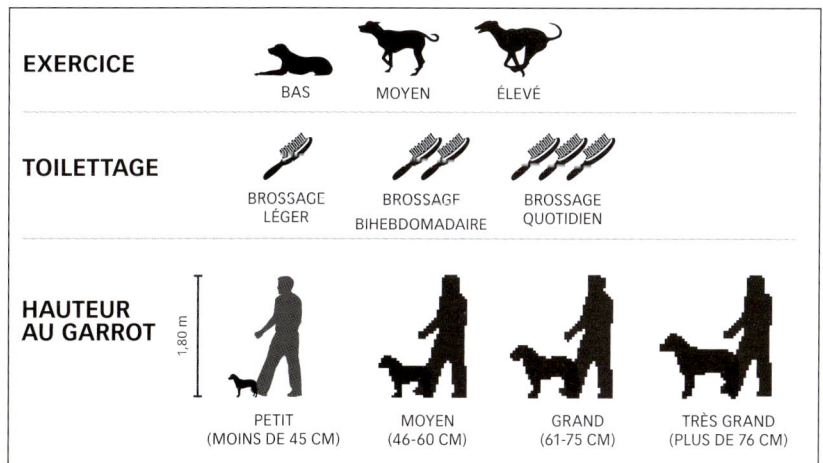

EXERCICE — BAS, MOYEN, ÉLEVÉ

TOILETTAGE — BROSSAGE LÉGER, BROSSAGE BIHEBDOMADAIRE, BROSSAGE QUOTIDIEN

HAUTEUR AU GARROT — 1,80 m — PETIT (MOINS DE 45 CM), MOYEN (46-60 CM), GRAND (61-75 CM), TRÈS GRAND (PLUS DE 76 CM)

## COULEURS DE ROBE

NOIR  CRÈME  GRIS  BLEU  ROUGE/FEU  FAUVE  BRUN NOIR

FAUVE ET BLANC  NOIR ET BLANC  JAUNE ET BLANC  NOIR ET FEU  NOIR, BLANC ET FEU  BLEU TACHETÉ DE FEU  BRINGÉ NOIR

# LA NATURE DU CHIEN

À la préhistoire, le chien était déjà le meilleur ami de l'homme. À nos côtés, l'animal domestique a voyagé, combattu et sauvé bien des vies. Cependant, force est de constater combien les amis du chien ont pu mépriser, harceler et traquer son ancêtre, le loup gris. Les loups ont aujourd'hui disparu de leur habitat originel, alors que le chien s'est répandu à travers le monde, jusqu'en Amérique du Sud et dans les régions méridionales d'Afrique, où le loup ne s'était jamais aventuré. Accompagnant les mutations de la société des hommes, le statut du chien n'a cessé d'évoluer, du chien de travail au compagnon d'agrément.

**UNE BONNE TÊTE** Les chiens par nature affables et doux sont aujourd'hui les plus recherchés. Le golden retriever s'impose ainsi comme un animal de compagnie extrêmement populaire.

# L'ÉVOLUTION CANINE

On trouve la trace des premiers ancêtres du canidé contemporain dans l'enregistrement fossile de l'Éocène tardif, il y a plus de 40 millions d'années. Ces carnivores préhistoriques, qui tenaient plus de la belette que du chien d'aujourd'hui, vivaient en Amérique du Nord. Leur ancêtre, l'*Hesperocyon*, fin et court sur pattes, présentait une longue queue, un museau effilé et mesurait 80 cm. Bien que peu connu, on suppose qu'il se nourrissait de petits mammifères, de charognes et de fruits. Le *Cynodesmus* est le premier exemple de canidé qui ressemble à l'espèce que nous connaissons aujourd'hui, et vivait en Amérique du Nord.

### L'ÉTUDE DES FOSSILES

Des restes fossilisés permettent d'affirmer que le *Cynodesmus*, le premier canidé, vivait aux États-Unis il y a environ 25 millions d'années. L'animal présentait les caractéristiques du coyote (*Canis latrans*). Déjà, l'orteil interne de chaque pied allait se raccourcissant, mais ses doigts restaient plaqués au sol et ne formaient pas encore les ergots caractéristiques des canidés contemporains.

On pense que le *Cynodesmus* chassait en embuscade, tandis qu'un autre groupe de canidés, les borophaginés, vivait en meute. La rupture avec la lignée des *Hesperocyon* intervient il y a quelque 30 millions d'années, et le rôle du *Cynodesmus* dans le développement de l'espèce actuelle s'arrête il y a environ 1,5 million d'années, avec l'extinction de l'espèce.

Étant donné la configuration des continents durant cette ère, très différente de celle d'aujourd'hui, les espèces avaient la possibilité d'aller et venir entre le nouveau et l'ancien monde. En effet, un pont de terre reliait la Sibérie actuelle au versant occidental de l'Amérique du Nord,

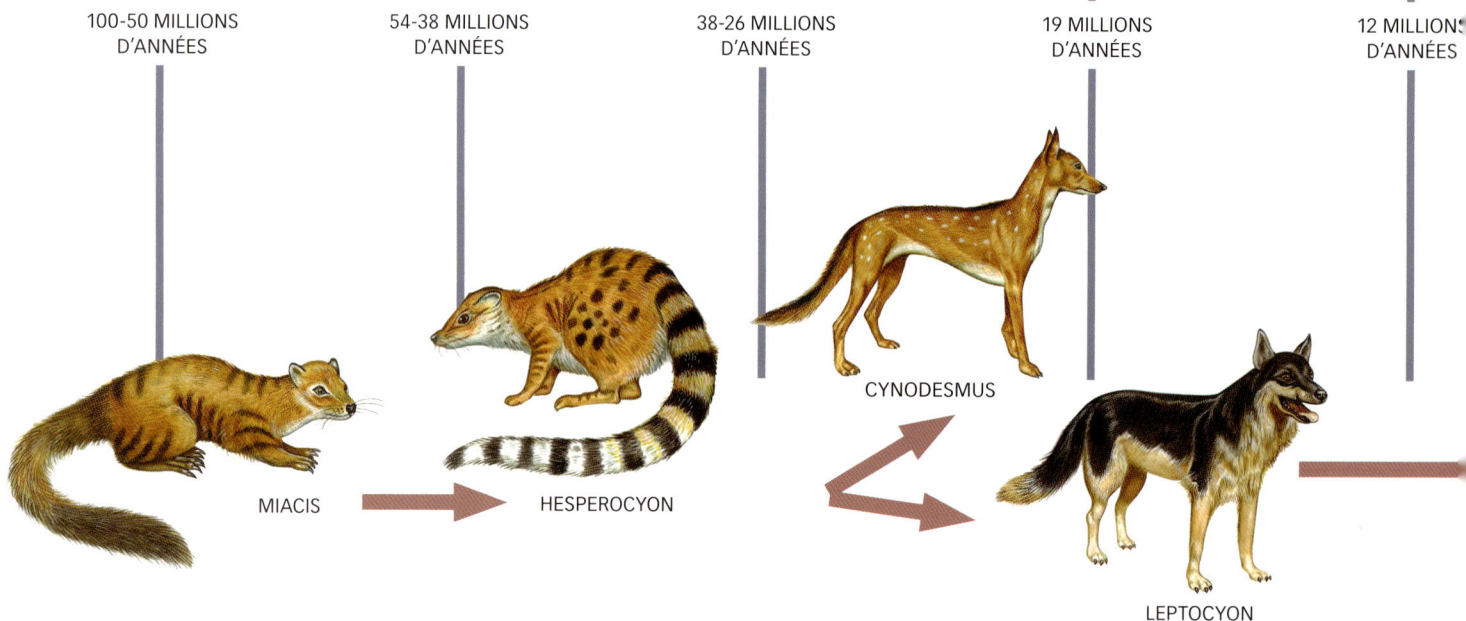

CRÉODONTES

100-50 MILLIONS
D'ANNÉES

54-38 MILLIONS
D'ANNÉES

38-26 MILLIONS
D'ANNÉES

19 MILLIONS
D'ANNÉES

12 MILLIONS
D'ANNÉES

MIACIS

HESPEROCYON

CYNODESMUS

LEPTOCYON

zone aujourd'hui submergée par la mer de Béring. Celui-ci permet de justifier la distribution actuelle du loup dans tout l'hémisphère Nord. En fait, les premiers représentants du genre *Canis* seraient originaires d'Eurasie. *Canis cipio*, qui vivait en Espagne il y a près de 6 millions d'années, au Miocène tardif, fut sans doute un descendant du canidé *Leptocyon*.

À cette époque, de profonds bouleversements climatiques rendent plus rares les zones forestières. À la place, les prairies gagnent du terrain, et les mammifères herbivores voient diminuer leurs lieux de repli. Leur physionomie évolue, ils deviennent plus légers, plus agiles. Parfaitement adaptés à ce type de paysage, les premiers chiens, extrêmement rapides, chassent en solitaire ou en meute des proies plus petites, telle l'antilope.

Des traces fossiles permettent d'affirmer que les ancêtres du loup contemporain émigrèrent d'Eurasie il y a seulement 700 000 ans pour passer en Amérique du Nord, *via* le détroit de Béring. Son ancêtre fut probablement un canidé apparenté au coyote, connu sous le nom de *Canis davisii*. De retour en Amérique du Nord, trois espèces différentes se développent, le loup gris (*Canis lupus*), le loup rouge (*C. rufus*), aujourd'hui confiné dans un territoire étriqué du sud-est de l'Amérique du Nord, et le « chien terrible » (*C. dirus*), le membre le plus imposant, et sans doute le

plus féroce du groupe, aujourd'hui disparu. Ce dernier était probablement trop lent pour poursuivre ses proies. On pense qu'ils étaient des prédateurs solitaires, friands de mammifères lourds et peu alertes, comme le mammouth. Le *Canis dirus* montre également de fortes dispositions de charognard. La mise au jour de plus de 2 000 squelettes de ce type de loups, sur un site proche de Los Angeles, en Amérique du Nord, nous en a beaucoup appris sur les comportements de l'espèce. Là, à Rancho La Brea, la présence de nombreux puits de goudron a révélé des animaux – prédateurs, proies et charognards confondus – piégés dans des mares gluantes et conservés dans l'asphalte.

## L'ÉVOLUTION CÉRÉBRALE

Les études des squelettes des premiers chiens offrent bien plus que de simples informations sur leur taille et leur morphologie. Elles nous procurent des données essentielles quant à leur mode de vie. En se fondant sur la structure du crâne des ancêtres du chien, on a pu en conclure que l'animal commença à vivre en meute il y a environ 1,5 million d'années. Si une partie du lobe frontal du cerveau, dite *prorean gyrus*, est plus développée chez le canidé social, comme le loup gris, aucune évolution n'apparaît chez l'animal sauvage au comportement solitaire, tel que le renard.

2 MILLIONS D'ANNÉES

CANIDÉS

LOUP

RENARD

CHACAL

CHIEN MODERNE

# LES CANIDÉS SAUVAGES

Il existe 33 espèces de canidés modernes, toutes représentées à l'état naturel sur tous les continents, à l'exception de l'Australie. Certaines espèces, comme le loup gris (*Canis lupus*), occupent de vastes territoires, alors que d'autres, comme le loup d'Abyssinie (*Canis simensis*), disposent d'un habitat plus réduit. Un bon nombre de ces espèces sont aujourd'hui menacées.

**LOUP GRIS** Le loup gris a fait les frais d'une extermination systématique dans son habitat d'origine, notamment en Europe. Il a aujourd'hui disparu dans les deux tiers du continent européen.

**RENARD ROUX** Le renard roux fut introduit en Australie dans les années 1800, en partie pour réguler la population de lapins, eux aussi importés d'Europe. Elle avait augmenté de façon dramatique en l'absence de tout mammifère prédateur indigène naturel.

## LES ESPÈCES IMPORTÉES PAR L'HOMME

L'homme a eu un impact significatif sur la distribution actuelle de certains membres de la famille des canidés. Les premiers colons, venus du sud de l'Asie, arrivèrent en Australie accompagnés de chiens, les ancêtres du dingo actuel. Depuis, le dingo s'est répandu à l'ensemble du continent et a renoué avec un mode de vie sauvage. On considère de ce fait l'animal comme chien « marron », et non véritablement comme une espèce réellement sauvage. Le dingo actuel montre cependant de nombreuses caractéristiques du canidé sauvage : par exemple, canines plus longues que chez le chien domestique ou, pour les femelles, une gestation annuelle et non bisannuelle.

Le renard roux (*Vulpes vulpes*) est une autre espèce importée à la fois en Australie et en Amérique du Nord. Son apparition serait en majeure partie due au désir parmi les colons de s'adonner aux plaisirs de la chasse, comme ils le faisaient dans leur pays d'origine. Certains retournèrent à l'état sauvage.

Aux États-Unis, la population introduite de renards roux a aujourd'hui débordé la côte est, où ils furent amenés il y a près de 400 ans, et s'étend jusqu'au Texas.

## LE RENARD POLAIRE

Même si l'extrême nord reste l'habitat privilégié des loups, le renard polaire (*Alopex lagopus*) y est également largement représenté, précisément autour du pôle Nord. Bien adapté à son environnement, il est doté de pieds emmitouflés de fourrure, d'oreilles relativement petites et d'une robe épaisse, attributs très efficaces contre le grand froid. En été, on note deux variantes de robe chez le renard polaire, la brune et la bleutée. La couleur de la fourrure se modifie en fonction de la saison, virant en hiver au blanc ou à une nuance très claire bleu-gris, ce qui offre à l'animal la possibilité de se fondre dans le paysage enneigé.

Ce camouflage lui permet non seulement d'échapper à la traque d'éventuels prédateurs, comme l'ours polaire, mais aussi de se mettre plus facilement à l'affût de ses proies, dans une région où le paysage dispose de rares couvertures naturelles. Les rongeurs, notamment le lemming, composent l'essentiel de leur régime alimentaire, complété par les oiseaux et les poissons. Le renard polaire ne rechigne pas non plus à nettoyer les carcasses des mammifères marins, les phoques par exemple.

**ESPÈCE PROTÉGÉE** Le lycaon est confronté à la perte de son habitat et à la persécution humaine (chasse et empoisonnement), ainsi qu'aux maladies propagées par le chien domestique.

## MENACE SUR LES CANIDÉS SAUVAGES

La menace majeure qui pèse sur la survie de l'ensemble des canidés dans la nature est la chasse, responsable de l'extermination du loup gris et de l'essentiel de son habitat d'origine. Le pourquoi de cette extermination ? Parce que l'animal, en l'absence de proies, venait régulièrement décimer les troupeaux, particulièrement de moutons.

D'autre part, la propagation des chiens domestiques menace les canidés sauvages, principalement du fait des maladies qu'ils peuvent leur transmettre. Un problème bien réel, qui met en péril la survie même du loup d'Abyssinie. De plus, le croisement du chien domestique avec d'autres espèces de canidés affecte ces populations, notamment dans les zones où les chiens domestiques errent librement. Les dingos ont déjà subi une forte réduction de leur nombre, et il leur devient de plus en plus difficile de trouver un partenaire au sein de leur propre espèce.

**LOUP ARCTIQUE** Sous-espèce du loup gris, l'impressionnant loup arctique reste présent dans son habitat d'origine, le continent arctique, l'une des régions les plus inhospitalières du globe, où il croise peu d'êtres humains.

# LA DOMESTICATION

On fit longtemps remonter les origines de la domestication à une époque relativement proche, il y a 15000 ans. Des études récentes s'appuyant sur des analyses ADN ont remis en cause cette idée : l'association entre hommes et chiens daterait d'environ 100000 ans !

## L'ORIGINE DE LA DOMESTICATION

Personne ne peut véritablement se prononcer sur le lieu où s'enclencha le processus de domestication. Nous savons néanmoins que tous les chiens domestiques descendent du loup gris (*Canis lupus*) et qu'il fut probablement initié avec des louveteaux, élevés dans les villages comme des animaux de compagnie en différents endroits de son habitat naturel.

Peu après, accompagnant les hommes lors de battues, les loups auraient prouvé leur efficacité en aidant à rabattre

DOGUE Le dogue du Tibet fut certainement le fondateur originel du groupe des dogues, très recherché à travers l'histoire pour ses aptitudes de gardien et d'auxiliaire durant les guerres.

les proies. Avec le temps, et au fil des gestations, leurs descendants auraient grandi dans l'entourage des hommes, jusqu'à oublier leur crainte à leur égard.

Avec la modification de leur caractère, leur aspect de chien primitif subit lui aussi des changements, reflétant en partie la diversité de taille et de couleur présente au sein des différentes populations de loups. D'autres évolutions interviennent, en termes de morphologie et de physionomie, la forme des oreilles notamment, ou encore de posture. Parallèlement aux mutations physiques, le comportement de ces chiens commence à diverger à bien des égards de celui des loups. Tandis que le loup communique par hurlements, le chien acquiert la capacité d'aboyer et montre généralement plus de facilité à vocaliser. Pour la plus grande satisfaction de l'homme, l'animal va ainsi alerter le maître de l'approche d'inconnus ou intimider les importuns. Cependant, le recours au hurlement reste vivace parmi les races les plus primitives, comme le malamute d'Alaska, dont l'aspect physique a relativement peu évolué par rapport à son ancêtre, le loup gris.

## DES VARIATIONS DE TAILLE ET DE COULEUR

Si la robe des loups se limite à des nuances de gris, la vaste palette de couleurs qui caractérise le chien contemporain se retrouve dans la nature. Le loup arctique (*Canis lupus arctos*), sous-espèce du loup gris, présente une robe d'un blanc pur, alors que les populations des régions arides du

SEMI-DOMESTIQUE Dans certaines régions, les chiens vivent en état semi-domestique, à la lisière des villages, chassant leur nourriture et visitant les poubelles des humains. Le dingo en est un bon exemple.

Moyen-Orient ont elles le poil rouge charbonné. D'autre part, si les loups gris d'Alaska mesurent 90 cm au garrot, le loup de Honshu (*Canis lupus hodophilax*), au Japon, la plus petite sous-espèce (aujourd'hui éteinte), ne dépassait pas 36 cm, soit une taille bien plus petite que nombre de races canines actuelles.

## DES ORIGINES DIVERSES

Les races canines contemporaines se sont développées dans les différentes régions de la planète, à des époques diverses. Une théorie qui se vérifie à travers les multiples espèces de chiens existant aujourd'hui. La lignée des dogues, l'une des plus anciennes, serait issue du loup de Chine. La race fut importée vers l'ouest, sur le continent européen, le long de la fameuse route de la soie. La lignée des molosses se développa à travers de nombreuses races, dont les descendants existent encore aujourd'hui, comme le dogue de Bordeaux et le boxer. Par la suite, l'influence du type molossoïde se répandit aux Amériques, par le biais des pionniers européens, et donna naissance, entre autres, à la race du dogue argentin.

Une autre lignée ancienne, celle des lévriers, se développa à proximité de l'Égypte, où elle servit, initialement en Afrique du Nord et au Moyen-Orient, à la création de races apparentées dont le sloughi et le saluki. Bien plus tard, ces mêmes chiens furent à l'origine de l'ancêtre du petit lévrier italien, animal de compagnie très recherché, et du whippet, conçu pour les courses et baptisé d'ailleurs « cheval de course du pauvre ».

**LÉVRIER ANGLAIS** Preuves archéologiques à l'appui, on sait que l'aspect du lévrier anglais, ancêtre des lévriers contemporains, a peu évolué.

# L'ORIGINE DES RACES

Le travail modifia la morphologie des ancêtres du chien et, souvent, les caractéristiques des races reflètent le type de tâches auxquelles ils étaient affectés autrefois. Par exemple, les lévriers, élancés et à la poitrine profonde, sont de véritables bêtes de course. L'usage veut que, pour les concours canins, l'on classe les chiens par catégorie en fonction du travail accompli autrefois, même si ce critère n'est plus vraiment d'actualité.

### MORPHOLOGIE ET FONCTION

Les chiens de chasse constituent la plus ancienne lignée dans l'arbre généalogique canin. On ne s'étonnera pas si les lévriers, ces inestimables compagnons de chasse, se développèrent à l'origine au Moyen-Orient, sur des terres relativement ouvertes et arides, dénuées d'arbres pour se cacher. Paysages austères, où seul survit le mieux adapté. Ici s'épanouissent les herbivores, comme les rapides antilopes et fort logiquement, les premiers habitants de ces régions firent en sorte de concevoir des races de chiens capables de courser ces sprinters hors du commun.

Les chiens de chasse au flair se développent ultérieurement, avec la race ancestrale du saint-hubert, à l'origine le *bloodhound*, reconnu pour ses talents de pisteur. L'influence du saint-hubert se retrouve notamment chez les races françaises, comme le basset artésien normand et le grand bleu de Gascogne, et se répand à d'autres régions d'Europe, avec des races suisses comme le bruno du Jura.

### TAILLE RÉDUITE

À partir du Moyen Âge, la chasse s'impose en Europe comme le principal passe-temps de l'aristocratie. Pourtant, l'intérêt pour la race canine n'est pas l'apanage des hommes. Les dames des cours européennes se prennent de passion pour

**CHIEN DE CHASSE AU FLAIR** Le flair des chiens fut sollicité durant des siècles. Le partenariat entre l'homme et le chien se révéla très efficace dans la recherche de prisonniers en cavale et de personnes disparues.

le chien, non à des fins de chasse, mais simplement comme animal de compagnie. Cet engouement va promouvoir le développement du chien de compagnie, mais aussi la miniaturisation des races existantes, tendance qui persistera au XXᵉ siècle. Le petit lévrier italien fut l'une des premières races à émerger de ce courant et les éleveurs parcouraient les cours royales européennes dans l'espoir de vendre leurs rejetons. Plus récemment, on a vu apparaître des versions réduites du caniche, d'abord avec le caniche miniature, puis encore plus petit, le caniche nain. Tous les petits chiens ne font cependant pas de bons chiens d'appartement, la preuve avec les terriers, plutôt bagarreurs, dont certaines races minuscules, chasseurs émérites, n'hésitent pas à s'aventurer dans la tanière d'animaux plus gros qu'eux pour les en déloger.

### NOUVEAUX RÔLES

L'évolution des mœurs à travers les siècles se reflète dans la création de nouveaux types de chiens. Durant le Moyen Âge, l'ancêtre du bouledogue américain, réputé pour sa sauvagerie, participa à de nombreux combats avant de s'éteindre, remplacé par des machines de guerre.

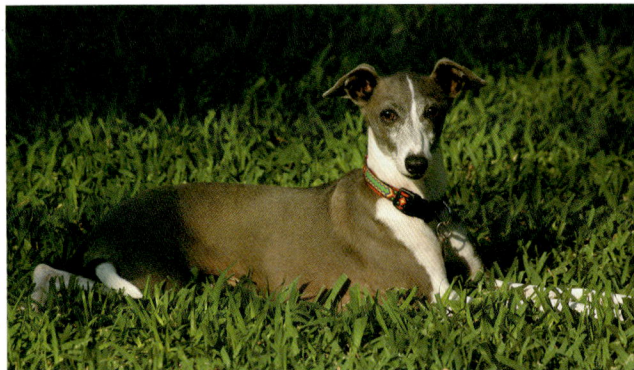

**PETIT LÉVRIER ITALIEN** Lévrier miniature, semblable au whippet, le petit lévrier italien fut l'une des premières races d'agrément, particulièrement apprécié pour son élégance et son bon caractère.

Avec l'apparition des armes à feu, le besoin d'un nouveau groupe de chiens se fit sentir et donna lieu à la création du chien courant, catégorie du toujours très populaire labrador retriever. Retrievers et races apparentées, partenaires de chasse et animaux de compagnie inestimables, furent élaborés pour travailler en étroite collaboration avec l'homme. Toujours partants pour un peu d'exercice, d'un caractère souple, ils excellent dans une large gamme de tâches, notamment comme guide pour malvoyants ou chien renifleur.

Dernière tendance en matière de races canines, très significative du développement du chien comme animal de compagnie et non plus de travail, l'apparition du chien de concepteur, ou *designer dog*, le labradoodle par exemple, issu du croisement entre un labrador retriever et un caniche. Enfin, on notera que les petites races d'agrément font l'objet aujourd'hui d'un réel engouement. Il est vrai que l'espace, notamment en ville, pose généralement problème aux propriétaires de chiens.

**LABRADOODLE** Les croisements de ce type visent à créer des races de chiens inédites, sorte de composition à la carte en terme d'aspect et de comportement.

**ÉNERGIQUE** Véritable bombe d'énergie, très curieux par nature, le terrier n'a pas son pareil pour traquer les rongeurs. Il est également un fabuleux compagnon de jeu.

# L'ANATOMIE DU CHIEN

Indépendamment de leur taille, tous les chiens présentent à peu près le même type de squelette. La différence fondamentale entre les races porte sur l'ossature de la tête et des membres. Les chiens savent en règle générale courir et nager, creuser et gratter, en revanche ils sont incapables d'utiliser leurs pattes pour grimper.

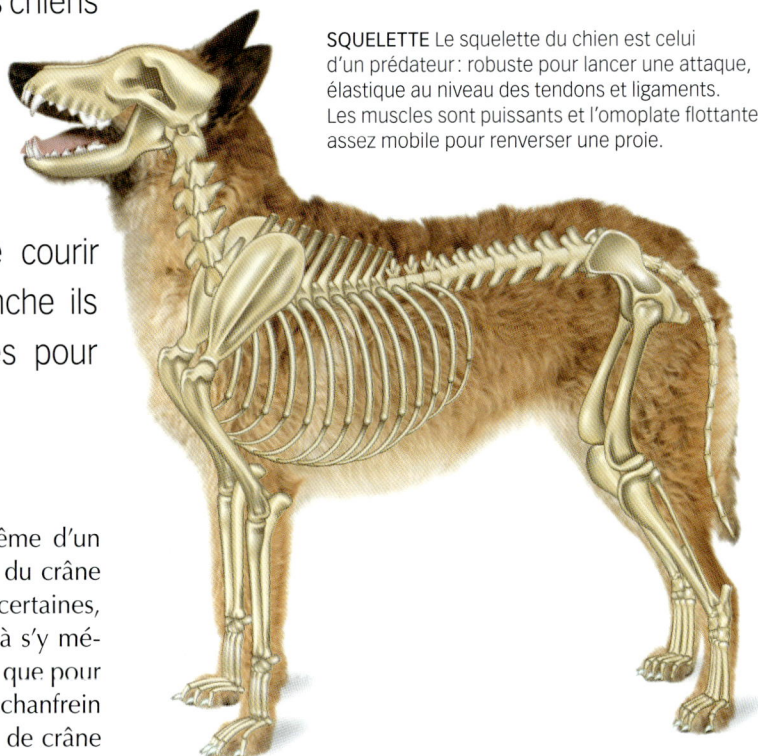

**SQUELETTE** Le squelette du chien est celui d'un prédateur : robuste pour lancer une attaque, élastique au niveau des tendons et ligaments. Les muscles sont puissants et l'omoplate flottante assez mobile pour renverser une proie.

## LE CRÂNE

La longueur de crâne reste sensiblement la même d'un loup à l'autre mais, chez le chien, la dimension du crâne varie beaucoup entre les différentes races. Chez certaines, comme le berger allemand, le crâne ressemble à s'y méprendre à celui du loup gris (*Canis lupus*), tandis que pour d'autres, le boxer ou le carlin par exemple, le chanfrein s'est considérablement raccourci : on parle alors de crâne brachycéphale (court muselé). Les chiens ne disposent pas d'un système performant de transpiration, et donc de refroidissement. C'est la fonction du halètement qui est sollicitée, l'évaporation de l'humidité s'effectuant par les nasaux. Cette faculté se trouve compromise chez les races brachycéphales, c'est pourquoi leur respiration peut parfois être bruyante.

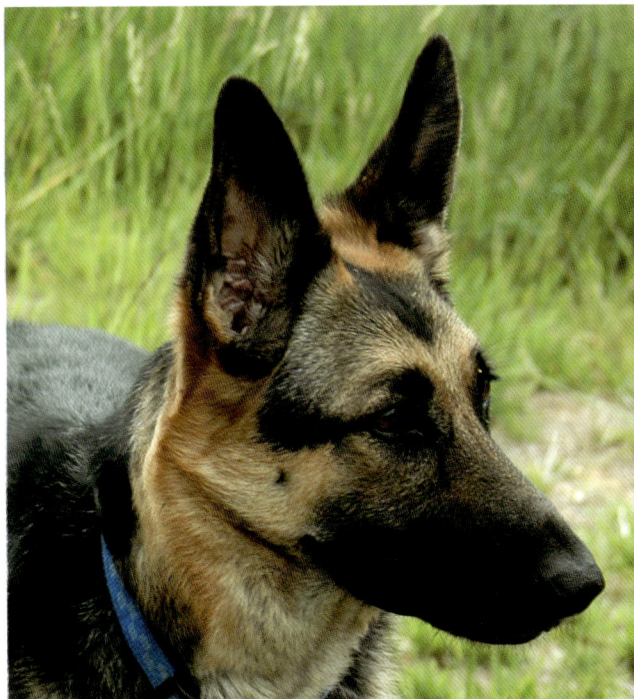

**PROFIL ORIGINEL** Avec son museau allongé, le berger allemand ressemble comme un frère à son ancêtre le loup, même si les élevages sélectifs ont altéré son comportement et son caractère.

## LA DENTITION

Le nombre et la structure des dents ne varient pas au sein de la famille des canidés. Quarante-deux dents se répartissent ainsi : les petites incisives, ou « pinces », se trouvent à l'avant de la gueule, encadrées par les canines, plus massives, plus pointues. La fonction essentielle de ces dents consiste à attraper les proies, et l'espace entre les canines, le diastème, permet à ces grosses dents de s'ancrer fermement lors de la morsure.

Chez le chien, les prémolaires et les molaires, à l'arrière de la gueule, présentent un agencement qui facilite la mastication. Pour cisailler la viande, la dernière prémolaire de la mâchoire inférieure travaille avec la première molaire de la mâchoire supérieure. Cependant, un chien va souvent engloutir sa proie sans la mastiquer, comportement hérité du loup et du repas en meute.

## LA LOCOMOTION

Les chiens sont bâtis pour courir en ligne droite et, sur de courtes distances, certains lévriers peuvent atteindre les 48 km/h. En haut des pattes avant, la clavicule a quasiment disparu, tandis que l'os de l'épaule, la *scapula*,

**HALÈTEMENT** La respiration des chiens dits brachycéphales peut s'avérer laborieuse et bruyante. Il arrive même que les individus les plus âgés ronflent. Évitez avec eux l'exercice par temps chaud.

**BÂTI POUR LA VITESSE** Les pattes du chien sont solidement ancrées de manière à lui fournir toute la stabilité nécessaire en cas de course rapide ; chez l'homme, l'aptitude à grimper tient à la souplesse de ses poignets

s'est aplati, permettant une longueur de foulée plus importante, favorisant l'économie d'énergie. Chez les races les plus athlétiques, les membres eux-mêmes sont allongés, d'où leur facilité à se mouvoir plus loin d'un simple bond, un véritable atout quand il s'agit de courser avec succès le gros gibier ou les lièvres. Les chiens élevés à combattre présentent souvent des membres plus courts et plus massifs.

Chez le chien, la forme du poitrail donne une idée assez précise de ses aptitudes athlétiques. Courir à pleine vitesse, même pour un sprint sur une courte distance, exige de l'oxygène, c'est pourquoi la cage thoracique des chiens de chasse est allongée. Ces chiens, vus de profil, montrent également un thorax profond à cause du cœur qui pompe le sang dans tout le corps. À l'inverse, c'est un thorax en tonneau que l'on trouve chez les chiens dénués de tendances athlétiques, comme chez le minuscule bouledogue français.

# LES DIFFÉRENTS TYPES DE ROBES

La robe est l'un des premiers signes distinctifs du chien. Elle se définit par une couleur, une longueur et une texture, et a une influence directe sur les soins requis par un individu.

Même si vos compétences en matière de toilettage restent limitées, les experts en la matière pourront vous en dire long sur les caractéristiques du pelage canin.

### LES RACES À POIL COURT
Nombre de chiens sont dotés d'une seule robe, courte, relativement douce, avec un poil lisse et brillant qui protège l'ensemble du corps. Dans ce cas de figure, la qualité du pelage permet de savoir si le chien est en bonne condition physique (les côtes se devinent à peine), ou en surpoids (une couche de

**POIL COURT** Le whippet, race du poil court par excellence, s'enrhume facilement et on le voit souvent faire de l'exercice revêtu d'une veste.

**POIL DUR** Une robe à poil dur protège les terriers, comme ce jack-russell, ou les chiens de chasse qui ne craignent pas les ronces et les broussailles.

**POIL LONG** Les chiens de type spitz, comme ce poméranien, ou loulou de Poméranie, portent une robe à poils longs très efficace contre la rigueur des climats froids de leur pays d'origine. Une robe dont l'élégance lui vaut d'être très recherché comme chien d'agrément.

**TYPES DE ROBES** Le teckel existe en trois variétés de robes : à poil dur, à poil court et à poil long.

graisse dissimule les côtes). Les races à poil lisse et brillant comptent parmi nombre de chiens de chasse originaires des régions méditerranéennes, où l'absence de sous-couche épaisse se révèle un plus pour résister à la chaleur. Néanmoins, ce type de chien peut souffrir du froid dans les régions du monde les plus froides.

## LES RACES À POIL LONG

À l'opposé se trouvent les races nordiques, du groupe spitz, dont les ancêtres se développèrent dans des régions soumises à un froid rigoureux. Un pelage dense, souvent constitué de deux couches de poils avec un sous-poil épais, protège le corps en piégeant l'air chaud au contact de la peau. Les poils plus longs de la couche supérieure empêchent la neige et la pluie de pénétrer la zone de sous-poil. L'aspect de ce type de chien évolue quelque peu au gré des saisons : l'hiver venu, l'animal développe un volumineux collier de poils autour du cou et une robe plus fournie. Le revers de ce pelage dense est bien sûr le risque d'un coup de chaleur à la saison estivale. En réaction, l'animal, pour se refroidir, va alors haleter fortement.

De plus, d'un point de vue pratique, ce type de chien nécessite un toilettage plus régulier qu'une race à poil court et lisse, particulièrement en période de mue. Les races à poils longs perdent leur sous-poil au printemps, puis muent une nouvelle fois, à un degré moindre, au cours de l'automne.

## LES RACES À POIL DUR

Le troisième type de pelage, un poil rêche au toucher, raide, mais qui se soulève légèrement, se hérisse sur le corps. Comme pour les autres types de poils, cette texture particulière a elle aussi une justification toute fonctionnelle. Le poil dur fait office de protection en milieu broussailleux et garde les chiens de toutes blessures cutanées infligées

par les épines et autres ronces. Le poil dur est l'apanage des chiens courants, des chiens de chasse et des terriers.

## LE TOILETTAGE

Parmi les critères de sélection intervenant au moment du choix d'un chien de compagnie, les besoins en toilettage peuvent peser. Une race à poil lisse, la plus simple d'entretien, ne nécessite qu'un brossage occasionnel à l'aide d'une brosse en poil naturel ou synthétique pour retirer les poils morts. Le toilettage des races à poil dur est plus complexe, surtout à l'occasion d'un concours de beauté. Cette opération s'effectue en deux étapes : le *stripping* consiste à épiler le chien avec un peigne coupant spécial, ce qui permet de conserver le sous-poil. Le *trimming* affine l'opération de nettoyage par une intervention plus esthétique. Sans un brossage quotidien, les chiens à poil long voient souvent leur robe truffée de nœuds. À l'image des races à poil dur, à la campagne, leur pelage accroche teignes et brindilles. Autre problème : les poils au niveau des mâchoires vont parfois être souillés par la nourriture, notamment les aliments humides : c'est une zone qu'il faudra nettoyer systématiquement.

**CHIEN NU** On pourrait croire que les chiens nus sont de tout repos en terme de toilettage, or ils nécessitent plus de soin que les autres. Sujets au froid en hiver, ils risquent l'insolation en été.

**PROTECTION MAXIMALE** Une double couche de poils protège le chien du froid comme des blessures ; le chow-chow fut très recherché pour l'épaisseur de sa fourrure. Une robe de cette densité nécessite un brossage quotidien.

# LES COULEURS ET LES MARQUAGES

Une vaste palette de couleurs et de nuances caractérise la robe des chiens, reflétant en partie la diversité de coloration de son ancêtre, le loup gris. En effet, comme son nom ne l'indique pas, ce type de loup n'est pas toujours gris. La fourrure des loups de Terre-Neuve, aujourd'hui éteints, était blanche, et celle des loups des zones désertiques se situe plutôt dans les nuances sable.

**CHIHUAHUA** La race existe sous différentes couleurs, y compris les robes particolores. La coloration du pelage constitue l'un des standards de chaque race.

## LES COULEURS STANDARDS

Chez le chien domestique, la gamme des couleurs s'étend du blanc pur jusqu'au noir et passe par des nuances de crème et de rouge, *via* le gris. Les robes particolores, comme blanc et noir, sont typiques de certaines races. Une coloration uniforme demeure en réalité très rare, même chez les individus avec pedigree, et ces derniers montrent souvent une petite tache blanche sur le pelage au niveau du poitrail, dite étoile. La robe des bâtards comporte souvent des zones blanches et, dans certains cas, ces taches recouvrent une large partie du corps. Tout aussi fréquentes, les petites plages de blanc sur les pattes, ou encore une bande blanche entre les yeux, dite flamme.

Les couleurs de robe prévalent bien avant la mise en place des standards de race et reflètent souvent la fonction des ancêtres d'un individu. Ainsi, le komondor, avec sa robe blanche à poil cordé, se confondait avec les moutons dont il avait la garde, proies des loups.

Il arrive que la coloration d'une race ait été créée de toutes pièces dans un but purement esthétique. C'est le cas notamment du chien de meute, qui fait l'objet d'un élevage sélectif pour l'obtention de couleurs et de marquages qui

**SETTER IRLANDAIS** Certaines races se définissent en partie sur la base de leur coloration. C'est le cas du setter irlandais, souvent appelé « setter rouge », car son poil présente une couleur fauve rouge.

MEUTE Les chiens de meute, le plus souvent bicolores, voire tricolores, offrent une robe panachée de noir, de blanc et de fauve.

permettront d'indiquer les origines d'une meute donnée. Une pratique courante jusqu'au XVIIIe siècle, où la Révolution française et la chute de l'aristocratie s'accompagnèrent de l'élimination des meutes.

## D'UNE COULEUR À L'AUTRE

L'âge peut intervenir sur la couleur d'une robe. Ainsi, on voit fréquemment des marquages plus sombres se dessiner sur le chanfrein des chiots whippet à leur maturité. Il s'agit davantage d'une conséquence des modifications dans la pigmentation de la peau qui transparaît sur les zones où le pelage est fin, que d'un noircissement du pelage proprement dit. Quoi qu'il en soit, cette évolution bouleverse l'aspect général du chien.

Chez les races de chiens nus, la coloration est le fait de la pigmentation, les plages les plus claires pouvant virer au rose lorsque le chien a chaud, à cause de l'afflux sanguin. L'apparence d'un individu est soumise à de fortes variations.

BERGER BLANC Les bergers allemands blancs constituent une race à part entière, dite du berger blanc, très populaire aux États-Unis, définie par sa couleur.

Au sein d'une même portée de chiots de race particolore, le marquage est souvent très personnel. Même en présence de parents de couleurs de robe bien équilibrées, il se peut que certains de leurs rejetons montrent plus de taches blanches (ou de couleur) que les autres. Le chiot conservera ce marquage tout au long de sa vie.

On connaît certains cas de surdité liés à la coloration du poil, dans le cas du boxer blanc par exemple, non admis dans les expositions. En ce qui concerne le berger allemand, les sujets à robe blanche furent eux aussi exclus durant de nombreuses années des standards de race, même si leur couleur n'était pour rien dans leur surdité.

GRISONNEMENT DE L'ÂGE On observe généralement chez le chien âgé une modification de couleur, le plus souvent dans la région du museau. Une variation particulièrement notable chez les sujets à robe foncée.

# LA FORME ET LE PORT DE L'OREILLE

L'oreille, par sa forme, la localisation de son attache ou son écartement par rapport à la tête, varie légèrement d'une race à l'autre, même si ces particularités n'interviennent pas dans la physionomie générale du chien. Dans le cas des chiens de travail, elles ont souvent une justification fonctionnelle, car l'oreille est davantage exposée aux blessures.

### LES TYPES D'OREILLE

L'oreille dressée est caractéristique du loup gris. La souplesse du cartilage de l'oreille permet de déterminer la source d'un son avec une grande précision. L'inconvénient de l'oreille dressée est l'exposition du conduit auditif à la blessure, un sérieux handicap pour des animaux habitués à parcourir les sous-bois. Cela explique sans doute pourquoi

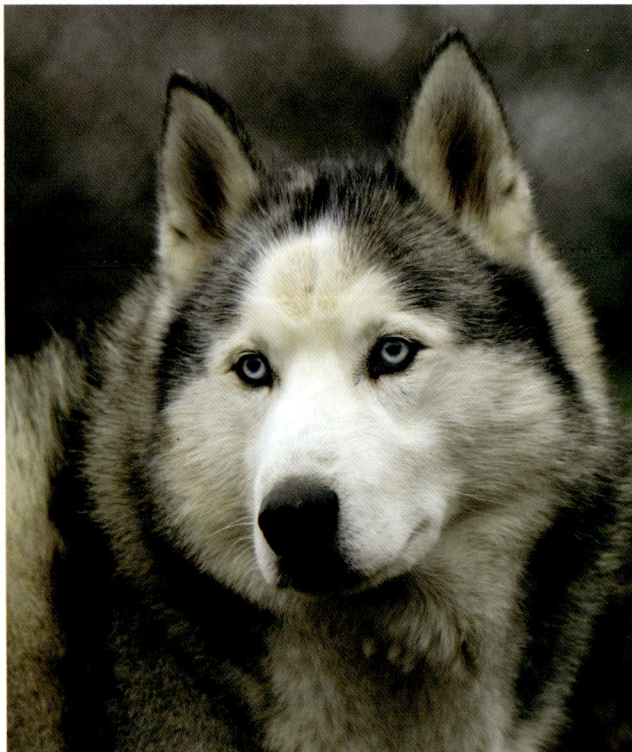

CAVALIER KING-CHARLES Les oreilles tombantes protègent le conduit auditif des épines et des branches, sans pour autant entamer les facultés auditives de l'animal.

les oreilles tombant de chaque côté de la tête se rencontrent fréquemment chez les chiens de chasse au flair, ou chez les chiens courants, du type épagneul, familiers de ce genre de terrain.

### LES INFECTIONS DE L'OREILLE

Les oreilles lourdes et touffues des races comme le cocker américain peuvent prédisposer ces chiens à des infections. Le fait que le conduit auditif soit isolé de l'environnement extérieur peut entraîner un développement de bactéries, de champignons et de parasites. Symptôme le plus fréquent de ce type d'affection, le chien se gratte en permanence une ou les deux oreilles, pour essayer de soulager l'irritation.

Un examen vétérinaire s'impose, de manière à déterminer les causes exactes du problème et de décider du traitement approprié. Une solution consiste à raser régulièrement les poils longs tapissant le pavillon de l'oreille, afin de faciliter la circulation de l'air. Des infections à répétition risquent en effet de causer des dommages durables au système auditif. Parfois, à force de se gratter l'oreille, un chien peut aussi provoquer des hémorragies internes au niveau du pavillon, qui donnent lieu à des hématomes.

HUSKY SIBÉRIEN Le port érigé des oreilles, persistance des origines, caractérise de nombreuses races aujourd'hui, notamment celles apparentées au loup, comme les races spitz du Grand Nord.

FLIP FLOP Tombantes, les oreilles des chiots berger allemand se redressent avec l'âge, mais pas toujours simultanément.

## UN LEGS ANCESTRAL

La forme et la taille des oreilles d'un chien peuvent donner quelques indications sur ses ancêtres. Le pavillon des oreilles des races conçues à l'origine pour le combat, comme le staffordshire-terrier américain, est relativement petit en comparaison de la taille de la tête du chien. C'est un atout, de petites oreilles étant plus difficiles à attraper pour l'adversaire.

## DE PORT EN PORT

Le port des oreilles est susceptible d'évolution entre le chiot et le chien adulte. Par exemple, chez le berger allemand les chiots peuvent avoir indifféremment les oreilles dressées ou tombantes durant une certaine période ; le port définitif de l'oreille intervient aux alentours de six mois. Cependant, dans certains cas, le changement ne survient pas et les oreilles restent tombantes à vie.

Chez d'autres races, les oreilles ne sont ni dressées ni tombantes, mais leur port se situe entre ces deux positions. C'est le cas notamment du norfolk-terrier, avec ses oreilles semi-dressées, qui sont pointées vers l'avant. Il existe également des races dotées d'oreilles dites « en rose », qui retombent vers l'arrière, chez le whippet et le greyhound par exemple, et dont le port peut varier en fonction de l'humeur de l'animal. On a également les oreilles dites en « chauve-souris », trapézoïdales, comme chez le bouledogue français, ou encore les petites oreilles repliées vers l'avant, plaquées contre la tête, comme chez le shar-peï.

## Coupe de l'oreille (otectomie)

On autorise encore dans certains pays l'otectomie, cette intervention chirurgicale qui modifie la physionomie du chien dès son plus jeune âge. Une pratique controversée, qui concerne surtout les chiens de travail, comme le dogue allemand et le dobermann pinscher, pour leur donner l'air plus féroce. L'oreille est alors portée droite, au lieu de retomber, comme elle le ferait naturellement. Une correction qui, comme avec la caudectomie (coupe de la queue), fausse la communication de l'animal, dans laquelle les oreilles jouent un grand rôle.

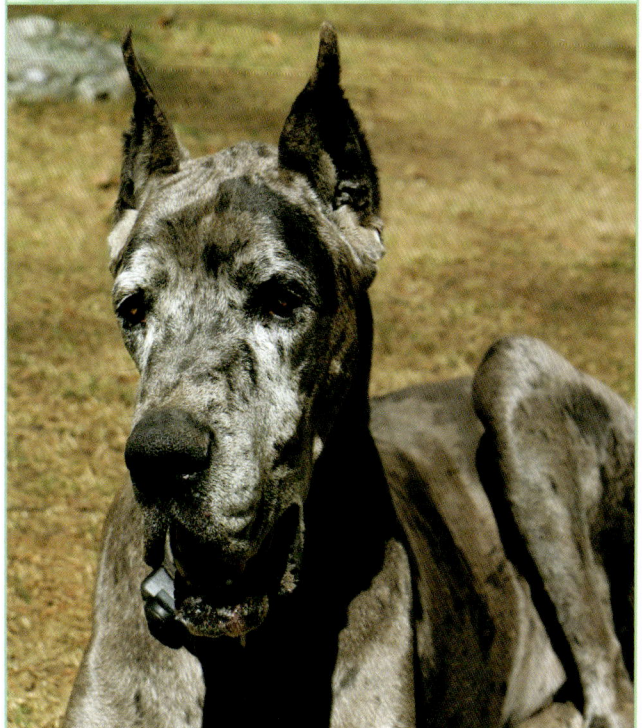

# LES SENS

Le chien perçoit le monde d'une façon très différente de la nôtre. Davantage que la vision, il se fiera avant tout à son ouïe et à son odorat, bien plus développés que chez l'homme. Ses facultés sensorielles aiguisées s'expliquent notamment par le fait que nombre de chiens sauvages sont naturellement actifs la nuit, et que c'est avant tout de leurs oreilles et de leur truffe que dépend le succès de la chasse, dans l'obscurité.

## LA VISION ET L'ODORAT

Avec le processus de domestication, on a vu émerger chez de nombreuses races des différences dans leurs rapports aux sens. L'exemple le plus flagrant reste le cas des chiens de chasse, que l'on peut grossièrement segmenter entre les chiens de chasse à vue et les chiens de chasse au flair. Le champ visuel des premiers équivaut à environ 270°, soit bien au-delà des autres types de chiens qui possèdent un champ de vision de 180°. Les seconds, comme le beagle, sont dotés de cavités nasales plus larges que les chiens à vue, d'où une performance olfactive supérieure. Une autre différence entre les deux types de chiens est leur style de chasse, car l'odorat opère mieux sur certains types d'habitat que sur d'autres. Pour chasser de manière efficace, le

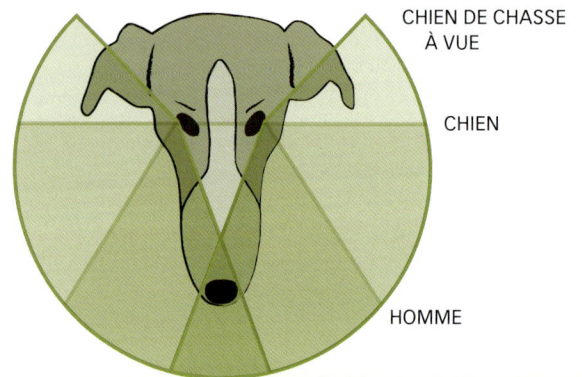

CHIEN DE CHASSE À VUE

CHIEN

HOMME

VISION BINOCULAIRE

**CHAMP DE VISION** Avec un angle de 180°, le chien dispose d'un champ visuel plus large que celui de l'homme, limité à 120°, mais il y a des différences importantes entre les races. C'est le greyhound, avec ses yeux disposés en oblique, qui possède le champ visuel record, avec 270°.

**BARZOÏ** Le champ de vision du chien de chasse est déterminant dans la détection d'une proie. Un atout qui se reflète dans la morphologie de la tête, étroite, longue et ciselée de ce barzoï, ou lévrier russe.

GOÛT Un sens mineur pour le chien qui, comparé à l'homme, dispose de peu de récepteurs de goût et d'un sens médiocre des saveurs. C'est l'odorat qui prévaut dans l'identification et l'appréciation de l'aliment.

chasseur. Les rongeurs, qui constituent l'essentiel du régime alimentaire de nombre de petits canidés sauvages, communiquent en effet au moyen de très hautes fréquences.

Les capacités auditives du chien domestique diffèrent sans aucun doute d'une race à l'autre, comme c'est d'ailleurs le cas chez les canidés à l'état sauvage. Cependant, les races à oreilles tombantes ne semblent pas désavantagées outre mesure en terme d'audition par rapport aux races à oreilles dressées.

## LE TOUCHER

Le sens du toucher est important chez le chien, et les vibrisses, ces poils hautement sensibles, véritables antennes plantées tout autour de la face, permettent à l'animal de déterminer s'il peut par exemple se glisser dans un trou sans rester coincé.

FORME DES OREILLES Chiens sauvages et loups portent les oreilles dressées, le port tombant ou semi-dressé étant plutôt caractéristique de nombre de nos races modernes. Les chiens sont plus efficaces que nous pour déterminer la provenance d'un son : la mobilité de leurs oreilles leur permet de repérer un son en moins de six centièmes de seconde.

chien de chasse à vue doit pouvoir localiser facilement et précisément sa proie. Ses qualités de chasseur opèrent mieux en terrain découvert qu'en zones boisées. Là même où l'aptitude des chiens de chasse au flair à repérer et à suivre d'invisibles traces est inestimable.

La structure de l'œil canin est similaire à la nôtre. Le chien perçoit lui aussi les couleurs, puisque sa rétine est dotée de cellules en cônes à l'arrière de l'œil, là où se forment les images. Les canidés possèdent également une vision nocturne supérieure à la nôtre. Cette faculté est cruciale pour les espèces désertiques, tels les renards blonds des sables (Vulpes pallidus), leurs proies restant cachées le jour.

La vision nocturne des chiens est renforcée par la présence d'une structure nommée tapetum lucidum, couche réfléchissante située à l'arrière de la rétine qui agit comme un miroir en reflétant la lumière à l'intérieur de la rétine, augmentant ainsi la quantité de lumière captée.

## L'OUÏE

Le chien a une capacité auditive qui couvre une très large fréquence, entre 16 000 et 100 000 hertz, ce qui lui permet de capter les ultrasons, inaudibles pour nos oreilles. Cette aptitude est pour beaucoup dans ses performances de

VIBRISSES Ces longs poils sensibles au toucher qui tapissent le museau, le menton et les sourcils, jouent un rôle capital pour le chien dans la perception de son environnement.

# LA COMMUNICATION

Un chien va exploiter son odorat pour repérer une proie potentielle, mais aussi pour appréhender le monde qui l'entoure. L'odeur tient une place essentielle dans la communication car elle lui permet de savoir si des congénères fréquentent une zone donnée, et de laisser sa marque pour ceux qui viendront.

### DES MESSAGES OLFACTIFS

À sa maturité, aux alentours de six mois, le chien mâle cesse de s'accroupir pour uriner, comme la chienne, et commence lors de la promenade à lever régulièrement la patte. En fait, il est en quête d'un lieu stratégique pour laisser sa marque, une marque apposée à un endroit que les autres chiens n'auront pas la possibilité d'ignorer. Un chien urine plus fréquemment qu'une chienne, établissant ainsi les frontières de son territoire. Au cours de sa promenade quotidienne, votre chien fera probablement halte à ces endroits précis, afin de renforcer sa signature olfactive.

Mâle et femelle communiquent aussi au moyen des fèces : des glandes anales déposent une sécrétion musquée, véritable empreinte du chien. Le chien peut transmettre d'autres

**MARQUAGE OLFACTIF** En levant la patte pour uriner, le chien mâle dépose son odeur à un endroit stratégique, à une hauteur où il sera plus facile pour les autres chiens de la repérer. La pluie finira par laver ce marquage, d'où la nécessité de le renforcer à chaque passage.

**RECONNAÎTRE PAR L'ODEUR** L'odeur permet au chien d'identifier des congénères vivant à proximité. Même s'ils ne se sont pas rencontrés physiquement, grâce à leur odeur respective, deux chiens pourront se reconnaître instantanément.

messages olfactifs par raclage du sol, *via* les coussinets, ou les glandes sudoripares sur la peau des espaces entre les doigts.

Au sein d'une meute de loups, l'odeur permet de déterminer le rang social de chaque membre. Ceci pourrait expliquer l'insistance de certains chiens à se rouler dans les bouses de vache ou les excréments de renard, dont l'odeur puissante est sans doute une réminiscence.

## LES PHÉROMONES

L'urine d'une chienne en chaleur contient des messages chimiques, appelés phéromones. Ces molécules odorantes, même en concentration minime, sont détectées par le mâle, grâce à un organe nasal, dit organe de Jacobson, situé dans le plancher de la cavité nasale et connecté à une région du cerveau impliquée dans la reproduction. Les chiens mâles non castrés en contact avec des phéromones se mettront instinctivement en chasse de la femelle.

## ABOIEMENT

D'abord silencieux, le chiot en grandissant va communiquer par des aboiements brefs, aigus, souvent en condition d'excitation, et c'est avec l'âge qu'il diversifie son registre vocal. Sur ce point également des différences existent entre les races. En meute, les chiens de chasse au flair s'expriment par hurlements pour communiquer avec leurs pairs.

## LANGAGE CORPOREL

Afin de communiquer avec leurs congénères ou avec les hommes, les chiens recourent à des mimiques faciales, des regards, à différentes positions d'oreilles et de queue, ainsi qu'à des postures. La position des yeux et de la queue joue un rôle crucial dans l'expression de la domination ou de la soumission.

**SIGNAL ÉVIDENT** Le frétillement de la queue est synonyme de plaisir, mais le mouvement exprime d'autres subtilités. Par la queue portée haute, ce golden retriever annonce sa dominance sur les chiens plus petits.

**ABOIEMENT** Un chien aboie pour donner l'alerte, exprimer sa détresse (parce qu'il est attaché), ou encore son stress.

# LE COMPORTEMENT

À l'image du loup gris (*Canis lupus*), son ancêtre, le chien est par instinct un animal de meute. Cela explique qu'il fasse un si bon compagnon, proche d'un seul individu ou membre à part entière du cercle familial.

Néanmoins, certaines races ont tendance à manifester une nature plus dominante que d'autres. D'où la complexité des relations avec ce genre de chien, peu enclin à se résoudre à la soumission.

## LES PRÉSENTATIONS

Mieux vaut procéder à une présentation entre deux chiens adultes loin de la maison, afin de minimiser tout risque d'agression territoriale. Lors de leur première rencontre, deux chiens vont avoir tendance à se tourner autour, à se renifler avec prudence. Le langage corporel est le meilleur

indicateur à ce stade pour savoir s'ils parviendront à s'entendre. La méfiance sera néanmoins de rigueur au début, avec les oreilles légèrement rabattues vers l'arrière et port de la queue proche de l'horizontale.

Après une première phase de contact, il se peut que les chiens semblent perdre tout intérêt l'un pour l'autre, et que chacun s'éloigne pour continuer seul son chemin. Toutefois, dès le début, certains chiens peu enclins à une position de dominé vont manifester de l'hostilité. Les oreilles dressées, comme la queue, les chiens s'approchent

**PREMIÈRE RENCONTRE** Un chiot s'intégrera sans problème au cercle familial. Il sera également plus facile de présenter un chiot au chien de la maison, car il ne représente pas un rival pour l'animal domestique déjà installé.

**MUSELIÈRE** Fortement conseillées avec un chien agressif envers ses congénères, les muselières actuelles sont confortables, mais ne constituent pas une solution à long terme.

avec méfiance, et commencent à grogner. Ce grognement gagne en intensité et le poil à la base de la nuque se hérisse.

Ce comportement fait paraître le chien légèrement plus gros, donc plus intimidant pour son rival. En règle générale, à ce stade, ces manifestations d'hostilité ne débouchent pas sur l'agression. Dans le processus d'évaluation de son concurrent potentiel, l'un des chiens va cesser de fixer l'autre, indiquant par là qu'il renonce à le défier plus avant. Sinon, le face-à-face se poursuit, tendu. La dispute éclate, vocale. Les deux chiens retroussent les babines et exposent leurs dents, tandis que le grognement prend une tonalité menaçante. Finalement, l'un des chiens, à grands renforts de grognements féroces, et dans une volonté manifeste de mordre, s'élance sur son rival, qui va ou non répliquer. Ce genre d'opposition reste en général très bref, et le perdant s'éloigne rapidement, queue fermement plaquée entre les pattes, dans un signe de soumission. Du fait de la brièveté de l'affrontement, les blessures résultant de ces confrontations sont en principe bénignes. Le danger sera plus grand si la présentation a lieu dans une pièce, où le perdant se verra privé de toute issue.

## QUE FAIRE EN CAS D'AGRESSION?

Plusieurs solutions existent pour tenter de limiter les démonstrations de comportements agressifs, notamment le port de la muselière lors de la promenade. À plus long terme, faites stériliser votre chien, s'il s'agit d'un mâle. Son agressivité, due en partie à l'hormone sexuelle mâle, la testostérone, s'en verra diminuée. Rapprochez-vous d'un dresseur qui saura exploiter positivement l'énergie de votre animal, tout en corrigeant son agressivité. En attendant, évitez les lieux de promenade fréquentés par les autres chiens.

## Agresseur-né

Certaines races sont plus enclines que d'autres à manifester un comportement agressif, du fait de leur origine. Ainsi, les races conçues pour les combats de chiens, comme le staffordshire-terrier américain, ou amstaff, (ci-dessous), qui se montre particulièrement belliqueux envers ses congénères. Une bagarre est quasiment inévitable lorsque deux chiens de ce type se rencontrent, simplement à cause de leur tempérament combatif, et il est alors difficile d'y mettre un terme. À l'opposé, les chiens les plus à même de se montrer sociables au cours de la promenade appartiennent à des races, telles que le beagle, éduquées durant plusieurs générations pour vivre en meute.

## DES MANIES TROUBLANTES

Le chien domestique cultive bien d'autres habitudes comportementales héritées de ses ancêtres sauvages, et certaines d'entre elles sont parfois difficiles à comprendre. Par exemple, l'obstination chez certains chiens à enterrer leurs os peut intriguer, mais cette attitude est tout à fait normale. Après la capture d'une proie, la meute de loups va se nourrir jusqu'à satiété, en espérant bien revenir ultérieurement à la carcasse pour d'autres repas. Malheureusement, les charognards, les oiseaux et les autres mammifères risquent de la nettoyer avant leur retour, d'où la nécessité pour les loups de cacher le mieux possible les restes, le plus souvent en les enterrant.

## GRATTAGE AVANT LE COUCHER

Il arrive que des chiens grattent le sol avant de s'installer pour dormir, d'où les dégâts irréversibles sur les coussins du canapé! En fait, ce comportement reproduit celui du loup qui, avant de se coucher, creuse la terre pour la débarrasser des pierres tranchantes susceptibles de le blesser. Le chien tourne ensuite plusieurs fois sur lui-même

**EN BOULE** Dormir pelotonné permet au chien de limiter la déperdition de chaleur corporelle en réduisant la surface de corps exposée aux éléments.

et se roule finalement en boule pour dormir, quand il ne s'étale pas de tout son corps, comme c'est de plus en plus le cas chez l'animal domestique. L'âge d'un chien influence également son sommeil et les sujets âgés, atteints d'arthrite, vont éprouver quelques difficultés à se pelotonner.

**ENFOUIR LES OS** Prenant appui sur ses pattes avant, un chien creuse pour cacher un os, avant de reboucher le trou. Un garde-manger qu'il revisitera à l'occasion.

## LE MÂCHONNEMENT

Destructeur ! Tel pourrait bien être le trait de caractère commun à tous les jeunes chiens, avec notamment une fâcheuse tendance à mâchonner, manie qui heureusement s'estompe, puis disparaît dès que le chien atteint ses six mois. Entre-temps, mieux vaut éviter de laisser traîner à portée du chiot des objets susceptibles de stimuler sa curiosité, une paire de chaussures par exemple. Cherchez plutôt à reporter son intérêt sur ses propres jouets et supervisez discrètement ses activités. Vous devriez ainsi réussir à préserver l'intégrité de vos meubles, mais aussi à éviter que l'animal ne mâchonne imprudemment des câbles électriques, au risque de s'électrocuter.

## SOLITUDE

L'anxiété qui naît de la séparation reste l'un des problèmes majeurs auquel se trouve confronté l'animal. Une pathologie de plus en plus répandue, qui s'explique probablement par le nombre croissant de chiens laissés seuls durant de longues heures.

Si un chien âgé dort une grande partie de la journée, face à une telle situation, un chiot réagira en développant ennui et frustration. Dès que vous sortirez, votre compagnon prendra pour habitude de gémir et d'aboyer, au point d'incommoder le voisinage qui ne manquera pas de s'en plaindre…

Soyez conscient du problème, et anticipez les difficultés potentielles en prenant quelques mesures préventives, plutôt que de réagir une fois l'habitude installée, et donc plus difficile à corriger. Avant toute chose, interrogez-vous sur le temps que vous pourrez consacrer à votre animal. Si vous vous absentez longtemps et régulièrement, préférez l'adoption d'un chien adulte à celle d'un jeune chiot, et envisagez la possibilité de recourir aux services d'un « dog-sitter » qui se chargera de sortir votre animal en votre absence.

**MAUX DE DENTS** Le mâchonnement est le plus souvent directement lié à la percée des dents dont le cycle prend fin vers l'âge de six mois. Les chiots mâchonnent tout ce qui se trouve à leur portée, afin de soulager irritation et douleur des gencives.

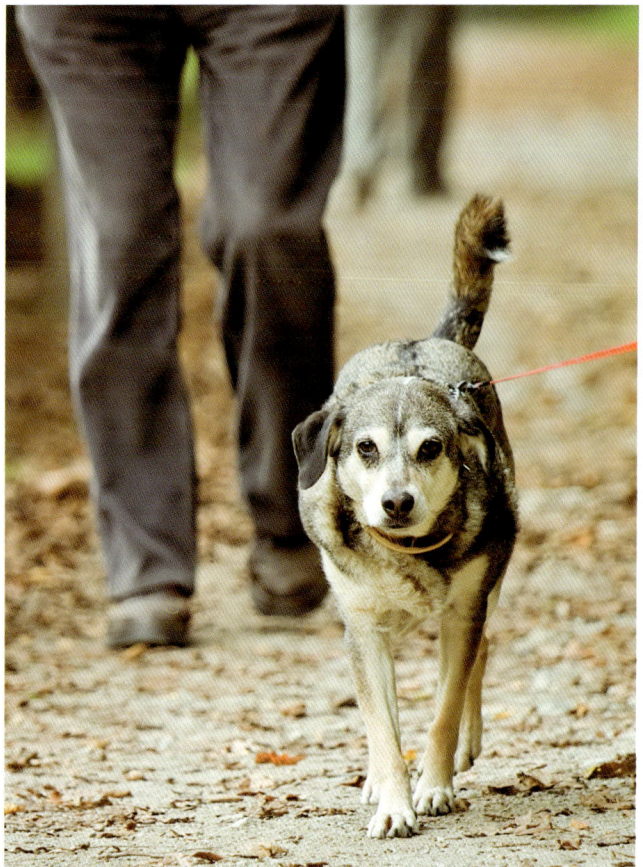

**PROMENADE** Avant de laisser votre chien pour la journée, effectuez une longue promenade avec lui, afin de le fatiguer et pour l'inciter à se reposer, voire à dormir, plutôt qu'à se morfondre une fois seul.

# LE CYCLE DE VIE

La reproduction canine n'est pas chose à prendre à la légère. Vous risqueriez d'être rapidement débordé par un nombre incalculable de naissances de chiots non désirés. Il est capital de bien connaître le cycle de reproduction de votre chien, non seulement pour contrôler sa fertilité, mais aussi pour pouvoir être attentif à ses modifications physiologiques, et aux complications éventuelles qui peuvent les accompagner.

**NAISSANCE COMPLEXE** Certaines races, notamment pour les chiens à tête massive comme le bull-terrier, peuvent avoir une naissance compliquée. Ces circonstances nécessitent la consultation urgente d'un vétérinaire.

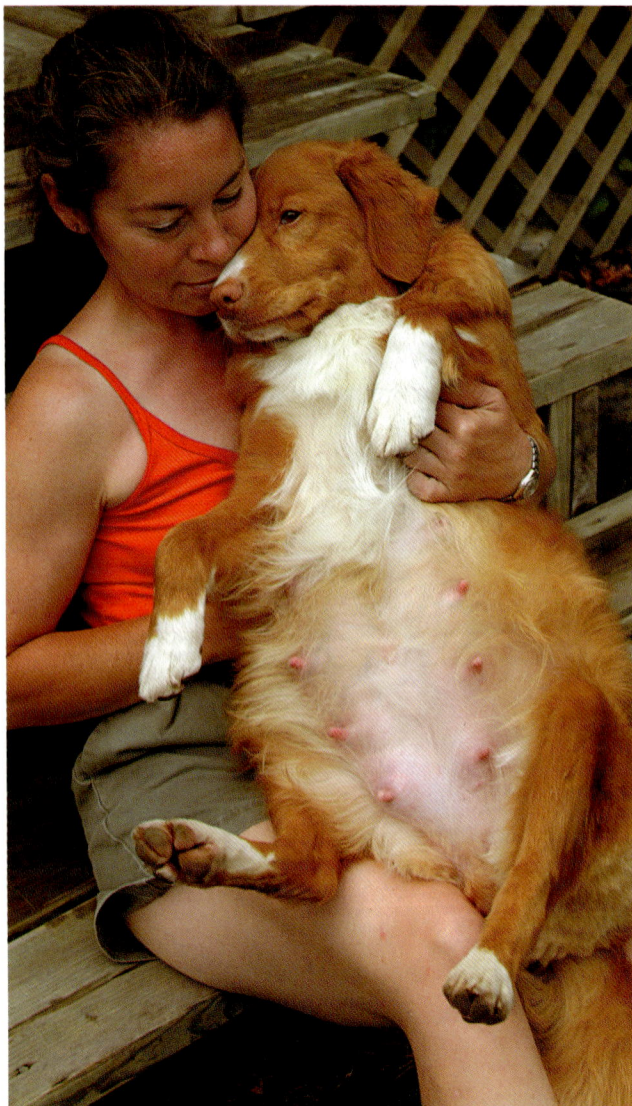

**GROSSESSE CANINE** La prise de poids n'intervient réellement qu'au terme de la grossesse. Cela permet à la chienne de ne pas avoir à porter trop de poids plus longtemps que nécessaire.

## MATURITÉ

Dès l'âge de six mois, un chien mâle est susceptible de manifester des velléités d'accouplement. Chez la chienne, en revanche, la première période d'activité sexuelle, ou chaleurs, intervient vers l'âge de un an. Il existe néanmoins des différences selon les races, notamment chez les grands chiens, comme le lévrier irlandais, qui n'atteignent pas leur maturité sexuelle avant deux ans.

Si les mâles peuvent s'accoupler à tout moment, les femelles ne sont fertiles qu'en période de chaleurs, soit généralement deux fois par an, avec un intervalle d'environ six mois. Cependant, chez certaines races, le basenji par exemple, les chaleurs n'ont lieu qu'une fois l'an, comme pour les canidés sauvages.

## LE CYCLE DE REPRODUCTION

Les premières manifestations du cycle de reproduction de la chienne, dit pré-œstrus, consistent en une dilatation de la vulve, éventuellement accompagnée de pertes de sang. Le chien va dès lors poursuivre la chienne qui, à ce stade, va repousser toute tentative d'accouplement.

L'accouplement lui-même intervient lors du cycle suivant, la période de l'œstrus. Le pénis du mâle cache l'os pénien qui prendra une position transversale lors du coït. Durant la saillie, le pénis est maintenu dans le vagin de la femelle par le biais de muscles constricteurs vaginaux (c'est le nouage). L'éjaculation intervient peu après, puis le couple change de position, mâle et femelle se détournent, l'arrière-train demeurant en contact. C'est à ce moment que les sécrétions libérées par la prostate du mâle favorisent la survie du sperme et assurent la fertilisation.

La libération des ovocytes de la femelle, appelée ovulation, intervient en période d'accouplement. Les ovocytes empruntent ensuite les oviductes pour finir par s'implanter, après fertilisation, dans l'utérus. Le nombre de chiots est variable, de un à douze, voire plus, et en partie fonction de la race. Il arrive que les croisements donnent des portées moins importantes que dans le cas d'accouplements entre chiens de la même race.

La période de gestation dure environ 63 jours. La chienne doit avoir accès à une litière confortable où elle pourra mettre bas. Surveillez-la discrètement.

Si tout se déroule comme prévu, soit trois semaines environ après la naissance, les chiots sevrés commencent à se nourrir d'aliments solides. Il existe dans le commerce toute une gamme d'aliments prévus à cet effet. Entre-temps, la chienne va rechigner de plus en plus à allaiter, ses tétines étant douloureusement malmenées quand poussent les dents acérées de ses petits. Vers l'âge de six semaines, les jeunes chiots vont gagner en indépendance. Pourtant, il est préférable d'attendre huit semaines au moins, et un sevrage complet, avant de séparer le chiot de la portée pour le confier à sa nouvelle famille d'adoption.

**TÉTÉE DE CHIOTS** Le premier lait d'une chienne contient des anticorps qui sont absorbés directement par les chiots, et qui vont les protéger des infections.

## La cryptorchidie

Parfois, chez les mâles de races naines comme le yorkshire-terrier, l'un des deux testicules peut voir sa migration dans le scrotum interrompue. Les cas de cryptorchidie nécessitent l'intervention d'un vétérinaire, cette anomalie pouvant causer l'apparition d'une tumeur cancéreuse, dite tumeur à cellules de Sertoli. Normalement, chez le chien, les deux testicules doivent se trouver dans le scrotum aux alentours de six mois.

**CHIOTS CANE CORSO** Le nombre de chiots dans une portée varie d'une race à l'autre, entre un à plus d'une dizaine. Ces cinq chiots cane corso sont dans la norme pour la race, dont la moyenne se situe entre 4 et 6.

# VOTRE CHIEN AU QUOTIDIEN

S'occuper d'un chien implique un réel engagement, non seulement sur un plan financier, mais aussi à cause du temps que ses soins vont vous demander au quotidien. Jour après jour, il vous faudra en effet nourrir, toiletter et faire courir votre compagnon, et lorsque vous organise-rez vos vacances, vous devrez également penser aux siennes, et prendre les dispositions qui s'imposent. Tout cela ressemble fort à l'arrivée d'un nouveau membre dans le cercle familial. En contrepartie, c'est un compa-gnon fidèle et affectueux qui se tiendra à vos côtés à tous les moments de votre vie.

UN AMI POUR LA VIE Le chien est un animal intelligent, sociable et affectueux. Sa loyauté indéfectible à l'égard de sa « famille » d'adoption mérite en retour affection et attention.

# CHOISIR SON CHIEN

Au moment de choisir votre chien, pas de précipitation. Difficile en effet de ne pas s'extasier devant un chiot, ils sont tous tellement mignons! Analysez d'abord votre mode de vie afin de déterminer le type de chien le mieux adapté à vos besoins. Demandez-vous également s'il est préférable d'adopter un chiot ou un chien déjà adulte, qui désespère sans doute de trouver un foyer.

## UN COMPAGNON SUR MESURE

Tout d'abord, songez qu'un chien de pedigree n'a pas forcément que des qualités. Renseignez-vous sur ses ancêtres, vous aurez ainsi une idée de son caractère et de ses besoins. Si vous vivez en appartement, abstenez-vous d'opter pour un chien courant, très exigeant en matière d'exercice.

**GROSSE RESPONSABILITÉ** Pour les couples envisageant d'avoir un bébé, l'option idéale n'est sans doute pas un chiot de race dogue allemand qui, à sa taille adulte, peut facilement renverser un tout jeune enfant.

Sélectionnez plutôt une race d'agrément, de taille plus petite, et surtout moins sportive.

Du fait de leur appétit, les grands chiens pèsent évidemment davantage dans le budget que les races plus petites. Leur durée de vie est plus courte, avec une moyenne d'environ 10 ans, alors que les petits chiens peuvent vivre largement au-delà. Enfin, la force d'un grand chien en laisse peut représenter un handicap face à des personnes sans une bonne poigne.

## QUELQUES POINTS À CONSIDÉRER

L'aboiement peut constituer un frein à l'acquisition d'un chien, notamment lorsqu'on est citadin. Sur ce point, la taille de l'animal n'est en rien significative. Si, par exemple, le greyhound n'aboie que rarement, les chihuahuas sont à l'inverse nerveux et bruyants.

Considérez aussi le genre, surtout si vous projetez d'acquérir un chien à des fins de concours. Dans ce cas, préférez une chienne, car vous pourrez envisager de l'utiliser pour la reproduction, en conservant, si c'est là votre projet, quelques-uns de ses chiots pour fonder votre propre lignée.

Pour tous ceux qui recherchent un animal de compagnie, on dira simplement que la stérilisation d'une chienne est plus coûteuse que la castration d'un mâle. Mais si vous décidez de ne pas faire opérer votre chienne, sachez qu'en période de chaleurs elle sera susceptible de vous échapper

**PETITS POIDS** Les petits chiens ont de petits appétits et nécessitent moins d'exercice que les grands chiens. Ils se satisferont pleinement d'une balade quotidienne en laisse dans le parc voisin.

pour trouver un partenaire et de vous revenir pleine. À terme, un risque d'infection chronique de l'utérus (pyomètre) n'est pas impossible, fréquent chez les femelles non stérilisées, et d'une plus forte probabilité de tumeur mammaire.

## VOS EXIGENCES

L'exercice est évidemment vital. Il est aussi plus facile à vivre avec certaines races qu'avec d'autres. Le chow-chow, par exemple, est d'un caractère plutôt indiscipliné, le whippet en revanche se montre plus accommodant, et d'ailleurs fait merveille dans les classes d'obéissance, lors des concours.

Projetez-vous dans le futur. Si vous prévoyez d'avoir des enfants, la sagesse veut que vous optiez pour une race petite, d'un caractère docile, comme le cavalier king-charles, de bonne composition, peu susceptible de causer des problèmes, contrairement à des races plus massives et turbulentes. Cependant, certains petits chiens, notamment les terriers, à cause de leur naturel téméraire, ne conviennent pas à des foyers avec jeunes enfants.

Autre élément à considérer, le toilettage. Les robes à poil long ou à poil dur requièrent un toilettage plus fréquent que les races à poil lisse.

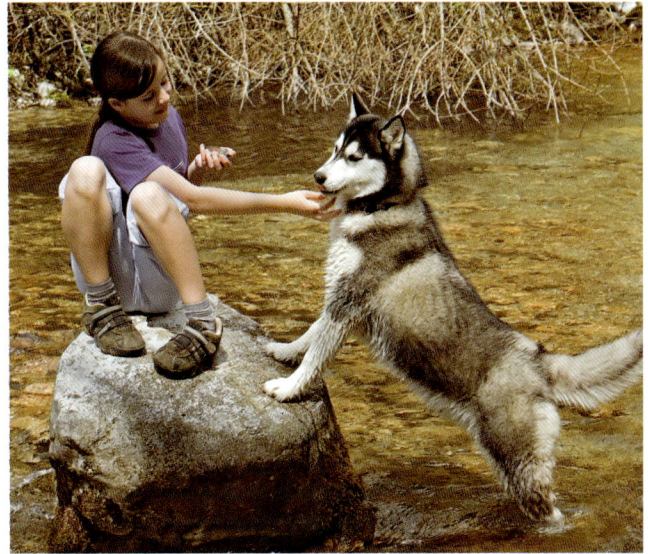

**ADOS TONIQUES** Aux familles avec adolescents, il faut une race tonique, joueuse. Mais attention, ce type de chien a besoin jour après jour de beaucoup d'exercice.

**AGILITY** Si vous souhaitez un chien dans le but de concourir à des épreuves d'agility, sélectionnez une race réputée pour son énergie et sa docilité.

## LES CROISEMENTS

Tout le monde ne recherche pas forcément un chien de pure race, et les chiens issus de croisements et autres bâtards en attente d'un foyer sont légion. Si l'origine de ce type de chiens est plus difficile à déterminer que dans le cas des pures races, on peut néanmoins, si l'origine est connue, se faire une idée assez précise de la taille adulte des chiots.

## LES BÂTARDS ET LES CORNIAUDS

On distingue deux sortes de croisements. Le croisement entre pures races, conforme aux standards, ne fait pas vraiment l'unanimité au sein des différentes organisations cynologiques, qui se montrent sceptiques face au développement du chien de concepteur, symbolisé par le labradoodle, ce croisement entre un labrador retriever et un caniche (voir p. 102-103). Le bâtard est le produit de géniteurs de deux races différentes, ou d'un parent de pure race et d'un autre d'origine indéterminée. Le corniaud est issu de géniteurs eux-mêmes bâtards ou corniauds.

La principale difficulté qui se pose à celui qui veut acquérir un chiot bâtard consiste à estimer sa taille adulte. Tous les chiots, y compris ceux issus de grands chiens, présentent à peu de chose près la même taille à la naissance, puis la

CORNIAUD L'un des charmes du corniaud, c'est d'être unique, comparé à l'extrême standardisation des chiens de pure race. Ils sont aussi souvent moins chers à l'achat.

CHIOTS AVEC PEDIGREE Pas de surprise avec ces jeunes chihuahuas, dont on connaît la taille et le tempérament, ils seront plus coûteux que des corniauds.

CROISEMENT ENTRE DEUX RACES Les croisements peuvent générer des chiens à physionomie spécifique, comme ce croisement entre border collie et bouvier bernois. Mais impossible de prévoir exactement de quel trait parental un chien héritera.

## Le mythe du corniaud

Ce sont essentiellement les problèmes de santé qui affectent de nombreuses races qui décident les gens à choisir un corniaud plutôt qu'une race pure. Cependant, certaines de ces maladies, comme la dysplasie de la hanche (dysfonctionnement de l'articulation coxo-fémorale), touchent aussi bien les corniauds. En fait, c'est le dépistage de cette affection qui, s'étant généralisé chez les chiens de pure race, a fait baisser sa fréquence. En effet, les individus affectés n'intervenant plus dans les programmes de reproduction, les gènes responsables de la maladie sont en nette récession. Il n'existe pas une telle campagne de dépistage pour les bâtards, de ce fait plus vulnérables. Une croyance répandue veut qu'un bâtard soit plus robuste que ses cousins de pure race. C'est un mythe. Ainsi, tous les chiens sont égaux face au risque de contracter la maladie de Carré, par exemple, s'ils ne sont pas protégés par la vaccination. En outre, négligé, un chien, pure race ou pas, sera susceptible d'être infecté de parasites internes et externes, ou de contracter des infections.

croissance des jeunes appartenant à des races de grands chiens s'accélère. L'examen des pattes va permettre d'y voir un peu plus clair. Si celles-ci vous semblent relativement grosses par rapport au corps du chiot, il est probable que l'animal sera un grand chien. À quatre mois, les choses se précisent. À cet âge, le chiot aura atteint environ les deux tiers de sa hauteur définitive au garrot.

Dans le cas de croisement de races, il est impossible de savoir si un chiot tiendra plus d'un parent que de l'autre. En réalité, la portée peut montrer d'énormes différences d'un individu à l'autre, également au niveau du tempérament, lui aussi soumis à variation. Et c'est là précisément le charme des chiens de croisement et des bâtards. Un chien unique, doté de son propre caractère. Par nature, le bâtard est d'un tempérament équilibré, et particulièrement doué dans son rôle d'animal familial. Un rôle dans lequel il excelle depuis des générations, généralement dans les zones résidentielles à l'abord des grandes villes, même si son origine précise reste encore obscure. Si vous recherchez une physionomie particulière, vous aurez le choix entre bâtards à poil long ou à poil court, et pourquoi pas à poil dur ou à poil bouclé. Ce type de chien présente souvent une coloration panachée, rarement une couleur pure.

Plus réceptifs peut-être que certaines pures races, les bâtards adorent en règle générale faire de l'exercice. Et ils se montrent tout aussi performants que leurs parents de race pure quand il s'agit de participer à des épreuves d'agility ou de fly-ball. Alors, ne vous privez surtout pas de viser les podiums sous prétexte que votre chien est un bâtard.

CORNIAUD CHAMPION En matière d'adresse, d'intelligence et de volonté de gagner, les bâtards, comme ce colley croisé, n'ont pas de complexe à avoir vis-à-vis de nombreuses races pures.

LE BON CHOIX Difficile de choisir entre plusieurs chiots aussi adorables que ces deux-là. Réfléchissez en amont à vos besoins et demandez conseil.

## CHOISIR UN CHIOT CHEZ UN ÉLEVEUR

Lorsque vient le moment d'acquérir un chiot, différentes options se présentent à vous, en partie fonction du type de chien que vous souhaitez adopter. Assurez-vous en premier lieu qu'il soit en bonne santé et qu'il corresponde bien à vos attentes. N'admettez aucun compromis à votre décision.

Sachez faire preuve de patience, pas de précipitation. Ce chiot va faire partie de votre vie pendant plus d'une décennie. Si vous recherchez un chiot de pure race, vous devriez pouvoir en trouver un à proximité de chez vous. Cependant, si votre choix se porte sur certaines races plus rares, préparez-vous à traverser les frontières. Procédez à des recherches d'éleveurs sur Internet, épluchez la presse spécialisée, où fleurissent les annonces sur les portées.

En règle générale, le futur maître va arrêter son choix lors de la visite d'une portée de chiots âgés de trois semaines à peine, dépôt de garantie à l'appui. Ainsi, il peut rencontrer la mère, parfois le père s'il y a eu recours à un étalon. Choisir peut s'avérer difficile, surtout si vous êtes en quête d'un chien d'exposition. Demandez conseil à l'éleveur, ou faites vous accompagner d'un expert.

Si vous recherchez chez un éleveur un chien de compagnie, assurez-vous simplement de la bonne santé de la portée. Les éleveurs professionnels recourent systématiquement aux programmes de dépistage, demandez donc à voir tous les certificats de santé concernant les reproducteurs. Observez les chiots, leur comportement, leurs réactions, puis avec l'autorisation de l'éleveur, faites votre choix.

## LES CHIENS ABANDONNÉS

Les différentes associations de protection de l'animal, sociétés généralistes ou chenils, proposent des chiots et des chiens adultes à l'adoption. Contactez le refuge le plus proche de chez vous pour en connaître les disponibilités, faites part de vos attentes aux responsables. Avant le jour J, vérifiez que tout est en ordre dans la maison et inspectez le jardin, afin d'accueillir dans les meilleures conditions le nouveau membre de la famille.

BÊTE DE CONCOURS Si vous recherchez un chien pour participer à des concours, renseignez-vous sur les éleveurs régulièrement récompensés et prenez contact pour réserver un chiot, s'ils n'en ont pas de disponible.

PENSEZ À EUX Les refuges et les chenils abritent bien des candidats à l'adoption. Attention, un chien adulte met plus de temps à s'intégrer à un nouvel environnement qu'un chiot. Faites preuve de patience.

Si vous projetez d'adopter un chien adulte, laissez l'équipe du refuge choisir pour vous, en fonction de vos critères. Ils connaissent mieux que personne le tempérament des chiens sous leur responsabilité. Par exemple, un chien va mieux convenir à une maison avec des enfants, un autre ne supportera pas la cohabitation avec un chat, etc.

UN CHOIX RÉFLÉCHI Si vous avez choisi d'adopter en chenil, prenez la peine de venir rencontrer régulièrement votre protégé avant de prendre votre décision. Il s'agit d'apprendre à vous connaître, de tester votre complicité.

## Examiner un chiot

Lorsque vous choisirez un chiot dans une portée, vérifiez qu'il ne porte pas de protubérance au niveau de la région ombilicale, signe de présence d'une hernie. Même si une intervention chirurgicale peut corriger le défaut, ce type de hernie peut être source de problèmes. Inspectez son pelage, traquez les déjections éventuelles de puces, les traces de poux dans sa robe. Un ventre bedonnant peut être le symptôme d'un amalgame de parasites dans l'appareil digestif. L'état de somnolence d'un jeune chiot n'a rien d'inhabituel, au début ; à condition qu'il soit en bonne santé, il va rapidement déborder d'énergie. Examinez son postérieur, un pelage maculé peut indiquer une diarrhée. Enfin, l'intérieur des oreilles doit être propre.

CÂLIN CANIN Ces deux adorables chiots, futurs jack-russells, de la race des terriers, n'excèdent que rarement les 26 cm de hauteur au garrot. Petit format donc, mais terriblement téméraires et très actifs.

# EFFETS PERSONNELS

Certaines affaires sont indispensables à un chien, d'autres plus accessoires. Faites l'acquisition de l'équipement de base avant l'arrivée de l'animal dans la maison, comparez les offres du marché en la matière et choisissez les produits adaptés. Dans le cas d'un chiot, gardez à l'esprit que ses besoins évolueront avec le temps.

COUCHAGE Le marché propose toute une gamme de couchages pour chiens, mais il convient de choisir en fonction de la taille et des préférences de l'animal. Certains préfèrent des bords de corbeille rigides, d'autres la liberté de mouvement d'un matelas.

## LE COLLIER

Optez pour un collier avec une plaque d'identité sur laquelle sont gravées vos coordonnées. Au début, le chiot ne devra le porter que quelques heures par jour, afin de s'y habituer. Choisissez un modèle qui, pour son confort, doit compter un espace d'au moins deux doigts entre le collier et la gorge. Vérifiez ce détail régulièrement.

COLLIER ET PLAQUE D'IDENTITÉ
Même si votre animal est équipé d'un transpondeur (voir p. 71), un tube d'identité ou une médaille avec vos coordonnées reste indispensable. La personne qui le retrouvera pourra vous joindre directement, au lieu de contacter un refuge.

## QUELQUES PRÉCAUTIONS

Votre chiot a interdiction de s'aventurer dans les lieux publics jusqu'à ce qu'il soit à jour de ses vaccinations, vers l'âge de trois mois. Que cela ne vous empêche pas de lui faire faire de l'exercice dans votre jardin et, en temps voulu, de commencer son éducation. Pensez cependant à colmater la moindre ouverture dans votre haie, afin qu'il ne puisse s'échapper.

## LE COUCHAGE

Il est capital de réserver à votre chiot un espace pour dormir, mais inutile de faire les frais d'une corbeille tant qu'il n'en aura pas terminé avec la poussée de ses dents. Dans cette attente, découpez soigneusement aux ciseaux les bords d'une boîte en carton et tapissez-en l'intérieur d'un vieux coussin. Un chien adulte aura droit en revanche dès son arrivée à un panier. Mieux vaut choisir des produits déhoussables et lavables, afin de prévenir toute invasion de puces. La corbeille en plastique facilite la corvée de nettoyage, contrairement aux corbeilles en osier, moins satisfaisantes en matière d'entretien, sans parler des dégâts occasionnés par des mâchonnements incessants. Les chiens plus âgés ou de grande taille trouveront enfin un matelas plus confortable, mais là encore, optez pour un produit déhoussable.

## LES REPAS

Pour l'eau comme pour la nourriture, choisissez de préférence des gamelles lourdes, en céramique, difficiles à renverser, à de la vaisselle en alu ou en inox, qu'il faut fixer sur un support. Vous pouvez envisager d'acquérir une brosse et un dentifrice adaptés. Une bonne hygiène dentaire, dès le plus jeune âge, est une garantie contre bien des soucis.

**UNE BONNE CLÔTURE** Un chiot se faufilera dans les interstices les plus improbables. Avant son arrivée, renforcez vos clôtures, le temps qu'il grandisse.

**ÉCUELLE** Veillez à ne pas suralimenter le chiot si vous utilisez une grande gamelle.

## JOUETS

Le chiot est joueur par nature. Balles à rebonds et autres jouets du même acabit les incitent à l'exercice, contrairement aux jouets à mâchouiller recommandés durant la poussée dentaire, ou aux jouets de traction. Ne tirez pas trop fort avec ce genre de jouets, susceptibles d'endommager la dentition du chiot.

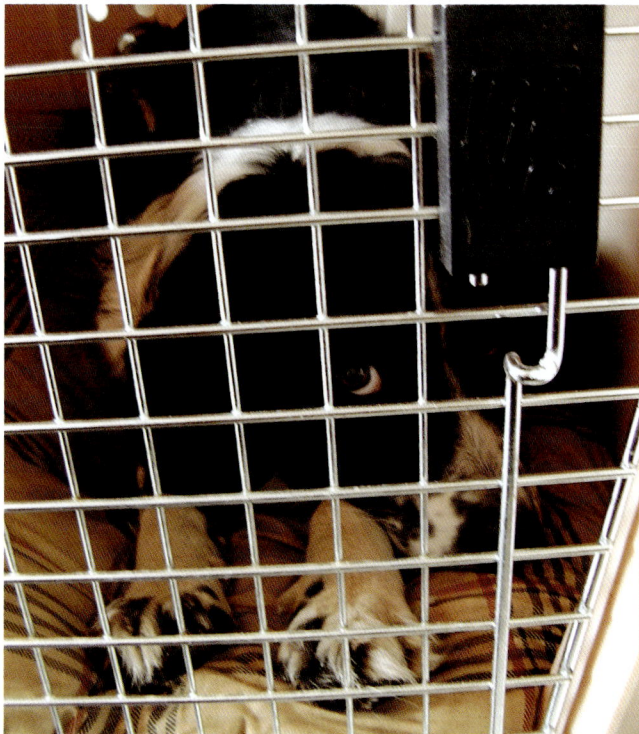

**CAGE POUR CHIEN** Une cage peut servir de caisse de transport. Installez à l'intérieur une couverture et laissez-y votre chiot pour plus de sécurité lorsque vous devez vous absenter durant de courtes périodes.

**JOUJOUX** Une collection de jouets sauvera votre chiot de l'ennui, et aussi vos affaires du sort peu enviable que leur réservent ses dents acérées.

# L'INSTALLATION

Faites en sorte de ramener votre nouveau chien à la maison en sachant que vous y serez présent plusieurs jours d'affilée. Prenez le temps d'installer votre animal, d'instaurer ensemble des rites, en terme de soin et de nourriture. À son arrivée, un chien peut manifester une certaine anxiété face à son nouvel environnement, mais avec quelques encouragements, il devrait rapidement prendre ses marques et s'enhardir.

**TRAJET EN VOITURE** En voiture, le chien doit être bien installé, avec toutes les garanties de sécurité. Ne jamais le cantonner dans le coffre d'une berline, une fuite de gaz d'échappement lui serait fatale.

## EN VOITURE AVEC SON CHIEN

Le jour venu d'aller récupérer votre chiot, emportez une cage de transport adaptée, équipée d'une couverture. Placez cette caisse de façon à ce qu'elle ne puisse glisser dans la voiture. L'endroit le plus approprié reste le tapis de sol, derrière le siège passager. Dans le cas d'une cage grillagée, assurez-vous que le chiot ne peut pas agripper le tissu des sièges avec ses griffes ou ses dents.

S'il s'agit d'un chien adulte, installez une grille ou un filet de séparation à l'arrière du véhicule. Étalez au sol un plaid afin que l'animal puisse dormir, ou au moins s'asseoir confortablement, durant le trajet. On trouve également pour les véhicules de type break des housses en polyester nylon souple et résistant, censées protéger le revêtement du coffre.

Empruntez toujours la route la plus directe pour rejoindre la maison et, en cas de chaleur, pour ne pas rajouter au stress de votre chien, branchez la climatisation. Ne laissez jamais votre chien

**NOUVEL ENVIRONNEMENT** Si vous disposez d'un jardin, laissez votre animal explorer son nouveau territoire sur de courtes périodes.

ÉPUISÉ De nouvelles expériences associées au stress d'intégrer une nouvelle maison peuvent épuiser le chiot. Ne soyez pas surpris ni inquiet s'il s'endort presque tout de suite.

## Les nouveaux et les anciens

■ Un chiot s'intégrera mieux dans un foyer abritant déjà un chien plus âgé, car il aura tendance à adopter une position de soumission. Cependant, même dans ce cas de figure, nourrissez vos chiens en des lieux bien distincts, l'heure du repas étant souvent sujette à disputes.

■ Entourez plus que jamais le chien de la maison, même si votre instinct vous pousse à réconforter le nouveau venu. Cela permettra de renforcer l'ordre établi et réduira les risques de manifestations agressives.

■ Un chat va daigner établir une relation avec le chien, ou tout aussi bien l'ignorer. Difficile de prévoir, mais un jeune chat et un chien qui grandissent ensemble peuvent devenir de bons amis. Ne forcez jamais les choses. Laissez la communication s'instaurer.

■ Éloignez lapins et autres petits animaux de compagnie, naturellement effrayés par un chien.

■ Prenez garde aux tortues, certains chiots adorent mastiquer leur carapace.

seul dans la voiture garée en plein soleil, même pour un court moment. Une température excessive à l'intérieur de l'habitacle peut s'avérer fatale pour l'animal en quelques minutes seulement, même vitre entrouverte.

Restez vigilant à son état. Il s'agit probablement pour votre chiot de son premier voyage, quant au chien adulte, il n'est peut-être pas rompu aux trajets en voiture. L'un et l'autre peuvent être pris de nausées. C'est un problème temporaire, qui s'estompera avec le temps et l'habitude.

## PREMIERS PAS

Une fois à la maison, laissez votre chien découvrir le jardin. Il aura également besoin de se soulager après le trajet.

FAIRE CONNAISSANCE Si nécessaire, prenez quelques jours de congé pour rester avec votre nouveau compagnon et l'aider à s'installer. C'est là une période capitale pour instaurer des rites et créer des liens.

Faites en sorte qu'il ait quelque chose à manger et à boire, puis remettez-le dehors. Après une brève période de reconnaissance de son nouveau territoire, il ne devrait pas tarder à s'endormir. N'insistez pas s'il ne se couche pas dans la corbeille prévue à cet effet, et à ce stade, laissez-le dormir à même le sol, s'il préfère. Plus tard, transportez-le dans l'espace qui lui est réservé, il finira bientôt par s'y coucher de lui-même.

# L'ALIMENTATION

La nourriture pour chien a gagné en qualité autant qu'en diversité, et elle occupe désormais les gondoles des supermarchés et des jardineries aussi bien que les rayons des magasins spécialisés. Le marché de l'alimentation de l'animal domestique fait l'objet d'une concurrence ardue, et les grandes marques s'affrontent dans la conception de produits non seulement adaptés aux besoins du chien, mais aussi agréables au goût.

**BOÎTE OU CROQUETTES**
Sur un plan nutritionnel, ces aliments se valent, mais ils sont très différents en texture et en saveurs.

## LES PREMIERS JOURS

Renseignez-vous sur la nourriture de votre chien dans son ancienne maison, et durant quelques semaines, tenez-vous en à ce menu. Cela permet de réduire les risques de dérangements intestinaux, surtout chez le chiot, provoqués par une modification brutale de son régime alimentaire. Ensuite, lisez avec soin les instructions sur les étiquettes, les quantités recommandées pouvant varier d'un fabriquant à l'autre.

## UNE NOURRITURE APPROPRIÉE

Des produits spécialement formulés sont destinés aux jeunes chiens jusqu'à l'âge de six mois environ, puis on recommande un régime alimentaire équilibré pour adulte. Les chiens plus âgés disposent eux aussi d'aliments spécifiques. Les boîtes de nourriture pour chien, toujours très répandues, se voient néanmoins peu à peu supplantées par les très pratiques sachets-repas. Autre grand succès, la nourriture sèche, offrant une source plus concentrée en nutriments, qui comble plus rapidement que la nourriture humide les besoins nutritionnels de l'animal. Attention, pesez votre chien régulièrement pour éviter toute prise de poids. La nourriture sèche n'est cependant pas aussi appétissante que la nourriture humide.

Si vous optez pour les boîtes, achetez des gabarits qui correspondent à la ration alimentaire journalière. Conservez toujours les portions inutilisées au réfrigérateur et veillez à bien entreposer les sacs de croquettes au sec.

## MAINTENIR SON CHIEN EN FORME

• Ne lui donnez jamais plus que la ration recommandée, et évitez l'excès de friandises entre les repas.
• Veillez à ce que votre chien ne subtilise pas le repas de votre chat.
• Surveillez son poids (voir page 74).
• Faites faire régulièrement de l'exercice à votre chien.

**EN DOUCEUR** Procédez en douceur au changement de régime alimentaire de votre chiot. Réduisez progressivement son ancienne nourriture en augmentant les portions de la nouvelle.

À LA CARTE Certaines petites races, comme le chihuahua, sont réputées difficiles et promptes à refuser toute nourriture sèche. D'autres, ce terrier jack-russell par exemple, chipotent moins.

## LES FRIANDISES

Le choix en ce domaine est vaste. Mais prenez garde à toujours distribuer ces friandises avec parcimonie, car elles sont riches en calories et susceptibles de faire prendre du poids à votre animal. Préférez les morceaux de carotte ou de pomme, plus diététiques.

## REPAS MAISON

Si vous cuisinez vous-même les repas de votre chien, veillez à y apporter les nutriments nécessaires. Vous pouvez utiliser divers abats (foie, cœur…), mais ce type de nourriture présente une faible teneur en calcium, qui doit être corrigée par un complément alimentaire.

Même si certaines nourritures toutes prêtes pour chien ont pu faire l'objet de critiques, la formule reste idéale, tant du point de vue diététique que pratique, dès lors qu'elle est mise au point par des marques reconnues.

## Principes d'hygiène

Lavez les gamelles de votre chien après chaque repas, de préférence sans les mélanger à votre propre vaisselle. Un bol maculé de nourriture attire les mouches. Une gamelle sale, contaminée par des bactéries, risque de provoquer des dérangements intestinaux.

POMME ET CAROTTE Les chiens, omnivores, apprécient, avec modération, fruits et légumes frais, une friandise pour eux, indispensable à un régime alimentaire équilibré.

# LE TOILETTAGE

La majorité des chiens perdent leurs poils au rythme des saisons, la mue la plus importante se produisant avec l'arrivée du printemps, lorsque chute le pelage plus épais de l'hiver. Autre moment clé, le début de l'automne, où la perte de poils est aussi plus importante que la normale. Brossez votre chien chaque jour, vous retirerez ainsi les poils morts avant qu'ils envahissent son environnement.

## TONTE ET TRIMMING

Certaines races ne connaissent pas de mue, parmi elles les caniches, et divers terriers. Les maîtres de ce type de chien recourent souvent aux services d'un toiletteur professionnel. Cependant, si la coupe à la lionne vous laisse perplexe, vous pouvez choisir pour votre caniche nain une coupe agneau, avec un poil de même longueur sur l'ensemble du corps. Outre un trimming, modelage final de la robe, votre chien devra également profiter de sa visite chez le toiletteur pour prendre un bain. Dans l'idéal, comptez une séance toilettage tous les deux mois pour ce genre de chien.

## LE MATÉRIEL

Une fois familiarisé avec le toilettage, il est peu probable que votre chien fasse un blocage. Séparez délicatement les nœuds à la main, les démêler au peigne risquerait de le

SANS POILS Parce qu'il ne mue pas, le caniche convient tout particulièrement aux personnes souffrant d'allergie aux poils de chien… autre avantage, plus de corvée d'aspirateur.

blesser. Investissez dans un peigne-démêloir à dents rotatives pour travailler le poil en profondeur et défaire les nœuds sans risque de tiraillement.

Une brosse et un peigne classiques suffiront à l'entretien courant de la robe, en éliminant les poils morts, le brossage en lui-même ayant un effet tonique sur la peau. Attention, pas de brosse à picots nylon, source d'électricité statique. Les outils qui composent un kit de toilettage vont vous être plus ou moins utiles, selon le type de robe de votre chien. Ainsi, un gant à lustrer, passé dans le sens du poil, permet de conserver tout son éclat au pelage lisse de nombreux chiens de chasse. La brosse carde quant à elle est particulièrement efficace pour éliminer l'épais sous-poil du chien en période de mue.

## LE BAIN

Un bain régulier, tous les deux ou trois mois, permet de neutraliser les odeurs corporelles. Habituez l'animal à ce passage obligé dès son plus jeune âge, contraindre un chien adulte n'étant pas chose facile. Le bain va se dérouler de préférence à l'extérieur, dans le jardin, où une inondation n'aura pas de conséquences. Pour des raisons purement hygiéniques, évitez de laver votre chien dans la baignoire familiale, même protégée d'un tapis en caoutchouc antidérapant. La baignoire bébé en plastique, ou

BROSSAGE RITUEL Les chiens procèdent eux-mêmes à leur toilette, mais votre concours peut s'avérer précieux. S'il renforce les liens entre l'animal et son maître, le brossage a également un effet relaxant sur votre chien.

tout autre conteneur de même type, fera parfaitement l'affaire, ainsi qu'un shampoing pour chien ou, faute de mieux, celui de bébé. Vous aurez également besoin d'un petit récipient pour arroser le poil de l'animal et d'une serviette-éponge pour le sécher.

Après le bain, mieux vaut confiner votre chien jusqu'à séchage complet du pelage. Une étape importante, surtout en ce qui concerne les petits chiens ou les individus âgés, plus vulnérables, et donc susceptibles de prendre froid.

**TONDEUSE** À condition d'être équipé de l'outil adéquat, et après avoir appris les bons gestes auprès d'un expert, vous pouvez tondre vous-même votre chien. Certains salons de toilettage proposent des cours.

## Au bain

❶ Mouillez progressivement le pelage à la main, en commençant par les pattes, puis le dos et enfin le ventre, sans toucher à la tête. Faites bien pénétrer le shampoing du bout des doigts.

❷ Rincez avec de l'eau tiède, à la douche ou au tuyau d'arrosage. Laissez votre chien obéir à son instinct; en se secouant énergiquement, il expulse l'excès d'eau de son pelage.

❸ Séchez le pelage à l'aide d'une serviette, éventuellement d'un sèche-cheveux. Veillez à ce que le bruit n'effraie pas le chien, et faites attention à ne pas le brûler.

# ÉDUCATION, LES GRANDS PRINCIPES

Votre chien doit assimiler des principes de base, pour sa sécurité et pour celle des autres. C'est dès son plus jeune âge qu'il faut faire son éducation, afin de lui inculquer les bonnes règles comportementales. Après l'apprentissage de la propreté, il convient de l'éduquer aux ordres « assis » et « viens ». De la même façon, votre chien doit accepter le port du collier et la conduite en laisse, indispensables pour le dressage.

**LA PROPRETÉ** Durant les quatre premiers mois de sa vie, un chien doit être sorti toutes les deux heures en journée, et une dernière fois le soir, pour faire ses besoins.

## LEÇON DE PROPRETÉ

La propreté s'impose comme une étape essentielle dans l'éducation du chiot qui doit apprendre à ne pas faire ses besoins à l'intérieur de la maison. Pas de secret en ce domaine, seule importe la persévérance. Faites-le sortir toutes les deux heures environ pendant la journée, et une dernière fois avant le coucher. Il finira par comprendre ce que l'on attend de lui, et après quatre mois, il devrait demander lui-même à sortir, même si deux mois supplémentaires peuvent encore lui être nécessaires pour une propreté absolue. Éventuellement, si vous devez le laisser seul, utilisez des tapis de propreté, ou du papier journal, pour absorber ses déjections. Mais veillez ensuite à nettoyer abondamment les parties du sol souillé, afin que votre animal ne soit pas tenté d'y retourner, attiré par son odeur.

## ASSIS

Apprendre à un chiot à s'asseoir ne présente pas de difficultés, cette posture étant en effet spontanée. Habituez-le dès le début à l'ordre « assis », et pratiquez l'exercice en profitant du moment du repas. Dans un premier temps, il ne comprendra pas ce qui lui est demandé, tenez alors sa gamelle dans une main, et de l'autre appuyez doucement sur sa croupe pour le faire asseoir, ce qu'il ne manquera pas de faire à ce stade, même si ce n'est que brièvement. Bientôt, votre chien s'assiéra de lui-même et frétillera de la queue en attendant sa gamelle.

## Apprendre l'ordre « assis »

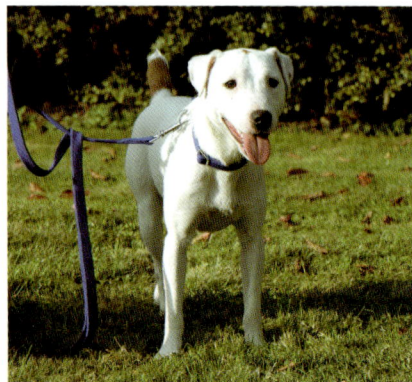

**❶** Faites toujours travailler votre chien une longe fixée à son collier, de façon à pouvoir le contrôler. Choisissez un endroit calme pour éviter toute distraction.

**❷** Montrez à votre chien la friandise et commandez « assis ». Si nécessaire, amenez lentement la friandise au-dessus de sa tête, il va s'asseoir pour la garder en ligne de mire.

**❸** Récompensez-le sans attendre avec la friandise et félicitez-le, il associera ainsi l'ordre à une récompense. Une fois qu'il s'exécutera à l'ordre, supprimez la friandise.

## Apprendre l'ordre « couché »

❶ Le chien en position assise, montrez-lui une friandise et approchez votre main de sa truffe.

❷ Abaissez progressivement la main jusqu'au sol, le chien va spontanément maintenir sa truffe contre la friandise et se coucher.

❸ Une fois couché, récompensez-le sans attendre avec la friandise et félicitez-le. Veillez cependant à maintenir une voix toujours égale, un dressage efficace ne s'accomplit jamais dans le stress.

L'apprentissage du commandement « viens » doit se dérouler dans l'enceinte du jardin familial, et non dans un lieu public, votre chien attaché à une longe. Une fois le comportement sur commandement acquis, essayez sans la longe, toujours dans votre jardin.

Le dressage à la maison peut être enrichi de cours dispensés par un professionnel. Lors de ces séances de dressage, votre chien va rencontrer d'autres chiens, et à terme, cette socialisation devrait atténuer sa nervosité.

Le temps nécessaire au dressage du chiot varie en fonction de sa réceptivité, mais aussi de votre propre investissement dans son éducation. Vous devrez aussi faire preuve de clarté et de simplicité dans cette relation d'éducation fondamentale.

## LE COLLIER ET LA LAISSE

Plusieurs jours seront nécessaires à votre chien pour accepter le port du collier, et une fois l'habitude acquise, vous pourrez lui apprendre à marcher en laisse. Au début, il risque de rechigner et de manifester sa frustration en se roulant au sol pour tenter de se libérer, mais après quelques jours, il n'opposera plus de résistance. Entraînez-le dans le jardin avant de vous aventurer dans la rue, où les sollicitations sont nombreuses. Dernier détail, avant de lâcher votre chien dans un jardin public, il devra avoir acquis le commandement « viens ».

FRIANDISES Accompagnez les premières séances de dressage de quelques friandises, en guise de récompense. Bientôt, vous les remplacerez par des caresses et des félicitations.

SIGNE DE LA MAIN Intégrez des signes de la main au dressage de votre chien. Vous pourrez ainsi communiquer avec lui de loin, lors de vos promenades.

# PROMENER SON CHIEN

Du fait de l'atavisme, tous les chiens ne présentent pas les mêmes dispositions pour l'exercice. Certaines races, comme le chien d'attelage, débordent d'énergie et ont besoin de se dépenser beaucoup, au même titre que les chiens courants, élevés pour pister le gibier dans la campagne. Les chiens d'agrément en revanche, le carlin par exemple, sont par nature bien moins actifs. L'énergie d'un chien diminue aussi avec l'âge.

## L'EXERCICE MENTAL

L'exercice ne fait pas que combler un besoin physique, il doit également stimuler le mental, et éviter ainsi qu'un chien ne sombre dans la neurasthénie. Habituer un jeune chien, à jour de ses vaccins, à sortir régulièrement pour la promenade permet d'assurer son équilibre. En effet, les individus élevés dans l'isolement ont tendance à manifester plus de nervosité et moins de sociabilité à l'égard de leurs congénères. Si vous retirez sa laisse à votre chien dans un lieu public, respectez ces quelques règles :

- Choisissez un endroit calme, à l'écart du bétail et des autres chiens.
- Évitez la proximité des voies de circulation.
- Rappelez votre chien avant qu'il ne s'éloigne trop.
- N'essayez pas de le suivre s'il part en courant. Il peut croire à un jeu.

EXERCICE De nombreuses races de petits chiens de compagnie ont un penchant limité pour l'exercice. Mais ceci n'est pas vrai de toutes les petites races : les terriers ont besoin d'une bonne course quotidienne, sans laisse.

## ALLER PLUS LOIN

Le site de promenade de votre chien va dépendre en partie de votre lieu de résidence. Peut-être, avec de la chance, à proximité d'un jardin public, ou à la campagne. Éventuellement, consultez une carte pour repérer des circuits de balade, discutez avec d'autres maîtres pour connaître les meilleurs coins. Une courte balade jour après jour vaut mieux qu'une promenade marathon le week-end.

En l'absence d'un lieu adéquat à proximité de la maison qui permette de retirer sa laisse en toute sécurité à votre compagnon, prenez la voiture pour rejoindre un endroit approprié. Sortir pour la promenade déclenche souvent l'euphorie du chien, et sitôt dans la voiture, il peut se mettre à aboyer. Pour pallier ce genre de problèmes, évitez que votre chiot associe voiture et promenade. Emmenez-le en voiture par exemple lorsque vous devez vous rendre dans un magasin proche, sans lui accorder systématiquement une balade.

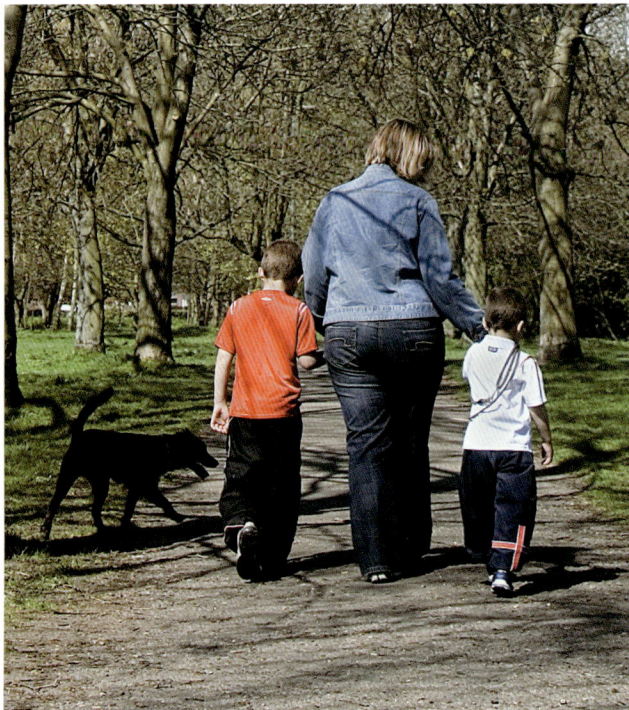

RITUEL Un chien a besoin de sa promenade quotidienne, pas simplement le week-end. Un excellent alibi pour avoir vous aussi votre dose d'exercice.

À BOIRE Durant une longue promenade, votre chien aura besoin de se désaltérer. Choisissez une source limpide, ou emportez une bouteille d'eau et une écuelle.

## SANS LAISSE

Lorsque vous enlevez sa laisse à votre chien, ne le perdez jamais de vue et rappelez-le régulièrement, afin de lui apprendre à ne pas trop s'éloigner. Soyez plus vigilant encore si vous rencontrez du bétail. Tenez alors votre chien en laisse. Bovins et chevaux peuvent attaquer un chien et lui infliger de graves blessures. Un chien de son côté peut se révéler agressif en présence de moutons, résurgence de l'instinct de chasseur de son ancêtre le loup. Redoublez de vigilance si des agneaux se trouvent à proximité.

## Vêtements de saison

Un chien ne rechignera pas à sortir par mauvais temps. En revanche, les races à pelage fin, comme le whippet, sont sensibles au froid, d'où la nécessité d'un vêtement adapté. On en trouve aujourd'hui un vaste choix, de l'imperméable ultraléger pour l'été à la parka doublée pour l'hiver. Conservez toujours une serviette usagée dans la voiture, de manière à nettoyer votre chien s'il a traîné dans la boue.

SOCIALISATION La promenade développe la socialisation de votre chien avec d'autres membres de son espèce. Ces rencontres atténueront sa nervosité, et lui offriront l'opportunité de jouer.

# JOUETS ET JEUX

Les chiots font preuve tout particulièrement d'un tempérament joueur, qui en réalité leur permet d'appréhender leur environnement, mais les chiens plus âgés ne dédaignent pas non plus s'amuser de temps en temps. Jouer avec votre compagnon permet de construire et de renforcer les liens qui vous unissent, et peut également servir à des fins de dressage. Le choix des jouets se détermine en fonction du type de chien.

**JEU DE BALLE** N'utilisez que des balles à large diamètre que le chien ne pourra pas avaler. Avec une petite balle, votre compagnon risque l'asphyxie ou une obstruction du tube digestif.

## QUEL JOUET ?

Les chiens robustes, genre bull-terrier, affectionnent les jouets de traction qui leur permettent de tester leur force vis-à-vis du maître. Veillez à ne pas tirer trop violemment, vous risqueriez d'abîmer la gueule de votre animal. Les chiens type labrador, dont l'instinct tend plutôt à rapporter, préfèrent quant à eux le frisbee, qu'ils attrapent en effectuant à l'occasion d'impressionnants sauts en extension. Évitez les lancers répétitifs, en double avec un ami, le chien en aura vite assez de courir de l'un à l'autre et, perdant tout intérêt au jeu, il aura tendance à s'éloigner. Les terriers raffolent des jeux de balle, qu'ils poursuivent par instinct comme ils chasseraient une proie, un rat par exemple.

**L'OS** En règle générale, un chien adore ronger un os. Attention, ne lui donnez jamais des os de volaille, dont les éclats peuvent être cause d'étouffement.

**NÉ POUR MÂCHOUILLER** Les chiots raffolent des jouets à mâchouiller en période de percée dentaire. L'accessoire peut aussi être utile pour le nettoyage et le massage des gencives de chiens plus âgés.

## UN ENDROIT POUR JOUER

Jouer avec votre chien dans l'enceinte du jardin familial ne devrait pas présenter de risque particulier, surtout avec un jouet de traction, en revanche la liberté de mouvement de l'animal s'en trouvera réduite. Si vous emportez un jouet pour sa promenade, choisissez votre emplacement avec soin. Évitez les sites fréquentés par les autres chiens. S'il leur prenait l'envie de s'inviter à vos jeux, la partie pourrait dégénérer en bagarre. L'idéal est un champ, en pleine campagne, à condition de toujours repérer le point de chute du jouet, même si votre chien est parfaitement en mesure de localiser une balle égarée, si vous l'y encouragez. Si vous ne pouvez pas lancer une balle, il existe aujourd'hui des systèmes propulseurs qui permettent de lancer loin, et sans grand effort.

## ÉDUCATION ET JOUETS

Si votre chien boude un certain type de jouet, essayez-en un autre. Il n'y a pas de règle, chaque chien a son jouet préféré. Il se peut qu'un chien âgé ou issu d'un chenil n'ait jamais possédé de jouets par le passé, et sans doute ne saura-t-il trop quoi en faire. Que cela ne vous empêche pas d'insister pour l'inciter au jeu. Quelque temps plus tard, c'est lui qui vous sollicitera, un jouet dans la gueule en guise d'invitation.

Le jouet peut servir de support éducatif, notamment pour apprendre à un chien à lâcher un objet sur ordre. Pour prendre un objet à votre chien, pressez de chaque côté de sa mâchoire supérieure de la main gauche, puis abaissez de la droite la mâchoire inférieure. L'objet devrait tomber de lui-même. Un chien apprendra rapidement à déposer une balle à vos pieds, afin que vous puissiez de nouveau la lui lancer. Si votre compagnon montre une fâcheuse manie à tout mâchouiller dans la maison, offrez-lui un jouet conçu spécifiquement à cet effet.

**JOUET À MÂCHOUILLER** Plus hygiénique dans la maison qu'un vieil os. Plus amusants encore, les modèles sonores.

**FRISBEE** Idéal pour les retrievers, hyperactifs. Attention, n'utilisez que les modèles pour chiens.

**JEU DE TRACTION** Dans ce type d'exercice, le maître doit pouvoir gagner. Autrement, le chien risque à terme de se prendre pour le patron.

**L'AMOUR DU JEU** Certains « apportables » sont conçus pour l'eau, avec section en corde pour faciliter le lancer. Ne perdez jamais votre chien de vue avant qu'il ne soit sorti de l'eau.

# LE CHIEN EN VACANCES

Au moment d'organiser vos vacances, vous devez prendre en compte votre animal et décider de la meilleure conduite à tenir vis-à-vis de votre chien. La plupart du temps, vous pourrez l'emmener avec vous, mais il faudra parfois vous résoudre à le laisser et trouver un mode de garde adapté. Des solutions existent : chenil, famille d'accueil ou la garde à domicile.

**À LA MAISON** Certains chiens se trouveront mieux à rester à la maison pendant votre absence. Après vérification de ses références, confiez-le aux bons soins d'une société de dog-sitting.

## EN VOYAGE AVEC LUI

Si vous projetez des vacances itinérantes, quelques dispositions s'imposent pour le confort de votre compagnon. Étudiez votre mode de voyage, ainsi que les activités envisagées pour ces vacances. Ainsi, si vous partez en camping-car, vous ne devriez pas rencontrer de réels problèmes. Si en revanche, vous voyagez d'hôtel en hôtel, préparez soigneusement votre circuit, tous les établissements n'acceptant pas d'héberger un animal.

## LES DANGERS DE LA VILLÉGIATURE

Si vous décidez d'emmener votre chien pour un long trajet, pensez à effectuer des haltes régulières afin qu'il puisse se dégourdir les pattes et s'abreuver. Ne perdez jamais de vue qu'à circonstances exceptionnelles, dangers exceptionnels. Il peut s'agir de serpents venimeux sur terrain

**VACANCES À LA CARTE** Il ne fait aucun doute que votre chien préfère votre compagnie à celle d'un inconnu, mais si vous décidez de l'emmener, faites en sorte que vos activités correspondent à ses attentes.

prestations et de discuter avec le personnel, avant de prendre une décision.

## LE DOG-SITTING

Un chien s'adapte en principe sans mal en pension. Néanmoins, surtout si votre chien est un peu âgé, envisagez une autre option que le chenil. La garde à domicile par exemple. Le système consiste à accueillir dans vos murs un professionnel qui va non seulement veiller sur votre chien en votre absence, mais aussi sur vos autres animaux domestiques, tout en effectuant diverses tâches, comme l'arrosage des plantes.

Un autre avantage de la garde à domicile est que votre domicile reste occupé durant vos vacances. Très dissuasif contre les cambrioleurs. Pensez à informer votre assurance de la présence de cet « invité » chez vous, pendant votre absence, on ne sait jamais.

PARASITES Les tiques, responsables de graves infections, comme la maladie de Lyme, pullulent dans certaines régions. Après une randonnée, examinez avec soin votre chien.

broussailleux, ou d'à-pics vertigineux en montagne. Certaines races doivent faire l'objet d'une surveillance plus étroite que d'autres. Les retrievers, par exemple, vont par instinct s'aventurer dans l'eau, mais la mer est pleine de dangers. Attention aux récifs et aux pièges que représentent les courants, même si ce type de chien est excellent nageur. Dans le doute, tenez votre chien en laisse. Respectez les interdictions d'accès aux plages pour les chiens, notamment l'été.

## LES CHENILS

Si vous vous trouvez dans l'impossibilité d'emmener votre animal, choisissez parmi les nombreuses alternatives qui s'offrent à vous. La solution la plus évidente est la pension en chenil, à condition de vous y prendre suffisamment tôt pour réserver, notamment en été.

Dans le cas où vous ignoreriez tout de la qualité d'hébergement des chenils à proximité de votre domicile, demandez conseil à votre vétérinaire ou à d'autres maîtres, coutumiers de ce type de garde. Éventuellement, visitez deux ou trois établissements au hasard, afin de comparer les

## La check-list du chenil

- Vérifiez que votre chien est à jour de ses vaccinations, y compris contre la trachéobronchite infectieuse, dite « toux de chenil ».
- Pensez à emporter le certificat de vaccination de votre animal.
- Amenez-le la veille du départ, afin d'éviter tout vent de panique.
- Laissez vos coordonnées et celles de votre vétérinaire.
- Pensez à emporter les traitements suivis par votre chien.
- Joignez l'un de ses jouets favoris à ses bagages.

# CHEZ LE VÉTÉRINAIRE

Essentielle quel que soit l'âge de votre chien, une visite médicale régulière s'impose avec un chiot. Les vaccins le protégeront contre les maladies infectieuses, comme la maladie de Carré. Celles-ci peuvent être fatales à votre ani-mal, ou lui laisser des séquelles à vie, à suppo-ser qu'il se remette du choc initial de l'infection. Autre soin d'importance, la vermifugation, elle aussi vitale. Là aussi, ce sont les jeunes chiens qui sont les plus exposés à ce type de parasite.

## CHOISIR UN VÉTÉRINAIRE

Votre vétérinaire doit exercer à proximité de votre domicile, au cas où vous devriez y conduire votre chien en urgence. En temps normal, une visite annuelle suffit, pour le rappel des vaccins. Un chien âgé aura besoin de visites plus fréquentes qui permettront de diagnostiquer en amont tout dérèglement, et d'établir avec plus de chances de succès un traitement adapté.

Si tous les vétérinaires ont suivi la même formation, vous pourrez souhaiter consulter une personne en particulier; n'hésitez pas à demander. Vérifiez si le cabinet fonctionne sur rendez-vous, ou en consultation libre, avec le risque de passer du temps en salle d'attente.

Avant de prendre votre décision, prenez conseil auprès d'amis, eux-mêmes maîtres, ou téléphonez aux deux vétérinaires les plus proches de chez vous et suivez votre instinct. Pensez enfin à vous renseigner sur les tarifs, le prix des prestations, celui des vaccinations notamment, pouvant varier d'un cabinet à l'autre.

## LES PREMIERS JOURS

Dès que possible après l'acquisition d'un chiot ou d'un chien, emmenez votre animal chez le vétérinaire pour lui faire subir un bilan de santé. Le praticien examinera l'animal sous toutes les coutures, écoutera son rythme cardiaque par exemple, à la recherche de la moindre anomalie susceptible d'évoluer en affection lourde. Dans le cas, plutôt rare, où un problème serait détecté, contactez sans attendre l'éleveur.

## L'ASSURANCE

Les coûts de santé pour un animal sont parfois élevés, reflétant en cela les avancées de la médecine et de la chirurgie. Contracter une assurance vétérinaire peut être utile, en cas de frais inattendus, principalement pour des blessures dues à un accident.

Choisissez la formule adaptée et posez les bonnes questions : Quelle somme aurez-vous à débourser en cas de dommages à un tiers ? Quelle garantie pour quel type de chien ? Quelles sont les modalités d'exclusion ? Si votre animal a un antécédent médical, il est peu probable que son affection soit couverte.

## LE TRANSPONDEUR

Tous les vétérinaires proposent aujourd'hui dans leurs prestations le marquage électronique des animaux de

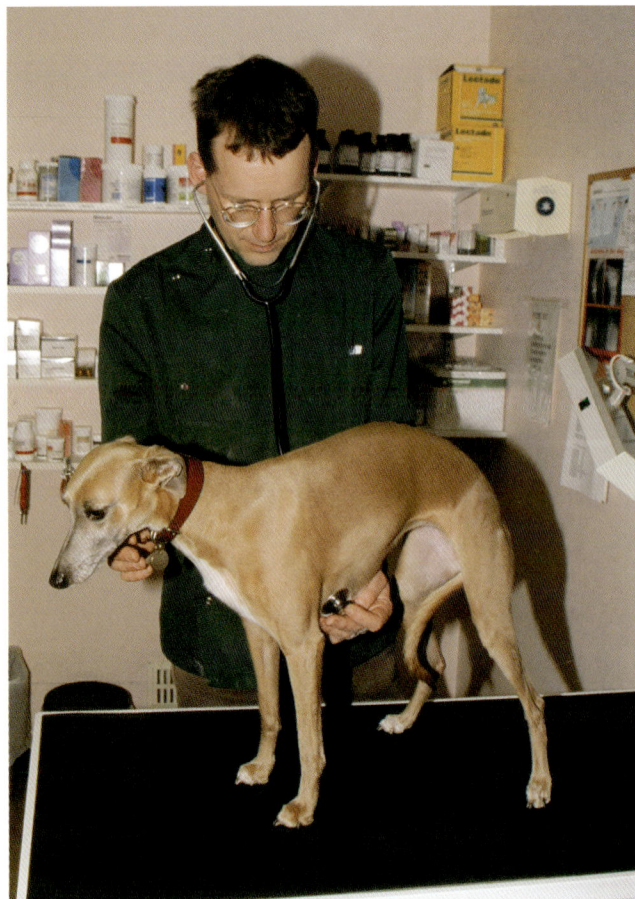

VACCINATION, RAPPEL ET BILAN DE SANTÉ Une visite annuelle chez le vétérinaire, à l'occasion du rappel de ses vaccinations, permettra également de diagnostiquer en amont toute maladie chez votre chien.

compagnie. Il s'agit d'un dispositif biocompatible contenant un numéro codé qui peut être lu par un scanner spécifique passé sur la zone d'implantation de la puce injectée sous la peau de l'animal. Cette opération, pas plus douloureuse qu'une vaccination, garantit la « traçabilité » de votre compagnon, notamment en cas de fugue.

Les données contenues dans le transpondeur permettent d'identifier le chien sans ambiguïté. De plus, les études menées sur un panel de quelque 30 000 individus ont démontré l'absence de tout risque pathologique.

## VERMIFUGATION

Elle est particulièrement recommandée pour les jeunes chiots, souvent affectés par des ascaris (*Toxocara canis*). Cette catégorie de vers, à travers les œufs présents dans les matières fécales, peut à son tour devenir une menace pour la santé de l'homme. L'élimination est facile, grâce à une vermifugation régulière.

**TRANSPONDEUR** Un dispositif électronique de la taille d'un grain de riz contient toutes les informations concernant votre chien. Le transpondeur est injecté sous la peau, sans risque de gêne pour l'animal.

**VULNÉRABLE** Un chiot au début de sa vie est une proie facile, exposé à toutes sortes d'infections. Lors de votre première visite chez le vétérinaire, maintenez-le dans sa caisse, ou sur vos genoux.

# PREMIERS SECOURS

Dans l'idéal, en cas d'accident, la consultation du vétérinaire s'impose dans les meilleurs délais. Dans la mesure du possible, avant de conduire l'animal aux urgences, appelez votre praticien pour décider des mesures à prendre.

## ACCIDENTS DE LA ROUTE

Si l'animal est en mesure de marcher, improvisez une laisse, mais ne prenez jamais le risque d'arracher un chien accidenté inerte au milieu du trafic. Faites attention aux réactions d'un chien blessé, stressé par les circonstances, qui pourrait vous mordre si vous cherchez à le toucher.

Pour déplacer un chien inconscient, maintenez autant que possible son corps à l'horizontale, en l'attrapant par en dessous, et non en le tractant par les membres antérieurs ou postérieurs, manipulation qui risquerait d'aggraver toute blessure interne. Quoi qu'il en soit, un examen vétérinaire est nécessaire. Une peau lésée suite à une collision peut nécessiter une greffe, les fractures quant à elles vont devoir

**PREMIERS GESTES** Quelle que soit la blessure, il y a toujours risque de choc post-traumatique. Enveloppez votre chien d'une couverture et surélevez ses membres postérieurs pour stimuler l'afflux de sang dans le cerveau.

**ACCIDENT DE LA ROUTE** Tout d'abord, évacuez le chien blessé de la circulation. Couvrez l'animal et improvisez une civière de manière à le déplacer sans risque d'aggraver ses blessures.

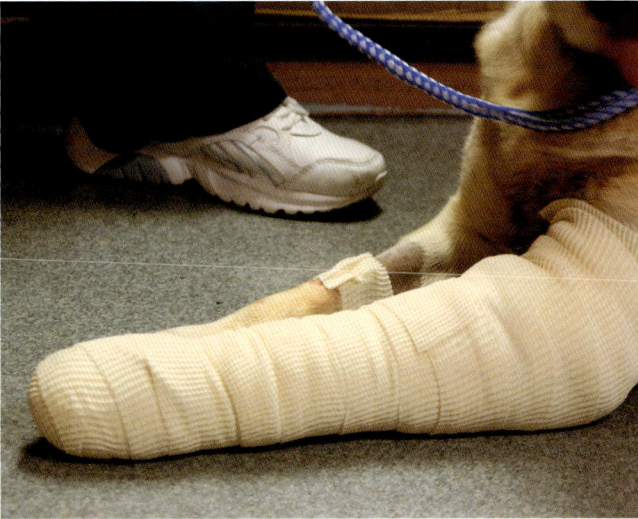

FRACTURE DE LA PATTE Les traitements en ce domaine sont sensiblement les mêmes que pour l'homme. Inspectez régulièrement la tenue des bandages pour repérer un éventuel gonflement suspect.

JEUX DANGEREUX La vigilance s'impose avec les chiots, leur curiosité les exposant à toutes sortes de tracas.

être stabilisées à l'aide d'agrafes, broches et plâtre, comme chez l'homme.

## LES PIQÛRES D'INSECTES

Un jeune chien, naturellement curieux, peut bondir pour gober les abeilles comme les guêpes, et à terme se faire piquer dans la gueule. Il se peut que l'incident se soit produit en votre absence, mais si vous surprenez votre chiot à se frotter sans arrêt le museau et à montrer des signes de détresse, après un tour dans votre jardin, il s'agit très probablement d'une piqûre. Les conséquences d'un tel bobo peuvent se révéler catastrophiques, si la piqûre a été infligée au fond de la gorge, le gonflement qui en résulte risquant d'obturer la trachée, et à terme de causer l'asphyxie de l'animal.

## LES COUSSINETS

Les coussinets d'un chien semblent *a priori* robustes, mais le tranchant d'un bout de métal ou d'un éclat de verre risque de les entailler en profondeur, et de provoquer des saignements abondants. Utilisez n'importe quel linge propre en guise de bandage de fortune pour comprimer la blessure afin de stopper l'hémorragie. Prenez ensuite conseil auprès de votre vétérinaire.

## EMPOISONNEMENT

Les symptômes en ce domaine varient, en fonction de la nature du poison. Éventuellement, faites vomir votre chien. Contactez votre vétérinaire, fournissez-lui le plus d'éléments possible.

## BRÛLURES

Si votre chien est victime d'une brûlure, refroidissez la zone blessée à l'aide d'eau fraîche, puis, là encore, consultez votre vétérinaire dans les plus brefs délais.

EMPOISONNEMENT La langueur peut être le premier symptôme, mais ils sont différents selon le poison. Si votre chien montre un défaut de coordination, et en cas de vomissement ou d'inconscience, contactez les urgences.

# LE CHIEN SENIOR

La durée de vie d'un chien a augmenté grâce notamment à la qualité de l'alimentation canine et des soins vétérinaires. Les traitements médicaux liés au grand âge, contre le cancer par exemple, ont fait des progrès considérables, au point que désormais, même les grands chiens disposent d'une espérance de vie d'au moins dix ans. Le record en matière de longévité canine est détenu par un bouvier australien qui mourut à l'âge de 26 ans.

EMBONPOINT Pesez votre chien régulièrement et comparez les résultats avec le poids conseillé propre à sa race.

## QUE FAIRE ?

Si l'espérance de vie du chien dépend du capital génétique, vous pouvez avoir votre rôle à jouer dans la longévité de votre animal. Première règle, le soumettre à un exercice régulier et, en parallèle, ne pas le suralimenter. L'obésité est devenue un vrai problème de santé canine qui se traduit par du diabète et des maladies cardio-vasculaires, causes de décès prématurés. Un petit test suffit pour vérifier si votre animal ne souffre pas d'un surplus d'embonpoint. Si vous ne sentez pas ses côtes en plaçant votre main sur sa cage thoracique, votre chien est en surpoids. De nombreux vétérinaires élaborent de nos jours des « menus minceur » personnalisés parfaitement équilibrés.

La prise de poids survient généralement après la stérilisation, étape critique qui va nécessiter la vigilance du maître pendant environ les cinq années qui suivent, du fait du ralentissement naturel de l'activité chez le chien. Il conviendra alors de rationner votre compagnon et de supprimer les friandises, en les remplaçant par exemple par des bouts de carottes, bien plus diététiques. Votre vétérinaire pourra éventuellement prescrire au chien un régime amaigrissant hypocalorique afin d'accélérer la perte de poids.

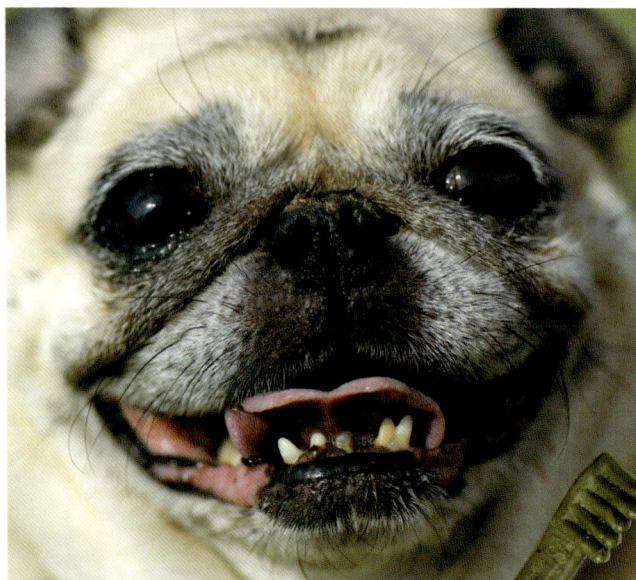

## Le chien âgé

Le processus de vieillissement :
- Grisonnement du poil autour du museau.
- Opacification du cristallin (cataracte).
- Baisse de l'acuité auditive.
- Raideurs matinales dues à l'arthrose.
- Apparition de verrues et kystes.

Modifications nécessitant un examen vétérinaire :
- Augmentation significative de la soif.
- Troubles de la propreté.
- Perte d'appétit.
- Apparitions de tumeurs et de kystes.
- Essoufflement.
- Refus de la promenade.
- Troubles de la vision.

DENTS L'hygiène dentaire doit faire l'objet d'une vigilance extrême. Fortement conseillé, l'emploi d'un jeu à mâchouiller, véritable brosse à dents et masseur dentaire.

## COMBATTRE LE VIEILLISSEMENT

Un contrôle continu de l'état de santé de votre animal permet de détecter d'éventuelles affections dès les premiers symptômes et de les traiter au mieux. Une prise de sang est ainsi l'occasion de faire l'analyse des fonctions rénales, fréquemment altérées chez le chien âgé. Les propriétés de certains compléments alimentaires ont révélé leur efficacité à combattre les maladies dues au vieillissement, notamment l'insuffisance rénale ou l'arthrite.

BAISSE DE TONUS Avec l'âge, le chien se montre moins actif. Pour prévenir toute prise de poids, adaptez son régime alimentaire. Assurez-vous toutefois que sa baisse de tonus n'est pas due à un problème de santé.

## LES PROBLÈMES DENTAIRES

Une mauvaise haleine est courante chez le chien âgé, souvent due à une inflammation de la gencive qui va alors s'éroder à la base de la dent. Celle-ci va se fragiliser, les bactéries risquent alors d'attaquer la racine et provoquer l'éclosion d'un abcès, terriblement douloureux, qui lui-même pourra conduire à une infection généralisée bien plus sérieuse. Montrez-vous vigilant avec la santé dentaire de votre chien, en lui brossant régulièrement les dents, à l'aide d'un dentifrice et d'une brosse spécifiques. Un chien saura s'adapter à la perte de ses dents, à condition que vous repensiez son régime alimentaire, en privilégiant la nourriture humide.

# UNE VIE DE CHIEN

De nos jours, un chien est avant tout recherché pour
sa compagnie, bien davantage que pour ses aptitudes
à des tâches données. En un peu plus d'un siècle, sa relation
avec l'homme a connu une évolution spectaculaire,
essentiellement due à un engouement toujours plus vivace
pour les concours et les compétitions canines. Les qualités
originelles de certaines races restent néanmoins d'actualité,
au travers des *fields-trials* par exemple, ces épreuves
de recherche et de chasse où le chien est évalué sur ses
performances plus que sur sa physionomie, critère principal
des *rings* d'exposition. Il arrive que certains chiens concourent
avec un succès égal dans les deux domaines, mais
l'on assiste de plus en plus à une divergence d'aspect,
ou de « type », entre chiens de travail et chiens de concours
au sein d'une même race.

BERGER DES SHETLAND Certaines races de chiens
de bergers et de chiens courants font l'objet d'une
distinction entre chiens de travail et chiens de concours,
sur la base de critères élémentaires, comme l'épaisseur
de la robe par exemple. Mais nombre de concours voient
encore des shetlands allier savoir-faire et beauté pour
exceller dans les deux catégories.

# LE CHIEN, ÉVOLUTION DE L'ESPÈCE

Ce qui différencie le chien de tous les autres animaux domestiques, c'est la manière dont il s'est adapté à sa relation à l'homme. Les chiens ont tenu des rôles multiples au fil des siècles, reflétant en cela les modifications intervenues dans la société humaine. Un processus toujours en cours, comme le prouve aujourd'hui l'émergence des chiens de concepteur (*designer dogs*).

## LES CHASSEURS ET LES GARDIENS

Au commencement, le chien assume le rôle de compagnon de chasse, servant à trouver de la nourriture, ainsi que celui de gardien, aux abords des villages. Puis, avec le développement de l'agriculture, il intervient pour rassembler et garder

**PUGGLE** Chien de concepteur issu du croisement d'un carlin et d'un beagle. Sous sa bouille adorable et très particulière, le puggle fait preuve d'un tempérament doux et joueur.

**CHIENS BERGERS** Le border collie fait partie de ces races toujours utilisées en de nombreux pays comme chiens de troupeau, tout en connaissant les faveurs du public au titre d'animal de compagnie.

le bétail. Sa fonction initiale ne cesse alors de se diversifier, au point que lorsque la chasse devient un loisir à la mode, au début du XIXe siècle, de nouvelles races sont spécialement mises au point pour l'occasion : les chiens courants. Du fait

ROTTWEILER C'est une race populaire, dont les origines remontent à la Rome antique. De stature impressionnante, l'animal est docile, mais il a besoin de l'autorité d'un maître expérimenté.

## Un membre de la famille

Les chiens occupent une place de choix dans le quotidien de nombre d'entre nous, jusqu'à être considérés comme membres à part entière du cercle familial. Jamais on ne les a autant entourés, chouchoutés, et néanmoins l'abandon et les mauvais traitements restent malheureusement d'actualité.

de son adaptabilité, le chien a vu ses compétences exploitées à toutes sortes d'activités dont certaines, comme le cavage (l'action de rechercher les truffes), ont des applications très localisées et tout à fait spécifiques.

Un autre changement notable s'amorce à la fin du XIXᵉ siècle, annonçant une évolution de la société qui allait se confirmer. Le développement de la mécanisation en Europe et en Amérique du Nord génère du temps libre et des richesses au sein d'une classe moyenne en nette augmentation. La théorie de l'évolution est alors à la mode, les gens se lancent dans les croisements sélectifs d'une large variété de plantes et d'animaux pour créer de nouvelles espèces, dites « hybrides ». Le résultat de ces expériences fait l'objet de présentations lors de salons et de foires, les chiens y apparaissant au même titre que d'autres animaux domestiques.

## L'ATTRAIT DE LA SCÈNE

Jusqu'alors, on ne parlait pas vraiment de races en tant que telles, mais plutôt de chiens qui avaient développé des caractéristiques particulières liées à leur travail. Le concept de race tel que nous le connaissons aujourd'hui est né en réalité des besoins de la scène. À la fin du XIXᵉ siècle, Charles Cruft, jeune entrepreneur britannique, pressent alors tout l'avantage qu'il peut y avoir à exploiter la passion grandissante du public pour les chiens. L'homme est déjà un spécialiste puisqu'il est l'un des piliers d'une société de vente de biscuits pour chiens, fondée à Londres par James Spratt, l'une des toutes premières marques de nourriture pour chiens. Mais Cruft reste surtout l'organisateur de la plus célèbre exposition canine au monde.

Fort du soutien d'industriels fortunés, Charles Cruft ouvre son premier salon pour la seule promotion des terriers. Le succès est tel qu'il renouvelle l'expérience, à plus grande échelle cette fois, en 1893, en annonçant au public l'exposition de toutes les races canines de la planète. Commercial hors pair, Cruft réussit même à convaincre la reine Victoria de faire une apparition à cette manifestation. Le célèbre *Cruft's Dog Show* est né, et son succès ne va cesser de se confirmer, année après année.

Mais le plus grand mérite de Cruft fut sans doute de modifier le regard du public sur le chien, une révolution qui s'étendit bien au-delà du Royaume-Uni. Bientôt, des manifestations du même type voient le jour dans les grandes villes, comme à New York où le *Westminster Dog Show* rassemble chaque année une foule de passionnés. On doit enfin à Charles Cruft l'introduction d'un certain nombre de races très populaires, comme le boxer.

EXPOSITION De la petite manifestation locale organisée en extérieur au salon international sous chapiteau, les expositions canines connaissent un engouement croissant dans le monde entier.

# LES STANDARDS DE RACE

Le mode de classement en vigueur dans les expositions canines peut dérouter le néophyte, mais il est assez simple. Les races sont divisées en groupes (les chiens de chasse par exemple), qui se subdivisent en sections créées en fonction des origines, des comportements et des spécificités de chaque race. Dans les expositions canines les plus renommées, les chiens concourent par classes d'engagement.

ÉVALUATION DES STANDARDS Peu importe le jeu de scène, chaque chien sera évalué en fonction de sa conformité aux standards de la race, et non par rapport aux performances de ses congénères et rivaux.

## UNE CLASSIFICATION RIGOUREUSE

Le standard de race consiste en un modèle idéal de race donnée, défini par les différentes organisations cynologiques, comme le Kennel Club britannique (KC), la Fédération cynologique internationale (FCI) ou encore la Société canine centrale (SCC). La situation est plus confuse aux États-Unis car il existe beaucoup d'organismes de certification indépendants, dont le plus célèbre est l'American Kennel Club.

DE MÊME RACE Selon l'importance de la manifestation, chaque race peut être divisée en différentes classes définies en fonction de l'âge du chien, comme celle des puppies ou des vétérans.

La reconnaissance des races à des fins d'exposition reste la vocation des sociétés canines, qui dans l'ensemble se fondent sur la popularité d'une race pour leur évaluation. Lorsque celle-ci atteint un certain niveau, la race fait l'objet d'un standard temporaire. Dans le cas d'une race étrangère, ce standard s'appuie sur les critères exigés dans le pays d'origine. Lorsque la popularité d'une race se confirme, elle accède alors à une reconnaissance générale, légitimée au niveau international.

**ALLURES DE VAINQUEURS**
Lors de la présentation dans le ring avec leur coach, un lévrier afghan devra montrer une allure fluide, tandis que le bulldog anglais, lui, sera jugé sur son allure chaloupée.

## L'heure du ring

La plupart du temps, le coach est le maître du chien, sauf lors des grandes manifestations. On voit ainsi de plus en plus de coaches professionnels intervenir lors de compétitions majeures réunissant des champions pour l'élection du représentant toutes catégories d'une race. Cependant, il n'est pas rare qu'un chien soit plus à son avantage lorsqu'il est présenté par un proche.

## DÉSIGNER UN VAINQUEUR

Les mêmes critères d'évaluation s'appliquent pour départager les concurrents au fil des épreuves. Les vainqueurs de chaque classe s'affrontent pour l'obtention du titre de meilleur représentant de la race, puis celui de meilleur représentant du groupe. Au final, la récompense suprême est celle du chien le plus remarquable de l'exposition. Il est difficile de prédire quel succès rencontrera un chiot dans le cercle des manifestations canines. Certains chiens semblent prédisposés en développant ce que l'on peut appeler une personnalité de gagnant, qui va les motiver le jour venu, et attirer le regard des juges.

Le standard de race définit le portrait idéal d'une race sur la base de critères multiples, dont la couleur de la robe. Cependant, les critères d'exigibilité au standard d'une race peuvent varier – tous ne sont pas établis de la même manière selon les races. La majorité des standards prend en compte la hauteur au garrot, en faisant la distinction entre mâle et femelle, mais sans nécessairement spécifier le poids idéal de la race donnée. La couleur est elle aussi un élément d'appréciation majeur, susceptible de faire perdre des points à un chien en cas de défaut. Un juge doit être parfaitement informé des critères de chaque standard de race pour attribuer ses notes.

N'entre pas en jeu que la seule physionomie, mais aussi la manière dont les caractéristiques physiques du chien se conjuguent pour contribuer à sa façon de se mouvoir. Chaque race a la sienne, en fonction de sa morphologie, qui va directement influencer son allure. Ainsi, les lévriers font preuve de fluidité, reflet de leur nature athlétique, et par conséquent, les chiens dotés d'une stature plus massive, comme le bulldog anglais, se différencieront par leur allure chaloupée lors de la présentation dans le ring.

**SHAR-PEÏ** Un certain nombre de races très particulières, comme le shar-peï, a échappé de peu à l'extinction grâce à la passion d'éleveurs.

# LES CHIENS DE COMPAGNIE

Ce groupe rassemble les chiens d'agrément, conçus pour tenir compagnie aux hommes. Il y a maintenant quelques millénaires que les petits chiens s'acquittent de cette mission : certains d'entre eux étaient déjà idolâtrés sous la Rome antique, comme dans les civilisations anciennes d'Amérique centrale et d'Amérique du Sud, ou encore en Asie.

**PETIT LÉVRIER ITALIEN** Une réplique standard miniature du greyhound, race élevée pour la chasse. Nombre de chiens de compagnie furent conçus de cette manière.

## LEURS ORIGINES

On manque d'éléments probants sur la lignée ancestrale du chien d'agrément et de compagnie. On note en revanche leur présence sur tous les continents, partageant une même caractéristique, leur petite taille, qui leur vaut également l'appellation de races naines. Et il est vrai que dans de nombreux cas, les chiens de compagnie sont effectivement la reproduction miniature de grands chiens.

Au XVIIᵉ siècle, le roi Charles II d'Angleterre popularise l'épagneul nain qui aujourd'hui encore porte son nom, le cavalier king-charles. Par la suite, ce fut au tour du carlin, race probablement d'origine asiatique, de trouver les faveurs du roi Guillaume III d'Orange. La Chine raffolait déjà des petits chiens.

Sur ce point, l'Amérique du Sud ne fut pas en reste : le chien nu du Pérou, une race naine d'agrément, fut particulièrement prisé comme bouillotte, participant à réchauffer le lit de son maître lors des glaciales nuits andines. Il ne subsiste malheureusement aujourd'hui qu'un petit nombre de ces chiens. Cependant, c'est une race issue d'Amérique centrale qui passe désormais pour l'archétype de la race d'agrément. Le chihuahua, baptisé d'après la province mexicaine dont il est originaire, est devenu l'un des chiens nains les plus prestigieux du monde, même si son origine précise demeure encore incertaine.

Le bichon frisé quant à lui s'impose de nos jours comme la race du groupe la plus répandue, probablement un descendant du bichon bolonais, originaire d'Italie, où il fit semble-t-il le bonheur de la noblesse dès le Moyen Âge. Les bichons furent

**BICHON** La lignée de ces petits chiens à la robe blanche et vaporeuse remonte à des milliers d'années. Ils occupent aujourd'hui le premier rang des races d'agrément.

**PÉKINOIS** Les races naines étaient vénérées en Chine. Quiconque soupçonné d'avoir tenté de voler l'un des pékinois appartenant à la cour de l'Empereur était passible de la peine de mort.

introduits dans les colonies françaises quelques siècles plus tard, au large des côtes d'Afrique. À Madagascar, la race évolua à force de croisements pour donner naissance au coton de Tuléar.

## LA MINIATURISATION

Toutes les tentatives de miniaturisation ne furent pas pour autant couronnées de succès. On notera ainsi l'exemple de ce beagle nain extrêmement populaire sous le règne d'Elizabeth I d'Angleterre, au XVI<sup>e</sup> siècle, qui s'éteignit dans les années 1930. Plus récemment, de nouvelles races naines ont vu le jour, les plus remarquables concernant les caniches. On déplorera néanmoins que de telles miniaturisations s'accompagnent du déclin de la robustesse propre à la race.

Les races naines montrent une aptitude idéale pour la vie domestique. Généralement très intelligents, sensibles, ces chiens sont souvent bien réceptifs au dressage. La vie citadine leur convient plutôt bien et ils font un compagnon idéal pour les personnes du troisième âge, du fait de leur taille et de leur petit poids. Enfin, leur durée de vie sera sans doute plus longue que celle des grandes races.

CANICHE NAIN Après la variété miniature, obtenue par des croisements successifs à partir de caniche standard, les spécialistes voient plus petit encore, avec le développement du caniche nain.

CHIHUAHUA Souvent, les petits chiens ont un aboiement puissant, plutôt surprenant en rapport de leur taille, ce qui en fait d'excellents chiens de garde. D'où parfois, quelques conflits avec le voisinage.

CHIENS DE POCHE Dernière lubie en date, l'accessoirisation du chien, suffisamment petit pour entrer dans le sac à main de leur maîtresse. Une dérive qui suscite l'indignation de nombreuses organisations de protection animale.

# LES TERRIERS

Tous les chiens gardent leur instinct de chasseur, notamment les terriers. La Grande-Bretagne fut la plus importante pourvoyeuse mondiale de races de terriers. Des bêtes rustiques, endurantes, autrefois essentiellement conçues pour œuvrer sur les exploitations agricoles. Ils n'ont rien perdu aujourd'hui de leur vitalité et certains d'entre eux continuent d'officier dans les fermes.

**PATTERDALE-TERRIER** Un certain nombre de terriers ont une origine relativement récente. C'est le cas des terriers Lucas et Patterdale, confinés dans leur région d'origine, encore à ce jour exclus des manifestations canines.

## PETIT MAIS COSTAUD

Le fait que nombre de terriers soient courts sur pattes ne relève pas du hasard, car le chien avait ainsi la possibilité de s'aventurer facilement dans les tanières et les terriers. Un travail dangereux car on attendait du chien qu'il déloge leur locataire, forcé alors de se mettre en quête d'un nouveau sanctuaire. À condition de pouvoir échapper à la meute des chiens de chasse qui attendait que le malheureux sorte de son trou pour se lancer à ses trousses. Le terrier était cependant désavantagé par sa morphologie, incapable avec ses petites pattes de tenir le rythme de course effréné des chiens de chasse, et il terminait souvent la partie dans une sacoche tenue par un chasseur à cheval.

La plupart des terriers sont des chasseurs polyvalents, parfaitement capables de tendre une embuscade à un lièvre imprudent, mais plus souvent utilisés à traquer les mammifères nuisibles.

## LES SPECTACLES DE COMBAT

Cette aptitude de ratier est récupérée par les citadins, au début de l'ère victorienne, avec la tenue des fameux *rat-pits* dans les pubs. L'un des champions de cette époque est un terrier de Manchester qui parvint à tuer pas moins de cent rats en à peine 6 minutes et 13 secondes. L'issue de ces

**VITALITÉ** Ne vous fiez pas à leur taille. Les terriers débordent d'énergie et ont un besoin important d'exercice. De plus, leur naturel obstiné doit être tempéré par une éducation rigoureuse.

combats n'était pourtant pas systématiquement favorable au chien, car en l'absence de traitements antileptospirose, les bêtes infectées étaient le plus souvent condamnées.

D'autres genres de passe-temps, plus macabres encore, se développèrent dans les cités industrielles. Les combats de chiens mirent le terrier en première ligne, du fait de sa bravoure et de sa ténacité. Des races furent mises au point tout exprès pour ces duels, le bull-terrier du Staffordshire par exemple. Le terrier, d'un tempérament obstiné, doit faire l'objet d'un dressage rigoureux dès son plus jeune âge. Une éducation qui permettra également d'atténuer son hostilité naturelle vis-à-vis de ses congénères, surtout en ce qui concerne les races créées à l'origine pour le combat.

## UN GROUPE SUR LE DÉCLIN

Le besoin en terriers de travail sur les exploitations ne cessant de décliner, certaines races se voient aujourd'hui menacées d'extinction. D'autres, principalement celles ayant fait l'objet d'une nouvelle miniaturisation, connaissent désormais un destin de chien de compagnie.

Loyal et intelligent, le terrier est un animal robuste, d'une longévité remarquable, et s'épanouit dans un environnement rural. Généralement de petite taille, il occupe peu de place dans la maison et sa vitalité fait de lui un compagnon de choix, y compris pour les personnes âgées. Enfin, il faut louer ses qualités de gardien.

Il ne faut pas cependant négliger un bémol, et de taille, surtout pour les jardiniers, à l'acquisition d'un terrier comme animal de compagnie:

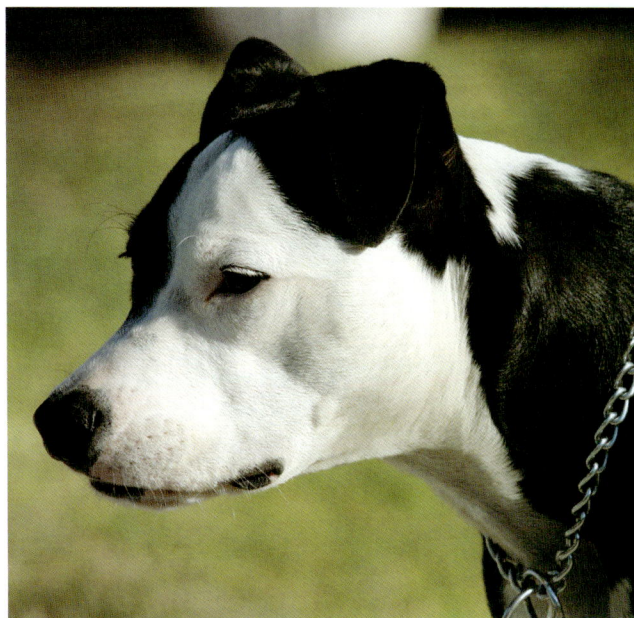

CHIEN DE COMBAT Parmi les races mises au point pour le combat, le célèbre staffordshire-terrier américain, interdit dans de nombreux pays.

la sale manie de creuser les parterres de fleurs et d'abîmer les pelouses. Enfin, leur tempérament impatient, tout comme leur nature de dominant, ne les place peut-être pas comme le choix idéal des foyers avec de jeunes enfants.

PINSCHER Moins couru en Europe continentale qu'en Grande-Bretagne, le terrier connaît néanmoins un certain succès en Allemagne qui en abrite un bon nombre, comme le pinscher, curieux par nature, avec de l'énergie à revendre.

# LES CHIENS DE CHASSE

Ce groupe, le plus ancien, rassemble des races développées pour assister l'homme dans sa quête de nourriture. Cette catégorie comprend les chiens de chasse à vue et les chiens de chasse au flair, baptisés d'après le mode de pistage du gibier. Chaque pays a développé ses propres races, et la répartition de certaines, le chien de chasse lituanien par exemple, reste encore très localisée.

## LES RACES ANCIENNES

L'élégant et athlétique lévrier compte parmi les tout premiers représentants du type, dont l'origine se situe en Afrique du Nord et au Moyen-Orient. Issus également de cette région, le sloughi et le saluki, races ancestrales remontant à l'Égypte ancienne, dont l'influence se retrouve chez le podenco d'Ibiza et le cirneco de l'Etna, originaires des îles méditerranéennes.

SPRINTERS Aujourd'hui chien de vitesse réputé, le greyhound a une origine millénaire. Il apparaît, presque trait pour trait, dans nombre de fresques et mosaïques datant de l'Ancienne Égypte.

LÉVRIER AFGHAN Porteurs dans leur majorité d'une robe à poil court, les lévriers sont d'un entretien facile. Les lévriers afghans, en revanche, ont une magnifique robe à poil long qu'il faut entretenir tous les jours.

Dotés d'un museau étroit, avec les yeux parfaitement positionnés de chaque côté de la tête, les lévriers jouissent d'une large vision qui leur permet de détecter le moindre mouvement à proximité et de repérer ainsi leur proie. Le corps de ce type de chien est bâti pour la vitesse : son poitrail profond lui offre une capacité pulmonaire de champion, ses membres postérieurs longs et puissants des accélérations et une tenue de course idéales. La plupart des lévriers chassent en solitaire, parfois en couple, pistant le gibier en terrain découvert, où ils peuvent maintenir un contact visuel avec leur proie.

## CHIENS DE CHASSE AU FLAIR

Dans les régions boisées d'Europe du Nord en revanche, la capacité à détecter le gibier au flair revêt une importance majeure.

Le développement des chiens de chasse au flair atteint son point culminant en France, avant la Révolution française, la plupart des grandes familles du pays possédant alors leurs propres meutes. Plus tard, on assiste à l'émergence au sein de ce groupe de différentes races de bassets, leur nom faisant référence à leur morphologie courte sur pattes et compacte.

À l'inverse des autres groupes, celui des chiens de chasse n'a pas subi d'évolution majeure au cours de ces dernières années. Parce qu'elles ne sont plus élevées pour leur spécialité originelle, ces races sont aujourd'hui nombreuses à être menacées d'extinction, comme le chien de loutre. Cependant, preuve est faite avec le lévrier irlandais, certaines de ces races parviennent à briller dans le cercle des manifestations canines et suscitent l'enthousiasme de propriétaires de chiens séduits par leur tempérament et leur vitalité. Il n'empêche,

MEUTES La coloration de la robe fait l'objet d'une certaine standardisation au sein de la meute, bicolore ou tricolore, ceci afin de singulariser chaque meute lors des parties de chasse.

nombre de chiens de chasse restent encore exclus des rings les plus prestigieux.

## LEURS CARACTÉRISTIQUES

Les chiens de chasse sont d'un naturel affectueux, très réceptifs et ne rechignent jamais à l'exercice. Leur tempérament joueur en fait de bons compagnons pour les foyers avec enfants. Ces races, essentiellement à poil lisse, ne présentent pas d'exigences particulières en matière de toilettage, y compris en période de mue. Pour les races à poil dur, l'entretien de la robe se réduit également au strict minimum. La sociabilité de la majorité des chiens de chasse, et particulièrement des chiens de chasse au flair, permet d'envisager sans crainte la présence de plusieurs congénères à la maison. Tous les chiens de chasse ne montrent pas le même besoin de longues promenades : aussi le greyhound appréciera les courtes récréations.

Dresser un chien de chasse à ne pas s'éloigner lors de la promenade n'a rien d'évident, surtout dans le cas des chiens de chasse au flair qui, par instinct, vont se lancer sans hésiter sur une trace. Autre particularité du groupe, la gourmandise, qui prédispose ces chiens à l'obésité, à moins d'un contrôle rigoureux de leur alimentation qui devra être dosée en fonction de leur niveau d'activité.

SAINT-HUBERT Parfois appelé *bloodhound*, le saint-hubert se pose en ancêtre des chiens de chasse au flair. Son influence est aujourd'hui manifeste chez la plupart des races de ce type.

**CHIENS DE CHASSE** Au flair, ils peuvent pister une proie sur des kilomètres, franchissant dans leur traque un certain nombre d'obstacles. La chasse à courre fait débat en France et a été interdite au Royaume-Uni en 2004.

# LES CHIENS COURANTS

L'ancêtre du chien courant accompagnait déjà l'homme dans sa quête de gibier, quand celui-ci chassait encore armé seulement d'un arc et de flèches. L'apparition du chien courant moderne remonte aux années 1800, suite à l'engouement du public pour la chasse au fusil. Élevés pour travailler en parfaite symbiose avec leur maître, ces chiens ont en parallèle trouvé tout naturellement leur place comme animal de compagnie.

### LE RETRIEVER

Le labrador retriever et le golden retriever sont les membres les plus prestigieux de ce groupe, dont le succès ne se dément pas. Comme leur nom anglais l'indique, la fonction originelle de ces chiens courants consistait à rapporter la proie abattue, quelle que soit la nature du terrain. Pas question de rechigner à se tremper les pattes dans un cours d'eau dans lequel gît un canard.

### LE POINTER ET LE SETTER

Si le retriever a fait une apparition relativement récente dans le groupe, directement liée au développement de la chasse au fusil, la race des pointers s'y est établie depuis près de 500 ans. Compagnon de chasse aux multiples talents, le pointer n'a pas son pareil pour signaler la présence du gibier. Le chien s'immobilise en posture d'arrêt, museau pointé en direction de la proie, une des pattes antérieures relevée. Le pointer fait aussi office de rapporteur de gibier abattu.

Le setter, autre race ancienne appartenant au groupe des chiens courants, tiendrait son nom du mot anglais *setting* (assis). Sitôt le gibier détecté, l'animal va en effet s'asseoir, parfois même se coucher sur le ventre.

ÉPAGNEUL Plein de ressources et en règle générale d'un naturel affable, l'épagneul est un compagnon de chasse talentueux, qu'il s'agisse de débusquer ou de rapporter le gibier au chasseur.

tée dans le poil, un simple brossage sera amplement suffisant. Les grandes différences de gabarit au sein même du groupe permettent de choisir un animal à sa mesure. De plus, les retrievers s'épanouissent dans la compagnie des jeunes enfants.

Alors que le labrador est tout particulièrement sujet à la dysplasie de la hanche, l'épagneul va de son côté développer plus fréquemment des infections auriculaires, du fait même de la forme et de la position de ses oreilles (voir p. 28). On ne peut d'autre part que déplorer la tendance à l'obésité du labrador retriever, le plus souvent après la stérilisation, et il convient de surveiller l'alimentation de l'animal. En règle générale, un chien courant se précipite dans l'eau sans aucune précaution, ce qui peut parfois se révéler dangereux. Un tel comportement pose parfois des inconvénients d'ordre pratique, quand il s'agit notamment de ramener un animal trempé dans votre voiture.

**SETTER GORDON** Un chien courant vif et intelligent, doté d'une robe noire et feu distinctive. Encore à ce jour un peu boudé par le public, il est privé de cette popularité dont jouissent les autres membres de son groupe.

## L'ÉPAGNEUL

L'épagneul est l'autre groupe majeur de la race des chiens courants. Ils montrent un vrai talent pour localiser et débusquer le gibier, notamment les oiseaux, grâce à leur flair exceptionnel. Nombre d'entre eux sont également d'excellents rapporteurs.

La morphologie de ce type de chien diffère de façon significative selon les races. Ainsi, le clumber spaniel, corpulent, court sur pattes, est un chasseur plus lent, plus obstiné que le cocker américain, plus vif, devenu le spécialiste aux États-Unis de la chasse à la caille et à la bécasse. Enfin, la distinction s'impose aujourd'hui entre le type des chiens courants de travail et celui des épagneuls évoluant dans les manifestations canines.

## LEURS CARACTÉRISTIQUES

Les chiens courants sont des compagnons intelligents, affectueux et très réceptifs, parfaitement adaptés à l'environnement domestique, même si leur vitalité impose de bonnes promenades. Leur dressage ne pose pas de réel problème, surtout s'il est entamé dès le premier âge. La coloration de robe de certaines races, celle notamment du setter irlandais, est extrêmement riche. Le toilettage de ce type de chien est aisé ; à condition de laisser sécher la boue incrus-

**LABRADOR RETRIEVER** Les labradors sont réputés pour avoir la « dent douce », autrement dit pour leur aptitude à rapporter le gibier, comme ici ce canard, sans déchiqueter la bête.

# LES CHIENS DE BERGER

Le talent du chien pour s'adapter à l'évolution du mode de vie des hommes explique en grande partie la nature exceptionnelle de leur relation. Lorsque l'homme renonça à son existence nomade, subordonnée à la chasse, pour l'agriculture et l'élevage, de nouveaux types de chiens virent le jour. Ceux-ci assistent l'homme dans la garde et la conduite des troupeaux, mais aussi dans la protection du bétail contre les prédateurs.

### LE BON PROFIL
Chaque région du monde a développé ses races de chien de berger, et les milieux dans lesquels ils ont évolué au fil des siècles ont en grande partie influé sur leur morphologie. En règle générale, les bergers ont un poil dense et long, souvent résistant à l'eau, comme chez le colley barbu, afin de se protéger des rigueurs du climat.

Les chiens appartenant à ce groupe se déclinent sous différentes tailles, reflets de leur fonction. Ainsi, on pourra s'étonner du petit gabarit des bouviers, notamment des welsh corgis. Mais cette spécificité trouve une explication : le chien devait être leste, court sur pattes, pour se faufiler au milieu des troupeaux de bovins, et rabattre les bêtes récalcitrantes en leur mordillant les jarrets. Du fait de sa petitesse, le chien pouvait aussi se mettre rapidement à l'abri lorsqu'une vache venait à se rebeller.

**BERGER D'ANATOLIE**
La Turquie abrite plusieurs variétés régionales du berger d'Anatolie, un chien polyvalent, rassembleur mais aussi protecteur de troupeaux.

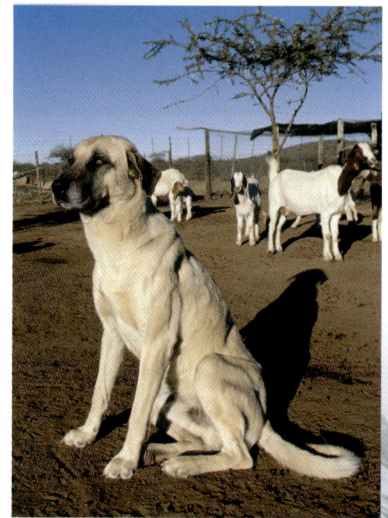

**CONCOURS DE BERGERS**
Les meilleurs chiens de berger s'affrontent lors du Rydale Show, dans le comté de Cumbrie, en Angleterre. Le chien est évalué sur ses aptitudes à réunir un troupeau, à le diriger dans un enclos, sous le regard de son maître, en retrait de la scène.

## DE BONS GARDIENS

Dans les régions où le loup représentait un réel danger pour l'intégrité des troupeaux, on a mis au point des races de gardiens. Parmi ces chiens spécialisés, le berger d'Anatolie, originaire de Turquie. Dans certains pays, on fit en sorte de développer la polyvalence du chien. On obtint ainsi des bergers performants, capables de conduire le bétail, mais aussi d'assumer d'autres tâches sur les exploitations agricoles. C'est le cas du buhund norvégien, incomparable compagnon de chasse, même si son instinct de berger est à ce point développé qu'il va jusqu'à rassembler parfois la volaille d'une basse-cour.

## COMPÉTITIONS

Hors de leur région d'origine, un certain nombre de chiens de berger restent encore largement méconnus. Plus que leur type, c'est essentiellement leur aptitude au travail qui les ca-

**TROUPEAUX** Un chien de berger est en mesure de conduire toutes sortes de troupeaux. Il doit son instinct de rabatteur au loup, dont la méthode de chasse consiste à rabattre les proies vers la meute.

## Chiens de campagne

Choisir pour compagnon un chien de berger doit être un acte mûrement réfléchi, car il est plus adapté au milieu rural qu'à un mode de vie urbain. Le groupe, par ailleurs, compte des races différentes tant sur le plan de la taille que du caractère. Certaines races de bergers présentent de plus des robes plus longues que d'autres, ce qui demande plus de soins. Également très réceptifs, ces chiens apprennent vite. Dans certaines régions où se pratique la danse avec chien, maître et animal s'exécutent en parfaite harmonie, une activité dans laquelle excelle le colley. Excellents compagnons, affectueux et sociables, les chiens de berger font enfin de merveilleux gardiens autour de la maison.

ractérise. Les concours qui leur sont réservés permettent aux maîtres de tester les compétences de l'animal dans un environnement concurrentiel. Ce genre d'épreuve se tient habituellement lors de foires agricoles. Par ses postures et ses facultés à se positionner, le chien doit faire la démonstration de son talent à conduire le troupeau. Une habilité essentiellement instinctive, héritée de génération en génération.

# LES CHIENS DE TRAVAIL

D'une certaine façon, parler de chien de travail est un peu redondant, car à l'exception du chien d'agrément, toutes les races contemporaines furent à l'origine créées pour exercer des fonctions bien spécifiques. Ce qui permet de distinguer les chiens de ce groupe, c'est la diversité des tâches dont ils avaient la charge.

## DES RACES ROBUSTES

Sous l'étiquette de races de travail, on compte un bon nombre de chiens robustes et massifs, dont certains partagent les mêmes ancêtres. Dans le Grand Nord, terre ancestrale des chiens de traîneaux, le malamute d'Alaska joua par exemple un rôle vital dans le transport des denrées et des hommes entre les différentes communautés, totalement isolées, avant l'invention de la motorisation.

**BOUVIER BERNOIS** En Suisse, ce chien de type molossoïde travaillait en duo pour tracter les charrettes, soigneusement harnaché de cuir. La race est aujourd'hui la coqueluche des concours.

**CHARRETTE À LAIT** Autrefois, les chiens servaient à tracter les charrettes chargées de bidons de lait entre la ferme et les fabriques de fromage, avant de transporter le produit fini sur les marchés.

## DES CHIENS DE GARDE

Pour une large part, les chiens de travail trouvent leur origine dans la lignée des mastiffs, ces chiens de type molossoïde caractérisés par une tête large et carrée, des

**MÂTIN NAPOLITAIN** Reconnaissables à leur corps lourd et trapu, leur tête large et leurs puissantes mâchoires, les mastiffs présentent autour du cou des replis de peau, appelés fanons, et de nombreuses rides au niveau du front.

## LEURS CARACTÉRISTIQUES

Loyal et affectueux, le chien de travail présente également de grandes qualités de gardien. Son attachement envers les membres du cercle familial le rend extrêmement réceptif à l'éducation et au dressage. Il convient cependant de tenir compte de la taille adulte des mâles de ce type de races, bien plus imposante que celle des femelles, et de la tendance de certains sujets à manifester un tempérament de dominant. Si les chiens de travail fréquentent avec succès les concours, vous pouvez envisager de participer avec votre animal à des compétitions de courses de traîneaux, une expérience qui renforcera vos liens. Si les chiens de traîneaux nécessitent un toilettage régulier et soigné, l'entretien de la plupart des autres races de travail reste limité, du fait de leur robe à poil court.

Il est indispensable de mener des recherches sur les origines d'une race susceptible de vous intéresser. Les membres de ce groupe peuvent en effet présenter des différences notables, en fonction de leurs ancêtres et de leur tempérament. La stature de géant et la force de nombreux chiens de travail vont compliquer toute tentative de contrôle avec une laisse. En outre, voilà des chiens qui montrent un appétit à leur mesure, et qui va peser dans un budget. Autre corvée, et non des moindres, le nettoyage autrement plus laborieux qu'avec un petit chien. Enfin, comme tous les grands chiens, la durée de vie des mastiffs est plus courte que celle des petites races, n'excédant que rarement dix ans.

**DALMATIEN** Élevé pour accompagner les voyageurs comme arme de dissuasion envers d'éventuels bandits de grand chemin, le dalmatien déborde d'énergie et nécessite une bonne dose d'exercice.

mâchoires puissantes, le modèle du chien de garde. Si le mastiff renvoie à une race donnée, il sert également à désigner un groupe qui serait apparu quelques millénaires plus tôt, à proximité de la Chine. Sous sa forme ancestrale, le dogue du Tibet ne représente pas uniquement l'une des plus anciennes lignées canines, il s'agit aussi de l'une des races les plus imposantes existant aujourd'hui, avec un poids pouvant atteindre les 82 kg.

La lignée des mastiffs serait apparemment venue d'Orient dans le sillage des caravanes des marchands, par la fameuse route de la soie, avant d'atteindre l'Europe. Le mâtin napolitain est un descendant de cette période, avec pour ancêtres les molosses de la Rome antique. Ces premiers mastiffs se répandirent par la suite à l'ensemble du continent européen, servant souvent dans les guerres et les arènes. Très vite, leur élevage se généralise, de sorte qu'aujourd'hui, outre le Royaume-Uni, l'Espagne, la France et l'Italie, de nombreux pays peuvent s'enorgueillir de races indigènes. Ce qui caractérise la race des mastiffs, c'est d'abord cette impression de force phénoménale.

**CHIEN DE RECHERCHE** Bâti pour la garde des troupeaux, le berger allemand s'est révélé compétent en de multiples tâches, comme assistant policier ou pisteur. Intelligents, obéissants, les chiens de travail ont besoin d'exercice et de responsabilités pour s'épanouir.

# LES CHIENS DE CONCEPTEUR

Voilà une nouvelle tendance qui ne cesse de gagner en popularité. À l'origine simple effet de mode, le charme de ce type de chien (*designer dogs* en anglais) ne fait toutefois aucun doute. Un chien de concepteur est le produit d'un croisement entre pures races existantes, dans le but d'obtenir un chien doté des caractéristiques les plus positives présentées par ses parents.

PUGGLE Le museau aplati très caractéristique du carlin, rédhibitoire pour certains, est modifié dans le croisement entre le carlin et le beagle. Qui peut alors résister à l'adorable minois du puggle?

## DE NOUVEAUX RÔLES

Les chiens de concepteur ne constituent pas pour l'heure un nouveau groupe de race dans le cercle des manifestations canines, même si certains signes laissent augurer d'une prochaine intronisation. Actuellement, les variations dans l'héritage des caractères restent importantes, ce qui fait précisément le charme de ce type de chiens.

Même si ce genre d'élevage suscite l'engouement propre à toute nouveauté, nous sommes en réalité face à la continuation d'une même tendance, entreprise au tout début de la domestication du chien. La popularité du chien a toujours été due pour l'essentiel à sa faculté d'adaptation à nos modes de vie, et à cet égard, le chien de concepteur n'est pas différent de ses ancêtres.

Presque toutes les races existant de nos jours exécutaient autrefois des tâches spécifiques et chacune conserve des aspects de sa personnalité qui reflètent son origine. Les éleveurs de chiens de concepteur (qu'il convient de distinguer des chiens-loups hybrides) cherchent généralement à affiner la personnalité et les caractéristiques de ces chiens dans le seul but d'en faire de meilleurs compagnons, le rôle principal du chien contemporain.

C'est le changement de statut du chien, passant d'auxiliaire de travail à compagnon d'agrément, qui présida véritablement à la standardisation des races. De nos jours, un autre changement capital se précise: les éleveurs s'efforcent de proposer des types de chiens en adéquation avec les contraintes de la vie moderne. Calme, mignon, petit et docile, voilà quelques-unes des qualités les plus plébiscitées chez le chien de concepteur.

## LES ORIGINES DU CHIEN DE CONCEPTEUR

L'intérêt suscité par ce type de chien n'est pas nouveau: il émerge en réalité dans les années 1950. Le tout premier exemple de chien de concepteur remontant à cette époque

se trouve de manière assez ironique dans un portrait qui trône en place de choix dans les locaux du quartier général du vénérable Kennel Club de Londres. On y voit la reine Elizabeth II en compagnie d'un dorgi, issu d'un croisement entre le teckel de sa sœur et l'un de ses welsh corgis pembroke. L'unique portrait d'un chien sans pedigree de tout le bâtiment!

## POURQUOI LE CANICHE?

Si les caniches ont joué un rôle déterminant dans l'émergence du chien de concepteur, c'est en partie parce qu'ils ne perdent pas leur poil. Cette spécificité en fait des compagnons idéaux en termes d'entretien de la maison. Ils semblent en règle générale moins sujets à déclencher une réaction allergique chez les personnes sensibles. En réalité, le labradoodle, le plus connu des *designer dogs* à ce jour, fut à l'origine conçu pour cette raison, venir en aide aux malvoyants sans risquer de provoquer des allergies.

Si les caniches constituent l'essentiel du fonds d'élevage des chiens de concepteur, c'est aussi parce qu'ils font d'incomparables compagnons au quotidien, en raison de leur intelligence et de leur caractère réceptif. Enfin, le fait que les caniches existent en différentes tailles accroît le potentiel de reproduction avec d'autres races.

COCKAPOO Un croisement entre un cocker et un caniche. Les croisements de races miniatures ont leur public et l'on a sélectionné les plus petits des caniches pour créer cockapoos, yorkiepoos et shih-poos. Si le public plébiscite ce genre de croisement, certains éleveurs exploitent la tendance sans trop de scrupules.

## LA CONFIRMATION D'UNE TENDANCE

La gamme des chiens de concepteur ne cesse de s'élargir, et l'on dénombre à ce jour plus de 75 croisements de ce type, dûment nommés. Et la règle est désormais établie de les baptiser par un mot-valise associant une partie du nom de chaque race dont ils sont issus. Exemple avec le labradoodle, croisement entre un labrador retriever et un caniche (*poodle* en anglais), ou avec le cockapoo, combinaison du cocker et du caniche.

Même si, d'une certaine façon, les éleveurs ne font que reproduire un processus en marche depuis plusieurs siècles, un autre aspect du phénomène mérite d'être considéré. L'émergence du chien de concepteur reflète une quête sans cesse croissante d'individualité, et ce par réaction aux chiens de pure race, devenus aujourd'hui presque interchangeables en termes de caractéristiques, si ce n'est de coloration, dans le cercle des manifestations canines. Les chiens de concepteur par contre sont uniques ; issus de lignées de pure race, les individus d'une même portée présentent pourtant des différences notables dans leur physionomie. Cette spécificité a d'ailleurs son prix, relativement élevé par rapport au coût de l'une ou l'autre pure race à partir desquelles il a été conçu.

Cependant, le chien de concepteur a une santé potentiellement meilleure que celle de ses parents de pure race. On sait que l'élite des lignées de pedigree est souvent issue de la même famille, d'où un risque important pour ces chiens d'hériter de problèmes de santé spécifiques à la race.

**SCHNOODLE** Issu d'un croisement entre caniche et schnauzer miniature, le schnoodle associe l'instinct de gardien du schnauzer avec l'intelligence et la nature joueuse du caniche.

## Le top 20 des chiens de concepteur

**Cavachon** : cavalier king-charles × bichon frisé

**Cockalier** : cavalier king-charles × cocker anglais

**Cookapoo** : cocker × caniche

**Goldendoodle** : golden retriever × caniche

**Labradoodle** : labrador retriever × caniche

**Lhassa poo** : lhassa apso × caniche

**Malkie** : bichon maltais × yorkshire-terrier

**Maltapoo** : bichon maltais × caniche

**Maltichon** : bichon maltais × bichon frisé

**Poochon** : caniche × bichon frisé

**Puggle** : carlin × beagle

**Schnoodle** : schnauzer miniature × caniche

**Shiffon** : shih-tzu × griffon bruxellois

**Shih-poo** : shih-tzu × caniche

**Shih-apso** : shih-tzu × lhassa apso

**Shorkie-tzu** : shlh-tzu × yorkshire-terrier

**Silkshire-terrier** : terrier australien à poil soyeux × yorkshire-terrier

**Yochon** : yorkshire-terrier × bichon frisé

**Yorkiepoo** : yorkshire-terrier × caniche

**Zuchon** : shih-tzu × bichon frisé

**GOLDENDOODLE** Le golden retriever est une des races les plus populaires. Un croisement entre le golden retriever et le caniche pour obtenir un golden retriever miniature ne pouvait que rencontrer un franc succès.

**LABRADOODLE** De loin le plus célèbre des chiens de concepteur, le labradoodle est issu d'un croisement entre labrador retriever et caniche. Craquant à souhait, il en existe des noirs, crème ou chocolat.

Mais personne ne peut garantir qu'un chien de concepteur souffrira moins d'affections héréditaires ou de maladies congénitales. Comme ses congénères, il pourra souffrir de dysplasie de la hanche, par exemple, maladie relativement commune chez nombre de grands chiens. Cependant, des problèmes métaboliques moins courants, comme la maladie de stockage du cuivre, très répandue chez les bedlington-terriers, seront moins susceptibles de se déclencher.

Il convient d'autre part de mettre l'accent sur la réceptivité des chiens de concepteur, souvent plus développée que chez leurs ascendants de pure race, en matière de dressage. Par exemple, le beagle est un chien de compagnie plein de vitalité, affectueux, mais chien de chasse au flair rebelle au dressage, souvent fugueur, avec un besoin important en exercice. Croisé avec le carlin (*pug*, en anglais), pour former le puggle, on obtient un type de chien moins exigeant en terme de parties de chasse, et pourtant bien plus réceptif, en raison du rôle de chien de compagnie tenu depuis des siècles par les carlins. La face nettement aplatie du carlin, peu prisée par certains, a également fait l'objet d'une correction.

Si des différences majeures peuvent survenir entre rejetons d'une même portée issue de ce type de croisements, l'élevage de ce genre de chien peut à terme résulter dans le développement de traits caractéristiques.

**YORKIEPOO** Le mélange yorkshire-terrier et caniche a pour ambition de produire un chien plus mignon que mignon. Le résultat de ce type de croisement reste cependant toujours aléatoire.

# LES CHIENS DE COMPAGNIE

Dans leur grande majorité, les chiens de travail
ont accédé au rang de chiens de compagnie.
Voilà pourtant quelques millénaires que les hommes
développent des races pour ce rôle exclusif : le pékinois,
en Chine, les bichons, en Europe, ou encore les races
nues, véritables « bouillottes sur pattes » en Amérique
du Sud, en sont quelques exemples. En règle générale,
une race miniature présente les mêmes proportions
que son équivalent pleine taille. Les éleveurs de ce type
de chien ont procédé à une sélection, privilégiant
la docilité, l'affection, écartant en revanche l'instinct
de chasseur et l'agressivité, en un mot tout
ce qui ne convient pas à la fonction de chien d'agrément.
De nos jours, le croisement de petits chiens
est un secteur en pleine expansion, notamment
à travers ces chiens de concepteur, parangons
des qualités des deux races de leurs parents.

CHIHUAHUA (p. 110) La race préférée de ces dames
de la jet-set, celle qui agrémente des milliers de sacs
à main ! Le pékinois (p. 128), l'un des tout premiers chiens
de compagnie, fut, dit-on, conçu pour pouvoir se glisser
dans la manche d'une robe.

# Esquimau américain (miniature et nain)

**ORIGINE** États-Unis

**HAUTEUR** 23 à 38 cm

**POIDS** 2,5 à 9 kg

**EXERCICE** 🐆

**TOILETTAGE** ✂

**RECONNAISSANCE** AKC

**COULEUR** Blanc

C'est la réplique en réduction de l'esquimau américain (p. 314). La race a été conçue pour créer des chiens alertes et affectueux type spitz de petite taille. Si l'esquimau américain a fait ses preuves comme chien de travail, ce petit format n'a d'autre but que de servir de compagnie.

## ORIGINE DE LA RACE

Il ressemble à s'y méprendre à un samoyède en miniature (p. 361), arborant un blanc éclatant qui a toujours été aux États-Unis la couleur en vogue pour ce type de race. Le husky sibérien a probablement été mis à contribution dans la mise au point de l'« eskie », tout comme le spitz-loup blanc, mais son principal ancêtre serait le spitz allemand, importé par les colons européens. Les premiers spécimens enregistrés en 1913 prirent le nom du chenil de leur éleveur, American Eskimo. La race sous toutes ses tailles se répandit à la faveur des tournées du cirque Barnum & Bailey, exécutant toutes sortes de numéros, y compris celui de funambule. Aujourd'hui très présents dans les foyers, ces petits chiens se montrent toujours aussi curieux.

CHIEN DE NEIGE La race a gardé les caractéristiques de son terrain d'origine : une robe épaisse, une queue en panache et des cernes noirs pour atténuer l'effet de la réverbération.

VITALITÉ Ces petits chiens sont pleins d'énergie, incapables de se passer de leur longue promenade quotidienne. Une nécessité, la race ayant tendance à l'embonpoint.

# Berger australien nain

**ORIGINE** États-Unis
**HAUTEUR** 33 à 45 cm
**POIDS** 7 à 13,5 kg
**EXERCICE**
**TOILETTAGE**
**RECONNAISSANCE** Néant
**COULEUR** Bleu ou rouge merle, noir, rouge, avec marquage blanc et feu

La pléthore de noms affectés à la race, notamment celui de berger australien miniature d'Amérique du Nord, en dit long sur la polémique autour de sa nationalité.

NOIR    ROUGE/FEU    BLEU TACHETÉ DE FEU

## ORIGINE DE LA RACE

Elle est issue du berger australien, race conçue aux États-Unis à partir de chiens originaires d'Australie et de Nouvelle-Zélande. Appréciée pour son tempérament affectueux, la race fit tout naturellement l'objet d'une miniaturisation pour mieux s'intégrer au mode de vie urbain. Après sélection des plus petits individus parmi les spécimens standards, on mit au point une miniature, fidèle reproduction du modèle, avec les mêmes traits de caractère, enjoué et amical. Intelligent, docile, le chien est le compagnon par excellence pour une famille active et il ne rechigne jamais à exposer ses talents.

CITADIN Du fait de sa taille, la race s'intègre idéalement au cadre urbain. Autre atout, le caractère docile de ce type de chien, par ailleurs peu bruyant.

# Terrier australien à poil soyeux

**ORIGINE** Australie
**HAUTEUR** 25 à 28 cm
**POIDS** 5,5 à 6,5 kg
**EXERCICE**
**TOILETTAGE**
**RECONNAISSANCE** KC, FCI, AKC
**COULEUR** Bleu et fauve

Si, comme beaucoup de terriers nains, cette race a conservé toute l'apparence du yorkshire-terrier, elle présente toutefois un caractère bien trempé pour sa taille. Voilà un chien de compagnie plein de ressources quand il s'agit de déloger les petits nuisibles ou de faire valoir ses intérêts.

## ORIGINE DE LA RACE

L'apparition de ce chien au début du XXe siècle reste sujette à controverse. On se trouve probablement face à un croisement de terrier australien et de yorkshire-terrier, sans doute mâtiné de skye-terrier. Territorial, indépendant, il doit faire dès son plus jeune âge l'objet d'une socialisation et d'une éducation à l'obéissance. Mais son caractère enjoué et curieux en fait un compagnon incomparable.

ROBE D'ÉTÉ Sa robe longue et soyeuse se ternit facilement, d'où la nécessité d'un toilettage quotidien. La race affectionne les climats chauds, la longueur de poil ne la protégeant pas du froid, en raison de l'absence de sous-poil.

# Bichon frisé

**ORIGINE** Tenerife
**HAUTEUR** 23 à 30 cm
**POIDS** 4,5 à 7 kg
**EXERCICE**
**TOILETTAGE**
**RECONNAISSANCE** KC, FCI, AKC
**COULEUR** Blanc

Voilà des siècles que ces chiens joueurs tiennent compagnie à l'homme et font le bonheur des familles. L'aspect pelucheux de sa robe est dû à la qualité de son sous-poil, dense et soyeux.

## ORIGINE DE LA RACE

Le bichon frisé descendrait du barbet européen, cette race ancienne de chien d'eau, une lignée qui se retrouve d'ailleurs dans son nom, abréviation de barbichon, « petit barbet ». La race porte également le nom de « chien de Tenerife » et de « bichon de Tenerife », ce qui ne laisse aucun doute sur son origine, la plus grande île des Canaries, au large des côtes nord-ouest de l'Afrique. L'ancêtre du bichon frisé serait venu d'Espagne il y a 500 ans environ, plébiscité par toutes les grandes cours d'Europe. Puis il y eut une désaffection généralisée qui relégua la race au rôle de chien de cirque.

**BLANC NEIGE** Naturellement frisé, la robe de cette race doit être coupée pour dégager la tête, et ainsi faire ressortir ses yeux ronds et sombres.

# Bichon bolonais

**ORIGINE** Italie
**HAUTEUR** 25 à 30 cm
**POIDS** 2,5 à 4,1 kg
**EXERCICE**
**TOILETTAGE**
**RECONNAISSANCE** FCI
**COULEUR** Blanc

Proche cousin du bichon frisé, le bichon bolonais s'en distingue pourtant par l'absence de sous-poil, même si sa robe ne colle pas au corps, avec un poil dit « en flocons », qui donne son apparence vaporeuse au chien.

## ORIGINE DE LA RACE

L'ancêtre exact du bichon bolonais demeure à ce jour un mystère. Son plus proche parent au sein du groupe des bichons est le bichon maltais, mais il est impossible de déterminer si ce dernier est son ancêtre direct ou un descendant. L'origine du bichon bolonais remonte aux alentours de l'an 1000, avec une race qui va par la suite se développer dans la ville italienne de Bologne, d'où son nom. On sait que les Médicis offrirent souvent ce type de chien pour amadouer certains souverains européens.

L'un des charmes du bichon bolonais, en dehors de son irrésistible aspect neigeux, est le lien d'affection qu'il tisse avec ses maîtres.

**IMMACULÉ** On ne connaît aujourd'hui que des spécimens blancs de bichon frisé, mais l'histoire garde trace de bichons bolonais noir et pie-noir.

# Cavalier king-charles

**ORIGINE** Royaume-Uni

**HAUTEUR** 30 cm

**POIDS** 5,5 à 8 kg

**EXERCICE**

**TOILETTAGE**

**RECONNAISSANCE** KC, FCI, AKC

**COULEUR** Noir et fauve, blenheim, rubis, tricolore

Une physionomie unique, un tempérament sociable, le cavalier king-charles n'est pas très sportif, mais il est bien adapté à une vie citadine et trouvera sa place au sein d'une famille avec enfants.

ROUGE/FEU    FAUVE ET BLANC    NOIR ET FEU    NOIR, BLANC ET FEU

## ORIGINE DE LA RACE

Les petits chiens de type épagneul connaissent un franc succès en Grande-Bretagne à la fin du XVIIᵉ siècle, et ils apparaissent souvent sur les peintures de l'époque, en compagnie du roi Charles II Stuart, qui leur donna son nom. Par la suite, sa physionomie évolue. La race contemporaine doit son existence à un riche Américain, Roswell Eldridge. Au cours des années 1920, l'homme va remporter plusieurs prix à la *Cruft* (prestigieuse exposition canine du Royaume-Uni) pour ses spécimens de cavaliers king-charles et d'épagneuls king-charles (p. 121), répliques des originaux du XVIIᵉ siècle. Les participations de Roswell aux concours initient la multiplication de ces chiens dans les expositions, et progressivement, ce type d'épagneul gagne en popularité. La race fut alors reconnue comme cavalier king-charles, afin de bien la distinguer de ses cousins. Son trait distinctif est son long museau de forme conique.

**TRICOLORE** Les couleurs noir et blanc prédominent ici, également réparties. Un marquage fauve souligne l'arcade sourcillaire, les joues et l'intérieur des oreilles.

**BLENHEIM** C'est la couleur la plus répandue, du nom de la résidence du duc de Marlborough sur laquelle elle fut conçue. Le fauve châtaigne est taché de blanc, avec généralement un marquage blanc caractéristique au milieu du crâne.

**NOIR ET FAUVE** Noir intense et marques feu pour ces chiots. Ils peuvent aussi arborer une couleur rubis.

# Chihuahua

**ORIGINE** Mexique

**HAUTEUR** 15 à 23 cm

**POIDS** 0,9 à 3,5 kg

**EXERCICE**

**TOILETTAGE** (pc)    (pl)

**RECONNAISSANCE** KC, FCI, AKC

**COULEUR** Aucune restriction de couleur ou de marquage

Le plus petit chien de race au monde montre un tempérament digne d'un chien autrement plus imposant. Bruyant par nature, le chihuahua fait preuve d'une étonnante témérité.

NOIR          CRÈME          GRIS          BLEU          ROUGE/FEU

## ORIGINE DE LA RACE

Le chihuahua porte le nom de la province mexicaine d'où il est originaire, mais l'énigme persiste quant à ses ancêtres. Pour certains, il serait le descendant de races de chiens d'agrément élevées en Amérique centrale et du Sud, à l'époque précolombienne. Pour d'autres, ses ancêtres auraient été introduits par les premiers colons espagnols, avant leur croisement avec

**ROBE LISSE** La physionomie de la race se caractérise par une tête en forme de pomme, bombée au sommet, et de grandes oreilles, inclinées à 45° par rapport à la tête.

des chiens locaux, jusqu'à l'apparition de la race telle que nous la connaissons aujourd'hui. Le chihuahua acquiert sa popularité hors du Mexique dans les années 1850, où il devient le chien de compagnie favori des Américaines fortunées.

**ROBE À POIL LONG**
La robe à poil soyeux et plat présente un panache caractéristique au niveau de la queue. On note un poil nettement plus long de chaque côté de la tête et tout le long de la région ventrale, avec des franges sur la face postérieure des membres.

# Chien chinois à crête

**ORIGINE** Chine

**HAUTEUR** 28 à 33 cm

**POIDS** 2,3 à 4,5 kg

**EXERCICE**

**TOILETTAGE**

**RECONNAISSANCE** KC, FCI, AKC

**COULEUR** Aucune restriction de couleur ni de tache

Ces chiens à la physionomie si particulière existent sous deux variétés, principalement sans poil ou à poil duveteux. En présence d'un parent nu, une couvée pourra présenter des chiots appartenant aux deux catégories.

NOIR

BRUN NOIR

## ORIGINE DE LA RACE

La mutation à l'origine des différentes races dénuées de poil existant aujourd'hui est survenue en différents endroits du globe, le chien chinois à crête étant le spécimen asiatique de ce phénomène. Si ces chiens font leur apparition en Occident en 1686, comme le prouve un dessin dans une publication anglaise de l'époque, ils restent néanmoins rares. La race reste d'autre part inconnue en Amérique du Nord jusque dans les années 1920 où elle s'attire un certain nombre d'adeptes et voit se développer la création de pedigree et de registres

ROBUSTE La variété « powder-puff » (houppette à poudre) de chien chinois est souvent utilisée au développement de la version nue, afin d'améliorer la robustesse de la race.

HOUPPETTE ARGENTÉE La morphologie est la même, mais la robe est longue et souple. Dans une portée, les versions à crinière sont déjà reconnaissables.

généalogiques détaillés. Sur leur terre natale de Chine, très recherchés pour leur compagnie, ces chiens extrêmement alertes à l'approche d'inconnus furent également appréciés pour leurs qualités de gardiens. Un talent qu'ils utilisent toujours aujourd'hui.

L'entretien du chien chinois à crête nu peut sembler *a priori* moins fastidieux que celui de son parent à long poil duveteux. Il est vrai que la corvée de toilettage est ici réduite. En revanche, il convient de protéger ces chiens non seulement du froid, mais tout autant des coups de soleil. À l'image de nombreuses races nues, le chien chinois à crête ne développe pas toujours une dentition complète… ce qui n'affecte en rien son appétit.

PORTRAIT Une houppe sur la tête, la crête, une touffe de poil au niveau de la queue et à la base des membres. Le reste du corps, lui, est recouvert de poil duveteux.

CHIHUAHUA (p. 110) Héros des plus extraordinaires légendes, et sans doute des plus loufoques, voici le chihuahua. Moins vif et moins roquet que ses ancêtres, sa popularité connaît un essor fulgurant.

# Coton de Tuléar

**ORIGINE** Madagascar
**HAUTEUR** 25 à 30 cm
**POIDS** 5,5 à 6,5 kg
**EXERCICE** 🐾
**TOILETTAGE** ✂️
**RECONNAISSANCE** FCI
**COULEUR** Blanc

C'est l'une des rares races d'origine africaine, de type bichon, comme le laissent à penser son petit format et sa robe d'un blanc immaculé. La popularité de ce petit chien malgache a connu ces dernières années un essor fulgurant, en Amérique du Nord comme en Europe.

## ORIGINE DE LA RACE

Les ancêtres de cette race furent très certainement importés d'Europe jusqu'à la ville portuaire malgache de Tuléar, et ce dès le XVIIᵉ siècle. Sur l'île au large du continent africain, le petit chien accéda bientôt au rang de compagnon de la noblesse locale. Élevée à l'écart de tout autre contact durant des centaines de générations, la race évolua peu à peu par rapport à ses an-cêtres. Une race similaire, aujourd'hui éteinte, existait autrefois sur l'île de la Réunion. Propriété exclusive des gens les plus fortunés, il demeura ainsi confiné jusque dans les années 1950, où sa popularité commença à se ré-pandre. Une petite colonie fut auto-risée à quitter l'île et introduite en Europe, mais il fallut attendre le mi-lieu des années 1970 pour qu'il fasse son entrée en Amérique du Nord.

**SOUS LE POIL** Habituellement dissimulé par les poils, la face de ce chien trempé révèle un profil qui rappelle celui du bichon.

**ROBE** La texture vaporeuse du coton de Tuléar est caractéristique de la race. Si le blanc est la couleur traditionnelle, certains individus peuvent développer des taches crème ou noires sur fond blanc.

# Bouledogue français

**ORIGINE** France

**HAUTEUR** 28 à 30 cm

**POIDS** 9,1 à 12,7 kg

**EXERCICE**

**TOILETTAGE**

**RECONNAISSANCE** KC, FCI, AKC

**COULEUR** Crème, fauve, foie, noir et blanc, bringée

Le port des oreilles en chauve-souris et la structure compacte du bouledogue français sont des traits caractéristiques de la race. Il a tendance à ronfler, du fait de sa face courte et camuse.

CRÈME    FAUVE    JAUNE ET BLANC    NOIR ET BLANC    BRINGÉ NOIR

## ORIGINE DE LA RACE

Sous sa forme naine, le bouledogue fut le compagnon des ouvriers du textile anglais, plus précisément des dentellières de la ville de Nottingham. Le développement de la mécanisation força nombre de ces gens à émigrer dans les années 1850 vers le nord de la France. Ils firent le voyage accompagnés de leurs animaux de compagnie et les croisements ne tardèrent pas à intervenir, notamment avec des terriers, auquel le bouledogue doit ses oreilles dressées. Plus

**NOIR ET BLANC**
Le marquage est très aléatoire comme on peut le constater en comparant ce chien avec son cousin de droite.

tard, la race atteignit Paris où elle devint l'animal de compagnie à la mode, avant de connaître une égale popularité dans le reste de l'Europe, puis aux États-Unis. Chose curieuse, son introduction en Grande-Bretagne au cours des années 1890 fut en revanche accueillie avec circonspection.

**DOUX ET SOCIABLE**
Le bouledogue français présente un caractère vif et affectueux, avec peu de besoins en exercice.

**BRINGÉE** Le panachage de poils clairs et foncés est fréquent chez le bouledogue français, tout comme la tache blanche sur le poitrail.

# Spitz allemand

**ORIGINE** Allemagne

**HAUTEUR** 20 à 41 cm

**POIDS** 3,2 à 18 kg

**EXERCICE**

**TOILETTAGE**

**RECONNAISSANCE** KC, FCI, AKC

**COULEUR** Toutes robes unies ; les sujets bicolores miniatures et nains sont reconnus

Les races de spitz allemands peuvent être classées selon leur taille : le grand spitz, le spitz moyen, le petit spitz et le spitz nain. Ils ont un tempérament similaire.

NOIR    CRÈME    GRIS    FAUVE    BRUN NOIR

## ORIGINE DE LA RACE

On trouve mention du spitz allemand dès 1450 et depuis lors, comme c'est le cas pour d'autres races, la taille de ce chien n'a cessé de diminuer, jusqu'au format de chien de compagnie que nous lui connaissons aujourd'hui. Une confusion répandue veut d'autre part que l'on fasse l'amalgame entre spitz allemand nain et loulou de Poméranie (p. 130), en raison d'un ancêtre commun et d'une physionomie très ressemblante. Mais la race

**CRINIÈRE** La collerette de fourrure au niveau du cou est plus accentuée en hiver, lorsque la robe est le plus fournie. Le contraste avec le poil court au niveau inférieur des pattes n'en est que plus esthétique.

allemande fut conçue la première, et le loulou apparut ultérieurement, au Royaume-Uni, à partir de lignées distinctes, issues de sujets importés d'Allemagne, pour évoluer indépendamment pendant plus d'un siècle. La couleur sert de référence dans la reconnaissance des différentes races de spitz. La variété grand spitz n'existe ainsi que sous une robe unicolore, les gabarits miniature et nain présentant en revanche des robes bicolores.

**JOLI MINOIS** Le spitz allemand se caractérise par sa tête de renard, avec ses petites oreilles pointues et son œil vif. La traînée blanche entre les yeux est souvent l'apanage des bicolores.

# Bichon havanais

**ORIGINE** Cuba

**HAUTEUR** 20 à 36 cm

**POIDS** 3,2 à 6 kg

**EXERCICE**

**TOILETTAGE**

**RECONNAISSANCE** FCI

**COULEUR** Noir, blanc, bleu, fauve, brun noir

Vif et alerte, mais facile à dresser, le bichon havanais réunit une foule d'admirateurs, bien au-delà des frontières de son île natale. Bourré de talents, il est aussi bon compagnon que gardien.

| NOIR | CRÈME | BLEU | FAUVE | BRUN NOIR |

## ORIGINE DE LA RACE

La variété havanaise descend directement du cheptel des bichons, avec des ancêtres probablement introduits à Cuba au tout début de la campagne de colonisation du nouveau monde, à l'occasion d'une escale de l'un de ces navires venus de la lointaine Europe. Baptisée en hommage à La Havane, capitale de l'île, la race s'y développa durant des siècles, puis la révolution de 1959 marqua son déclin. Nombre de maîtres quittèrent en effet l'île avec leurs chiens, qui allaient connaître un regain de popularité, cette fois aux États-Unis. Aujourd'hui, la race est présente dans toutes les manifestations canines.

**ROBE** La robe du bichon havanais est constituée d'un poil doux, le plus souvent blanc, comme les autres bichons. Le museau de ce type de chien est long et aplati.

**MÈCHES** La longueur du poil au niveau de la tête reflète les origines de la race. Les mèches protégeaient les yeux du soleil brûlant cubain. La coutume veut que l'on coiffe ces poils en toupet.

# Chien nu inca

**ORIGINE** Pérou

**HAUTEUR** 25 à 71 cm

**POIDS** 4 à 25 kg

**EXERCICE** 🐾

**TOILETTAGE** 🪥

**RECONNAISSANCE** FCI

**COULEUR** Noir ou brun noir

À l'époque précolombienne, les chiens nus étaient particulièrement prisés dans certaines régions d'Amérique centrale et d'Amérique du Sud. Le chien nu inca, plus répandu en Amérique du Nord qu'en Europe, serait l'un des rares survivants de cette période.

## ORIGINE DE LA RACE

La race fit dans un premier temps le bonheur de l'ethnie Huanca, en Amérique centrale, pour la saveur de sa chair. À leur arrivée, en 1460, les Incas s'intéressèrent à ce chien qu'ils adoptèrent pour l'utiliser en guise de bouillotte pour soulager courbatures et rhumatismes. La race se déclinait alors en deux variétés, établies sur la physionomie : la lignée noire, considérée comme chien de jour, et le chien nu du Pérou, à la peau rose tachetée. Il ne sortait que la nuit tombée pour éviter les coups de soleil, passant le reste de la journée confiné dans des huttes entourées de plants d'orchidées. Seuls quelques représentants de cette race existent encore aujourd'hui, dans son pays d'origine. Si les individus nus sont majoritaires dans une portée, il arrive que des chiots naissent couverts de poils.

**PIGMENTATION** Une pigmentation noire sur l'ensemble du corps constitue l'un des traits caractéristiques de la race.

**SILHOUETTE** Elle est bien proportionnée, les oreilles bien droites quand le chien est en alerte, rabattues sur les côtés lorsqu'il est au repos.

**ROBE** Ces chiens conservent quelques poils raides au niveau du crâne, de la queue et du bas des pattes.

# Petit lévrier italien

**ORIGINE** Italie

**HAUTEUR** 33 à 38 cm

**POIDS** 4,5 à 7 kg

**EXERCICE**

**TOILETTAGE**

**RECONNAISSANCE** KC, FCI, AKC

**COULEUR** Crème, gris, bleu, rouge et fauve, fauve et blanc, bleu et blanc

Version miniature du greyhound (p. 195), il compte parmi les chiens de compagnie les plus recherchés. Il est réservé vis-à-vis des inconnus, sauf s'il a été socialisé dès son plus jeune âge.

CRÈME    GRIS    BLEU    ROUGE/FEU    FAUVE ET BLANC

## ORIGINE DE LA RACE

Il est fait mention de petits spécimens de greyhounds dès l'Égypte ancienne, mais c'est au XVe siècle en Italie que la race connaît son heure de gloire. Le petit lévrier italien devient un animal de compagnie très recherché par la noblesse, et il est une figure récurrente des portraits de l'époque, ceux peints par Jan van Eyck, entre autres. Malheureusement, à la fin du XIXe siècle, une campagne de miniaturisation à outrance met la race en danger. Il faut attendre le début du XXe siècle pour que des éleveurs dignes de ce nom redonnent toute sa vigueur à ce chien et que sa population augmente. Néanmoins, et encore aujourd'hui, le prix d'un petit lévrier italien reste élevé, tant il est vrai que la race reste rare. À l'image de son cousin de pleine taille, ce type de chien est peu demandeur en exercice, et préfère les promenades toniques, mais brèves. L'un des traits caractéristiques de la race est son allure haute sur pattes, distinguée et gracieuse, attitude qui le différencie du greyhound.

**BICOLORE** Le petit lévrier italien bicolore présente en règle générale une tache blanche qui part entre les yeux pour s'élargir au niveau des mâchoires et descendre sur le poitrail.

**ROBE ET OREILLES** Le poil court, fin et brillant est typique de la race, tout comme le port des oreilles, dressées lorsque le chien est en alerte, repliées sur les côtés le reste du temps.

# Épagneul japonais

**ORIGINE** Japon

**HAUTEUR** 20 à 36 cm

**POIDS** 1,8 à 3,2 kg

**EXERCICE**

**TOILETTAGE**

**RECONNAISSANCE** KC, FCI, AKC

**COULEUR** Noir et blanc, fauve et blanc

Ces petits chiens montrent un caractère bien trempé et espiègle, et leur comportement ne va pas sans rappeler celui d'un chat. Dénué d'un sous-poil fourni, la robe reste d'un entretien facile.

NOIR ET BLANC    JAUNE ET BLANC

## ORIGINE DE LA RACE

Les premiers épagneuls japonais furent sans doute importés de Chine, vers l'an 500 de notre ère. Aujourd'hui encore, la race a conservé quelques traits communs avec le Pékinois, avec lequel il partage certainement quelques ancêtres communs. Comme le Japon demeura fermé aux Occidentaux pendant plusieurs siècles, la popularité de l'épagneul japonais ne se développa qu'à partir de la seconde moitié du XIXe siècle. Il devint alors le chouchou des cours européennes, comme il l'avait été de l'aristocratie japonaise.

**COULEUR** L'épagneul japonais porte le plus souvent une robe noir et blanc. Plutôt calme, il est d'une nature affectueuse et parfaitement adapté à la vie urbaine.

# Spitz japonais

**ORIGINE** Japon

**HAUTEUR** 38 à 40 cm

**POIDS** 6 kg

**EXERCICE**

**TOILETTAGE**

**RECONNAISSANCE** KC, FCI

**COULEUR** Blanc

Un superbe petit chien, réplique du spitz en plus petit : oreilles dressées, museau pointu et queue courte en panache, attachée haut. Le spitz japonais est vif et intelligent.

## ORIGINE DE LA RACE

La ressemblance frappante avec le samoyède (p. 361) tient au fait que de petits spécimens de cette race servirent probablement à la mise au point du spitz japonais. De nombreux croisements s'ensuivirent durant la première moitié du XXe siècle, résultant en une variété d'autres races de petits spitz. En 1948, le Japan Kennel Club reconnut officiellement le spitz japonais.

**PHYSIONOMIE** La fourrure blanche vaporeuse est caractéristique du spitz japonais. À noter également, un jabot bien fourni.

# Épagneul king-charles

**ORIGINE** Royaume-Uni
**HAUTEUR** 25 à 27 cm
**POIDS** 3,5 à 6,5 kg
**EXERCICE**
**TOILETTAGE**
**RECONNAISSANCE** KC, FCI, AKC
**COULEUR** Fauve uni, noir et feu, blanc et feu, tricolore

Descendant d'une variété lointaine d'épagneul, le king-charles n'a cependant pour autant jamais été un chien courant, mais plutôt un chien de salon.

ROUGE/FEU

NOIR, BLANC, ET FEU

## ORIGINE DE LA RACE

Lors de la mise au point des épagneuls, on sélectionna les chiots les plus gros pour mettre au point des chiens de travail, les plus petits héritant tout naturellement du rôle de chien de compagnie. Les premiers spécimens de la catégorie présentaient un long museau conique, identique à celui du cavalier king-charles actuel, mais les croisements entrepris au XVIIIe siècle avec des races orientales à museau retroussé lui donnèrent un autre profil.

L'épagneul king-charles est d'un naturel affectueux et adapté à la vie citadine. Ses seuls défauts sont une santé fragile et une durée de vie plus courte que la plupart des petits chiens.

**COULEURS ROYALES** La robe du king-charles présente un poil rubis (rouge intense) et blenheim (taches fauve châtaigne sur fond blanc).

# Kromfohrländer

**ORIGINE** Allemagne
**HAUTEUR** 38 à 46 cm
**POIDS** 9 kg
**EXERCICE**
**TOILETTAGE**
**RECONNAISSANCE** FCI
**COULEUR** Fauve et blanc

Son inscription au titre de chien d'agrément sur le registre des races allemandes est relativement récente. Aujourd'hui, dans sa grande majorité, la population de kromfohrländers n'a pas dépassé les frontières d'Allemagne.

## ORIGINE DE LA RACE

À la fin de la Seconde Guerre mondiale, une compagnie de soldats américains se présenta en Allemagne, un terrier à poil dur brun et blanc adopté en France sur les talons. À l'approche de Francfort, le chien décida de retourner à la vie civile et rencontra l'âme sœur sous les traits d'une jolie bâtarde de type terrier. La race issue de cette histoire romantique fut reconnue par le German Kennel Club en 1953, et baptisée d'après le nom du lieu-dit de son origine, Krumme Furche. Le kromfohrländer est un chien affable, fait pour la vie de famille, et facile à éduquer. Il existe sous deux variétés de texture de poil, poil ras et dur et poil lisse.

**POIL DUR** La variété la plus répandue du kromfohrländer. À noter, la longueur et l'aplomb des membres antérieurs, trait caractéristique de la race.

# Kyi leo

**ORIGINE** États-Unis

**HAUTEUR** 23 à 28 cm

**POIDS** 6 à 7 kg

**EXERCICE**

**TOILETTAGE**

**RECONNAISSANCE** Néant

**COULEUR** Crème, fauve, jaune et blanc, noir et blanc, fauve et blanc

Produit d'un croisement, le kyi leo est peu répandu, encore privé de reconnaissance, mais déjà populaire en Europe. La plupart des sujets présentent une robe noire et blanche.

CRÈME    FAUVE    FAUVE ET BLANC    NOIR ET BLANC    JAUNE ET BLANC

## ORIGINE DE LA RACE

C'est le premier chien de concepteur considéré comme une race à part entière. Il fut mis au point à partir d'un croisement entre un lhassa apso et un bichon maltais, en Californie, au début des années 1940. Le nombre d'individus augmenta après des débuts assez lents. On en dénombrait 60 en 1972, ils étaient 190 en 1986. Le choix du mot *kyi*, « chien » en tibétain, rappelle le rôle du lhassa apso dans la conception de la race, *leo* signifiant « lion ». D'autres chiens d'origine identique sont inscrits sous le nom de *American Lamalese* par certains organismes de classification.

**TAILLE RÉDUITE** Le kyi leo correspond plutôt à un lhassa apso en réduction, mais avec un museau plus long, et une robe plus tombante.

# Lhassa apso

**ORIGINE** Tibet

**HAUTEUR** 25 à 28 cm

**POIDS** 6 à 7 kg

**EXERCICE**

**TOILETTAGE**

**RECONNAISSANCE** KC, FCI, AKC

**COULEUR** Toute une palette de couleurs du noir au crème, blanc et noir

La longue robe du lhassa apso nécessite un toilettage quotidien pour garder toute son élégance. Il arrive que des sujets à poil lisse apparaissent au sein d'une portée.

NOIR    CRÈME    GRIS    FAUVE    NOIR ET BLANC

## ORIGINE DE LA RACE

Les moines tibétains vénéraient ces chiens qu'ils considéraient comme les dépositaires de l'âme humaine; à ce titre ils les conservaient jalousement dans les lamaseries. Interdit au commerce, le lhassa apso resta de ce fait inconnu au-delà des frontières du Tibet. Seul le dalaï-lama, souverain du royaume, fit don de deux spécimens à l'empereur chinois. Il fallut cependant attendre la fin du XIXᵉ et le début du XXᵉ siècle pour que l'Occident découvre la race. Ce n'est qu'après la Première Guerre mondiale qu'il fut introduit au Royaume-Uni et il fut tout d'abord classé dans la catégorie du shih-tzu (p. 133) et de l'épagneul tibétain (p. 135). Sa popularité explosa dans les années 1960.

**ROBE** Le poil du lhassa apso, long et fourni, offre au chien une excellente protection contre les éléments.

# Petit chien lion

**ORIGINE** France

**HAUTEUR** 25 à 33 cm

**POIDS** 4,5 à 8 kg

**EXERCICE**

**TOILETTAGE**

**RECONNAISSANCE** KC, FCI

**COULEUR** Aucune restriction de couleurs ni de combinaison

Le petit chien lion (ou Löwchen, diminutif de *Löwe*, « lion » en allemand) doit son nom à la tonte particulière qu'il arbore dans les expositions, une coupe qu'on lui connaît depuis le XVIᵉ siècle.

| NOIR | CRÈME | ROUGE/FEU | BRUN NOIR | JAUNE ET BLANC |

## ORIGINE DE LA RACE

Il semblerait que la race ait été populaire dès le XVIᵉ siècle, et qu'en dépit de son nom germanique, le petit chien lion soit originaire de France. La robe était alors taillée à la lionne, l'arrière-train rasé, et une touffe de poils conservée en bas des pattes et en bout de queue. Il était très prisé comme « bouillotte canine » par la noblesse, et son allure léonine lui conférait une apparence royale. En 1973, la race subit une forte baisse d'affection de la part du public, avec une population estimée à moins de 70 individus dans le monde. Les éleveurs alertèrent alors les médias et la campagne de publicité dont elle fit l'objet sauva *in extremis* la race de l'extinction.

**AIR DE FAMILLE** La parenté du petit chien lion avec le bichon est bien plus évidente lorsque le poil est laissé à l'état naturel.

# Bichon maltais

**ORIGINE** Malte

**HAUTEUR** 23 à 25 cm

**POIDS** 1,8 à 6 kg

**EXERCICE**

**TOILETTAGE**

**RECONNAISSANCE** KC, FCI, AKC

**COULEUR** Blanc

Autrefois appelé terrier maltais, ce chien n'a jamais rien eu à voir avec les terriers, si ce n'est son tempérament plein de ténacité. Il est aussi appelé parfois tout simplement maltese. Le petit chien serait en tout cas l'une des plus anciennes races européennes.

## ORIGINE DE LA RACE

Il faisait le bonheur de ses maîtres après que les Phéniciens l'eurent rapporté de Mélita (Sicile) pour l'introduire sur l'île de Malte, il y a 2 000 ans. Le bichon maltais actuel tient probablement de nombreux croisements, notamment entre épagneul et caniche miniatures. C'est un chien au tempérament vif et joueur qui accepte un style de vie calme, citadin. Il adore les enfants et la compagnie des autres chiens.

**COIFFURE** Le long poil soyeux dénué de sous-poil s'entretient sans difficulté particulière, mais un brossage quotidien est impératif.

BICHON MALTAIS (p. 123) Un membre du groupe des bichons, issu de l'île de Malte, en Méditerranée. Le noir des yeux, des paupières, de la truffe et des lèvres crée un heureux contraste avec la blancheur de la robe.

# Chien nu mexicain

**ORIGINE** Mexique

**HAUTEUR** 28 à 55 cm

**POIDS** 4,1 à 14 kg

**EXERCICE**

**TOILETTAGE**

**RECONNAISSANCE** FCI, AKC

**COULEUR** Toutes couleurs et combinaisons, notamment des couleurs unies

Le nom originel nahuati de la race, *xoloitzcuintle*, et son diminutif *xolo* seraient un hommage au dieu Xolotl, qui l'aurait envoyé aux hommes, friands de sa chair.

NOIR          BLEU          BRUN NOIR

## ORIGINE DE LA RACE

L'origine de cette race se perd dans la nuit des temps, car elle est présente en Amérique du Sud bien avant la venue des conquistadors. Les Aztèques l'élevaient comme chien de compagnie, et une légende voulait qu'il accompagne les âmes des défunts vers l'au-delà. Il fut aussi utilisé pour les sacrifices rituels des Indiens. Très recherché de nos jours pour son intelligence, sa nature silencieuse et son attachement à ses maîtres, le chien nu mexicain, s'il reste une race encore confidentielle, tend à réunir de plus en plus d'adeptes. Il existe aussi une variété à poil duveteux, appelée *itzcuintle*.

**TOQUE DE POIL** Les sujets pourvus de poils utilisés dans les croisements permettent de prévenir un grave trouble génétique propre à certains représentants de races nues.

**NU STANDARD** Le gène dominant à l'origine de la peau nue et lisse affecte également la dentition.
Les chiens nus sont fréquemment sujets au prognathisme ou dénués de molaires ou prémolaires.

# Épagneul nain continental (papillon)

**ORIGINE** France
**HAUTEUR** 20 à 28 cm
**POIDS** 4 à 4,5 kg
**EXERCICE**
**TOILETTAGE**
**RECONNAISSANCE** KC, FCI, AKC
**COULEUR** Toutes couleurs sur fond blanc

La race existe en deux variétés : « phalène », aux oreilles tombantes, la plus ancienne, et « papillon », oreilles dressées, bien ouvertes et frémissantes, comme des ailes.

FAUVE ET BLANC

NOIR ET BLANC

JAUNE ET BLANC

NOIR, BLANC, ET FEU

## ORIGINE DE LA RACE

Dès la Renaissance, la version « phalène » obtenue par réduction de l'épagneul de chasse se fait remarquer sous le nom d'épagneul nain. Ce n'est que plus tard que le « papillon » est mis au point par croisements successifs, notamment avec le spitz. On ne dispose que de rares témoignages écrits sur la race mais c'est là un petit chien qui a fait le bonheur des grands maîtres de la peinture. Rembrandt, Rubens, Vélasquez et Clouet l'ont immortalisé, tout comme Titien dans sa *Vénus d'Urbino*, ou Largillière dans un portrait de Louis XIV et de sa famille. Coqueluche de l'aristocratie et des cours royales, l'épagneul nain continental connaîtra un net déclin au début du XXe siècle, heureusement rectifié sous l'impulsion de quelques adeptes.

**PAPILLON** Le surnom de l'épagneul nain continental est évident si l'on prend en considération le port des oreilles et les marquages sur la face.

## CRITÈRES DE RACE

Le poil est aéré et soyeux, avec une superbe queue en panache et des oreilles bien frangées. Dotée d'une fourrure ondulée et brillante sans sous-poil, la robe de l'épagneul nain continental ne nécessite en réalité que peu d'entretien. Ce chien, à tendance territoriale, se montre souvent très exclusif dans son attachement à son maître. Très joueur, avec un réel talent de comédien en prime, il est aussi bon compagnon que gardien.

**BON ÉLÈVE** La race adore se dépenser en plein air. Équilibré, facile à éduquer, l'épagneul nain continental n'a pas son pareil pour briller dans les épreuves d'obéissance, exécuter des tours et se faire remarquer en parcours d'agility.

# Pékinois

**ORIGINE** Chine

**HAUTEUR** 15 à 23 cm

**POIDS** 3 à 5,5 kg

**EXERCICE**

**TOILETTAGE**

**RECONNAISSANCE** KC, FCI, AKC

**COULEUR** Toutes couleurs

Selon la légende, le pékinois serait le résultat des amours d'un lion avec une guenon. Toujours est-il que sa physionomie et sa personnalité ont de quoi enflammer l'imagination.

NOIR          ROUGE/FEU          JAUNE          JAUNE ET BLANC

## ORIGINE DE LA RACE

L'origine du pékinois remonte à quelques millénaires. Cette ancienneté est confirmée par de récents tests ADN. Au temps de la Chine impériale, le petit chien jouit d'une place de choix, car c'est une figure familière de la Cité interdite. La guerre de l'Opium met un terme à son existence dorée. Ramenés en Angleterre par les Britanniques en 1860, quelques individus vont faire le bonheur des Anglais, dont celui de la reine Victoria en personne.

## CRITÈRES DE RACE

Avec son penchant pour le luxe et le confort, la race semble avoir gardé des réflexes royaux. D'un naturel obstiné, le pékinois a besoin d'être éduqué dès son plus jeune âge. Voilà néanmoins un sujet loyal envers son maître, plutôt méfiant à l'égard des inconnus, et qui n'hésitera pas à aboyer, en vrai petit chien de garde.

**STANDARDS ROYAUX** Cette race est restée conforme aux standards édictés par l'impératrice douairière Tzu Hsi. Poil dense aux pattes pour le silence, collerette pour la noblesse du port et membres courts pour prévenir toute velléité de fugue.

# Chien nu du Pérou

**ORIGINE** Pérou
**HAUTEUR** 38 à 50 cm
**POIDS** 9 à 13 kg
**EXERCICE**
**TOILETTAGE**
**RECONNAISSANCE** FCI, AKC
**COULEUR** Toutes couleurs unies, éventuellement taché de rose

Le chien nu du Pérou était jadis confiné en journée dans des huttes protégées du soleil par des plants d'orchidée, c'est pourquoi il est aussi nommé chien orchidée des Incas ou fleur de lune.

NOIR    BLEU    BRUN NOIR

## ORIGINE DE LA RACE

Personne ne peut dire avec précision d'où la race est originaire. Elle est en tout cas représentée vers l'an 750 de notre ère sur des céramiques de civilisations pré-incas, le long du littoral péruvien. On attribuait alors des vertus curatives à la chaleur de ce chien (*calato*, « nu », de son nom quechua), mais pour les conquistadors il était surtout prisé pour la saveur de sa chair. Le chien nu du Pérou est peu répandu en dehors de son pays d'origine avec un cheptel extrêmement réduit et de très rares importations. Comme beaucoup de chiens de type primitif, il se montre méfiant à l'égard des inconnus, mais affectueux avec les enfants et ses congénères.

**TOUT NU** La peau, délicate, exige des soins particuliers, notamment contre l'acné. La peau rose des individus bicolores est sujette aux coups de soleil.

# Épagneul nain continental (phalène)

**ORIGINE** France
**HAUTEUR** 20 à 28 cm
**POIDS** 1,8 à 4,1 kg
**EXERCICE**
**TOILETTAGE**
**RECONNAISSANCE** KC, FCI, AKC
**COULEUR** Toutes couleurs sur fond blanc

Il s'agit du proche cousin de l'épagneul nain papillon, variété oreilles dressées (p. 127). La variété dite « phalène », la plus ancienne, est dotée d'oreilles tombantes.

FAUVE ET BLANC    NOIR ET BLANC    JAUNE ET BLANC

## ORIGINE DE LA RACE

Comme le « papillon », la race est elle aussi le produit d'une réduction de l'épagneul de chasse et de spitz des pays nordiques. Certains organismes cynologiques classent les deux variétés sous une seule mention. À la limite de l'extinction au milieu du siècle dernier, elle a récemment retrouvé une population plus importante. Des sujets dotés des deux types d'oreilles peuvent se présenter au sein d'une même portée. Intelligents et sensibles, ces chiens sont sujets à la luxation patellaire.

**ÉCUREUIL** Si le port des oreilles lui a valu d'être comparé à la phalène, il doit par ailleurs à sa queue en panache le surnom de chien écureuil.

# Spitz nain

**ORIGINE** Allemagne

**HAUTEUR** 20 à 28 cm

**POIDS** 1,8 à 3,2 kg

**EXERCICE**

**TOILETTAGE**

**RECONNAISSANCE** KC, FCI, AKC

**COULEUR** Blanc, crème, gris, bleu, rouge, brun, noir

Il fait l'objet depuis des siècles de sélections visant à réduire sa taille. Autrefois connu sous le nom de loulou de Poméranie, il est le plus petit représentant du groupe spitz.

NOIR          CRÈME          ROUGE/FEU          FAUVE

## ORIGINE DE LA RACE

Il doit son nom de loulou de Poméranie à une région côtière de la mer Baltique, plusieurs fois envahie au cours de l'histoire, autrefois allemande, aujourd'hui polonaise. Le grand spitz allemand fut introduit au Royaume-Uni au début du XIXe siècle par la reine Charlotte; les éleveurs se mirent aussitôt au travail pour réduire sa taille. S'ensuivit alors une sélection rigoureuse et responsable, dans laquelle

**CRINIÈRE** Le poil, doublé d'un sous-poil dense, doit être entretenu avec une brosse humidifiée pour prévenir la formation des nœuds.

intervint sans doute un peu de spitz italien (Volpino), ramené d'Italie par la reine Victoria, qui ne ménagea pas ses efforts pour populariser la race auprès de ses sujets.

## CRITÈRES DE RACE

Petit et alerte, adapté à la vie citadine, le spitz nain fait un compagnon idéal pour la famille. D'un tempérament territorial, il peut aboyer à l'approche d'inconnus, mais il ne blessera personne. Téméraire, il n'hésitera pas en revanche à provoquer certains de ses congénères. Le spitz nain vit longtemps, malgré quelques graves troubles pathologiques, luxation patellaire et problèmes oculaires entre autres.

**TAILLE ET COULEUR** D'abord blancs et plutôt massifs, les spitz nains prirent une robe dans les tons crème et rouge à mesure de la réduction de la race.

# Caniche (miniature et nain)

**ORIGINE** France

**HAUTEUR** 23 à 38 cm

**POIDS** 1,8 à 5,5 kg

**EXERCICE**

**TOILETTAGE**

**RECONNAISSANCE** KC, FCI, AKC

**COULEURS** Toutes couleurs unies

Le caniche dit moyen (p. 354) appartient à la catégorie des chiens de travail, au contraire des versions réduites, uniquement mises au point pour le plaisir de leur compagnie.

NOIR    CRÈME    BLEU    FAUVE    BRUN NOIR

## ORIGINE DE LA RACE

Quelle que soit l'origine du caniche moyen, il ne fait aucun doute que la France fut le creuset du développement des versions réduites. Les caniches miniatures et nains n'ont pas été conçus pour occuper la fonction de chien courant, même s'ils montrent les comportements instinctifs de leurs ancêtres pleine taille. Intelligents, faciles à dresser, ils ont acquis une certaine popularité comme chiens de cirque. On les a vus danser, jouer la comédie, faire les funambules et même exécuter des tours de cartes et de magie.

## CRITÈRES DE RACE

D'un tempérament cabotin, ces chiens sont un bon remède à la morosité. Inactifs, ils risquent de devenir neurasthéniques et de se montrer agressifs. L'entretien de la robe dépend de la coupe adoptée et ce sont surtout de leurs problèmes de santé (infections auriculaires) qu'il faut se soucier.

**SIMPLICITÉ** Une coupe toute simple, égalisée, suffit pour le chiot. Les règles de tonte en usage dans les expositions sont plus strictes.

**CANICHE NAIN** Le plus petit du groupe, très en vogue dans les foyers urbains. C'est lui qui a l'espérance de vie la plus longue, 14 ans en moyenne.

**CANICHE MINIATURE** Il était autrefois populaire dans les cirques, et le chien de compagnie typique du XIXe siècle. Son succès a permis d'améliorer la qualité de la race, au détriment de sa présence sur les podiums.

# Carlin

**ORIGINE** Chine

**HAUTEUR** 25 à 28 cm

**POIDS** 6,5 à 8,5 kg

**EXERCICE**

**TOILETTAGE**

**RECONNAISSANCE** KC, FCI, AKC

**COULEUR** Argent, abricot, fauve, noir

Il a toujours l'air ronchon, mais c'est un grand sensible, qui déborde d'affection pour ses maîtres. Son nom lui viendrait d'un acteur italien, Carlino, porteur d'un masque ridé.

NOIR          GRIS          FAUVE

## ORIGINE DE LA RACE

La race faisait déjà l'objet de miniaturisation il y a 2 000 ans, en Chine, alors animal de compagnie préféré des nobles et des moines. C'est au xvie siècle qu'il fut introduit en Europe par les navires marchands hollandais. La légende veut que ses aboiements aient mis en fuite un assassin qui en voulait à la vie de Guillaume d'Orange. Le carlin arrive en Grande-Bretagne au xviie siècle, où il s'impose comme le chien de compagnie favori de la cour, notamment de la reine Victoria.

## CRITÈRES DE RACE

Le terme « pugnace » aurait pu être inventé pour cette race. Intelligent, il sait aussi se montrer obstiné. Mais le carlin est un compagnon charmant et tout à fait sociable.

**AIR DE FAMILLE** La race montre quelque ressemblance avec ces statues de lions de Fô, ou lion de Bouddha, qui garde les portes des palais et des temples de Chine.

**EFFETS DE MODE** La tête du carlin telle qu'elle apparaît dans l'autoportrait de William Hogarth avec son chien était plus allongée. La face aplatie du chien actuel est souvent cause de troubles respiratoires et oculaires.

**COULEUR TENDANCE** Les carlins clairs firent fureur jusqu'au siècle dernier, jusqu'à ce que l'écrivain Lady Brassey ramène d'Orient des spécimens noirs.

# Shih-tzu

**ORIGINE** Tibet/Chine

**HAUTEUR** 20 à 28 cm

**POIDS** 4,1 à 7,5 kg

**EXERCICE** 🐕

**TOILETTAGE** 🖌🖌🖌

**RECONNAISSANCE** KC, FCI, AKC

**COULEUR** Toutes couleurs

La traduction de shih-tzu, « chien-lion », fait référence à un animal mythique de la Chine ancienne, destrier du Bouddha.

| NOIR | BLEU | FAUVE | NOIR ET BLANC | JAUNE ET BLANC |

## ORIGINE DE LA RACE

Il semblerait que le shih-tzu soit issu d'un croisement entre le pékinois et le lhassa apso ; cependant, de récents tests ADN tendraient à prouver qu'il s'agit de l'une des plus anciennes races pures. Originaire du Tibet ou de Chine, il devint le favori de la cour impériale, où il se développa après un long confinement, faisant office de cadeau aux visiteurs de marque, d'où la tendance à considérer la race comme chinoise et non tibétaine. Arrivé en Europe au début du XXe siècle, le shih-tzu jouit désormais d'une popularité mondiale.

**TÊTE EN FLEUR** Les longs poils sur les sourcils lui ont valu le surnom de chien chrysanthème. On les coiffe en toupet sur les rings, mais certains maîtres préfèrent les couper.

**SYMÉTRIE PARFAITE** Les shih-tzus bicolores sont très répandus, la robe étant marquée d'une tache blanche s'étendant du museau sur la tête, et d'une touche blanche en bout de queue.

## CRITÈRES DE RACE

La robe est fournie, dotée d'un poil long et dense et d'un sous-poil laineux qui nécessite un entretien régulier et soigné. Le shih-tzu est d'un caractère sociable, épanoui en famille, amical avec ses semblables et câlin avec les enfants, mais peut se montrer entêté. Généralement silencieux dans la maison, il se mettra à aboyer bruyamment s'il sent quelque chose d'inhabituel.

**ADULTE NOIR ET BLANC** Le sous-poil fin du shih-tzu s'emmêle fréquemment. La race est donc déconseillée aux maîtres qui rechignent au brossage.

# Terrier tibétain

**ORIGINE** Tibet

**HAUTEUR** 36 à 41 cm

**POIDS** 8 à 13,5 kg

**EXERCICE**

**TOILETTAGE**

**RECONNAISSANCE** KC, FCI, AKC

**COULEUR** Toutes couleurs excepté foie et chocolat

Issu de l'une de ces vallées comme en cachent les paysages formant le toit du monde, le terrier tibétain était choyé dans les monastères, toujours offert, jamais vendu.

NOIR    CRÈME    BLEU    FAUVE    JAUNE ET BLANC

## ORIGINE DE LA RACE

Des analyses génétiques menées récemment ont permis de confirmer l'ancienneté de la race. Également appelé tsang apso, le terrier tibétain est originaire de la province Tsang, cœur religieux du Tibet. À la fois sentinelle et porte-bonheur, il servait aussi de chien de troupeau aux populations nomades de la région. Objet de culte, le terrier tibétain fut introduit en Occident dans les années 1920, après qu'une princesse tibétaine reconnaissante eut offert quelques chiots à un médecin britannique, Agnes Greig. Compagnon affectueux et plein de vie, ce chien particulièrement docile n'a rien d'un grand sportif. D'un naturel timide, il se révèle enfin excellent gardien.

**JUSTE NOM** Le nom tibétain de la race, do kyi apso, ferait référence à son long poil et à ses qualités de chien de garde.

**CALME** Compagnon affectueux, le terrier tibétain sait aussi se comporter en vraie sentinelle et montrer la vivacité d'un chien de troupeau, mais sa nature décontractée ne lui vient en aucun cas de sa parenté avec le terrier. Ce nom lui fut attribué à tort par les Occidentaux, à cause de sa taille.

# Épagneul tibétain

**ORIGINE** Tibet

**HAUTEUR** 25 cm

**POIDS** 4,1 à 7 kg

**EXERCICE**

**TOILETTAGE**

**RECONNAISSANCE** KC, FCI, AKC

**COULEUR** Toutes couleurs

L'affiliation de ces chiens avec l'épagneul est plus qu'improbable, et jamais ils n'officièrent comme chiens de chasse. La race semble moins purement tibétaine que les autres issues de cette région.

CRÈME  FAUVE  BRUN NOIR  FOIE  NOIR ET BLANC

## ORIGINE DE LA RACE

À la fois compagnon des moines et gardien des monastères, l'épagneul tibétain présente comme un air de famille avec les chiens pris pour modèles dans certains bronzes chinois, il y a près de 2 000 ans, et connus jusqu'en Corée dès le VIIIe siècle. On sait que des offrandes de chiens eurent lieu entre centres bouddhistes, et les tibbies ont quelque chose du pékinois et de l'épagneul japonais. Apprécié pour ses talents de chien de garde, l'épagneul tibétain encore aujourd'hui se plaît à jouer les sentinelles, aboyant quand il le faut. Extraverti, alerte, il a besoin de se dépenser plus que beaucoup d'autres petites races.

**RESSEMBLANCE** Crâne bombé, museau carré et membres antérieurs légèrement arqués rappellent le pékinois et l'épagneul japonais.

# Spitz italien

**ORIGINE** Italie

**HAUTEUR** 28 à 30 cm

**POIDS** 4,1 à 5 kg

**EXERCICE**

**TOILETTAGE**

**RECONNAISSANCE** FCI

**COULEUR** Blanc, rouge, champagne admis

Volpino, son autre nom, vient de *volpe*, « renard » en italien. Ce chien ressemble à s'y méprendre au spitz nain (p. 130) et n'est pas reconnu aux États-Unis.

CRÈME  ROUGE/FEU

## ORIGINE DE LA RACE

Issu du même cheptel que les autres spitz européens, le spitz italien existe depuis des siècles en Italie. Le célèbre peintre de la Renaissance italienne Michel-Ange aurait possédé l'un d'entre eux. Très apprécié pour ses talents de gardien, le chien accompagnait souvent les marchands ambulants, ses aboiements bruyants dignes d'un molosse étant dissuasifs. Il tomba en désaffection au cours du XXe siècle, et reste encore rare aujourd'hui.

**BLANC UNI** La race existait autrefois dans toute une palette de couleurs, mais l'on ne connaît aujourd'hui que des sujets unicolores, le plus souvent blancs.

# LES TERRIERS

Obstiné et coriace, le terrier vit pleinement chaque jour.
La race fut mise au point par miniaturisation de chiens
de chasse dans le but d'obtenir des animaux aptes
à pister et à capturer le gibier jusque dans les terriers.
Un travail dédié aux petits gabarits donc, mais aussi
à des individus au mental d'acier. Car se jeter avec
un réel enthousiasme dans un tunnel pour aller se frotter
à l'adversaire, renard, blaireau et autre animal
souvent trois fois plus costaud demande beaucoup
de ténacité. Décrits dès le début du XVIᵉ siècle comme
alertes et querelleurs, les terriers ont surtout le chic
pour mordre la vie à pleines dents et débordent
d'affection pour leurs maîtres.

PAQUET CADEAU Difficile d'imaginer l'énergie
et la détermination d'un si petit volume. Hardi,
compagnon loyal et affectueux, le parson-jack-
russell-terrier (p. 156) ne déroge pas à la règle.

## Affenpinscher

**ORIGINE** Allemagne

**HAUTEUR** 25 cm

**POIDS** 3,2 à 3,6 kg

**EXERCICE**

**TOILETTAGE**

**RECONNAISSANCE** KC, FCI, AKC

**COULEUR** Noir, gris, argent, rouge, noir et feu, beige, parfois avec blanc

Son nom peut se traduire par « griffon-singe » : il est vrai qu'il y a quelque chose de simiesque dans son expression. En France, l'affenpinscher a hérité du surnom « diablotin moustachu ».

| NOIR | GRIS | ROUGE/FEU | NOIR ET FEU |

### ORIGINE DE LA RACE

Si sa lignée reste indéterminée, il est néanmoins probable que l'affenpinscher soit issu de croisements entre le pinscher allemand et une race à chanfrein court. Mentionné à partir du XVIIe siècle, il pourrait avoir comme parent le carlin ; pour certains, il aurait même contribué à la mise au point du griffon bruxellois. Une version grande taille existait à l'origine, mais elle a disparu au début du siècle dernier. Le format plus petit, quant à lui, est peu répandu. Plus populaire aux États-Unis que dans son Allemagne natale, la race est amicale avec les autres chiens, adaptée à la vie citadine et s'épanouit en famille.

**TÊTE DE L'EMPLOI** La face courte et le chanfrein tronqué rappellent le rôle originel de ratier de l'affenpinscher, talent qu'il a conservé pour chasser les nuisibles et les rongeurs.

## Airedale

**ORIGINE** Royaume-Uni

**HAUTEUR** 58 cm

**POIDS** 20 kg

**EXERCICE**

**TOILETTAGE**

**RECONNAISSANCE** KC, FCI, AKC

**COULEUR** Noir et fauve

Trop grand par rapport à la description du chien de terrier traditionnel, l'airedale doit à sa taille d'avoir hérité du surnom de « roi des terriers ». On l'appelle également le « terrier du bord de l'eau », un nom qui en dit long sur ses compétences, notamment dans la chasse à la loutre.

### ORIGINE DE LA RACE

Issue d'un croisement entre le terrier old english broken-haired, aujourd'hui disparu, et le chien de loutre, la race fut formée à la traque du gibier d'eau. L'airedale s'illustra aussi comme chien de liaison et chien policier, mais son caractère obstiné lui valut d'être remplacé.

**BON COPAIN** Tous les maîtres en conviennent, l'airedale est loyal, amical et joueur.

**VOYOU** Calme à la maison, l'airedale a tendance à se bagarrer avec ses congénères quand il se sent provoqué.

# Pitbull américain

**ORIGINE** États-Unis
**HAUTEUR** 46 à 56 cm
**POIDS** 22 à 36 kg
**EXERCICE**
**TOILETTAGE**
**RECONNAISSANCE** AKC
**COULEUR** Toutes couleurs

C'est l'icône des races de chiens élevées pour le combat, qui n'en finit pas de diviser. Muselé et muni d'un transpondeur, le pitbull reste malgré tout *persona non grata* dans les villes.

ROUGE/FEU    FAUVE ET BLANC    NOIR ET BLANC    JAUNE ET BLANC    BRINGÉ NOIR

## ORIGINE DE LA RACE

L'histoire du pitbull se confond avec celle du staffordshire-terrier jusqu'au milieu du XXᵉ siècle, lorsque la distinction se fait entre les deux. Le pitbull est boudé par l'Europe et vénéré aux États-Unis. Cette reconnaissance limitée s'oppose à une politique d'élevage cohérente, et le chien est soumis à de nombreuses restrictions. Agressif envers ses congénères, il est plutôt amical avec l'homme, en tout cas moins dangereux qu'un molosse. Attention, ne jamais laisser un enfant seul avec un chien de cette puissance.

**MAUVAISE IMAGE** Les pitbulls sont trop souvent l'accessoire de maîtres inconscients qui les poussent à l'agressivité. L'otectomie, interdite en France, lui donne un air plus méchant.

# Staffordshire-terrier américain

**ORIGINE** États-Unis
**HAUTEUR** 43 à 48 cm
**POIDS** 18 à 22,5 kg
**EXERCICE**
**TOILETTAGE**
**RECONNAISSANCE** FCI, AKC
**COULEUR** Toutes couleurs, avec ou sans blanc

Un peu différente de la race anglaise originale, elle acquiert sa popularité dans l'Amérique de l'entre-deux-guerres. C'est un chien loyal et affectueux, mais à ne pas mettre entre toutes les mains.

NOIR    BRUN NOIR    NOIR ET BLANC    JAUNE ET BLANC    NOIR ET FEU

## ORIGINE DE LA RACE

Les bull-terriers, dont le staffordshire, furent introduits aux États-Unis au XIXᵉ siècle pour tenir le rôle de chiens de travail auprès des colons. Au siècle dernier, avec l'interdiction des combats de chiens, la race issue du croisement entre les bulldogs et les terriers acquiert une certaine respectabilité et se défait de l'étiquette de pitbull pour endosser celle de son pays d'origine, afin de mieux se distinguer des races britanniques. Le chien fait en France l'objet d'une législation particulière depuis 1999, et s'il est apprécié pour son caractère affectueux et patient avec les enfants, dressage et socialisation s'imposent dès le plus jeune âge.

**MUSCLOR** Certes, les individus de la race des molosses sont plus imposants, mais les mâchoires puissantes et la ténacité de l'amstaff peuvent causer de sérieuses blessures.

## Toy-terrier

**ORIGINE** États-Unis

**HAUTEUR** 25 cm

**POIDS** 1,8 à 3,2 kg

**EXERCICE**

**TOILETTAGE**

**RECONNAISSANCE** AKC

**COULEUR** Noir et blanc, jaune et blanc, tricolore

Reconnu aux États-Unis sous le nom de toy fox-terrier, ce petit chien est partout ailleurs enregistré sous l'appellation american toy, ou amertoy.

NOIR
ET BLANC

JAUNE
ET BLANC

### ORIGINE DE LA RACE

Ce fox-terrier nain fut mis au point au début du xxe siècle à partir de croisements entre les plus petits terriers de Manchester. À l'origine ratier, il fait un excellent chien de compagnie, alerte et intelligent, citadin convaincu, tonique et affectueux.

**ROBE COURTE** Sa robe à poil dense et ras rend l'entretien de ce chien facile, mais il peut craindre le froid.

## Terrier australien

**ORIGINE** Australie

**HAUTEUR** 25 cm

**POIDS** 5,5 à 6,5 kg

**EXERCICE**

**TOILETTAGE**

**RECONNAISSANCE** KC, FCI, AKC

**COULEUR** Sable à rouge, bleu et feu

Cette race a pour ancêtre le rustique terrier australien à poil soyeux. Comptant parmi les plus petits membres des terriers de travail, il officia avec brio dans l'Australie rurale en tant que chasseur de nuisibles et chien de garde.

### ORIGINE DE LA RACE

Le croisement qui présida à la mise au point du terrier australien est un mystère. On sait qu'il compte les mêmes ancêtres que les terriers britanniques tels que le yorkshire, le cairn-terrier et le skye-terrier, introduits en Australie par les colons au xixe siècle. Chien de compagnie, chien de garde, le terrier australien est d'un naturel sociable, un peu trop téméraire envers les autres animaux.

**FACILE** L'entretien du poil long et dur est facile, comme l'est aussi le caractère de cette race, mais sa longévité est réduite par rapport à celle de certains terriers.

# Bedlington-terrier

**ORIGINE** Royaume-Uni

**HAUTEUR** 38 à 43 cm

**POIDS** 7,5 à 10,5 kg

**EXERCICE**

**TOILETTAGE**

**RECONNAISSANCE** KC, FCI, AKC

**COULEUR** Bleu, sable, foie, parfois marquages feu

Connu jadis sous le nom de « rothbury-terrier », ce chien vient du Northumberland, comté anglais proche de l'Écosse, et fut ratier, chasseur, rapporteur et même chien de combat.

GRIS

FAUVE

## ORIGINE DE LA RACE

L'origine de la race manque de clarté. En revanche, il y a du caractère du dandie-dinmont-terrier et du chien de loutre dans son enthousiasme à creuser et dans son besoin de courir et de se dépenser, comme il y a du whippet dans sa silhouette affinée. Voilà en tout cas un chien plein d'énergie, qui déteste la solitude, jusqu'à en devenir parfois destructeur, d'où la nécessité d'un exercice régulier et de longues promenades. C'est cependant un joyeux compagnon.

**DOUX COMME...** La robe présente un poil court, laineux, généralement taillé pour accentuer la ressemblance du chien avec le mouton.

# Griffon bruxellois

**ORIGINE** Belgique

**HAUTEUR** 18 à 20 cm

**POIDS** 3 à 7 kg

**EXERCICE**

**TOILETTAGE**

**RECONNAISSANCE** KC, FCI, AKC

**COULEUR** Noir, rouge, noir et feu

Selon les organismes, il peut se décliner jusqu'à trois races. Voilà un compagnon affectueux et sociable, plus doux que bien des terriers et auréolé d'une popularité bien méritée.

NOIR

ROUGE/FEU

NOIR ET FEU

## ORIGINE DE LA RACE

L'Europe reconnaît ce chien à poil dur sous le nom de griffon bruxellois ou de griffon belge selon sa couleur. Les individus à poil lisse sont, quant à eux, classés sous l'appellation petit brabançon. Toutes les variétés descendraient du griffon d'écurie, ou griffon d'étable, probablement croisé avec l'affenpinscher, du smous des Pays-Bas, du yorkshire, de l'épagneul nain du Royaume-Uni et du carlin, ces deux derniers lui donnant son poil noir et court. La race actuelle fut fixée au XIXe siècle.

**COULEURS** Sous le nom de griffon bruxellois sont rassemblés tous les individus à poil rouge. Pour les autres couleurs, on parle de griffon belge.

**IDENTITÉ** La robe à poil dur, typique des griffons, est courte chez le petit brabançon, nommé par référence à une province belge.

# Border-terrier

**ORIGINE** Royaume-Uni

**HAUTEUR** 25 cm

**POIDS** 5 à 7 kg

**EXERCICE**

**TOILETTAGE**

**RECONNAISSANCE** KC, FCI, AKC

**COULEUR** Gris, froment, fauve ou rouge, bleu et feu

Chien de compagnie très populaire, le border-terrier a conservé le profil du vrai chasseur. Bourré d'énergie, tenace et d'une constitution robuste, il sait également se montrer affectueux et sociable.

GRIS          ROUGE/FEU          FAUVE

## ORIGINE DE LA RACE

Comme pour beaucoup de chiens de travail, l'origine de cette race reste obscure. On sait que des chiens de ce type étaient à la tâche sur la frontière entre l'Angleterre et l'Écosse au XVIIIe siècle, avec pour mission essentielle la traque des rongeurs, des renards, peut-être même des loutres et des blaireaux. Parmi leurs descendants, le border-terrier, mais aussi le fell-terrier et le patterdale-terrier, eux aussi chiens de travail, moins populaires. Le nom de border-terrier apparut à la fin du XIXe siècle et la race se vit officiellement reconnue au début du siècle dernier.

## CRITÈRES DE RACE

Ce terrier jouit depuis peu d'une forte popularité au Royaume-Uni et fait maintenant partie des races à succès.

Moins répandu partout ailleurs, son élevage est resté modéré, ce qui lui a permis de conserver toute son authenticité. Plus patient et plus calme que nombre de terriers, il s'éduque facilement et adore la vie de famille; cependant, son sang de terrier en fait un chien actif.

**TAILLE IDÉALE** Champion de la chasse aux nuisibles, le border-terrier, grâce à ses membres longs, est excellent coureur, et il n'a pas son pareil pour se faufiler dans le terrier des renards.

**TOILETTE** Sa robe à poil dur est imperméable et facile d'entretien. Un coup de brosse suffit pour la dépoussiérer. Compléter par un toilettage manuel deux fois par an pour retirer les poils morts.

# Terrier de Boston

**ORIGINE** États-Unis
**HAUTEUR** 38 à 43 cm
**POIDS** 7 à 11,5 kg
**EXERCICE**
**TOILETTAGE**
**RECONNAISSANCE** KC, FCI, AKC
**COULEUR** Bringé, phoque, ou noir marqué de blanc

Avec son héritage des chiens de combat, on pourrait s'attendre à une race molossoïde, mais c'est un chien au caractère plutôt placide pour un terrier, à la limite de la nonchalance.

NOIR ET BLANC

BRINGÉ NOIR

## ORIGINE DE LA RACE

Apparu à la fin du xixe siècle, il est le résultat de croisements entre races anciennes de bulldogs anglais et de bouledogues français, du terrier anglais blanc, aujourd'hui disparu, et de sélections constantes visant une taille plus petite. Le terrier de Boston rencontra un succès immédiat: ce fut la première race américaine à accéder à une reconnaissance officielle. Elle est restée populaire grâce à son tempérament équilibré.

**PROFIL TYPE** Les oreilles naturellement dressées, en chauve-souris, sont parfois coupées pour « améliorer » une lignée. La queue courte ne doit pas faire l'objet d'une caudectomie.

# Terrier brasileiro

**ORIGINE** Brésil
**HAUTEUR** 36 à 41 cm
**POIDS** 7 à 9 kg
**EXERCICE**
**TOILETTAGE**
**RECONNAISSANCE** FCI
**COULEUR** Tricolore

Appelée aussi fox paulistinha, cette race très populaire dans son pays d'origine connaît une répartition plus confidentielle dans le monde.

## ORIGINE DE LA RACE

Son apparition remonte au début du xxe, avec comme ancêtre le plus probable le jack-russell, dont il a hérité de la silhouette et de la fringante personnalité. Il se peut que le pinscher ait été utilisé pour accroître sa taille. Autrefois chien de ferme, il chassait aussi en meute ou traquait les rongeurs en solitaire. On le croise également aujourd'hui en ville, même si ses aboiements, efficaces quand il s'agit de garder la maison, risquent de déranger le voisinage. La vitalité de la race nécessite un exercice soutenu. Elle vient tout juste d'être reconnue par la FCI.

**LIGNE SVELTE** Sa ligne élancée et souple le distingue d'un fox-terrier. La queue, généralement coupée, est portée au-dessus du jarret.

TERRIER DE BOSTON (p. 143) Tous les terriers ne sont pas forcément pleins d'énergie. Certains, comme le terrier de Boston, ont été élevés pour montrer un caractère policé, plus adapté à un chien de compagnie.

# Bull-terrier

**ORIGINE** Royaume-Uni
**HAUTEUR** 53 à 56 cm
**POIDS** 23,5 à 28 kg
**EXERCICE**
**TOILETTAGE**
**RECONNAISSANCE** KC, FCI, AKC
**COULEUR** Toutes couleurs, excepté bleu ou foie

Immédiatement reconnaissable à son profil ovoïde, ce chien fut d'abord mis au point pour le combat. Loyal, d'humeur égale, il reste de par sa puissance déconseillé aux maîtres novices.

NOIR ET BLANC    JAUNE ET BLANC    NOIR, BLANC ET FEU    BRINGÉ NOIR

## ORIGINE DE LA RACE

Développée par John Hinks au début du XIXe siècle, à partir de croisements entre le terrier anglais blanc, aujourd'hui disparu, et le bulldog, la race rencontra un succès immédiat, autant comme chien de combat que comme chien de compagnie. Très actif et fort intelligent, le bull-terrier a besoin d'exercice et il doit recevoir une éducation stricte à l'obéissance. Jeune, il est un peu trop brutal pour les enfants.

**COULEUR ORIGINELLE**
Le créateur de la race préférait les sujets blancs, la seule couleur encore admise à ce jour par certains organismes. Mais les bull-terriers blancs sont souvent atteints de surdité et d'une santé fragile. Les marques sur la tête ne sont pas éliminatoires dans les concours.

# Cairn-terrier

**ORIGINE** Royaume-Uni
**HAUTEUR** 23 à 25 cm
**POIDS** 6 à 6,5 kg
**EXERCICE**
**TOILETTAGE**
**RECONNAISSANCE** KC, FCI, AKC
**COULEUR** Crème, froment, rouge, sable, gris, bringé

Ce petit terrier hirsute et compact originaire d'Écosse a longtemps été populaire. De constitution robuste, la race présente un tempérament tout aussi rustique.

CRÈME    GRIS    BRINGÉ NOIR

## ORIGINE DE LA RACE

L'origine exacte du cairn-terrier reste indéterminée, mais elle est probablement liée à celle du scotch-terrier, du skye-terrier et du west-highland blanc. Son nom vient des *cairns*, ces monticules de pierre employés sur sa terre natale pour délimiter les terrains, cachette du petit gibier que ce chien avait pour mission de chasser. Il aime toujours courser les nuisibles et adore creuser, attention donc à vos pelouses.

Excellent chien de garde, compagnon loyal, il est plus obéissant que certains autres terriers. Curieux, drôle, il se distingue également par son besoin de compagnie.

**TOILETTE** Le poil dur et dense du cairn-terrier peut être coupé autour des yeux, et un brossage manuel est préférable. Son aspect ébouriffé doit être respecté.

# Terrier tchèque

**ORIGINE** République tchèque
**HAUTEUR** 25 à 36 cm
**POIDS** 5,5 à 8 kg
**EXERCICE**
**TOILETTAGE**
**RECONNAISSANCE** FCI
**COULEUR** Gris-bleu ou rouge-brun

Cette race, reconnue il y a une dizaine d'années, fait figure d'exception parmi une prédominance de races britanniques. Le terrier tchèque, ou cesky, a su trouver son public.

BLEU    ROUGE/FEU

## ORIGINE DE LA RACE

Le terrier tchèque a été créé au milieu du siècle dernier par le docteur Frantisek Horak, généticien tchèque, qui souhaitait un chien plus court sur pattes, plus étroit, et plus efficace dans son rôle de terrier que les races de terriers allemandes traditionnelles. L'éleveur procéda ainsi au croisement du sealyham et probablement du dandie-dinmont pour obtenir ce chien compact à poil long et à barbe fournie. La poursuite de croisements avec le sealyham, auquel le cesky ressemble le plus, permit d'améliorer le type dans les années 1980.

## CRITÈRES DE RACE

Le tempérament du terrier tchèque est manifeste: il est plein d'énergie, parfois un peu trop vif et obstiné. Mais il sait aussi faire preuve de courage, de loyauté, et se montre très protecteur et plein d'affection. Une éducation et une socialisation dès le plus jeune âge s'imposent pour tempérer son ardeur. Ces chiens de santé robuste, dotés d'une importante longévité, sont sujets à la crampe du scotch-terrier, affection non mortelle qui se manifeste par des crampes après l'exercice, qui peuvent être soulagées par un traitement.

**LE BON PROFIL** Ses oreilles tombantes, héritées du sealyham, sont moins exposées lorsque le chien creuse. La règle veut une coupe qui mette en valeur les sourcils en bataille et la barbe épaisse

**COUPE DU CESKY** Contrairement à beaucoup de terriers, le terrier tchèque fait l'objet d'une coupe au corps, le poil retombant en longues franges sur le ventre et les pattes.

# Dandie-dinmont-terrier

**ORIGINE**  Royaume-Uni
**HAUTEUR**  20 à 28 cm
**POIDS**  8 à 11 kg
**EXERCICE**
**TOILETTAGE**
**RECONNAISSANCE**  KC, FCI, AKC
**COULEUR**  Rouge, noir argenté et feu

La race porte le nom d'un personnage de fiction, héros d'un roman de Walter Scott, *Guy Mannering*. Les couleurs de robe de la race sont dites moutarde (pour fauve) et poivre (pour gris).

ROUGE/FEU

NOIR
ET FEU

**TAILLE BASSE** Le dandie-dinmont, parfois sujet à des problèmes de colonne vertébrale, est autrement d'une santé robuste.

## ORIGINE DE LA RACE

La race pistait les loutres et les blaireaux dans le fin fond de l'Écosse bien avant la publication du roman auquel elle doit son nom. D'origine indéterminée, comme de nombreux chiens de travail, sans doute tient-elle du bedlington-terrier. L'association à un romancier de renom profita en tout cas à la popularité de la race, aujourd'hui malheureusement peu répandue. Calme, ce chien est amical envers ses congénères et les enfants.

# Smous des Pays-Bas

**ORIGINE**  Pays-Bas
**HAUTEUR**  36 à 43 cm
**POIDS**  9 à 10 kg
**EXERCICE**
**TOILETTAGE**
**RECONNAISSANCE**  FCI
**COULEUR**  Toutes nuances de jaune, de préférence rayé de noir

Également connu sous le nom de griffon hollandais, ce chien accompagnait les équipages des voitures de grand chemin et traquait les rats dans les étables, tâches qui lui valurent le surnom de « chien d'écurie » et de « chien de cocher ». Plus grand que les terriers affectés au déterrage, il est carré et musclé.

## ORIGINE DE LA RACE

L'ancêtre du smous des Pays-Bas reste à ce jour inconnu, même si le type évoque une lignée probable avec le schnauzer. Extrêmement populaire au XIXe siècle, la race tomba peu à peu dans l'oubli. Dans les années 1970, la race, disparue, fut reconstituée par une passionnée, Mme van Barkman, à partir d'anciens standards, de photographies et de témoignages de juges. Aujourd'hui bien implanté sur sa terre natale, il reste peu distribué ailleurs. Terrier typique, bruyant comme chien de garde, il fait un chien de compagnie plein de tonus.

**PETITE TOILETTE** La robe hirsute qui donne au smous des Pays-Bas un petit look voyou est facile d'entretien.

# Terrier anglais d'agrément

**ORIGINE** Royaume-Uni
**HAUTEUR** 25 à 30 cm
**POIDS** 2,7 à 3,6 kg
**EXERCICE**
**TOILETTAGE**
**RECONNAISSANCE** KC
**COULEUR** Noir et fauve

Voici la version réduite du manchester-terrier, à quelques détails près. Le terrier anglais d'agrément reste si peu répandu que la race américaine est employée à étoffer son patrimoine génétique.

## ORIGINE DE LA RACE

Elle fut élaborée à partir d'un cheptel de manchester-terriers freluquets, à la fin du XIXᵉ siècle, pour chasser le lapin et les rongeurs. Aujourd'hui essentiellement chien de ville, il fait aussi un bon gardien, parfois obstiné, et assez provocant envers ses congénères.

**SNOB DÉLICAT** Dos légèrement voussé, rein relevé et oreilles en « flammes de bougie », voilà une silhouette assez inhabituelle pour un terrier.

# Terrier de chasse allemand

**ORIGINE** Allemagne
**HAUTEUR** 41 cm
**POIDS** 9 à 10 kg
**EXERCICE**
**TOILETTAGE**
**RECONNAISSANCE** FCI
**COULEUR** Rouge, brun et feu, noir et feu

Le terrier de chasse allemand fut créé pour poursuivre le gibier sur la terre ferme comme pour aller le déterrer. Chasseur-né, il s'épanouira davantage à la campagne qu'en ville.

ROUGE/FEU    NOIR ET FEU

## ORIGINE DE LA RACE

Développée en Bavière, cette race n'en descend pas moins d'ancêtres du vieux terrier noir et feu anglais, du fox-terrier et du welsh-terrier. Plein de vitalité, d'un naturel curieux, bâti pour les activités rurales, il peut se montrer ronchon, voire même destructeur, s'il vient à s'ennuyer. Excellent chien de garde, il adore se dépenser au grand air, mais n'a rien d'un citadin.

**TENACE** Bien bâti et volontaire, ce chien n'a peur de rien. Il dormira sans difficulté à l'extérieur et chassera avec le même plaisir sur la terre ferme ou dans l'eau.

## Terrier irlandais Glen of Imaal

**ORIGINE** Irlande

**HAUTEUR** 36 cm

**POIDS** 16 kg

**EXERCICE**

**TOILETTAGE**

**RECONNAISSANCE** KC, FCI, AKC

**COULEUR** Bleu, froment, bringé

Les standards évoquent « une grande force donnant l'impression d'un maximum de substance pour la taille du chien ». Voilà un petit format ébouriffé, doux, affectueux, et un peu tête de mule.

BLEU    FAUVE    BRINGÉ NOIR

### ORIGINE DE LA RACE

Ses racines restent obscures, mais il se pourrait que la race ait servi à actionner des roues à chiens et ait été utilisée dans des combats, avant qu'on ne lui découvre des qualités de chasseur de nuisibles. Bon gardien, sa constitution robuste en fait un chien sûr de lui, plutôt téméraire et surtout tenace, et l'affrontement avec ses semblables ne lui fait pas peur. Nourriture adaptée et exercice permettront de corriger une éventuelle tendance à l'embonpoint.

**SOIN ANNUEL** Le poil rêche et dense sera mis en valeur par un brossage manuel.

## Irish-terrier

**ORIGINE** Irlande

**HAUTEUR** 46 cm

**POIDS** 11,5 à 12,5 kg

**EXERCICE**

**TOILETTAGE**

**RECONNAISSANCE** KC, FCI, AKC

**COULEUR** Jaune, froment, rouge

Surnommé autrefois « diable rouge » pour ses qualités de combattant, c'est un chien plutôt insouciant, voire téméraire, ainsi qu'un chasseur émérite, ardent défenseur du foyer.

ROUGE/FAUVE    JAUNE

### ORIGINE DE LA RACE

Ce chien est le fruit d'une sélection rigoureuse menée au XIXᵉ siècle dans le cheptel des chiens de garde et des chasseurs de nuisibles. C'est en 1875 que le Kennel Club britannique reconnaît officiellement la race. Encore utilisé aujourd'hui pour la chasse, ce chien occupe néanmoins plus souvent le rôle de chien de compagnie. Plein d'énergie, il a besoin de beaucoup se dépenser, mais il sait parfaitement se tenir à la maison. Docile avec les hommes, il se montre plus méfiant à l'égard de ses congénères, voire bagarreur avec les autres animaux domestiques de petite taille.

**PUR IRLANDAIS** Les robes d'un rouge intense prédominent, du fait de leur texture plus rêche que les robes claires. La queue est portée naturellement haute et dressée, non recourbée.

# Jack-russell-terrier

**ORIGINE** Royaume-Uni
**HAUTEUR** 25 à 30 cm
**POIDS** 4 à 7 kg
**EXERCICE**
**TOILETTAGE**
**RECONNAISSANCE** FCI
**COULEUR** Bicolore ou tricolore

Ces terriers ont un caractère bien trempé, et ils sont aussi têtus que tendres. Il faut leur apprendre très jeunes les bonnes manières.

NOIR ET BLANC

NOIR ET FEU

NOIR, BLANC ET FEU

**EXPÉDITION** Le premier homme à rallier les deux pôles par la terre, sir Ranulph Fiennes, accomplit l'exploit accompagné de son jack-russell, Bothie.

## ORIGINE DE LA RACE

La race tient son nom de son créateur, le révérend Jack Russel, qui acquit en 1819 une femelle alors qu'il étudiait à Oxford. Il développa par la suite un terrier audacieux et bon coureur, qui n'hésite pas à aller déloger les renards de leur terrier. Les divers croisements réalisés avec toute une sélection de chiens expliquent sans doute la diversité de sa physionomie.

## CRITÈRES DE RACE

Extrêmement populaire, le jack-russel se distingue à la fois comme compagnon et chien de travail, souvent sur les exploitations agricoles. Il possède de grandes qualités de gardien, et son aboiement surprend pour son petit gabarit.

**BON FORMAT** Pour aller déloger les renards de leurs terriers, un chien de travail ne doit jamais présenter un tour de poitrine supérieur à 35 cm.

# Kerry-blue-terrier

**ORIGINE** Irlande
**HAUTEUR** 43 à 48 cm
**POIDS** 15 à 18 kg
**EXERCICE**
**TOILETTAGE**
**RECONNAISSANCE** KC, FCI, AKC
**COULEUR** Bleu

Également connue sous le nom de irish blue-terrier, la race apparaît pour la première fois dans le comté de Kerry, au sud-ouest de l'Irlande, mais elle avait déjà su se faire apprécier ailleurs. Emblématique de l'Irlande, mascotte des patriotes dans les années 1920, le kerry-blue-terrier reste étonnamment peu répandu pour un chien doté d'un tel statut.

## ORIGINE DE LA RACE

La légende veut que l'ancêtre de ce chien ait été le seul survivant d'un naufrage au large du comté de Kerry. Cette race fut croisée avec tous les terriers couleur froment de la région (terrier irlandais à poil doux, bedlington-terrier, terrier irlandais et lévrier irlandais) et il n'est pas impossible qu'elle tienne aussi du chien d'eau portugais, filiation qui pourrait expliquer son attrait pour l'élément aquatique. Très apprécié dans les fermes, ce chasseur de nuisibles et de loutres n'accéda pourtant à la reconnaissance qu'à la fin du XIXᵉ siècle.

## CRITÈRES DE RACE

Aujourd'hui, essentiellement chien de compagnie, d'un caractère gai et affectueux, le kerry-blue-terrier n'en continue pas moins d'être ici et là utilisé comme chasseur. Sa robe bouclée ou ondulée mérite un bon entretien, surtout si la barbe est préservée.

COULEUR CHIOT Les chiots naissent noir, puis leur couleur s'éclaircit avec l'âge, ne prenant parfois cette teinte bleu ardoise qu'à leur pleine maturité, vers les deux ans.

SOIN DE ROBE Ondulé, doux et soyeux, le poil autrefois laissé cordé fait aujourd'hui l'objet d'un brossage quotidien, et d'une égalisation toutes les six à dix semaines.

# Lakeland-terrier

**ORIGINE** Royaume-Uni

**HAUTEUR** 33 à 46 cm

**POIDS** 7 à 7,5 kg

**EXERCICE**

**TOILETTAGE**

**RECONNAISSANCE** KC, FCI, AKC

**COULEUR** Noir, bleu, froment, rouge, foie, rouge grisonné, bleu ou noir et feu

Cette petite race, dure à la tâche, fut mise au point pour exercer ses talents dans le nord de l'Angleterre, et écarter les renards des brebis. Chasseur accompli, il n'a jamais accédé à une réelle popularité.

NOIR · BLEU · ROUGE/FEU · CRÈME · NOIR ET FEU

## ORIGINE DE LA RACE

Ce chien de ferme descend probablement du terrier noir et feu, aujourd'hui disparu, et a hérité d'autres terriers, comme le bedlington, le border et le dandie-dinmont. Dressé pour déloger le gibier de son terrier, il peut se montrer têtu, malgré ses capacités d'apprentissage. Obstiné et brave, il est aussi d'un naturel confiant avec les inconnus et d'humeur joyeuse. Malgré sa petite taille, il reste déconseillé au maître non expérimenté, et à condition d'être éduqué, il fait un excellent gardien. Autrefois baptisé patterdale-terrier ou fell-terrier, il se distingue désormais complètement de ces chiens de travail.

**IMPERMÉABLE** La robe, imperméable, consiste en un sur-poil épais et dru, et en un sous-poil doux. La queue, jadis raccourcie, se porte haute.

# Lucas-terrier

**ORIGINE** Royaume-Uni

**HAUTEUR** 23 à 30 cm

**POIDS** 6 à 9 kg

**EXERCICE**

**TOILETTAGE**

**RECONNAISSANCE** Aucune

**COULEUR** Sable, noir ou gris et feu, blanc, foie, blanc et feu, noir, gris, tricolore

Ces terriers extrêmement rares n'existent que depuis un peu plus d'un demi-siècle et n'ont jamais été reconnus, tombant peu à peu dans l'oubli, avant de renaître de leurs cendres.

NOIR ET BLANC · JAUNE ET BLANC · NOIR ET FEU · NOIR, BLANC, ET FEU

**FACILE À VIVRE** Le lucas-terrier adore se dépenser à l'extérieur, mais sait aussi se tenir tranquille à l'intérieur, ce qui en fait un chien idéal à la ville comme à la campagne. La race est réputée pour sa santé robuste et son intelligence.

## ORIGINE DE LA RACE

Le croisement du sealyham-terrier et du norfolk-terrier opéré dans les années 1940 par sir Jocelyn Lucas créa un chien apte à rabattre le gibier. Lucas ne chercha pas la reconnaissance officielle de la race, une politique à laquelle les éleveurs sont restés fidèles. D'autres procédèrent à des croisements avec le plummer-terrier et le fell-terrier pour obtenir un chien enclin au déterrage, race aujourd'hui bien distincte, dite chien de travail lucas-terrier.

# Manchester-terrier

**ORIGINE** Royaume-Uni
**HAUTEUR** 38 à 41 cm
**POIDS** 5,5 à 10 kg
**EXERCICE**
**TOILETTAGE**
**RECONNAISSANCE** KC, FCI, AKC
**COULEUR** Noir et feu

Les standards européens appellent manchester-terrier un chien plus grand que celui répertorié sous le même nom aux États-Unis, qui correspond au terrier anglais d'agrément (p. 149).

## ORIGINE DE LA RACE

Nombre de terriers britanniques descendent de l'ancienne race noir et feu, déjà présente au Moyen Âge. Le manchester-terrier fut mis au point à partir de ce cheptel par John Hulme au xixe siècle. Il procéda à des croisements de terriers avec des whippets, pour les faire gagner en vitesse. La race obtenue se révéla performante à chasser nuisibles et lapins et acquit le surnom de « terrier du gentleman ».

Chien d'extérieur, parfois porté à la provocation, il est trop indépendant pour faire un bon chien d'intérieur.

**TYPES D'OREILLES** Les chiens britanniques concourent les oreilles gardées tombantes, mais les sujets américains continuent d'être soumis à une otectomie. L'interdiction du procédé en Grande-Bretagne a un peu altéré la popularité de la race.

# Pinscher nain

**ORIGINE** Allemagne
**HAUTEUR** 25 à 30 cm
**POIDS** 4 à 6 kg
**EXERCICE**
**TOILETTAGE**
**RECONNAISSANCE** KC, FCI, AKC
**COULEUR** Fauve, noir et feu, certaines nuances de bleu ou chocolat et feu

Parfois appelé zwergpinscher, le pinscher nain n'est pas le fruit d'une récente miniaturisation d'une race de travail visant à créer un chien de poche, contrairement à beaucoup de races naines.

ROUGE/FEU

NOIR ET FAUVE

## ORIGINE DE LA RACE

Elle fut développée à partir de pinschers moyens, il y a environ 500 ans, et les premiers individus, vrais ratiers, furent améliorés pour tendre vers un terrier anglais d'agrément. Toujours prêt à courser le petit gibier et à déterrer les nuisibles, il n'hésite pas non plus à défier les autres chiens. Excellent gardien, il fait preuve d'une formidable vitalité.

CAPRICES DE LA MODE Si les institutions américaines recommandent l'otectomie et la caudectomie, en Europe, ce type de chien s'expose oreilles dressées ou tombantes.

# Norfolk-terrier

**ORIGINE** Royaume-Uni

**HAUTEUR** 25 cm

**POIDS** 5 à 5,5 kg

**EXERCICE**

**TOILETTAGE**

**RECONNAISSANCE** KC, FCI, AKC

**COULEUR** Gris, froment, rouge, noir et feu

C'est l'une des races de terriers les plus petites, ressemblant à s'y méprendre au norwich-terrier. Cependant, les oreilles, tombantes pour le norfolk, sont dressées chez le norwich.

GRIS   GRIS/FEU   FAUVE   NOIR ET FEU

## ORIGINE DE LA RACE

Longtemps, des meutes de petits terriers servirent à chasser le rat dans le Norfolk, avant que l'on opère une sélection pour créer le norwich et le norfolk, à la fin du XIXᵉ siècle. Le norwich fut reconnu en 1936, le norfolk en 1964. Ces chiens sont trop petits pour accompagner une partie de chasse sur de grandes distances, mais ils faisaient merveille à déloger les rats des étables. Procédant souvent en meute, il est d'un tempérament plutôt amical envers ses semblables. La race jouit d'une santé robuste et présente une longévité remarquable.

**PORT NATUREL** Avant la distinction des deux types, on autorisait le port des oreilles tombantes, mais l'otectomie, aujourd'hui interdite, était une pratique courante.

# Norwich-terrier

**ORIGINE** Royaume-Uni

**HAUTEUR** 25 cm

**POIDS** 5 à 5,5 kg

**EXERCICE**

**TOILETTAGE**

**RECONNAISSANCE** KC, FCI, AKC

**COULEUR** Gris, froment, rouge, noir et feu

Le nom de la race désignait à l'origine aussi bien les terriers à oreilles dressées que ceux à oreilles semi-dressées, le norfolk actuel, tous deux nés au même moment.

GRIS   ROUGE/FEU   JAUNE   NOIR ET FEU

## ORIGINE DE LA RACE

Il semble que certains ratiers, comme le cairn-terrier et les races de terriers irlandais courts sur pattes, participèrent à la mise au point du norwich-terrier. Le nom de trumpington-terrier fut alors adjoint à la race, à moins qu'il ne corresponde à un autre type utilisé à sa conception, aujourd'hui disparu. À la fin du XIXᵉ siècle, la race hérita de la mention cantab-terrier et devint très en vogue sur le campus de l'université de Cambridge, avant d'être exportée aux États-Unis, sous le nom de jones-terrier. Plutôt docile, le norwich est d'un tempérament calme et affectueux avec les enfants.

**URBAIN** Bien qu'actif et bourré de tonus, le norwich-terrier est vite rassasié en exercice du fait de sa petite taille, et s'épanouit parfaitement en milieu urbain.

# Parson-jack-russell-terrier

**ORIGINE**  Royaume-Uni
**HAUTEUR**  28 à 38 cm
**POIDS**  5 à 8 kg
**EXERCICE**
**TOILETTAGE**
**RECONNAISSANCE**  KC, FCI, AKC
**COULEUR**  Blanc et noir ou brun, tricolore

Moins efficace en milieu rural, la race a néanmoins remporté plus de succès dans les expositions que le jack-russell. Ses membres plus longs en font un partenaire idéal des chasses à courre.

NOIR ET BLANC    JAUNE ET BLANC    NOIR, BLANC ET FEU

## ORIGINE DE LA RACE

Comme le jack-russell, le parson-jack-russell fut mis au point à partir de terriers blancs utilisés pour débusquer les renards. Ces derniers, futurs fox-terriers, devinrent trop massifs pour ce genre de travail. Le révérend Jack Russell développa à partir du même cheptel ses propres chiens, tenaces et alertes, une race qui reste très proche de ses racines. Les deux types ont longtemps été confondus : le parson-jack-russell, après de nombreuses polémiques, fut déclaré race à part entière.

**GARDE-ROBE** Cette race existe en deux versions, poil rêche et serré, ou intermédiaire, le préféré du créateur lui-même, avec sa robe dense et lisse. Tous deux sont très populaires et faciles d'entretien.

# Patterdale-terrier

**ORIGINE**  Royaume-Uni
**HAUTEUR**  30 cm
**POIDS**  5,5 à 6 kg
**EXERCICE**
**TOILETTAGE**
**RECONNAISSANCE**  Néant
**COULEUR**  Noir, bronze, gris, rouge avec noir, foie ou bleu ; parfois taches fauves

Les terriers de cette race peuvent varier d'un individu à l'autre. Chien de travail, le patterdale-terrier ne se conforme pas systématiquement aux standards sur le plan de la physionomie.

NOIR    ROUE/FEU    BRUN NOIR    NOIR ET FEU

## ORIGINE DE LA RACE

Autrefois, chaque village possédait son terrier ; puis certains migrèrent vers les halls d'exposition. Baptisée du nom d'un village du comté de Cumbrie, dans le nord de l'Angleterre, cette race a pour mission de chasser renards, lapins et rongeurs dans la région des lacs. Également connu aux États-Unis, ce chien au profil de bull-terrier y traque marmottes et ratons laveurs.

**STANDARDS** La robe est généralement noire, de texture lisse. Les patterdale-terriers à poil rêche sont souvent appelés fell-terriers. Au titre de chiens de travail, leur taille et leur forme restent assez variables.

# Plummer-terrier

**ORIGINE** Royaume-Uni
**HAUTEUR** 29 à 33 cm
**POIDS** 5,5 à 7 kg
**EXERCICE**
**TOILETTAGE**
**RECONNAISSANCE** Néant
**COULEUR** Rouge et blanc

Elle n'a beau avoir que quelques décennies d'existence, cette race jouit déjà d'un cortège important de fans. Ce chien, baptisé du nom de son créateur, est né de la passion d'un homme légèrement excentrique pour la chasse au rat.

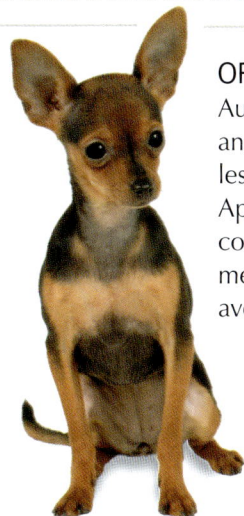

## ORIGINE DE LA RACE

Brian Plummer se lança dans l'aventure dans les années 1960. Son idée : créer une race robuste, à partir d'une sélection rigoureuse entre jack-russell, bull-terrier, beagle et fell-terrier. Plus massif aujourd'hui que les tout premiers croisements, ce chien n'en est pas moins un excellent chasseur de nuisibles, hors terriers. La majorité des propriétaires et des éleveurs de plummer-terriers semblent se satisfaire de l'exclusion de la race des grands registres. Très appréciée des amateurs de chiens de travail, cette race aurait néanmoins besoin d'une reconnaissance plus large pour assurer sa pérennité.

**SACRÉ CLIENT** Avec un standard de race qui indique des « cicatrices autorisées », on comprend que l'on a ici affaire à un chien de travail pur et dur, et non à une race domestique.

# Petit chien russe

**ORIGINE** Russie
**HAUTEUR** 20 à 28 cm
**POIDS** 1,8 à 3,2 kg
**EXERCICE**
**TOILETTAGE**
**RECONNAISSANCE** Néant
**COULEUR** Noir et feu, rouge, sable, rarement brun ou bleu et feu

Également connue sous d'autres noms, la race présente une traçabilité problématique. Hors de Russie, elle n'est pas encore inscrite dans les registres.

ROUE/FEU       NOIR ET FEU

## ORIGINE DE LA RACE

Au début du siècle dernier, le terrier anglais d'agrément faisait fureur chez les amateurs russes de races naines. Après quelques décennies de régime communiste, elle fut malheureusement dissoute, sans plus aucun sujet avec pedigree. L'élevage des rares chiens de ce type rescapés de cette période prit alors une nouvelle direction, pour aboutir finalement au petit chien russe. Plein de vitalité, monté sur ressort, ce chien est cependant plus doux et sensible que bien des terriers.

**POIDS LÉGER** Membres délicats pour ossature fine, et petite tête à chanfrein effilé au bout d'un long cou galbé.

**HÉRITAGE** Le poil court ressemble à celui de son ancêtre anglais. Une version à poil long existe aussi.

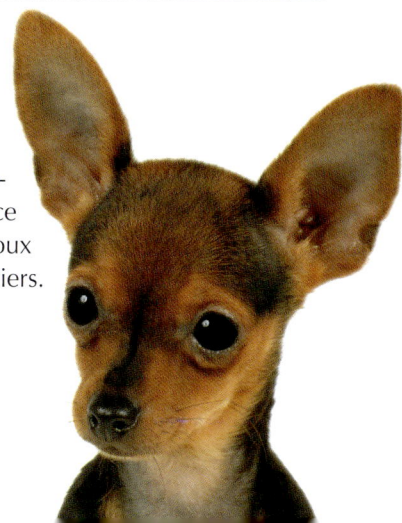

# Scotch-terrier

**ORIGINE** Royaume-Uni

**HAUTEUR** 25 à 28 cm

**POIDS** 8,5 à 10,5 kg

**EXERCICE**

**TOILETTAGE**

**RECONNAISSANCE** KC, FCI, AKC

**COULEUR** Noir, froment, bringé noir, bringé rouge

Jadis appelé terrier d'Aberdeen, le « scottie » fut aussi surnommé *diehard* (dur à cuire) par le comte de Dumbarton, au XIXᵉ siècle, propriétaire d'une célèbre meute de terriers.

NOIR    FAUVE    BRINGÉ NOIR

## ORIGINE DE LA RACE

La race descend de terriers des îles occidentales d'Écosse, et fut reconnue au XVIᵉ siècle. Elle fut définitivement mise au point au XIXᵉ siècle sur la base d'une sélection rigoureuse. Très en vogue aux États-Unis dans les années 1930, le terrier écossais peut se vanter d'avoir eu quelques maîtres prestigieux comme le président Roosevelt ou Georges W. Bush. Plus compagnon que véritable terrier, le scotch-terrier est loyal, obstiné, et plein de fougue.

**SCOTTIE** Instantanément reconnaissable à sa drôle de barbe, la race présente un poil et un sous-poil parfaitement isolants, qui peut nécessiter un bon toilettage sous les climats chauds. Les oreilles sont pointues et droites.

# Sealyham-terrier

**ORIGINE** Royaume-Uni

**HAUTEUR** 25 à 28 cm

**POIDS** 10 à 11,5 kg

**EXERCICE**

**TOILETTAGE**

**RECONNAISSANCE** KC, FCI, AKC

**COULEUR** Blanc, blanc avec citron, brun, bleu, ou noir sur la tête

Cette race galloise connut une popularité certaine sur sa terre natale. Studieux, le sealyham excellait à traquer la loutre et le petit gibier, mais échoua dans sa reconversion en chien de compagnie.

FAUVE ET BLANC    NOIR ET BLANC    JAUNE ET BLANC

**TOILETTAGE** L'entretien de la robe d'un sealyham-terrier d'exposition exige un certain temps, un brossage et un stripping en bonne et due forme.

## ORIGINE DE LA RACE

Le sealyham-terrier fut créé à partir de sélections entreprises au milieu du XIXᵉ siècle par John Edwards, dans le sud-ouest du pays de Galles. L'homme croisa le basset hound, le bull-terrier, le fox-terrier, le west-highland-white-terrier et le dandie-dinmont pour obtenir une race petite mais puissante, destinée à pister le gibier jusque dans l'eau. La ténacité et l'instinct de chasseur de ces terriers n'en font pas de bons chiens de compagnie, mais ce sont de fameux gardiens.

# Skye-terrier

**ORIGINE** Royaume-Uni
**HAUTEUR** 25 cm
**POIDS** 8,5 à 11,5 kg
**EXERCICE**
**TOILETTAGE**
**RECONNAISSANCE** KC, FCI, AKC
**COULEUR** Noir, gris, fauve, crème

La race a gagné l'immortalité au XIXᵉ siècle grâce à Greyfriars Bobby, ce skye-terrier qui veilla son maître pendant 14 années, couché sur sa tombe, dans le cimetière de Greyfriars, à Édimbourg, en Écosse.

NOIR          CRÈME          GRIS          FAUVE

## ORIGINE DE LA RACE

Dès le XVIᵉ siècle, il est fait mention sur l'île de Skye de terriers aux yeux cachés par de longs poils, mais il pourrait s'agir de chiens ressemblant à ce terrier. Il aurait hérité sa stature râblée des mêmes racines que le vallhund suédois, ou le welsh corgi pembroke. On parle aussi d'un naufrage de navire espagnol qui aurait fait échouer des bichons maltais sur l'île. Utilisé comme chasseur de nuisibles et chien de compagnie, le skye-terrier devint très vite un compagnon de l'aristocratie anglaise du XIXᵉ siècle, notamment de la reine Victoria.

## CRITÈRES DE RACE

Plébiscité comme chien de concours et de compagnie, il frôle toutefois l'extinction dans son propre pays. Doté du tempérament fougueux propre au terrier, il a été supplanté par d'autres races plus dociles. Il fait pourtant un excellent gardien, en ville comme à la campagne.

**SOIN DE ROBE** La longue robe fait partie du charme de cette race. Le poil est dur et plat, peu aisé au brossage, mais il peut être coupé pour les chiens de travail.

**DRESSÉES OU PAS ?** Les oreilles du skye-terrier peuvent être droites ou tombantes. Le port dressé reste le plus répandu dans la majorité des pays, sauf en Australie où la race, en nombre réduit, présente le plus souvent des oreilles tombantes.

SCOTCH-TERRIER (p. 158) Longtemps à la mode pour leur couleur de robe, ces chiens ressemblent aux tout premiers spécimens, presque toujours à poil clair, les individus à robe foncée étant au départ dédaignés.

# Fox-terrier à poil lisse

**ORIGINE** Royaume-Uni
**HAUTEUR** 25 à 28 cm
**POIDS** 7 à 10 kg
**EXERCICE**
**TOILETTAGE**
**RECONNAISSANCE** KC, FCI, AKC
**COULEUR** Blanc, blanc et feu, blanc et noir, tricolore

Autrefois confondu avec le fox-terrier blanc, issu du même cheptel que le jack-russell, ce chien est plébiscité aujourd'hui pour ses qualités de compagnon, lui qui n'a pourtant rien d'un citadin.

NOIR ET BLANC

JAUNE ET BLANC

NOIR, BLANC ET FEU

## ORIGINE DE LA RACE
Apparu aux alentours de 1860, ce type particulier tiendrait du fox-terrier, du beagle et même du bull-terrier. S'il n'est plus depuis longtemps à la tâche, ce chien a gardé toute son énergie et son tempérament obstiné. Il peut se montrer agressif envers les jeunes enfants.

**NUANCE** À la différence de ses ancêtres noir et feu, un fox-terrier à poil blanc ne pouvait pas être pris pour un renard.

# Irish-terrier à poil doux

**ORIGINE** Irlande
**HAUTEUR** 46 à 48 cm
**POIDS** 16 à 18 kg
**EXERCICE**
**TOILETTAGE**
**RECONNAISSANCE** KC, FCI, AKC
**COULEUR** Jaune froment

Vrai terrier dans l'âme et dans l'allure, il fut à l'origine utilisé dans les fermes comme gardien de troupeaux mais aussi chasseur de rongeurs et de nuisibles. Il est l'un des membres les plus affables de la catégorie.

## ORIGINE DE LA RACE
Cette race polyvalente, liée au terrier irlandais et au kerry-blue-terrier, fut pendant des siècles indissociable des exploitations agricoles du sud et du sud-ouest de l'Irlande. Dénué de cette agressivité propre à ses congénères, c'est sans doute pour cela qu'il s'est imposé comme chien de compagnie. Il est l'un des rares terriers à garder son calme avec les enfants.

**QUESTIONS DE ROBE**
Si la robe est préférée plus longue aux États-Unis, les spécimens anglais la portent plus fournie. Rouge cuivre à la naissance, le poil s'éclaircit la maturité venue.

# Staffordshire bull-terrier

**ORIGINE** Royaume-Uni

**HAUTEUR** 36 à 41 cm

**POIDS** 11 à 17,5 kg

**EXERCICE**

**TOILETTAGE**

**RECONNAISSANCE** KC, FCI, AKC

**COULEUR** Toutes couleurs, excepté foie, unies ou marquées de blanc

Le staffie est soumis, en France, à la réglementation sur les chiens dangereux. Pourtant, malgré ses airs et sa tête de voyou, il est affectueux et intelligent.

NOIR          ROUGE/FEU          FAUVE ET BLANC          NOIR ET BLANC          BRINGÉ NOIR

## ORIGINE DE LA RACE

Ses racines remontent aux combats de chiens et il faut attendre le début du siècle dernier pour que le staffie accède à la respectabilité et soit reconnu. Affectueux envers l'homme, il a gardé son instinct de combattant. Peu enclin à la solitude, il est parfaitement socialisable, mais mieux vaut éviter de lui faire faire de l'exercice avec d'autres chiens à proximité.

TÊTE DE BAGARREUR Les chiens de combat devaient présenter un chanfrein long : on procéda donc à des croisements entre chiens d'attaque à face courte et terriers.

# Welsh-terrier

**ORIGINE** Royaume-Uni

**HAUTEUR** 38 cm

**POIDS** 9 kg

**EXERCICE**

**TOILETTAGE**

**RECONNAISSANCE** KC, FCI, AKC

**COULEUR** Noir et feu

Cette race, par sa physionomie, rappelle un type ancestral de terrier britannique, mais au caractère plus doux. Autrefois chasseur et ratier, c'est un chien de compagnie très prisé.

## ORIGINE DE LA RACE

Le welsh-terrier descendrait d'un type historique, le terrier noir et feu à poil court et rêche, aujourd'hui disparu. Appelé encore old english-terrier au XIXᵉ siècle, le chien fut officiellement reconnu en tant que race à part entière et baptisé welsh-terrier aux alentours de 1880. C'est sous ce nom qu'il atteignit les États-Unis, où il jouit aujourd'hui d'une belle popularité. Cet ancien chasseur de meute se montre plus tolérant envers les autres chiens que certains terriers, et aussi plus souple au dressage.

TOILETTE MINIMUM La robe du welsh-terrier ne requiert aucun soin particulier, sauf peut-être pour la barbe qui devra être régulièrement débroussaillée.

# West-highland-white-terrier

**ORIGINE** Royaume-Uni
**HAUTEUR** 25 à 28 cm
**POIDS** 7 à 10 kg
**EXERCICE**
**TOILETTAGE**
**RECONNAISSANCE** KC, FCI, AKC
**COULEUR** Blanc

Le succès du « westie » n'a jamais connu de récession et sa frimousse s'est longtemps affichée sur les étiquettes d'une marque d'alimentation pour chiens. D'un tempérament joueur, ce terrier fut créé pour la plus louable des raisons.

## ORIGINE DE LA RACE

Le westie est dérivé de chiots blancs sélectionnés dans les portées de cairn-terriers. Au XIXe siècle, ces derniers avaient pour mission de débusquer le gibier, et il n'était pas rare qu'ils soient pris pour une proie et abattus. L'idée s'imposa donc de développer un terrier impossible à confondre avec le petit gibier. Affectueux, le westie est aussi joueur et intelligent.

**ÇA GRATTE** Certes, le poil blanc sauva la vie de nombreux chiens de travail, mais cela a un prix. Les chiens blancs sont en effet plus sujets aux problèmes de peau, et le westie développe fréquemment des allergies en réaction à des facteurs environnementaux ou à la nourriture.

# Fox-terrier à poil dur

**ORIGINE** Royaume-Uni
**HAUTEUR** 25 à 28 cm
**POIDS** 7 à 10 kg
**EXERCICE**
**TOILETTAGE**
**RECONNAISSANCE** KC, FCI, AKC
**COULEUR** Blanc, blanc et noir, blanc et feu, tricolore

Il était jusqu'à très récemment classé sur certains registres comme variété d'une seule race, le fox-terrier à poil lisse. Excepté le poil, rien ne les distingue, sauf peut-être leurs talents de chasseur.

NOIR ET BLANC

FAUVE ET BLANC

## ORIGINE DE LA RACE

Vers les années 1860, la passion des hommes pour la chasse au renard fait que l'on va essayer de créer le terrier à poil dur idéal, de préférence à partir du cheptel de terriers à poil rêche noir et feu, à l'origine du terrier gallois. Le fox-terrier à poil dur va surpasser en popularité la variété à poil lisse dans les an-nées 1930, lorsqu'il apparaît à l'affiche du film *L'Introuvable*, et sous le nom de Milou, le compagnon de Tintin. S'il a depuis peu perdu les faveurs du public, c'est sans doute à cause de son caractère obstiné et de sa manie de creuser le moindre coin de pelouse.

**QUESTION DE TAILLE** À la chasse, les terriers devaient suivre la course des chevaux tout en étant assez petits pour aller débusquer le gibier dans son terrier.

# Yorkshire-terrier

**ORIGINE** Royaume-Uni
**HAUTEUR** 23 cm
**POIDS** 3,2 kg
**EXERCICE**
**TOILETTAGE**
**RECONNAISSANCE** KC, FCI, AKC
**COULEUR** Bleu-acier et fauve

Même si les registres le placent aujourd'hui dans la catégorie des chiens de compagnie, on ne doit pas oublier que le yorkie travailla jadis en Écosse comme ratier, au service des mineurs et des ouvriers du textile, qui n'eurent jamais l'idée de le coiffer d'un petit ruban sur le crâne. Le yorkshire reste un terrier dans l'âme, avec le caractère associé.

## ORIGINE DE LA RACE

Apparu au milieu du XIXᵉ siècle au Royaume-Uni, le yorkshire reste indissociable de la révolution industrielle. De nombreux ouvriers écossais migrèrent dans cet ancien comté du nord de l'Angleterre, leur chien sur les talons, terriers clydesdale, paisley, skye, noir et feu et autres airedales, forcément impliqués dans sa lignée. De ce métissage naquit un chien plein de vivacité, champion de la chasse aux nuisibles. Très populaire, une sélection visant à obtenir des individus toujours plus petits a fini par générer des problèmes récurrents, luxations de la rotule et difficultés respiratoires.

**MINI-CHIENS** Même les yorkies les plus petits peuvent donner à l'occasion des chiots plus gros qu'eux-mêmes. Une bonne nouvelle, somme toute, la sélection œuvrant pour une miniaturisation à outrance risquant de conduire à de graves problèmes de santé.

**ROBE DE TOUS LES JOURS** Obtenir une longue robe soyeuse argentée nécessite du temps. Les maîtres trouvent souvent plus pratique de procéder à une coupe régulière du poil.

# LES CHIENS DE CHASSE

Il existe deux types de chiens de chasse : les chasseurs à vue et les chasseurs au flair. Les premiers ont pour représentant emblématique le lévrier, longiligne, élégant, silencieux en opération. Identifié génétiquement comme l'une des races canines les plus anciennes, apparue il y a près de 5 000 ans dans le Sud-Ouest asiatique, le lévrier était employé à repérer, à courser et à rapporter le gibier rapide.

Les chiens de chasse au flair vinrent un peu plus tard, et atteignirent l'apogée de leur popularité au Moyen Âge. Des membres courts et bien charpentés associés à un nez ultrasensible ont permis à ce type de chien de disposer d'une capacité de flair inégalée.

Seuls ou en meute, ils repèrent le gibier et se lancent à ses trousses, accompagnant souvent cette traque d'aboiements modulés, et laissent au chasseur le soin de la mise à mort.

CHIOT BEAGLE (p. 178) Le groupe des chiens de chasse comprend aussi bien le petit beagle que l'élégant lévrier afghan. Au-delà des questions de taille et de physionomie, toutes ces races font preuve d'une vitalité et d'une curiosité exceptionnelles.

# Lévrier afghan

**ORIGINE** Afghanistan
**HAUTEUR** 64 à 74 cm
**POIDS** 22,5 à 27,5 kg
**EXERCICE**
**TOILETTAGE**
**RECONNAISSANCE** KC, FCI, AKC
**COULEUR** Toutes couleurs, unies ou nuancées

Parfaitement à l'aise sur les terres hostiles et sous le climat rigoureux des montagnes, le lévrier afghan s'est imposé sous d'autres latitudes comme chien de compagnie au début du XXe siècle.

NOIR    CRÈME    GRIS    FAUVE    BRUN NOIR

## ORIGINE DE LA RACE

Le lévrier afghan, appelé tasi ou baluchi dans son pays d'origine, compte parmi les races les plus anciennes. On ne sait toujours pas cependant comment il arriva dans les montagnes d'Afghanistan, si loin de sa péninsule Arabique d'origine. En Occident, la variété à poil long est très recherchée, plébiscitée pour son maintien aristocrate et l'élégance de sa robe.

Sur le terrain, ces chiens perdent leur réserve hautaine, retrouvant rapidement le talent de sprinter de leurs ancêtres ainsi que leur caractère indépendant, d'où la nécessité d'un dressage à l'obéissance. Dans sa patrie, il est toujours utilisé pour la chasse. D'une longévité tout à fait remarquable pour un grand chien, le lévrier afghan peut atteindre l'âge de 12 ou 14 ans.

**COULEUR FÉTICHE** Si la robe jaune est la couleur de référence de l'afghan, les standards admettent toute teinte unie ou bringée.

**SOPHISTIQUÉ** La tête du lévrier afghan doit être allongée, mais pas trop étroite. Les oreilles sont portées basses pour adoucir l'aspect effilé du museau.

**TOILETTE INTENSE** L'entretien de la robe requiert des soins réguliers. Un bain hebdomadaire plutôt que le brossage permettra de préserver tout son brillant au poil des chiens destinés à l'exposition.

# Fox-hound américain

**ORIGINE** États-Unis
**HAUTEUR** 53 à 64 cm
**POIDS** 29,5 à 34 kg
**EXERCICE**
**TOILETTAGE**
**RECONNAISSANCE** FCI, AKC
**COULEUR** Toutes couleurs

Plus élancé, plus léger que son cousin européen, le fox-hound américain sait aussi bien chasser en solo qu'au sein d'une meute et se révèle ainsi adapté à tout type de chasse.

FAUVE ET BLANC · NOIR ET BLANC · JAUNE ET BLANC · NOIR ET FEU · NOIR, BLANC ET FEU

## ORIGINE DE LA RACE

Ces chiens descendent des fox-hounds anglais, importés aux États-Unis vers 1860. Des croisements avec des chiens courants irlandais et français distinguèrent la race. Aujourd'hui, ils peuvent faire office de chiens de compagnie, grâce à la souplesse de leur caractère, leur loyauté envers leur famille et leur patience avec les enfants. Mais ils n'en demeurent pas moins imprévisibles à l'égard d'autres animaux de compagnie non canins. De santé robuste, ils vivent généralement au-delà de dix ans.

**CHIENS DE TRAVAIL** Le moment venu de choisir un compagnon, procédez à une sélection parmi les lignées de chiens d'exposition. Les spécimens élevés pour le travail n'ont pas vraiment le profil du chien d'agrément.

# Anglo-français de petite vénerie

**ORIGINE** France
**HAUTEUR** 46 à 56 cm
**POIDS** 16 à 20 kg
**EXERCICE**
**TOILETTAGE**
**RECONNAISSANCE** FCI
**COULEUR** Orange et blanc, noir et blanc, ou tricolore

Cette version réduite du grand anglo-français, un chien de chasse au flair, peu répandue en France, montre un caractère plutôt docile et une silhouette classique et équilibrée.

NOIR ET BLANC · ORANGE ET BLANC · NOIR, BLANC ET FEU

## ORIGINE DE LA RACE

Autrefois nommé petit anglo-français, ce chien conçu récemment comme l'équivalent en réduction du grand anglo-français ne reçut ses standards de race qu'à la fin des années 1970. Il fut mis au point par croisements de chiens de chasse français, comme le poitevin, avec des races plus petites, le beagle notamment. Plein d'énergie, d'un naturel enjoué, doté d'une voix mélodieuse, il fait aussi un excellent compagnon calme, et même parfois réservé.

**BEAU GABARIT** Élancé, musclé, ce chien de taille moyenne parfaitement bâti présente une poitrine bien développée. Issu d'une lignée saine, son espérance de vie peut avoisiner les 12 ans.

# Ariégeois

**ORIGINE** France
**HAUTEUR** 53 à 61 cm
**POIDS** 25 à 30 kg
**EXERCICE**
**TOILETTAGE**
**RECONNAISSANCE** FCI
**COULEUR** Noir et blanc, parfois taches fauves sur la tête

Baptisé du nom de sa région natale, dans les Pyrénées françaises, ce chien de chasse au flair se complaît aussi bien dans la vie domestique que sur le terrain, dans l'anonymat d'une meute.

## ORIGINE DE LA RACE

L'ariégeois fut mis au point au début du xxᵉ siècle, par croisements entre le chien d'Artois et d'autres chiens de chasse français, pour créer un type plus léger et plus petit, mais doté des mêmes qualités de flair.

Son tempérament docile en fait un bon compagnon à la maison, gentil avec les enfants et avec les autres chiens, bien qu'imprévisible à l'égard d'éventuels petits animaux domes-tiques non canins. Il lui arrive de se laisser distraire par une odeur et, sans dressage, il pourra rechigner à renoncer à une piste.

**BON CARACTÈRE**
Cette race sociable, épanouie dans la compagnie des hommes et de ses congénères, est bâtie pour l'exercice.

# Azawakh

**ORIGINE** Mali
**HAUTEUR** 58 à 75 cm
**POIDS** 17 à 25 kg
**EXERCICE**
**TOILETTAGE**
**RECONNAISSANCE** KC, FCI
**COULEUR** Brun et blanc

Aussi connu sous le nom de sloughi touareg, ce lévrier africain est vif et indépendant : il excelle comme chasseur, grâce à une capacité d'accélération surprenante, mais aussi comme gardien.

FAUVE ET BLANC    JAUNE ET BLANC

## ORIGINE DE LA RACE

Cette race très ancienne, proche du sloughi, a été conçue dans le sud du Sahara par les Touaregs. Sur sa terre natale, ce chien sert aujourd'hui encore à la chasse du petit gibier et des gazelles. Vigilant, méfiant, il fait un excellent gardien et défendra la maison familiale avec énergie. Taillé pour la course, il peut atteindre des pointes de vitesse allant jusqu'à 65 km/h, et il a besoin d'espace pour se dépenser ; par conséquent, il se trouvera à l'étroit s'il est toute la journée confiné dans un appartement. Sa vitalité le rend impropre à la compagnie des jeunes enfants. Un mode de vie routinier tempérera un peu son fort caractère indépendant.

**ROBE D'ÉTÉ** Une race typique des climats chauds : silhouette élancée, poil ras et fin, presque absent sur le ventre.

# Chien courant serbe

**ORIGINE** péninsule Balkanique

**HAUTEUR** 43 à 53 cm

**POIDS** 20 kg

**EXERCICE**

**TOILETTAGE**

**RECONNAISSANCE** FCI

**COULEUR** Noir et feu

Voici une race confrontée à des problèmes d'identité. Également connue sous le nom de chien courant des Balkans et de serpski gonic, elle est très répandue en Europe de l'Est.

## ORIGINE DE LA RACE

Il existe différentes races de chiens de chasse dans les pays qui constituaient autrefois la Yougoslavie, mais celle-ci pourrait bien être la plus ancienne. Elle est en tout cas la plus populaire. Ce chien excellait à chasser en meute le gros gibier, comme le sanglier, aussi bien que le petit. Négligé par les instances cynologiques, ne bénéficiant pas même de standards officiels, il fit néanmoins l'objet de tous les soins de la part des chasseurs, conscients de ses qualités, et qu'il accompagne encore aujourd'hui. C'est à eux que l'on doit cette race charpentée, musclée, de santé robuste. Le chien courant serbe a su se reconvertir en compagnon affectueux, mais il a conservé son amour des grands espaces et de l'exercice. Il est donc déconseillé en ville.

**VOIX HAUTE** C'est l'une des caractéristiques de la race, une voix haut perchée qui porte, indispensable lors des parties de chasse.

**TENUE DE TRAVAIL** De sa robe dense et touffue à sa poitrine profonde et ample, tout chez le chien courant serbe indique une race robuste, dotée d'une incroyable endurance.

# Basenji

**ORIGINE** République démocratique du Congo

**HAUTEUR** 41 à 43 cm

**POIDS** 9 à 11 kg

**EXERCICE**

**TOILETTAGE**

**RECONNAISSANCE** KC, FCI, AKC

**COULEUR** Noir et blanc, jaune et blanc, noir

Il ressemble à ces chiens représentés sur les bas-reliefs égyptiens, et montre quelques traits primitifs, comme une tendance à « roucouler » plus qu'à aboyer, typique des races anciennes.

NOIR

NOIR ET BLANC

JAUNE ET BLANC

## ORIGINE DE LA RACE

L'histoire moderne de la race, originaire d'Afrique, commence dans les années 1930, avec l'introduction du basenji en Europe, par le biais des Britanniques. Autrefois surnommé terrier du Congo, ce chien, affectueux avec les enfants, doit être dressé et socialisé.

**PORT ANCESTRAL** La queue de ce petit chien puissant et musclé est portée haute, enroulée en une boucle serrée.

**FAUX AIR** Son front sillonné de rides contribue à donner à cette race affectueuse, tonique et intelligente un faux air anxieux.

# Basset artésien normand

**ORIGINE** France

**HAUTEUR** 25 à 36 cm

**POIDS** 14 à 16 kg

**EXERCICE**

**TOILETTAGE**

**RECONNAISSANCE** FCI

**COULEUR** Fauve et blanc ou tricolore

Ancêtre du basset hound, bien plus connu, cette race présente le même profil : une constitution basse et compacte, de longues oreilles, des lèvres tombantes et une couleur classique.

JAUNE ET BLANC

NOIR, FEU ET BLANC

## ORIGINE DE LA RACE

L'histoire de ce chasseur au noble maintien remonte au XVIIe siècle. Dotée du corps allongé propre aux chiens de chasse plus massifs, mais plus courte sur pattes, la race évolua au début du XXe siècle en deux types distincts : le premier pour le travail, le second pour les expositions. L'éleveur français Léon Verrier œuvra pour faire de nouveau fusionner les deux lignées, mais les deux guerres mondiales mirent un terme à l'aventure. Aujourd'hui, ce type de basset a trouvé sa place comme chien de compagnie et s'est même adapté à la ville.

**PETITE TAILLE** Cette race présente les membres courts et demi-tors typiques du chien de chasse, d'où sa facilité à pénétrer dans les terriers debout, sans ramper, et à se déplacer sur terrain accidenté.

# Basset bleu de Gascogne

**ORIGINE** France

**HAUTEUR** 30 à 36 cm

**POIDS** 16 à 18 kg

**EXERCICE**

**TOILETTAGE**

**RECONNAISSANCE** FCI

**COULEUR** Bleu et blanc moucheté de noir, traces de feu

Une race affectueuse, plus gaie et tonique que ne pourrait le laisser croire son profil de basset. Chien de chasse au flair remarquable, élevé pour travailler en meute, son standard évoque une « belle voix de hurleur ».

## ORIGINE DE LA RACE

Un temps perdu, le basset bleu de Gascogne original, conçu au Moyen Âge, fut recréé à la fin du XIXe siècle à l'initiative d'un groupe de chasseurs, convaincus par le travail d'éleveur d'un certain Alain Bourbon. Docile au dressage, ce chien fait aussi un bon chien de compagnie, adapté à la vie citadine et un excellent gardien. Sensible au froid, il aime le confort et la chaleur du foyer.

**HYPERACTIF** Voilà une race pleine de tonus, qui a besoin de se dépenser, mais facile à éduquer. De santé robuste, ce chien a une belle longévité, mais est sujet aux torsions gastriques.

# Basset fauve de Bretagne

**ORIGINE** France

**HAUTEUR** 33 à 38 cm

**POIDS** 16,5 à 18 kg

**EXERCICE**

**TOILETTAGE**

**RECONNAISSANCE** KC, FCI

**COULEUR** Fauve ou rouge

Issue du griffon, cette race à poil dur est l'une des plus indépendantes et des plus toniques. Parfois indiscipliné, voire obstiné, ce type de chien a besoin de beaucoup d'exercice.

ROUGE/FEU    CRÈME

## ORIGINE DE LA RACE

Elle fut créée au XIXe siècle par croisements entre le griffon fauve de Bretagne à pattes longues et différentes races courtes sur pattes de la région vendéenne. Peu connu hors de France, ce chien a néanmoins su s'imposer comme race à part entière au Royaume-Uni. Conçu pour la chasse en meute, il se plaît en compagnie d'autres chiens, et apprécie tout autant celle des enfants. Têtu, il est parfois difficile à dresser.

**BON CARACTÈRE** Le poil court et rêche ne demande pas d'entretien particulier. Dès lors qu'il aura son quota d'exercice quotidien, le chien s'adaptera à la vie citadine.

# Basset hound

**ORIGINE** Royaume-Uni

**HAUTEUR** 33 à 36 cm

**POIDS** 18 à 27 kg

**EXERCICE**

**TOILETTAGE**

**RECONNAISSANCE** KC, FCI, AKC

**COULEUR** Toutes couleurs propres au chien de chasse

Le plus célèbre des bassets porte plutôt bien son nom. Même si on ne peut localiser son origine avec précision, cette race reste considérée comme un grand classique britannique.

FAUVE
ET BLANC

JAUNE
ET BLANC

NOIR, BLANC
ET FEU

## ORIGINE DE LA RACE

Ce basset, issu de croisements de saint-huberts, existait déjà au XVIᵉ siècle. Voici la description qu'en fait le personnage de Thésée, dans le *Songe d'une nuit d'été* de Shakespeare : « Ses oreilles dissipent la rosée du matin, avec ses genoux tors, et son ventre rasant comme le taureau de Thessalie, il est lent dans sa course, mais sa voix rivalise avec les cloches. »

Désormais plus chien de compagnie que de chasse, il est apprécié pour son caractère égal et sa gentillesse envers les enfants. Son seul défaut est une légère tendance à l'obstination, facilement corrigeable par dressage.

**AIR ABATTU** Son air de chien battu, il le doit à ses yeux en losange et légèrement enfoncés, à ses rides, à ses oreilles pendantes et à ses babines tombantes, un profil qui rappelle le saint-hubert.

**ROBE CLASSIQUE** Il n'existe pas de restriction quant à la robe du basset, toutes les couleurs pour chiens courants sont admises. La version tricolore reste cependant la plus courante, suivie de la fauve, ou de la combinaison jaune et blanc.

**FORTE CHARPENTE** Les membres courts et tors expliquent la lenteur de ce chien, pourtant jamais gauche. Des sujets plus légers officient encore en chasse, plus aux États-Unis qu'en Europe.

# Chien de rouge de Bavière

**ORIGINE** Allemagne
**HAUTEUR** 46 à 51 cm
**POIDS** 25 à 35 kg
**EXERCICE** 🐕
**TOILETTAGE** 🖌
**RECONNAISSANCE** FCI
**COULEUR** Brun, rouge, fauve, fauve jaunâtre à fauve sable, gris fauve ou bringé

Très connu dans son pays d'origine, ancêtre du chien courant bavarois, il jouit toujours auprès des chasseurs allemands et d'Europe centrale d'une réputation de fin limier.

ROUGE/FEU

BRINGÉ NOIR

## ORIGINE DE LA RACE

Comme tous les chiens de recherche au sang, cette race descend du chien de chasse au flair allemand connu sous le nom de braque et fut développée pour pister le gibier blessé. Autrefois, les chiens au sang présentaient une morphologie plus massive, comme le rouge du Hanovre, jugé finalement trop maladroit pour opérer en terrain montagneux. À partir de 1870, le baron Karg-Bebenburg travailla à la création d'un type plus léger, plus rapide, le chien de rouge de Bavière. Le développement du fusil assura la popularité de la race qui eut droit à son premier club en 1912.

Aujourd'hui presque exclusivement chien de travail, ce chien cumule les qualités. Plein de fougue, musclé, avec un fort besoin en exercice, il convient peu à un mode de vie sédentaire ou citadin. Plutôt placide, très attaché à son maître, il n'excelle pas comme gardien. En revanche, il est gentil et patient envers les enfants, et très sociable avec ses congénères, du fait de ses origines de chien de meute ; par contre, il peut se montrer très réservé avec les inconnus.

**LÈVRES COUVRANTES** Comme beaucoup de chiens de chasse au flair, le rouge de Bavière est doté de lèvres couvrantes, mais sans excès, un plus pour piéger les odeurs.

**ROBE DE TRAVAIL** La robe du rouge de Bavière présente un poil court et dense, plat et couché, idéal pour la protection, quoique plus fin sur la tête. La couleur est généralement plus sombre au niveau de la queue et de la tête.

BASSET HOUND (p. 174) La frimousse photogénique
du basset hound se prête merveilleusement à la publicité.
Son expression joua également pour beaucoup dans
le succès planétaire d'un dessin animé où il tient la vedette
sous le nom de Droopy.

# Beagle

**ORIGINE** Royaume-Uni

**HAUTEUR** 33 à 39 cm

**POIDS** 8 à 13,5 kg

**EXERCICE** 🐎

**TOILETTAGE** 🖌

**RECONNAISSANCE** Toutes (ou FCI, référence SCC)

**COULEUR** Tricolore, noir, feu et blanc

Le beagle est décrit dans les standards comme un chien gai et vif. Doté d'une voix mélodieuse, qui lui a valu le surnom de « singing beagle », ce chasseur fait un compagnon doux et joueur.

JAUNE ET BLANC

NOIR, BLANC ET FEU

## ORIGINE DE LA RACE

Probablement issu de la race harrier, au gabarit plus important, le beagle sut se faire apprécier dès le Moyen Âge par les chasseurs à courre britanniques qui le transportaient sur site à cheval, dans des besaces. Il travaille en meute ou en solitaire pour pister des lièvres et du gibier à plumes. De nos jours, si le beagle présente des tailles différentes d'un pays à l'autre, il n'a en revanche rien perdu de sa personnalité.

**FRIMOUSSE** Tout le caractère joueur et affectueux du beagle transparaît dans son expression un peu canaille et son air à moitié endormi. Ce chien est pourtant d'une vive intelligence.

**ROBUSTE** Le beagle ressemble à une version réduite du foxhound. Compact, de constitution robuste, il porte la queue haute. Sa robe à poil court et lisse n'exige que peu d'entretien.

## CRITÈRES DE RACE

Très sociable, le beagle a la solitude en horreur. Il lui faut absolument de la compagnie, humaine ou canine. Laissé seul à la maison, il n'hésitera pas à donner de la voix pour exprimer son désarroi, un comportement sujet aux frictions entre voisins.

Au sein d'un foyer digne de ce nom, le beagle est un compagnon merveilleux, gentil, affectueux, patient avec les enfants et amical envers ses congénères. Un seul bémol : il n'est pas le plus souple au dressage, et il lui arrive de préférer suivre son flair plutôt que les ordres de son maître.

# Beagle-harrier

**ORIGINE** France
**HAUTEUR** 43 à 48 cm
**POIDS** 18 à 20 kg
**EXERCICE**
**TOILETTAGE**
**RECONNAISSANCE** FCI
**COULEUR** Tricolore

Ce beagle français descend en réalité de croisements entre races anciennes typiquement britanniques et, s'il cumule toutes les qualités de ses aïeux, il reste cependant peu répandu.

## ORIGINE DE LA RACE

Résultat, comme son nom l'indique, d'un croisement entre beagles et harriers, le beagle-harrier fut conçu au XIXᵉ siècle par le baron Gérard, chasseur français, soucieux de créer une race de chien spécialisée dans la chasse au lièvre. Si on le trouve aujourd'hui encore dans cette fonction, en meute, il semblerait qu'il ait perdu de sa popularité au XXᵉ siècle, hormis en France.

**BONNES QUALITÉS** La race offre le tempérament placide et sociable des beagles, mais sa plus grande taille rend son entrain un peu problématique à la maison. Peut-être un petit peu plus facile à dresser, il présente le même type de robe que le beagle, un poil court et dense, facile d'entretien.

# Chien courant bernois

**ORIGINE** Suisse
**HAUTEUR** 46 à 58 cm
**POIDS** 15 à 20 kg
**EXERCICE**
**TOILETTAGE**
**RECONNAISSANCE** FCI
**COULEUR** Blanc avec taches ou selle noires et marques feu sur la tête

Il est à l'évidence le plus connu des quatre types de chiens courants suisses survivants, appelé également petit chien courant suisse. Les autres variétés, bruno du Jura, chiens courants lucernois et schwyzois, diffèrent principalement en couleur.

## ORIGINE DE LA RACE

Ces superbes chiens de chasse au flair accompagnent les chasseurs dans les montagnes suisses depuis le Moyen Âge. Jusqu'à la fin du XIXᵉ siècle, on en recensait cinq types officiellement reconnus ; deux n'ont pas survécu au déclin de la chasse. Chien de petite vénerie très estimé, le bernois jouit d'une vigoureuse santé. En tant que compagnon, il montre un caractère affable et affectueux, quoiqu'un peu têtu et difficile à éduquer.

**LOOK RÉTRO** La silhouette élancée et le poil dense et isolant propre à cette race témoignent d'une origine ancestrale.

# Chien noir et feu pour la chasse au raton laveur

**ORIGINE** États-Unis

**HAUTEUR** 58 à 69 cm

**POIDS** 25 à 34 kg

**EXERCICE**

**TOILETTAGE**

**RECONNAISSANCE** FCI, AKC

**COULEUR** Noir et feu

C'est un nom à rallonge pour un chien spécialisé dans la chasse au raton laveur, qu'il a le chic pour débusquer et acculer en attendant son maître, en donnant de la voix, qu'il module à volonté.

COSTAUD C'est un grand chasseur, puissant, musclé, bien équilibré, doté d'une poitrine profonde, d'une queue forte, de membres longs et droits propices à la vitesse.

## ORIGINE DE LA RACE

La race fut développée au XVIII^e siècle, aux États-Unis, mais ne reçut son agrément qu'en 1945. Elle fut mise au point par croisements entre saint-huberts et fox-hounds, il se peut que le kerry-beagle (ou pocadan) ait participé à son élaboration. Ce chien présente la particularité d'« appeler » son maître en modulant sa voix quand il a acculé sa proie généralement en haut d'un arbre.

Expert de la chasse au raton laveur, il se montre tout aussi compétent à pister le plus gros gibier, tels que les cerfs, les pumas et même les ours. Le plus connu des chasseurs au raton laveur est également recherché pour sa compagnie et son caractère docile.

Ce chien fait aussi un bon gardien et s'épanouira dans les foyers, à condition de pouvoir se dépenser et uniquement si on s'intéresse à lui.

PROFIL La tête présente une forme ovale, avec une peau dépourvue de plis. Les oreilles, qui doivent dépasser le bout de la truffe, ont une implantation basse, portées nettement en arrière, et retombent en plis gracieux.

ROBE Le poil court et lisse est noir charbon marqué de feu au niveau du museau, des membres et de la poitrine. Une robe conçue pour protéger le chien des conditions climatiques extrêmes.

# Saint-hubert

**ORIGINE** Belgique

**HAUTEUR** 58 à 69 cm

**POIDS** 30 à 50 kg

**EXERCICE** 🐕

**TOILETTAGE** 🪥

**RECONNAISSANCE** KC, FCI, AKC

**COULEUR** Noir et feu, foie/rouge et feu, rouge

Développée en Belgique sous le nom de chien de saint-hubert et en Angleterre sous celui de *bloodhound*, cette race robuste de chien de chasse au flair a su se faire une réputation de pisteur.

ROUGE/FEU

NOIR ET FEU

## ORIGINE DE LA RACE

Ce chien à oreilles tombantes descendrait directement des meutes appartenant à saint Hubert, patron des chasseurs, fondateur de la race au VII<sup>e</sup> siècle, améliorée, transformée au fil des siècles par les moines bénédictins de l'abbaye de Saint-Hubert, dans les Ardennes. La tradition voulait alors que chaque année, six spécimens soient envoyés au roi de France pour enrichir les meutes royales. Introduit en Grande-Bretagne par les Normands, le saint-hubert prit le nom de *bloodhound*, non pas par référence à ses aptitudes de chercheur au sang (*blood* en anglais), mais à cause de la noblesse de son sang.

## CRITÈRES DE RACE

Gentil, affectueux, le saint-hubert doit néanmoins faire l'objet d'une certaine vigilance en présence des enfants, qu'il peut renverser en jouant. Trop souvent distrait par les odeurs, son éducation demeure malaisée. De plus, il sait user et abuser de son air mélancolique et rêveur. Malheureusement dotée d'une espérance de vie réduite, la race est sujette aux abcès, tout comme aux problèmes d'articulations et développe même des cancers, affections plus courantes chez les grands chiens.

**COULEUR STANDARD** Le saint-hubert présente de nos jours une palette de couleurs restreinte, mais il existait jadis une gamme plus étendue, dont une race à robe blanche, le talbot, disparue au XVII<sup>e</sup> siècle.

# Barzoï

**ORIGINE** Russie
**HAUTEUR** 69 à 79 cm
**POIDS** 34 à 47,5 kg
**EXERCICE**
**TOILETTAGE**
**RECONNAISSANCE** KC, FCI, AKC
**COULEUR** Blanc, jaune, fauve ou gris avec marques noires, uni ou panaché

Ce chien élégant et réservé descend d'une lignée russe de chasseurs de loups. Celui que l'on appelle également lévrier russe a opéré avec succès sa mutation s'adaptant à la vie domestique.

CRÈME   FAUVE   FAUVE ET BLANC   NOIR ET BLANC   JAUNE ET BLANC

## ORIGINE DE LA RACE

Le lévrier arriva en Russie depuis l'Asie du Sud-Ouest, où il évolua sous le nom de barzoï, terme générique russe pour désigner l'ensemble des lévriers, y compris certaines races inédites en Occident comme le taigan et le chortaj. Le barzoï fit son apparition en Europe de l'Ouest au XIXᵉ siècle et ne tarda pas à accéder au titre de chien de compagnie favori de l'élite aristocratique, élevé presque exclusivement pour ce rôle, qu'il occupe encore aujourd'hui avec brio. Ce chien a conservé de ses ancêtres un physique d'athlète et un esprit d'indépendance. Il reste un chasseur dans l'âme, rapidement excité en présence de petits gibiers éventuels, il est donc difficile d'envisager une cohabitation pacifique entre un barzoï et d'autres animaux de compagnie non canins. S'il a besoin de beaucoup se dépenser, il se lassera en revanche des jeux bruyants et de l'agitation des très jeunes enfants, préférant une vie calme et rangée.

**PROFIL NOBLE** La tête présente un profil allongé, qui s'amincit au niveau du museau, particulièrement saillant. Au repos, les oreilles, petites et mobiles, sont rabattues vers l'arrière.

**SOIN DE ROBE** Difficile d'entretien en période de mue, le poil soyeux n'exige que peu de soin le reste de l'année. Procéder à un brossage régulier et désépaissir entre les orteils.

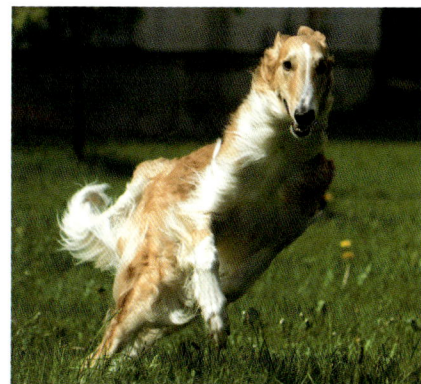

**RAPIDE** Comme tous les lévriers, le barzoï montre un vrai talent de sprinter. Une surveillance étroite s'impose à la promenade, ce chien se laissant vite distraire.

# Briquet griffon vendéen

**ORIGINE** France

**HAUTEUR** 48 à 56 cm

**POIDS** 23 à 24 kg

**EXERCICE**

**TOILETTAGE**

**RECONNAISSANCE** FCI

**COULEUR** Blanc et noir, blanc et orange, noir et feu, tricolore, fauve avec noir

CRÈME

NOIR, BLANC ET FEU

L'appellation « briquet » désigne en fait un chien de taille moyenne et ne s'applique plus aujourd'hui qu'au griffon vendéen. Développée avant la Première Guerre mondiale, la race nous vient de Vendée.

## ORIGINE DE LA RACE

Ce chien fut mis au point par le comte d'Elva et après avoir frôlé l'extinction lors de la Seconde Guerre mondiale, il ne s'est jamais aussi bien porté, travaillant aujourd'hui en meute à la chasse au sanglier et au cerf, et excellant dans les épreuves. Robuste, endurant au froid, ce chien est doté d'un poil rêche et fourni, parfois panaché de blanc. De tempérament obstiné, il se montre fougueux et sait prendre des initiatives, n'en faisant parfois qu'à sa tête. Mais il est très réceptif et fait un compagnon loyal et affectueux.

**AU POIL** Le poil dense, en fil de fer, forme des moustaches qui viennent mettre en valeur la truffe noire typique du griffon vendéen.

**ENTRE DEUX** Cette race pleine de fougue est à mi-chemin entre le grand griffon vendéen et le grand basset griffon vendéen.

# Lévrier polonais

**ORIGINE** Pologne
**HAUTEUR** 68 à 80 cm
**POIDS** 40 kg
**EXERCICE**
**TOILETTAGE**
**RECONNAISSANCE** FCI
**COULEUR** Toutes couleurs

Le lévrier fut développé sur l'ensemble du continent européen, et grâce à la passion d'une poignée d'éleveurs, le lévrier polonais, ou chart polski, descendant du saluki, est arrivé jusqu'à nous.

NOIR    CRÈME    ROUGE/FEU    NOIR ET FAUVE    BLEU TACHETÉ DE FEU

## ORIGINE DE LA RACE

Issu des lévriers asiatiques, il est déjà connu comme chien de chasse au xv<sup>e</sup> siècle, et sans doute avant, d'anciens manuscrits évoquant même des chiens de ce type. Cependant, certains disent que cette race descendrait du barzoï, race russe, revendication abusive qu'il faut attribuer à l'animosité politique qui régna dans ce coin de l'Europe au xx<sup>e</sup> siècle.

Les deux guerres mondiales entamèrent dramatiquement l'effectif des lévriers polonais. Mais dès la fin de la Seconde Guerre mondiale, des éleveurs polonais œuvrèrent à revitaliser la race. Le rideau de fer fut longtemps un frein à son développement en Europe de l'Ouest et, reconnu par la FCI en 1989, ce n'est que récemment que le lévrier polonais a commencé à se populariser.

**RUSTIQUE** Fin et élégant, le lévrier polonais est cependant plus fort et moins délicat que bien d'autres lévriers à poil court. Sa robe résiste bien à la chaleur et au froid.

**TÊTE DE CHASSEUR** Forte et longue, la tête est portée par un cou long et musclé. Les yeux expressifs mais presque mélancoliques démentent le chasseur-né.

## CRITÈRES DE RACE

Aujourd'hui encore, cette race, qui continue d'évoluer, reste confidentielle. À l'image de nombreux lévriers, le polonais est d'un tempérament plutôt calme, loyal envers sa famille et gentil avec les enfants, mais réservé à l'égard des inconnus. Très vif, il réagit instantanément et va se lancer avec fougue à la poursuite de petits animaux non canins.

# Chien d'Artois

**ORIGINE** France
**HAUTEUR** 51 à 56 cm
**POIDS** 18 à 24 kg
**EXERCICE**
**TOILETTAGE**
**RECONNAISSANCE** FCI
**COULEUR** Tricolore

Cette race rustique, autrefois appelée chien picard, ou briquet, excelle à la chasse dans les plaines et les bois, en petites meutes, à la poursuite de gibiers toutes catégories. Ses atouts? Une constitution robuste, bien charpentée, et un mordant étonnant.

## ORIGINE DE LA RACE
Dès le Moyen Âge, les chiens de ce type enchantent pour leur aptitude au flair et il fera dans l'histoire la joie de prestigieux amateurs de vénerie comme les rois Henri IV et Louis XIII. Presque éteinte au XIXe siècle, une nouvelle fois malmenée par la Seconde Guerre mondiale, la race sera néanmoins sauvée *in extremis* par un éleveur de la Somme.

CONFORMITÉ
Le type faillit perdre ses caractéristiques et la race manqua de disparaître du fait de croisements avec des chiens anglais au XIXe siècle.

# Cirneco de l'Etna

**ORIGINE** Italie
**HAUTEUR** 51 à 56 cm
**POIDS** 8 à 12 kg
**EXERCICE**
**TOILETTAGE**
**RECONNAISSANCE** FCI
**COULEUR** Fauve avec ou sans blanc; blanc uni avec taches orangées ou bringé feu

Dit aussi lévrier sicilien, il a des similitudes avec les chiens de l'Ancienne Égypte. Il est peu connu en dehors de la Sicile.

CRÈME  FAUVE  FAUVE ET BLANC

## ORIGINE DE LA RACE
L'ancêtre du cirneco de l'Etna aurait débarqué sur les côtes siciliennes dans les cales des marchands phéniciens, il y a 3 000 ans. Proche du chien du pharaon et du podenco d'Ibiza, mais plus petite, cette race chasse au flair comme à vue, essentiellement des lapins sauvages et des lièvres. Alerte, avec un fort besoin de se dépenser, le cirneco ne se plaît pas en ville et reste imprévisible à l'égard des enfants.

SILHOUETTE ÉLÉGANTE
Robuste et de taille moyenne, le cirneco de l'Etna n'en dégage pas moins une impression de légèreté et d'élégance.

PETIT ET LÉGER Ce chien de type primitif, longiligne, est doté d'un museau allongé et d'oreilles hautes en triangle.

# Teckel

**ORIGINE** Allemagne

**HAUTEUR** 18 à 23 cm

**POIDS** 7 à 11,5 kg

**EXERCICE**

**TOILETTAGE**

**RECONNAISSANCE** KC, FCI, AKC

**COULEUR** Unicolore, bicolore ou arlequin bigarré, pas de blanc

Le groupe se décline en un ensemble complexe de catégories, très variables d'un pays à l'autre. Les chiens élevés pour le travail diffèrent en outre de ceux destinés aux expositions.

| CRÈME | BLEU | ROUGE/FEU | FAUVE | NOIR ET FEU |

## ORIGINE DE LA RACE

Les chiens nains ou courts sur pattes ont quelques millénaires d'existence, et le teckel se fait connaître en tant que type au Moyen Âge. Issus de chiens de chasse braque, les teckels furent sélectionnés pour leurs membres courts, indispensables au travail de déterrage. Son nom d'origine, *dachshund*, signifie d'ailleurs « chien de blaireau ».

De nos jours, ces chiens se retrouvent aussi bien auxiliaires de chasse que chiens de compagnie. Les chiens de travail présentent une colonne vertébrale plus courte et des membres plus longs que les chiens d'exposition, ces derniers développant fréquemment des problèmes de vertèbres, un risque récurrent avec ce type de morphologie.

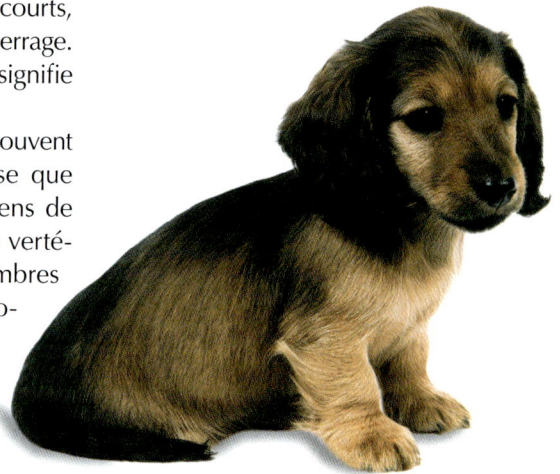

**FORT POTENTIEL** Les différentes tailles de teckels ne correspondent pas à des races distinctes, et c'est le hasard qui va jouer dans le développement d'un chiot, même si une lignée produit le plus souvent un gabarit identique.

**TECKEL À POIL DUR** Ce type de teckel serait le plus équilibré des trois, moins têtu que le type à poil ras, mais plus audacieux que le type à poil long.

## CARACTÉRISTIQUES PAR CATÉGORIE

Outre les différences de tailles (voir encadré), le teckel se caractérise par la diversité de ses trois robes : le poil ras, le poil dur et le poil long. Le poil ras, le plus ancien, est le chasseur historique de la race ; le poil dur fut obtenu par croisements entre des pinshers à poil rêche et des dandie-dinmont-terriers pour améliorer le type de tête ; le poil long serait le résultat de croisements entre des épagneuls à membres courts, spécimens par la suite miniaturisés.

**TECKEL À POIL LONG** Son héritage épagneul lui a valu cette robe soyeuse, ainsi qu'une tendance à se montrer moins tenace que son cousin à poil ras, voire même un peu réservé.

Ces différences ne sont pas seulement esthétiques, car elles affectent directement le caractère du chien.

## QUALITÉS DE LA RACE

Même si sa petite taille le rend apte à la vie citadine, avec des besoins limités en exercice, mieux vaut prendre le temps de la réflexion avant de choisir un teckel. D'humeur inégale, certains individus montrent la même détermination qu'un gros chien. Il est indispensable de faire preuve d'autorité et de procéder au dressage dès le plus jeune âge.

**TECKEL À POIL RAS** C'est la robe originelle de la race, qui distingue les individus au caractère bien trempé, mais parfois brusques et craintifs.

Une nécessité si vous ne voulez pas vous engager dans un conflit durable, car ces petits chiens robustes vivent bien au-delà de dix ans.

## Différentes tailles

Les clubs britanniques et américains reconnaissent le plus souvent deux tailles de teckels, standard et nain, avec une limite de poids entre les deux établie à 5 kg. Les clubs européens classent le chien par tour de poitrine, critère vital pour un chien de déterrage. Le tour de poitrine du teckel standard est supérieur à 35 cm, celle du teckel nain se situe entre 30 et 35 cm, et celle du teckel de chasse au lapin (kaninchen teckel) peut aller jusqu'à 30 cm.

# Lévrier écossais

**ORIGINE**  Royaume-Uni

**HAUTEUR**  71 à 76 cm

**POIDS**  36,5 à 45,5 kg

**EXERCICE**

**TOILETTAGE**

**RECONNAISSANCE**  KC, FCI, AKC

**COULEUR**  Gris, bringé, fauve, sable rouge, ou fauve rouge piqueté de noir

Parfois confondu avec le lévrier irlandais du fait de sa taille et de son poil en « fil de fer », il fut conçu pour chasser le cerf, et fait aujourd'hui un chien de compagnie affectueux, plutôt impressionnant.

GRIS    ROUGE/FEU    FAUVE    BRINGÉ NOIR

## ORIGINE DE LA RACE

Ce chasseur à poil rêche existe depuis plus de 500 ans, probable descendant de lévriers à poil court croisés avec des chiens à robe plus longue, mieux adaptés au climat rigoureux des hauts plateaux écossais. Jadis, le chien chassait le cerf en meute, mais avec l'avènement de la chasse à tir, la race connut au XVIIIe siècle un certain déclin, et si elle fut réactivée au XIXe siècle, elle reste néanmoins rare.

Intelligent, souple au dressage, il est sociable envers les enfants et ses congénères. Il s'adapte très bien à un mode de vie domestique, les adultes ayant même une certaine tendance à l'indolence. En revanche, il a besoin d'exercice quotidien en extérieur, de préférence dans un vaste espace.

SIGNES PARTICULIERS Tout est longiligne, de son museau à sa queue très longue, forte, à niveau avec la ligne du dos. Le poil est hirsute et plus doux sur la tête, la poitrine et le ventre.

# Basset suédois

**ORIGINE**  Suède

**HAUTEUR**  30 à 41 cm

**POIDS**  13,5 à 15 kg

**EXERCICE**

**TOILETTAGE**

**RECONNAISSANCE**  FCI

**COULEUR**  Fauve et blanc, noir et blanc, tricolore

Également appelé braque suédois, ce fameux chien de chasse au flair, utilisé à débusquer et à rabattre le gibier, compte parmi les plus populaires de la catégorie dans son pays d'origine.

FAUVE
ET BLANC

NOIR
ET BLANC

NOIR, BLANC
ET FEU

LENT MAIS ENDURANT Ses membres courts n'en font pas le plus rapide des chasseurs, mais le basset suédois a pour lui l'énergie et un désir tenace de chasser.

## ORIGINE DE LA RACE

Il s'agit de la refonte d'un type historique, mis au point par des croisements entre bassets de Westphalie et chiens de chasse locaux. Sa charpente compacte en fait un chien endurant, robuste, rabatteur et chasseur tenace. Ce tempérament ne nuit pas à un rôle de chien de compagnie, grâce à un caractère facile et plutôt docile, même s'il conserve un certain esprit d'indépendance.

BONNE TÊTE Le basset suédois présente une tête large, mais bien proportionnée. Ses paupières sont fines et tendues, ses lèvres bien ajustées sur la mâchoire.

# Chien courant norvégien

**ORIGINE** Norvège

**HAUTEUR** 48 à 56 cm

**POIDS** 16 à 22 kg

**EXERCICE**

**TOILETTAGE**

**RECONNAISSANCE** FCI

**COULEUR** Noir ou bleu marbré de fauve, avec des taches blanches

Peu courant hors de Norvège, il jouit en revanche d'une grande popularité chez lui, grâce à ses talents de pisteur et son aptitude à lever les lièvres au flair. Amical, il reste épris de liberté.

## ORIGINE DE LA RACE

La race, également appelée dunker, fut fixée au XIXe siècle par Wilhelm Dunker. L'éleveur procéda par croisements entre chiens courants harlequins russes et chiens de chasse au flair norvégiens : il obtint un chien courageux, endurant, bourré d'énergie. Il a malheureuse-ment une tendance à la dysplasie de la hanche. Le dunker est d'un carac-tère docile, adapté à la vie urbaine et à la vie de famille, dès lors qu'il dis-pose de suffisamment d'espace pour se dépenser.

BIEN BÂTI Le dunker est solide, bien bâti, fort et musclé, mais jamais lourd. Les membres présentent une forte ossature et un bon aplomb, la robe est courte et dense, bien isolante.

# Chien courant noir et feu

**ORIGINE** États-Unis

**HAUTEUR** 53 à 69 cm

**POIDS** 18 à 30 kg

**EXERCICE**

**TOILETTAGE**

**RECONNAISSANCE** AKC

**COULEUR** Toutes couleurs, souvent tacheté de rouge

Voici une race typiquement américaine, à l'origine conçue pour la chasse au raton laveur et autres proies du même acabit, un rôle qu'il joue encore, essentiellement dans les États du Sud.

BLEU    ROUGE/FEU    NOIR ET BLANC    JAUNE ET BLANC    NOIR, BLANC ET FEU

MORPHOLOGIE ET ROBE
Un chien courant relativement petit, mais puissant et à forte ossature. Légèrement incliné des épaules à la culotte, il est doté de longues oreilles et de lèvres développées, typiques du groupe.

## ORIGINE DE LA RACE

De son vrai nom chien noir et feu pour la chasse au raton laveur, pour les Américains, cette race apparue au début du XIXe siècle aurait pour ascendants des chiens courants anglais et français.

D'abord et avant tout chien de chasse, le chien courant noir et feu est de consti-tution robuste et déborde d'énergie. Il fera un excellent compagnon, à condition de ne pas cohabiter avec un congénère ou un autre animal de compagnie plus petit.

# Chien courant finlandais

**ORIGINE** Finlande
**HAUTEUR** 56 à 63 cm
**POIDS** 20 à 25 kg
**EXERCICE** 🐕
**TOILETTAGE** 🖌
**RECONNAISSANCE** FCI, AKC
**COULEUR** Tricolore

Le chien courant finlandais, ou suomenajokoïra, pisteur polyvalent, est recherché pour son flair dans la chasse au lièvre et au renard. La race jouit toujours en Finlande d'une forte popularité.

## ORIGINE DE LA RACE

Pour certains, cette race semblable au harrier remonte au XVIIIᵉ siècle et serait l'œuvre d'un orfèvre, Tammelin, qui procéda par croisements entre chiens courants suédois, allemands et français. Le descriptif du standard officiel, établi dans les années 1890 à la création du Kennel Club finlandais, ne fait qu'évoquer des chiens locaux ressemblant à des races européennes. C'est cependant un chasseur accompli qui piste, accule le gibier, retrouve les oiseaux abattus, mais ne rapporte pas.

## CRITÈRES DE RACE

Le chien courant finlandais aime la chasse avec passion et a besoin de grands espaces pour se dépenser. Affectueux, il se plaît en compagnie de l'homme, et s'il fait un bon compagnon pour les enfants, il se montre en revanche piètre gardien. Il est en règle générale sociable vis-à-vis de ses congénères, même si certains mâles risquent de se montrer agacés.

**NEZ FIN** Chasseur tout-terrain infatigable, le chien courant finlandais travaille seul à pister et rabattre le gibier, accompagnant sa traque d'aboiements sonores et brefs pour guider le chasseur.

**ROBE D'ÉTÉ** Bâti en force, mais sans être lourd, doté d'une robe légère, ce chien dormira sans problème dehors en été, mais devra être protégé en hiver.

# Français

**ORIGINE** France

**HAUTEUR** 60 à 72 cm

**POIDS** 34 à 35 kg

**EXERCICE**

**TOILETTAGE**

**RECONNAISSANCE** FCI, AKC

**COULEUR** Blanc et noir, blanc et orange, tricolore

Sous ce nom se cachent trois races distinctes : blanc et noir, blanc et orange et tricolore, tous chiens de chasse au flair utilisés au petit gibier, et plus légers que les grands anglo-français.

FAUVE
ET BLANC

NOIR
ET BLANC

JAUNE
ET BLANC

## ORIGINE DE LA RACE

Le français blanc et noir doit son existence à Michel Beauchamp qui opéra par croisements entre harriers et chiens du Poitou, de Normandie et Saintonge. La race accéda à la reconnaissance en 1957. Cette année-là, l'éleveur Henri de Falandre présenta pour la première fois des sujets tricolores, proches d'une race éteinte de chasseurs, et obtenus par sélection entre anglo-français, poitevin, billy et bleu de Gascogne. Dernier de

la série à voir le jour, le blanc et orange a été conçu à partir de croisements avec le billy. Ces chiens sont calmes et doux, patients avec leurs congénères et affectueux avec les enfants. Mais c'est un chien de compagnie rare, son tempérament le prêtant peu à un mode de vie citadin.

**TRICOLORE** La version tricolore est la plus répandue des trois. Le blanc et orange a toujours eu en revanche une diffusion confidentielle, et certains redoutent son extinction.

# Brachet allemand

**ORIGINE** Allemagne

**HAUTEUR** 41 à 53 cm

**POIDS** 20 kg

**EXERCICE**

**TOILETTAGE**

**RECONNAISSANCE** FCI

**COULEUR** Tricolore

Ce chien de chasse robuste et plein d'ardeur est le dernier représentant d'une race de chasseur à multiples versions régionales, autrefois répandue en Allemagne.

## ORIGINE DE LA RACE

Cet unique survivant de la race des brachets est issu du brachet de Westphalie. Le chien porte la robe propre au brachet tricolore de Sauerland qui fusionna avec des steinbracken locaux pour donner un type répertorié depuis 1900 comme deutsche bracke. La race est affectueuse, loyale, calme et paisible à la maison, mais fougueuse et tenace en extérieur, à la moindre trace relevée par son flair.

**TRAITS DE RACE**
La truffe couleur chair est caractéristique de la race. Les jambes sont traditionnellement longues, plus que chez le chien de rouge de Bavière, lui-même bien plus haut que le type teckel.

# Grand anglo-français

**ORIGINE** France

**HAUTEUR** 61 à 69 cm

**POIDS** 30 à 32 kg

**EXERCICE**

**TOILETTAGE**

**RECONNAISSANCE** FCI

**COULEUR** Blanc et noir, blanc et orange, tricolore

Les trois couleurs de robe sont reconnues comme races à part entière, mais il s'agit du même chien. La version tricolore est la plus répandue, le type blanc et orange le moins diffusé.

FAUVE
ET BLANC

NOIR
ET BLANC

NOIR, BLANC
ET FEU

## ORIGINE DE LA RACE

Ces chiens furent conçus au XIXᵉ siècle à partir de croisements entre chasseurs français et fox-hounds anglais. Le poitevin français, grand chasseur de loup, apporta sa contribution à la robe du tricolore, le bleu de Gascogne étant sans doute à la base de la version blanc et noir. C'est à cet ancêtre que l'on doit ce chien fort et compact, traditionnellement employé à chasser le gros gibier en meute.

D'un tempérament affable, dénué d'agressivité, le grand anglo-français se plaît en ville et adore la vie de famille, même s'il reste doté d'une grande énergie et conserve un fort besoin en exercice et en stimulation. Généralement de santé robuste, ce chien rustique dispose d'une espérance de vie supérieure à dix ans.

UNANIMITÉ La robe élégante du type tricolore lui a valu de faire l'unanimité en dehors du milieu de la chasse.

# Grand basset griffon vendéen

**ORIGINE** France

**HAUTEUR** 38 à 41 cm

**POIDS** 18 à 20 kg

**EXERCICE**

**TOILETTAGE**

**RECONNAISSANCE** FCI

**COULEUR** Blanc et noir, noir et feu, blanc et orange, tricolore, marques feu

Le plus petit des grands griffons est cependant d'une taille supérieure à de nombreuses races de bassets. Conçu pour la chasse au lièvre, il fut fixé à cette taille pour exceller dans cette fonction.

FAUVE
ET BLANC

NOIR
ET FEU

NOIR, BLANC
ET FEU

## ORIGINE DE LA RACE

Créé à la fin du XIXᵉ siècle par les bons soins du comte d'Elva, déjà impliqué dans le développement du briquet griffon vendéen, et de Paul Dezamy, ce chien est issu de chasseurs plus grands, dans ce cas précis du grand griffon, comme tous les bassets français. D'un caractère égal, il fait un excellent chien de famille, adapté à la vie citadine, même s'il a besoin de beaucoup d'exercice. Enfin son poil broussailleux et dur nécessite un entretien régulier.

PETIT, MAIS SOLIDE
La petite taille de cette race de basset fut délibérément fixée pour la chasse aux lièvres, mais ce chien excelle à traquer de plus gros gibiers.

# Grand bleu de Gascogne

**ORIGINE** France

**HAUTEUR** 64 à 71 cm

**POIDS** 32 à 35 kg

**EXERCICE**

**TOILETTAGE**

**RECONNAISSANCE** FCI

**COULEUR** Moucheté de noir et de blanc, avec marques feu

Une race française qui a su s'exporter, puisqu'elle est aujourd'hui davantage implantée aux États-Unis que dans son pays d'origine, où le loup qui était sa proie de prédilection est aujourd'hui éteint.

**EXPOSITION** Les sujets en exposition au début du XXᵉ siècle portaient une robe à dominante noire. Celle d'aujourd'hui présente un poil plus bleu, à reflet ardoise, et moins moucheté.

**COULEUR GASCOGNE** Deux taches noires symétriques couvrent chaque côté de la tête, sans jamais se rejoindre sur le sommet du crâne, où prend souvent place un espace blanc marqué d'un ovale noir, typique de la race.

**TYPIQUEMENT FRANÇAIS** C'est la quintessence même du regard du chasseur français : une expression emplie de nostalgie et de noblesse, qui donne une impression de force tranquille.

## ORIGINE DE LA RACE

Une race ancestrale, apparue au XIVᵉ siècle dans la région de Foix, dans le sud-ouest de la France. On sait qu'à l'époque, Gaston Phœbus, comte de Foix, utilisa des meutes de ce type de chien pour la chasse au loup, à l'ours et au sanglier. La race fut importée aux États-Unis au XVIIIᵉ siècle. Comme de nombreux chiens de chasse au flair, il n'est pas très à l'aise au sprint, un petit défaut compensé par son endurance et sa grande résistance.

Aujourd'hui, la race a vu son effectif se réduire du fait du déclin de la chasse et a également subi les effets néfastes des deux guerres mondiales. D'un caractère facile, calme avec les enfants, il n'est pas dans son élément en ville et a besoin de beaucoup se dépenser. D'une longévité étonnante pour un grand chien, il atteint souvent les dix ans.

# Grand griffon vendéen

**ORIGINE** France

**HAUTEUR** 61 à 66 cm

**POIDS** 30 à 35 kg

**EXERCICE**

**TOILETTAGE**

**RECONNAISSANCE** FCI

**COULEUR** Blanc et noir, noir et feu, blanc et orange, tricolore, marques feu

Le plus ancien et le plus grand des griffons vendéens fut conçu à l'origine pour la chasse au sanglier et au chevreuil. Son déclin actuel serait d'ailleurs dû à la raréfaction de ce type de gibier.

FAUVE ET BLANC

NOIR ET BLANC

NOIR, BLANC ET FEU

## ORIGINE DE LA RACE

Le chien de chasse originel de la Vendée, le grand vendéen, portait le poil court. Descendant de cette lignée ancestrale, avec quelques apports d'autres races comme le griffon fauve de Bretagne, le grand griffon vendéen à poil rude apparut au Moyen Âge. Les races de griffons de taille inférieure (appelées briquet, grand basset et petit basset), apparurent plus tardivement. Le grand griffon vendéen est de nos jours le plus rare du groupe, certainement à cause de son gabarit. Docile, calme et tolérant avec les enfants et ses congénères, ce chien a besoin de stimulation et d'espace pour se dépenser.

**IMPER** Le poil est broussailleux et dur, le sous-poil fourni, une garde-robe idéale pour chasser en terrain humide. Un entretien régulier et soigné est nécessaire.

# Chien courant grec

**ORIGINE** Grèce

**HAUTEUR** 48 à 56 cm

**POIDS** 17 à 20 kg

**EXERCICE**

**TOILETTAGE**

**RECONNAISSANCE** FCI

**COULEUR** Noir et feu, un peu de blanc sur la poitrine

Le chien courant grec, ou hellinikos ichnilatis, préservé dans son intégrité grâce à son isolement naturel, fut la première race grecque reconnue sur la scène internationale, en 1996.

## ORIGINE DE LA RACE

Ses ancêtres dans l'Antiquité, connus sous le nom de *laconikoi* (« chiens à lièvre »), se répandirent dans le sillage des marchands. On a découvert des chiens de chasse identiques à travers toute la région des Balkans.

Employé aujourd'hui à la chasse au lièvre et au sanglier, le chien courant grec peut être de bonne compagnie s'il ne s'ennuie pas, car il peut alors se montrer destructeur.

**ASPECT CLASSIQUE** C'est une race solide, de santé robuste, de proportions moyennes, dotée d'un poil dense et ras près du corps, facile d'entretien.

# Greyhound

**ORIGINE** Royaume-Uni

**HAUTEUR** 69 à 76 cm

**POIDS** 27 à 31,5 kg

**EXERCICE** 🐾

**TOILETTAGE** 🪮

**RECONNAISSANCE** KC, FCI, AKC

**COULEUR** Noir, blanc, rouge, bleu, fauve, fauve pâle, ou bringé, avec ou sans blanc

Le greyhound peut être italien, hongrois ou russe, mais il est le plus souvent appelé lévrier anglais. Figure récurrente des fresques de l'Antiquité, il était déjà connu pour ses talents à la course.

| NOIR | BLEU | ROUGE/FEU | FAUVE | NOIR ET BLANC |

## ORIGINE DE LA RACE

Comme de nombreuses illustrations de l'Égypte ancienne mettent en scène des chiens semblables au greyhound moderne, on le classa dans la catégorie des chiens antiques. Or, des tests ADN menés en 2004 ont rapproché la race du groupe des chiens de troupeau, suggérant que si le type fuselé à poitrine profonde et à reins arqués existait depuis des millénaires, la race moderne s'était développée plus récemment, à partir d'une base génétique plus étendue.

Son nom vient d'un mot d'ancien anglais qui signifierait « fin ». Si les greyhounds participaient autrefois à la chasse au gros et au petit gibier, on ne les voit quasiment plus aujourd'hui que dans des épreuves de coursing.

## CRITÈRES DE RACE

En dépit de son extrême rapidité sur la piste, le greyhound se montre plutôt détendu et calme. C'est un compagnon idéal pour toute la famille, avec des réserves cependant en ce qui concerne la vie citadine et la cohabitation avec de jeunes enfants. Ce chien a tendance à oublier toute éducation à la vue d'une proie, mais fait preuve le reste du temps de docilité.

BÂTI POUR LE SPRINT Un greyhound peut courir jusqu'à 69 km/h. Un coureur à la retraite a bien du mal à rompre avec ses habitudes à la vue d'un petit animal.

JEUNE RETRAITÉ
La carrière d'un chien de course est courte et les chenils proposent régulièrement des lévriers à l'adoption. Hors des stades, le greyhound montre un caractère calme et affectueux.

# Griffon fauve de Bretagne

**ORIGINE** France

**HAUTEUR** 48 à 56 cm

**POIDS** 18 à 22 kg

**EXERCICE**

**TOILETTAGE**

**RECONNAISSANCE** FCI

**COULEUR** Toutes nuances de fauve, du froment au rouge

Ce chien de chasse au flair, d'une intelligence vive, travaillait autrefois à la chasse au loup. En dépit de sa sociabilité et de sa gentillesse, il n'a pas encore réussi à s'imposer hors de son rôle de chasseur.

ROUGE/FEU       FAUVE

## ORIGINE DE LA RACE

Originaire de Bretagne, il s'agit de l'une des races françaises les plus anciennes de chiens au flair. On en trouve en effet mention dès le XIV<sup>e</sup> siècle, à propos d'une meute appartenant à Huet des Ventes. L'effectif de la race déclina au XIX<sup>e</sup> siècle, parallèlement à l'extinction des loups, et se fit de plus en plus rare, jusqu'à renaître de ses cendres après la Seconde Guerre mondiale. Fidèle à sa devise, « la chasse d'abord », le club de la race ne démord pas de cette ligne de conduite. Le griffon fauve de Bretagne reste un chasseur, peu répandu hors de sa terre natale.

**PUR BRETON** Robuste, le chien est osseux, musclé sous une robe à poil dur, relativement courte et imperméable. Vif et déterminé sur une piste, il va accompagner sa traque en donnant de la voix par des aboiements courts et répétés.

# Griffon nivernais

**ORIGINE** France

**HAUTEUR** 53 à 64 cm

**POIDS** 22,5 à 25 kg

**EXERCICE**

**TOILETTAGE**

**RECONNAISSANCE** FCI

**COULEUR** Sable à fauve charbonné de noir ou de bleu

La race fut recréée à partir de spécimens d'un ancien type, originaire du centre de la France. Ce chien de chasse au flair, à la mine un peu triste, est pourtant plein d'énergie et d'humeur affable. Il a besoin d'un maître à poigne qui sache modérer ses ardeurs de chasseur.

## ORIGINE DE LA RACE

Chien de chasse populaire au Moyen Âge, la race fut exclue des meutes royales au XVI<sup>e</sup> siècle, au bénéfice des chiens blancs. Difficilement conservée par les éleveurs de la région, la race ne survécut pas au-delà de la Révolution française. À la fin du XIX<sup>e</sup> siècle, ce « chien de pays » fut recréé à partir d'une sélection de chiens locaux, mais aussi de griffon vendéen, de fox-hounds et de chiens de loutre.

**HIRSUTE** Robuste et musclée, bâtie pour l'endurance, la race excellait à la chasse au sanglier. Le chien est dit « barbouillaud », c'est-à-dire à poil dur et broussailleux.

# Chien courant de Hamilton

**ORIGINE** Suède
**HAUTEUR** 46 à 61 cm
**POIDS** 22,5 à 27 kg
**EXERCICE** 🐕‍🦺
**TOILETTAGE** 🪮
**RECONNAISSANCE** KC, FCI
**COULEUR** Tricolore

Ce chien de chasse au flair, également appelé hamiltonstövare, est la création du fondateur du Kennel Club suédois, le comte Adolf Patrick Hamilton. Conçu à l'origine pour la chasse du lièvre et du renard, le chien courant de Hamilton a conquis récemment un public de fidèles au-delà des frontières, et occupe désormais d'autres fonctions.

## ORIGINE DE LA RACE

La chasse avec des chiens courants demeura en Suède le loisir exclusif de la royauté et de la noblesse jusqu'à la fin du XVIIIe siècle. De nouvelles races de chasseurs virent le jour au cours des décennies suivantes. En 1886, la première exposition canine suédoise présenta deux cents chiens, et parmi eux un couple, Pang et Stella, propriété du comte de Hamilton, considéré comme le fondateur de la race. Mis au point à partir de croisements entre fox-hounds, harriers et l'élite des races de l'Allemagne méridionale et de Suisse, le hamiltonstövare hérita d'abord du nom de chien courant suédois avant d'être rebaptisé en 1921 du nom de son créateur.

## CRITÈRES DE RACE

En tant que chasseur, le chien sert uniquement à pister et à débusquer le petit gibier. Calme avec les enfants et ses congénères, il commence à se faire un nom en tant que chien de compagnie, mais conserve toujours un fort besoin en exercice.

**ÉQUILIBRE** La race est bien proportionnée, de constitution athlétique, bâtie pour l'endurance plus que pour la vitesse ou les démonstrations de force. Le poil est rude, près du corps, mais pas trop court.

# Chien de rouge du Hanovre

**ORIGINE** Allemagne

**HAUTEUR** 51 à 61 cm

**POIDS** 38,5 à 45 kg

**EXERCICE**

**TOILETTAGE**

**RECONNAISSANCE** FCI

**COULEUR** Clair à noir, bringé rouge, avec ou sans masque ; taches blanches admises

ROUGE/FEU

NOIR ET FEU

Connu sous le nom de hannoverscher schweisshund dans son pays, ce robuste chien de recherche au sang est l'alter ego allemand le plus proche du *bloodhound*, ou saint-hubert.

## ORIGINE DE LA RACE

Des chiens de rouge conduits à la longe servaient déjà à traquer le gibier il y a plus de 1 000 ans, tous membres du type général des chiens de chasse primitifs, dits brachets. Plus tard, avec le développement de la chasse à tir, ils furent employés à traquer le gibier blessé, après le coup de feu, le maître travaillant en symbiose avec son chien avant de le lâcher au plus près. Aujourd'hui, le chien est présenté comme le descendant presque intact des anciens chasseurs à la longe. On procéda cependant sur les domaines de chasse de la région de Hanovre à un travail de sélection intensif dont le résultat est ce pisteur au flair inégalé, au rôle presque exclusif de chien de travail.

**FONCTIONNEL** Le museau et les lèvres sont conçus pour piéger l'odeur. Même les oreilles sont faites pour les ventiler vers la truffe.

**CAPITAL ÉNERGIE** Cette race robuste dotée d'une détermination et d'une endurance à toute épreuve servit de base de travail à la création du chien de rouge de Bavière.

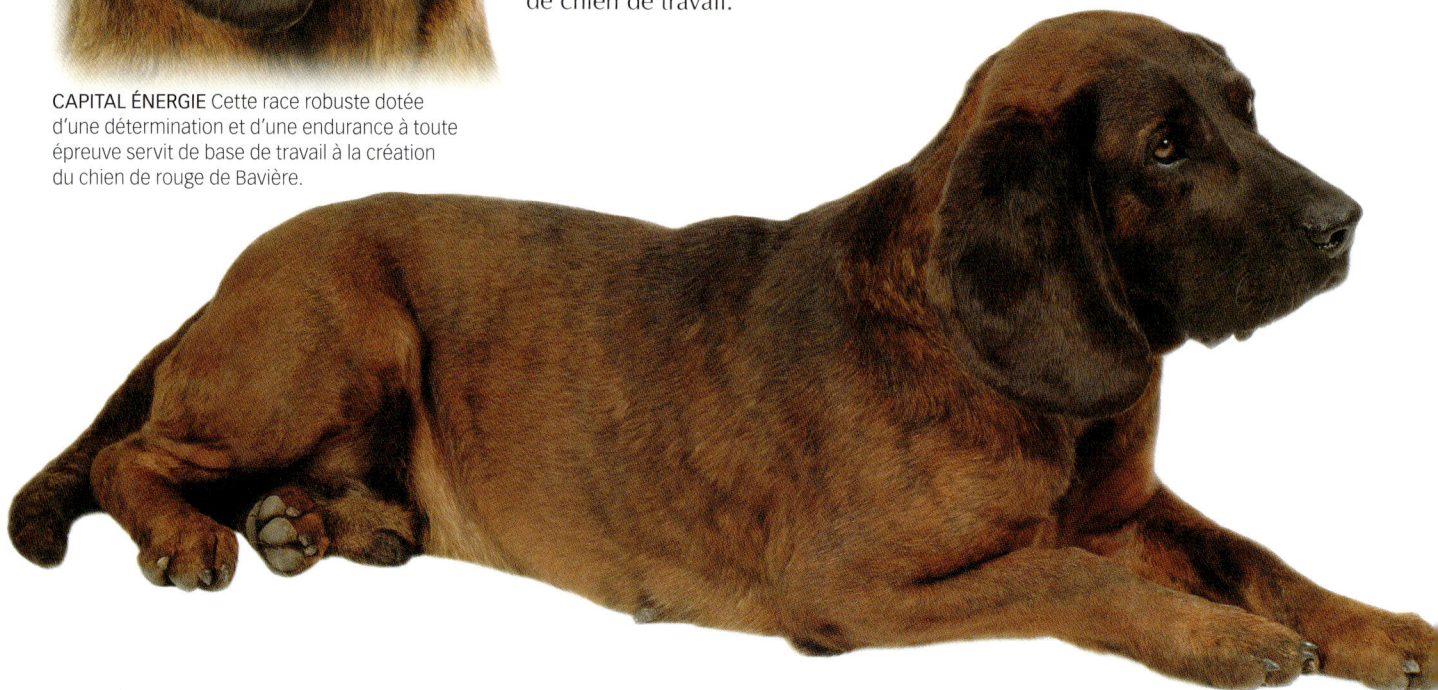

# Harrier

**ORIGINE** Royaume-Uni
**HAUTEUR** 48 à 56 cm
**POIDS** 22 à 27 kg
**EXERCICE**
**TOILETTAGE**
**RECONNAISSANCE** FCI, AKC
**COULEUR** Toutes couleurs du chasseur, jaune, rouge ou noir sur fond blanc

Ce chien de chasse au flair nous vient du Moyen Âge, et il a frôlé l'extinction au XXe siècle. Il reste aujourd'hui privé de reconnaissance officielle sur le principal registre britannique.

FAUVE ET BLANC    NOIR ET BLANC    FEU ET BLANC    NOIR, BLANC ET FEU

### ORIGINE DE LA RACE

Conçu pour la chasse à courre du lièvre, son nom vient de l'anglais *hare* (« lièvre »). Le chien est mentionné pour la première fois en référence à des meutes de l'Angleterre en 1260. Proche du beagle et du fox-hound anglais, ce chien connut un net déclin avant d'être revitalisé. Aujourd'hui, on le trouve à chasser en meute et à la maison, où il fait un compagnon sociable, détendu avec les enfants et les autres chiens.

**TYPE HARRIER** Proche du beagle, le harrier est plus gros, plus extraverti et grand travailleur.

**BON CARACTÈRE** Compagnon sociable et docile, ce chien plein de vitalité n'aime rien tant que pister et rechercher avec de la compagnie.

# Lévrier hongrois

**ORIGINE** Hongrie
**HAUTEUR** 64 à 71 cm
**POIDS** 23 à 31 kg
**EXERCICE**
**TOILETTAGE**
**RECONNAISSANCE** FCI
**COULEUR** Toutes couleurs

Plus petit que le greyhound classique, ce chien élégant et puissant reste encore méconnu hors son pays d'origine. Pour certains, il serait plus rapide que le greyhound sur longues distances.

FAUVE    NOIR ET BLANC    FEU ET BLANC    NOIR, BLANC ET FEU

### ORIGINE DE LA RACE

Ce chien descendrait de greyhounds orientaux importés en Hongrie au IXe siècle pour chasser le petit gibier. Croisé avec le greyhound au XIXe siècle, pour améliorer ses performances à la vitesse, le lévrier hongrois semble bien avoir dépassé le maître. Chasseur infatigable, il montre à la maison un caractère affectueux, doux et docile.

**ROBE COURTE**
Le poil court et bien couché est d'un entretien facile, même s'il se double en hiver d'un sous-poil isolant. Cette race élégante doit être protégée durant les mois les plus froids.

# Chien courant de Hygen

**ORIGINE** Norvège
**HAUTEUR** 48 à 58 cm
**POIDS** 20 à 24 kg
**EXERCICE** 🐕
**TOILETTAGE** 🪥
**RECONNAISSANCE** FCI
**COULEUR** Rouge, noir et feu, avec ou sans marques blanches, blanc et rouge, tricolore

Le chien courant de Hygen, chasseur compact au flair affûté, porte le nom de son créateur. Peu répandu hors de Norvège, il s'épanouit plus au travail en extérieur que comme chien de compagnie.

ROUGE/FEU | NOIR ET BLANC | FAUVE ET BLANC | NOIR ET FEU | NOIR, BLANC ET FEU

## ORIGINE DE LA RACE

Il fut créé au XIXᵉ siècle par croisements entre des chasseurs du nord de l'Allemagne et des races scandinaves disparues. On conçut une petite race bâtie spécifiquement pour la chasse au lièvre, pleine d'énergie et de fougue, dotée d'une endurance remarquable, y compris quand il s'agit de galoper sur de longues distances. Parfois grognon en-

vers ses congénères, il n'est guère à son aise dans un environnement urbain, et s'il est bon gardien, la vie de famille n'est pas vraiment faite pour lui.

GRAND AIR La race est robuste, adaptée à la vie en extérieur, avec ses semblables, même au plus fort de l'hiver.

# Podenco d'Ibiza

**ORIGINE** Espagne
**HAUTEUR** 58 à 71 cm
**POIDS** 19 à 25 kg
**EXERCICE** 🐕
**TOILETTAGE** 🪥
**RECONNAISSANCE** KC, FCI, AKC
**COULEUR** Blanc et rouge, blanc, rouge

Cette race d'aspect plus primitive que les autres lévriers porte différents noms : lévrier des Baléares, charnigue majorquais, podenco ibicenco ou encore ca eivissec, à Ibiza, son île natale.

FAUVE | ROUGE/FEU | FEU ET BLANC

PRIMITIF La tête du podenco d'Ibiza rappelle celle du chien du pharaon et du cirneco de l'Etna.

## ORIGINE DE LA RACE

Ce chien descendrait de chasseurs antiques rapportés d'Afrique du Nord par les marchands phéniciens, sans apport d'autres races. Des analyses menées en 2004 ont cependant prouvé qu'il se serait distingué du fond canin commun beaucoup plus récemment.

Comme la majorité des lévriers chassant en meute, le podenco se montre plutôt sociable envers ses congénères. Affectueux avec les enfants, il n'est pourtant pas des plus dociles et a tendance à courser les autres animaux.

TESTS ADN Même si les chercheurs ont invalidé la théorie de l'origine ancestrale du podenco d'Ibiza, ce chien reste la reproduction parfaite d'un type antique.

# Lévrier irlandais

**ORIGINE** Irlande
**HAUTEUR** 81 à 86 cm
**POIDS** 47,5 à 54,5 kg
**EXERCICE**
**TOILETTAGE**
**RECONNAISSANCE** KC, FCI, AKC
**COULEUR** Gris, gris acier, bringé, rouge, noir, blanc pur, fauve, froment

GRIS          ROUGE/FEU

Cette race imposante et massive, appelée cu faoil en Irlande, est un impitoyable chasseur de loups, de sangliers et d'élans, et est en partie responsable de l'extinction locale de ces trois espèces.

**HIRSUTE** Le poil dur et hirsute, en fil de fer, sera épilé à l'été, de manière à laisser le sous-poil lisse et doux pour les mois les plus chauds.

**UN AGNEAU** Derrière le gabarit et la puissance, ce géant est un grand gentil, très affectueux.

## ORIGINE DE LA RACE

Les ancêtres de ce chasseur hors pair débarquèrent en Irlande sous l'Empire romain. L'effectif du lévrier irlandais, en baisse du fait de la disparition du loup et de l'exportation de la race, frôla même l'extinction. Elle fut sauvée au XIXe siècle par le capitaine Graham qui la revitalisa avec du sang neuf de chiens de type lévrier écossais, dogue allemand et barzoï. « Agneau à la maison, lion à la chasse », voilà comment il est défini aujourd'hui, chien de compagnie calme, gentil avec les enfants et ses congénères, bien moins prompt à suivre son instinct de chasseur que d'autres lévriers. On déplore chez lui, comme chez nombre de grandes races à poitrine haute, une tendance à développer certains cancers et autres affections, comme les torsions gastriques.

LÉVRIER IRLANDAIS (p. 201) « Gentil si caressé, féroce si provoqué », telle est la devise de la race. Mais en vérité, ce chien au tempérament plutôt serein est difficile à provoquer. Une chance, vu son poids !

# Chien d'Istrie à poil dur

**ORIGINE** Croatie

**HAUTEUR** 46 à 58 cm

**POIDS** 16 à 24 kg

**EXERCICE**

**TOILETTAGE**

**RECONNAISSANCE** FCI

**COULEUR** Blanc avec marques fauve-orange sur les oreilles et le corps

Ce chien d'un naturel calme, mais chasseur alerte, est enregistré sous le nom de istarski ostrodlaki gonic dans son pays, mais porte aussi le nom de chien courant d'Istrie à poil dur. Il excelle en tout cas dans la chasse au lièvre et au renard.

## ORIGINE DE LA RACE

Ce chien fut conçu à partir du chien d'Istrie à poil ras, plus ancien, croisé avec la race de chasseur français du grand griffon vendéen, et se fit connaître au XIXᵉ siècle sous le nom de barbini. Si la Première Guerre mondiale faillit lui être fatale, la race réussit néanmoins à survivre et fut reconnue en 1948.

À l'image de son ancêtre à poil court, le type à poil dur fut créé pour la chasse au renard et au lièvre, et aujourd'hui encore il opère presque exclusivement comme chien de chasse, soit librement, soit à la longe. L'objectif des sélections qui aboutirent au type à poil long fut l'amélioration de la voix ; le chien en effet possède une voix puissante, moyennement aiguë, souvent grave. Bon gardien, il s'entend bien avec ses semblables, se montre gentil avec les enfants, mais ne convient pas à un mode de vie urbain.

**SÉRIEUX** Le standard de race évoque une expression sévère et taciturne, parfois même sombre, si le chien, au demeurant gentil et calme, est privé de grands espaces et d'exercice.

**ROBUSTE** Cette race est bâtie pour la chasse en terrain montagneux. Un poil de couverture long et hérissé doublé d'un sous-poil court constitue une excellente protection contre les températures extrêmes.

# Chien d'Istrie à poil ras

**ORIGINE** Croatie

**HAUTEUR** 46 à 53 cm

**POIDS** 16 à 23 kg

**EXERCICE**

**TOILETTAGE**

**RECONNAISSANCE** FCI

**COULEUR** Blanc avec marques fauve-orange sur les oreilles et le corps

Ce chien s'appelle istarski kratkodlaki gonic en croate. La péninsule istrienne est partagée entre la Croatie et la Slovénie, et chacun de ces deux pays revendique la paternité de ce chien de chasse, preuve s'il en faut des tiraillements de cette région des Balkans.

**TOUT EN SOUPLESSE** Le corps est allongé, le maintien élégant, l'allure souple. Il émane de ce chasseur une certaine noblesse. Seules quelques taches sont autorisées par le standard qui insiste sur la qualité et la clarté de l'orange.

## ORIGINE DE LA RACE

Appelé aussi pointer d'Istrie, c'est sans doute la plus ancienne race de chasseur des Balkans, née de croisements entre chiens de chasse à vue asiatiques et chiens de chasse au flair européens. Il apparaît sur des fresques locales dès le Moyen Âge, puis sur des écrits et des tableaux à partir du XVe siècle. Employé dès l'origine pour la chasse au petit gibier, il conserve aujourd'hui intact son enthousiasme et ses compétences de chasseur, rôle qu'il continue de jouer sur sa terre natale.

## CRITÈRES DE RACE

Il est plein d'énergie quand il s'agit de se lancer à la poursuite du gibier, mais hors situation, le chien est calme et gentil. Attaché à son maître, sociable envers les enfants et ses congénères, docile et facile d'entretien, il ne supporte pas la vie urbaine et le fait savoir grâce à un timbre de voix très puissant.

**MASQUE** Le marquage orange de chaque côté du front recouvre les yeux et les oreilles et dessine un masque caractéristique, tout comme la petite « étoile » sur la partie supérieure du front.

# Spinone

**ORIGINE** Italie
**HAUTEUR** 61 à 66 cm
**POIDS** 32 à 37 kg
**EXERCICE**
**TOILETTAGE**
**RECONNAISSANCE** KC, FCI, AKC
**COULEUR** Blanc, avec taches orange ou marron, ou rouanné marron ou orange

Le spinone est un chasseur aux multiples talents, revêtu d'une robe épaisse à poil rêche qui le protège lorsqu'il va débusquer et traquer le gibier dans les sous-bois et les ronces.

FAUVE

JAUNE ET BLANC

FEU ET BLANC

**RUSTIQUE** Le poil (long, touffu et rêche sur le tronc, plus court sur le chanfrein, la tête et les oreilles) doit faire l'objet d'un brossage régulier et soigné. Attention, il bave abondamment !

## ORIGINE DE LA RACE

Mentionné dès le XIIIe siècle dans la région du Piémont, le spinone descendrait d'un vieux chien de chasse au flair de la région, le segugio. Jusqu'au début du XXe siècle, le spinone demeura le chien de chasse préféré de l'Italie, avant que les pointers et les setters ne le destituent ; la race manqua même de disparaître au cours de la Seconde Guerre mondiale. Elle a aujourd'hui retrouvé les faveurs du public, notamment pour la chasse en terrains broussailleux ou humides.

## CRITÈRES DE RACE

Le spinone excelle à débusquer et à rapporter, mais ne chasse pas à mort. Classé comme chien courant par le Kennel Club, il a un caractère docile, peu sujet à partir à pleine course quand bon lui semble, à l'inverse de beaucoup de chasseurs. Son rythme de croisière est modéré, idéal pour la promenade. Ces qualités, ainsi que sa patience, en font un chien parfaitement adapté à la vie de famille.

**GENTIL** La race est patiente et docile, quasiment dénuée d'agressivité. En dépit de son aboiement puissant et profond, ce chien fait un excellent compagnon, mais pas un bon gardien.

# Bruno du Jura

**ORIGINE** Suisse
**HAUTEUR** 46 à 58 cm
**POIDS** 15,5 à 20 kg
**EXERCICE**
**TOILETTAGE**
**RECONNAISSANCE** FCI
**COULEUR** Noir et feu, parfois avec une petite tache blanche sur le poitrail

À l'image des races de chiens courants bernois, lucernois et schwyzois, le bruno du Jura est classé parmi les chiens de chasse au flair appartenant au groupe des chiens courants suisses.

## ORIGINE DE LA RACE

Mis au point au Moyen Âge dans le massif du Jura, le bruno du Jura, ou chien d'Argovie, chasseur de petit gibier, n'est pas la variété la plus populaire des courants suisses. Il est pourtant affectueux envers les enfants, sociable avec ses congénères, mais il peut aussi faire preuve d'entêtement et avoir besoin d'une éducation rigoureuse.

**INFLUENCE FRANÇAISE**
Le bruno du Jura se distingue des autres chiens courants suisses par sa tête, plus large, et son aspect plus ridé, qui évoque le saint-hubert.

# Kerry-beagle

**ORIGINE** Irlande
**HAUTEUR** 56 à 61 cm
**POIDS** 20 à 25 kg
**EXERCICE**
**TOILETTAGE**
**RECONNAISSANCE** Néant
**COULEUR** Noir et feu, bleu et feu, blanc et feu, tricolore

Absent des principaux registres, le kerry-beagle est pourtant l'une des plus anciennes races d'Irlande, employé depuis des siècles à chasser en meute ou seul, dans le sud-ouest du pays.

FEU ET BLANC   NOIR ET FEU   NOIR, BLANC ET FEU   MOUCHETÉ BLEU AVEC FEU

## ORIGINE DE LA RACE

Le kerry-beagle apparaît dès le Moyen Âge. Conçu à partir de chasseurs plus gros utilisés pour la chasse au cerf, il fait l'objet d'une réduction de taille qui lui permet de pister un gibier plus petit, principalement le lièvre. La race, bien qu'enregistrée à partir du XVIIIe siècle, va quasiment disparaître au XXe siècle. Il accomplit avec talent aujourd'hui un retour en force dans les épreuves de leurre, et son caractère alerte et amical lui vaut désormais de faire l'unanimité comme chien de compagnie.

**FIN NEZ** L'aspect et le flair aiguisé du kerry-beagle, importé aux États-Unis par les émigrants, se retrouvent chez certaines races de chasseurs américains.

**PAS SI PETIT** Le terme *beagle* évoque un petit chasseur, mais la taille du kerry-beagle se rapproche plus de celle des fox-hounds anglais ou américains.

# Lurcher

**ORIGINE** Royaume-Uni

**HAUTEUR** 65 à 75 cm

**POIDS** 22 à 32 kg

**EXERCICE** 🐆

**TOILETTAGE** 🪮

**RECONNAISSANCE** Néant

**COULEUR** Toutes couleurs

Voilà une race différente des autres. En réalité, on ne peut même pas parler de race. Bien avant la vogue des chiens hybrides, le lurcher est sans doute l'ancêtre du chien de concepteur.

NOIR    GRIS    BLEU    NOIR ET BLANC    BRINGÉ NOIR

## ORIGINE DE LA RACE

Durant des siècles, les Tsiganes procédèrent à des croisements de greyhounds, de colleys et de terriers pour la chasse au lièvre, activité dans laquelle ce chien alerte et rapide excellait, au point de devenir le complice attitré des braconniers.

Il a besoin de grands espaces et ne rechigne pas à l'exercice. Étonnamment, une fois au repos, il est plutôt paisible, voire paresseux.

**TAILLES** À cause de nombreux croisements, ce chien apparaît dans toutes sortes de tailles, de couleurs et de types de robes.

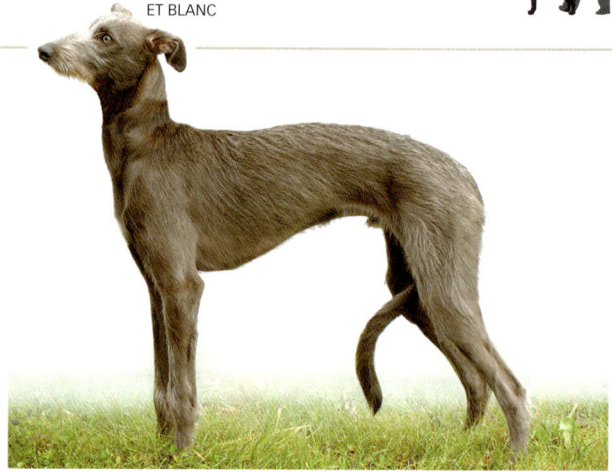

# Chien courant lucernois

**ORIGINE** Suisse

**HAUTEUR** 46 à 58 cm

**POIDS** 15,5 à 20 kg

**EXERCICE** 🐆

**TOILETTAGE** 🪮

**RECONNAISSANCE** FCI

**COULEUR** Moucheté noir et blanc, robe dite bleue, avec taches noires et marques feu

Originaire du cœur de la Suisse, cette race est l'une des quatre variétés de chiens courants suisses, le chien courant bernois et le bruno du Jura venant des cantons ouest, le chien courant schwyzois de l'est.

## ORIGINE DE LA RACE

Conçu dans les montagnes suisses, le lucernois a des origines incertaines : on sait seulement qu'il existait déjà au Moyen Âge. Comme ses compatriotes, il est d'un gabarit raisonnable, adapté au terrain montagneux, et excelle à pister le gibier, lièvre comme chevreuil.

Placide, docile, le lucernois ne fait pas un bon gardien, mais il aime la vie de famille et, bien que résistant au froid, il apprécie le confort.

**COULEURS DE FRANCE** La couleur et le type de robe du lucernois semblent indiquer une certaine parenté avec le petit bleu de Gascogne, chien de chasse au flair français.

# Petit chien courant suisse

**ORIGINE** Suisse

**HAUTEUR** 33 à 41 cm

**POIDS** 13,5 à 18 kg

**EXERCICE** 🐕

**TOILETTAGE** 🪮

**RECONNAISSANCE** FCI

**COULEUR** Blanc avec noir et feu, noir et feu, noir et blanc, blanc avec orange

Il s'agit de la version en réduction du chien courant suisse. Il en existe quatre couleurs, qui correspondent aux caractéristiques des variétés de taille moyenne : les chiens courants lucernois, bernois et schwyzois, ainsi que le bruno du Jura.

## ORIGINE DE LA RACE

À la fin du XIXᵉ siècle, les chasses gardées se multiplièrent dans les cantons suisses. Le chien courant suisse était trop rapide pour chasser sur ces zones confinées, on développa donc un type plus petit par le biais de croisements avec des races naines, ceci dans le but de courser moins vite le gibier. Placide à la maison, le petit chien courant suisse fait preuve d'une énergie étonnante et, lancé sur une piste, il est infatigable.

À PART Le petit chien courant bernois, s'il arbore les mêmes couleurs de robe que le bernois standard, se présente non seulement en version à poil lisse, mais aussi à poil rêche.

# Chien de loutre

**ORIGINE** Royaume-Uni

**HAUTEUR** 58 à 69 cm

**POIDS** 29,5 à 54,5 kg

**EXERCICE** 🐕

**TOILETTAGE** 🪮🪮

**RECONNAISSANCE** KC, FCI, AKC

**COULEUR** Toutes couleurs

La loutre est désormais une espèce protégée, mais autrefois leur effectif était tel qu'elles étaient considérées comme des nuisibles. On recourait alors au service de ce chien de loutre.

GRIS   ROUGE/FEU   FAUVE   FAUVE ET BLANC

## ORIGINE DE LA RACE

La race existerait depuis au moins un millénaire. Saint-huberts, fox-hounds anglais et races de terriers à poil durs ou griffons nivernais auraient contribué à son élaboration. Fidèle et placide, il fait un compagnon idéal dans un environnement rural. Attention, il est très attiré par l'eau.

IMPERMÉABLE Grâce à une robe imperméable, ce chien robuste est doté d'une vraie passion pour l'eau et excella autrefois à chasser les loutres envahissantes et destructrices.

# Petit basset griffon vendéen

**ORIGINE** France
**HAUTEUR** 33 à 38 cm
**POIDS** 11,5 à 16 kg
**EXERCICE**
**TOILETTAGE**
**RECONNAISSANCE** FCI
**COULEUR** Blanc, blanc et orange, tricolore

Version réduite du grand griffon vendéen, du briquet griffon vendéen et du grand basset griffon vendéen, ce chien de chasse au flair s'impose aujourd'hui comme la race la plus populaire du groupe.

CRÈME

FAUVE ET BLANC

NOIR, BLANC ET FEU

## ORIGINE DE LA RACE

Cette race précéda le grand basset et apparut au XVIIIe siècle, comme chien pisteur de lièvres. Par sa constitution, il tient à l'évidence plus du basset que le grand basset lui-même, avec un corps du même gabarit certes, mais porté par des pattes nettement plus courtes. Chien de chasse répandu en France depuis plus d'un siècle, on vient tout récemment de lui découvrir des talents de chien de compagnie et il a beaucoup de succès, de par sa gen-tillesse et à sa vivacité. D'un caractère farouchement indépendant, cette race réclame une certaine vigilance. Et si sa robe doit faire l'objet d'un entretien soigné, il faut également être prêt à répondre à son grand besoin d'exercice.

ROBE RUSTIQUE Le poil hirsute donne à cette race un aspect rustique, pourtant, dès lors que le chien aura à disposition de l'espace pour se dépenser au quotidien, il s'adaptera parfaitement à la vie citadine.

RAS DU SOL Les membres courts doivent être droits et forts. Malheureusement, l'association corps allongé et pattes courtes prédispose ce chien à des tracas de colonne vertébrale.

# Petit bleu de Gascogne

**ORIGINE** France

**HAUTEUR** 51 à 58 cm

**POIDS** 18 à 20 kg

**EXERCICE**

**TOILETTAGE**

**RECONNAISSANCE** FCI

**COULEUR** Moucheté noir et blanc, avec ou sans taches noires, avec marques fauves

À mi-chemin entre le grand bleu et le basset bleu, ce chien de chasse au flair fut créé pour pister le lièvre. Très populaire en Gascogne, il reste encore d'une diffusion confidentielle au-delà des frontières.

## ORIGINE DE LA RACE

Comme son équivalent plus massif, ce chasseur date du Moyen Âge. On le trouve essentiellement dans le sud-ouest de la France, sa région d'origine. Mis au point pour traquer les empreintes olfactives du lièvre, sitôt sur une piste, il fait preuve d'un flair exceptionnel et d'une concentration à toute épreuve. Il possède une énergie inépuisable, et c'est un chien très exigeant en matière d'exercice. Les amoureux de longues promenades sur les chemins de campagne apprécieront sa compagnie. À la maison, il se montre parfaitement épanoui en présence des enfants et de congénères.

ENDURANCE Avec sa poitrine profonde, sa constitution puissante et sa musculature, ce chien affiche une santé robuste et dispose d'une longévité remarquable. Il adore les grands espaces, beaucoup moins la ville.

# Griffon bleu de Gascogne

**ORIGINE** France

**HAUTEUR** 43 à 53 cm

**POIDS** 18 à 19 kg

**EXERCICE**

**TOILETTAGE**

**RECONNAISSANCE** FCI, AKC

**COULEUR** Moucheté et taché de noir et blanc, avec marques feu

Version à poil hirsute du petit bleu de Gascogne, ce chien de chasse au flair à l'aspect rustique se présente sous un unique motif de robe. Il est assez rare malgré sa bonne compagnie.

## ORIGINE DE LA RACE

On s'interroge encore sur la provenance de ce chasseur à poil dur. Le standard de race évoque une origine ancienne, produit d'un croisement entre le petit bleu et un chasseur type griffon, mais il aurait pu être créé au XVIIIe siècle. Très sollicitée à la chasse, la race manqua de disparaître à la fin du siècle dernier. Il fait un chien de famille affectueux et attaché à son foyer.

LE POUR ET LE CONTRE Sa peau épaisse et une robe grossière lui sont d'un grand secours en terrain broussailleux, mais sans entretien adéquat, un poil hirsute peut aussi être synonyme de mauvaises odeurs.

# Chien du pharaon

**ORIGINE** Malte

**HAUTEUR** 53 à 64 cm

**POIDS** 20,5 à 25 kg

**EXERCICE** 🐕

**TOILETTAGE** 🪮

**RECONNAISSANCE** KC, FCI, AKC

**COULEUR** Fauve marqué de touches blanches

Excellent chasseur à vue et à l'odorat, il se sert aussi de son ouïe. Son nom évoque ses origines présumées, remontant à l'Égypte ancienne, et la race servit autrefois à la création du podenco d'Ibiza.

ROUGE/FEU

FAUVE ET BLANC

## ORIGINE DE LA RACE

Le nom de la race fut choisi en raison de sa forte ressemblance avec des chiens représentés sur les fresques de l'Égypte ancienne. Selon les registres, ce chien est classé comme chasseur ou type paria primitif. La théorie qui prévaut avance l'hypothèse d'une descendance directe à partir de ces chiens anciens, qui se serait répandue dans l'ensemble de la région méditerranéenne grâce aux marchands phéniciens ou carthaginois, avant d'être apurée dans l'isolement géographique de l'île de Malte. Cependant, des tests génétiques menés en 2005 semblent indiquer une origine plus récente, et toute ressemblance avec un type antérieur ne serait que simple coïncidence. Chien de compagnie plébiscité, il conserve néanmoins un réel besoin en exercice. De plus, cette race intelligente, au tempérament bien affirmé, toujours prête à se lancer sur une piste, est déconseillée aux inexpérimentés.

**RACE D'ÉTÉ** Ce chien athlétique, parfaitement dessiné, jouit d'une solide santé. Cependant, la robe à poil court ne lui procure que peu de protection, et les oreilles, très fines, peuvent souffrir du gel.

# Brachet polonais

**ORIGINE** Pologne

**HAUTEUR** 56 à 66 cm

**POIDS** 25 à 32 kg

**EXERCICE**

**TOILETTAGE**

**RECONNAISSANCE** FCI

**COULEUR** Noir et feu avec touches de blanc

Connu dans son pays sous le nom de ogar polski, ce superbe et puissant chien de chasse au flair demeura quasiment inconnu en Occident avant la chute du rideau de fer. Aujourd'hui encore, ses origines restent obscures.

## ORIGINE DE LA RACE

Il serait apparu au XVIIIe siècle, période à laquelle il était employé à pister le gros gibier, mais son origine exacte reste encore à déterminer. Son aspect fait penser à une forte implication des saint-huberts, ainsi qu'à un apport de chasseurs allemands de couleur de robe similaire. Il échappa de peu à l'extinction pendant la Seconde Guerre mondiale, contrairement à une race plus petite, le gonczy polski. Aujourd'hui, l'avenir du brachet polonais paraît assuré, dans son pays comme à l'étranger. S'il sert toujours comme pisteur, il trouve également à s'épanouir comme chien de compagnie. Gentil avec les enfants, il sait s'adapter à la vie urbaine, même s'il conserve un grand besoin d'exercice.

**BIEN BÂTI** Tout chez lui est compact et puissant. La poitrine est ample et haute, les membres bien musclés et la queue, portée basse, épaisse. Même le trot et le galop sont lourds.

**COULEUR POLONAISE** La couleur de robe, noire ou presque noire portait le nom de *podzary*, littéralement « brûlé » dans l'ancienne terminologie de chasse polonaise. Le feu se présente sous diverses nuances, le must étant un ton chaud cannelle.

## Porcelaine

**ORIGINE** France

**HAUTEUR** 56 à 58 cm

**POIDS** 25 à 28 kg

**EXERCICE**

**TOILETTAGE**

**RECONNAISSANCE** FCI

**COULEUR** Blanc, avec taches orange et noires de pigmentation, oreilles mouchetées

Cet élégant chien de chasse au flair doit son nom à l'aspect brillant et nuancé de sa robe blanche. Parfois appelé chien de Franche-Comté, ou chien de Lunéville, il pourrait s'agir de la plus ancienne race française de chasseurs.

### ORIGINE DE LA RACE

Probablement issu du Montaimbœuf, aujourd'hui disparu, c'était un chien de meute très recherché avant la Révolution française. Au XIXᵉ siècle, une poignée d'éleveurs le remit au goût du jour. Chasseur plein d'ardeur, doté d'une voix mélodieuse, il fait un chien de compagnie doux et sociable, mais la vie en appartement et en milieu urbain ne lui convient guère.

**ROBE UNIQUE**
Les oreilles mouchetées orange et les taches noires de pigmentation de la peau sont la marque distinctive de cette race.

## Chien de garenne portugais

**ORIGINE** Portugal

**HAUTEUR** 20 à 71 cm

**POIDS** 4,5 à 27 kg

**EXERCICE**

**TOILETTAGE**

**RECONNAISSANCE** FCI

**COULEUR** Jaune, fauve, ou noir avec blanc

Le podengo portugais existe en trois variétés, grand, moyen et petit, chacune présentant deux types de poil, court et lissé ou long et rude.

FAUVE ET BLANC

JAUNE ET BLANC

### ORIGINE DE LA RACE

L'origine de ce chien primitif reste assez obscure. Il pourrait appartenir à la même lignée que le chien du pharaon, ou descendre de petits loups ibériques. Il course encore aujourd'hui le petit gibier, comme le lapin, au nord du Portugal. La taille intermédiaire est la plus répandue. La race peut faire des chiens de compagnie loyaux et affectueux, quoiqu'un peu agressifs envers les autres chiens.

**HYPERACTIF** Les trois variétés de podengo, depuis le grand format, a priori disparu, jusqu'au petit, tous hyperactifs, ont un besoin vital de se dépenser.

# Chien courant de la vallée de Save

**ORIGINE** Croatie

**HAUTEUR** 43 à 58 cm

**POIDS** 16 à 20,5 kg

**EXERCICE**

**TOILETTAGE**

**RECONNAISSANCE** FCI

**COULEUR** Toutes nuances froment-rougeâtre, avec marques blanches

La race est connue dans son pays sous le nom de posavki gonic. En France, elle est également répertoriée sous le nom de chien courant de la Posavatz, une région boisée au sud-est de Zagreb.

FAUVE
ET BLANC

JAUNE
ET BLANC

## ORIGINE DE LA RACE

Cette race ancienne de chasseur prend ses racines dans la nuit des temps. D'origine croate, il semble qu'elle soit représentée sur des fresques du xv$^e$ siècle aux côtés du chien d'Istrie à poil ras. Venue du canton de Posavina, près de Zagreb où ce type de chien était appelé *boskini*, la race fut officiellement baptisée par les instances canines en 1969. Chasseur robuste, vif et endu-

**AIR DE FAMILLE** La race a des similitudes avec le chien d'Istrie, sauf pour la robe dont le blanc se limite au-dessus de la tête, au cou, au poitrail, à l'extrémité des membres et de la queue.

rant, ce chien possède une voix haute et sonore. S'il sert aujourd'hui encore à pister lièvres et renards, libre ou à la longe, sa gentillesse lui vaut de plus en plus d'être accueilli dans les maisons comme chien de compagnie.

**ROBE SUR MESURE** La peau est bien tendue, près du corps, et la race est dénuée de ces rides et lèvres tombantes caractéristiques des races d'Europe occidentale.

**MASQUE BALKANIQUE** La tête est longue et étroite. Le masque, bien délimité de part et d'autre de la face, reste typique des chasseurs de la région des Balkans, même s'il se rencontre chez d'autres races.

# Lévrier de Rampur

**ORIGINE** Inde

**HAUTEUR** 55 à 75 cm

**POIDS** 26,5 à 30 kg

**EXERCICE**

**TOILETTAGE**

**RECONNAISSANCE** Néant

**COULEUR** Noir, gris, grison, bringée, bicolore

Peu diffusée hors de l'Inde, cette race n'en est pas moins la plus connue des races autochtones du sous-continent. Son nom est emprunté à une ville de l'Uttar Pradesh, au nord-est de l'Inde.

NOIR GRIS BRINGÉ NOIR

## ORIGINE DE LA RACE

Lorsque les Afghans envahirent le pays, au XVIIIᵉ siècle, ils étaient accompagnés du tazi, un lévrier féroce et farouchement indépendant. À partir de croisements avec des greyhounds britanniques, au tempérament plus docile, on obtient le rampur, chien loyal mais téméraire chassant les sangliers et les léopards. Robuste, conciliant, s'il reste un chasseur dans l'âme, il fait aussi un compagnon paisible.

TYPE INDIEN La tête allongée en cône et le corps élancé sont deux caractéristiques partagées par le rajapalyam, autrefois utilisé à attaquer la cavalerie britannique, et le Mudhol, dit aussi chien courant de caravane.

# Saluki

**ORIGINE** Iran

**HAUTEUR** 51 à 71 cm

**POIDS** 20 à 30 kg

**EXERCICE**

**TOILETTAGE**

**RECONNAISSANCE** KC, FCI, AKC

**COULEUR** Toutes couleurs, excepté bringé

Autrement appelé lévrier persan, ce chien élégant et vivace appartient à une race ancestrale de chasseur, utilisée au Moyen-Orient depuis des millénaires.

NOIR JAUNE JAUNE ET BLANC

## ORIGINE DE LA RACE

Le saluki ressemble à ces chiens découverts sur des peintures représentant des scènes de chasse au temps des pharaons, et de récents tests ADN ont confirmé l'ancienneté de la race. Antérieur à l'Islam, pour lequel tout chien est considéré comme impur, le saluki bénéficia toujours d'un statut particulier au Moyen-Orient. Pour les Bédouins, la tache blanche souvent présente sur la poitrine est considérée comme le « baiser d'Allah ». Importé au Royaume-Uni dans les années 1840, il n'acquit sa popularité qu'au XXᵉ siècle. Largement diffusé dans le monde, il fait un chien de compagnie affectueux, à son aise au sein de la famille et en ville.

VARIANTES GÉOGRAPHIQUES Dispersée dans tout le Moyen-Orient, la race connaît beaucoup de types locaux. Le saluki va ainsi arborer une couleur de robe spécifique, et un type de poil ras ou à franges soyeuses selon les régions.

# Chien courant de Schiller

**ORIGINE** Suède
**HAUTEUR** 51 à 61 cm
**POIDS** 18 à 24 kg
**EXERCICE** 🐆
**TOILETTAGE** 🖌
**RECONNAISSANCE** FCI
**COULEUR** Noir et feu

Ce chien est un travailleur rustique, contrepartie rurale au chien courant de Hamilton. Mais il est avant tout un chien de chasse, originaire de Suède, doté d'un flair aiguisé, mis au point au XIXe siècle et baptisé du nom de son créateur.

**HARMONIE DES COULEURS** Les chiens présentés par Per Schiller étaient d'un gabarit plutôt petit, avec une robe noir et feu marquée de quelques taches blanches. La race actuelle est plus grande et le poil systématiquement noir et feu.

## ORIGINE DE LA RACE

Lorsque, à la fin du XVIIIe siècle, la Suède autorisa les roturiers à chasser, l'effectif et le nombre des races augmentèrent. Lors de la première exposition canine, en 1886, un jeune fermier du nom de Per Schiller présenta Tamburini et Ralla I, fratrie issue de chiens de chasse au flair suédois originaires de la maison domaniale Kaflas. Ces derniers descendaient quant à eux de brachets allemands noir et feu, ramenés en Suède par des soldats rentrant dans leurs pays au XVIe siècle. Les deux chiens furent les fondateurs de la race, développée plus tard essentiellement par apport de harriers britanniques, mais aussi de chiens courants suisses.

## CRITÈRES DE RACE

À la mode suédoise, ce chien chasse en solitaire le petit gibier. Il traque et rabat la proie, accompagnant son travail d'aboiements incessants. S'il reste essentiellement un partenaire de chasse, son tempérament amical lui a ouvert d'autres opportunités. Race loyale, docile, et affectueuse avec les enfants, il a néanmoins besoin de se dépenser et ne se sent pas à l'aise en ville.

**RARE** Même si elle fut reconnue au début du siècle dernier, la race demeure d'une diffusion confidentielle hors de son pays d'origine, et plus encore loin de la Scandinavie.

**SALUKI** (p. 216) L'une des races les plus anciennes, et parmi les plus élégantes. Celui que l'on appelle aussi le lévrier persan chassait la gazelle dans le désert, secondé, dit-on, par le faucon.

# Sloughi

**ORIGINE** Maroc

**HAUTEUR** 60 à 70 cm

**POIDS** 20 à 27 kg

**EXERCICE** 🐕

**TOILETTAGE** 🖌

**RECONNAISSANCE** KC, FCI, AKC

**COULEUR** Sable à fauve, parfois bringé noir, parfois charbonné

Parfois appelé lévrier arabe, classé comme une variété du saluki, le sloughi s'est récemment affirmé, tests ADN à l'appui, comme une race africaine à part entière.

FAUVE

FAUVE ET BLANC

## ORIGINE DE LA RACE

L'étude des relations entre les races reposait autrefois sur des outils non scientifiques, comme l'archéologie, les textes anciens et l'étude de l'aspect des chiens eux-mêmes. Les progrès de l'analyse génétique ont permis d'éclairer sous un jour nouveau l'histoire des races canines, provoquant par la même occasion certaines surprises. Même s'il semble proche des greyhounds, le sloughi aurait apparemment toute son histoire génétique en Afrique, et un ADN presque totalement dénué de tout nouvel apport. Il est vrai que l'on peut considérer qu'il n'en avait besoin d'aucun. Ce chien élancé couleur sable est à plus d'un titre le compagnon de chasse idéal dans son environnement d'origine. Fier, légèrement nerveux et méfiant en présence d'inconnus, il est en revanche calme, loyal et dévoué envers son maître, mais déteste le chahut des enfants.

**MIXTE** Les Berbères mirent au point deux types de sloughis, le petit et fin du désert, et un chien plus grand, destiné au milieu montagneux. Partout ailleurs, la race évolua comme une association des deux.

**COUREUR** Le sloughi excellait à chasser le renard des sables, ou fennec, la gazelle et le lièvre du désert. Ses atouts? Sa légèreté, sa rapidité et son endurance. La race a besoin de beaucoup d'exercice.

# Chien courant slovaque

**ORIGINE** Slovaquie

**HAUTEUR** 40 à 50 cm

**POIDS** 15 à 20 kg

**EXERCICE** 🐕

**TOILETTAGE** 🪮

**RECONNAISSANCE** KC, FCI, AKC

**COULEUR** Noir et feu

Connue sous le nom de slovenský kopov dans son pays, la race est reconnue pour ses aptitudes au travail en terrain difficile et sous un climat rigoureux. Pisteur accompli doté d'une belle voix, il excelle à débusquer le gros gibier, comme le sanglier.

**TÊTE CHERCHEUSE** Intelligent, débordant d'énergie, ce chien est capable de suivre une trace des heures entières. Doté d'un excellent sens de l'orientation, il finira par revenir de lui-même vers son maître.

## ORIGINE DE LA RACE

Ce chasseur présente de nombreux points communs avec d'autres chiens au flair d'Europe centrale et ressemble à certains chiens à la longe allemands. Le courant slovaque exista davantage comme type que comme race durant presque toute son histoire, élevé comme chien de travail par les chasseurs qui appréciaient ses talents. Ce n'est qu'après la Seconde Guerre mondiale que des éleveurs sélectionnèrent les sujets les plus remarquables pour procéder à des croisements avec d'autres chiens courants locaux, créant à terme cette nouvelle race.

## CRITÈRES DE RACE

Le courant slovaque est inadapté au milieu urbain, et pas vraiment à son aise en présence d'enfants, mais se montre loyal envers son maître. Les chiots doivent faire l'objet d'une éducation ferme. À condition de faire souvent de l'exercice, c'est un compagnon idéal pour la vie à la campagne.

# Lévrier espagnol

**ORIGINE** Espagne
**HAUTEUR** 66 à 71 cm
**POIDS** 27 à 30 kg
**EXERCICE**
**TOILETTAGE**
**RECONNAISSANCE** FCI
**COULEUR** Toutes couleurs

Enregistré en Espagne sous le nom de galgo, ce greyhound, plus petit que son équivalent anglais, est avant tout élevé comme chien de compagnie et d'exposition, plus que pour les cynodromes.

NOIR    ROUGE/FEU    NOIR ET BLANC    FAUVE ET BLANC    BRINGÉ NOIR

## ORIGINE DE LA RACE

Ce lévrier ancestral, dont on affirme qu'il exista en tant que type dès l'Antiquité, descendrait du sloughi africain et de greyhounds originaires du Proche-Orient. Même s'il fut employé à chasser toutes les gammes de gibiers, depuis le sanglier jusqu'au lapin, en passant par les nuisibles et les renards, sa proie de prédilection était le lièvre. De nos jours, certains s'efforcent d'améliorer la race, notamment sur le plan de la vitesse, en procédant à des croisements entre ce chasseur et des greyhounds anglais.

Chien de santé robuste, il n'est pas des plus dociles. Il fait cependant un compagnon calme, un peu réservé, peu adapté à la vie en appartement ou à une famille avec de jeunes enfants.

**POIL DUR** Compact mais jamais petit, bâti comme un greyhound, ce chien existe sous deux variétés de robe, à poil dur et demi-long.

# Chien courant espagnol

**ORIGINE** Espagne
**HAUTEUR** 46 à 56 cm
**POIDS** 20,5 à 25 kg
**EXERCICE**
**TOILETTAGE**
**RECONNAISSANCE** FCI
**COULEUR** Blanc et orange, noir et blanc

Appelé également sabuesco español, ce chien courant est un vaillant chasseur. Principalement utilisé à la chasse au petit gibier, il ne dédaigne pas à l'occasion des proies plus lourdes.

NOIR ET BLANC    FAUVE ET BLANC

## ORIGINE DE LA RACE

L'histoire du sabuesco remonte au Moyen Âge, où il fait l'objet d'une description dans un traité de chasse rédigé par le roi Alphonse XI de Castille, au XIVe siècle. Performant dans la traque au lièvre, il travaille plus souvent seul qu'en meute. Chien de taille moyenne, svelte, son allure de prédilection est le trot économique à longues foulées, qu'il est capable de soutenir une journée entière. Un atout qui le rend particulièrement compétent pour traquer le gibier blessé. Au pas, il va avancer tête baissée, parfois avec une expression triste, voire maussade. Parfois têtu, cette race ne convient pas aux foyers avec enfants ou d'autres chiens.

**GENRES** Cette race présente une différence marquée entre les sexes, les plus petits des mâles demeurant plus grands que les plus grandes des femelles.

# Chien d'élan suédois

**ORIGINE** Suède
**HAUTEUR** 58 à 64 cm
**POIDS** 30 kg
**EXERCICE**
**TOILETTAGE**
**RECONNAISSANCE** FCI
**COULEUR** Nuances de gris avec marques beiges à blanches

Race officielle de Suède, ce chien existe également sous le nom de Jämthund. Jadis, chaque région possédait son chien d'élan, et celui-ci nous vient du comté de Jämtland, dans le nord de la Suède.

**AU TRAVAIL** Sa ressemblance avec le loup le désigne comme cousin éloigné du spitz, dont il a le caractère. Incapable de rester à rien faire, il ne se plaît que dans l'action.

**CHAUDEMENT VÊTU** Son épaisse fourrure à poil long est parfaitement adaptée à l'environnement glacial des pays nordiques, de la queue, touffue et enroulée, jusqu'aux oreilles, droites et pointées.

## ORIGINE DE LA RACE

Ce chien, âgé de quelques siècles, fut traditionnellement employé à chasser non seulement l'élan, mais aussi l'ours, le loup et même le lynx de Scandinavie. Il ne fut reconnu officiellement qu'en 1946, considéré auparavant comme descendant de la race du chien d'élan norvégien, union alors très mal vue sur le plan politique. En réalité, plusieurs communautés isolées géographiquement développèrent au fil des siècles leurs propres lignées de chiens de chasse ; celle-ci survécut et se fit remarquer par ses multiples talents.

## CRITÈRES DE RACE

Cet héritage a donné un chien robuste et puissant, doté d'une formidable énergie. Particulièrement intelligent, il a trouvé à se reconvertir en chien de troupeau, de traîneau, mais aussi comme gardien, comme sauveteur dans l'armée et enfin comme animal domestique. Gentil avec les enfants, mais très dominant, le chien d'élan se dispute souvent avec ses congénères.

# Chien courant schwyzois

**ORIGINE** Suisse
**HAUTEUR** 46 à 58 cm
**POIDS** 15,5 à 20 kg
**EXERCICE**
**TOILETTAGE**
**RECONNAISSANCE** FCI
**COULEUR** Orange sur blanc

Avec le bernois, le bruno du Jura et le lucernois, le schwyzois complète le quartet de ces fins nez helvétiques regroupés sous le nom de chiens courants suisses.

## ORIGINE DE LA RACE

Venu de la partie orientale de la Suisse, ce chasseur n'en partage pas moins avec les autres variétés de chiens courants suisses une ressemblance certaine avec certains congénères français. Quelques passionnés s'efforcent d'établir l'origine antique du groupe en pointant du doigt une mosaïque romaine découverte dans l'ouest de la Suisse, sur laquelle on voit des meutes de chiens représentant les quatre lignées. Dans les fermes, cette race occupe aussi bien une place de chien de travail que de compagnie. Affectueux envers les enfants, tolérant envers ses semblables, il lui arrive de se montrer entêté et exigeant.

**POIL LISSE** Le schwyzois était le seul des quatre variétés à présenter une variante à poil dur, aujourd'hui disparue.

# Chien courant de Transylvanie

**ORIGINE** Hongrie/Roumanie
**HAUTEUR** 55 à 65 cm
**POIDS** 30 à 35 kg
**EXERCICE**
**TOILETTAGE**
**RECONNAISSANCE** FCI, AKC
**COULEUR** Noir et feu, tricolore

Également appelé brachet hongrois, et erdélyi kopó en Europe centrale, ce chien de chasse au flair existait en deux versions, le grand et le petit chien courant de Transylvanie.

NOIR
ET FEU

NOIR, BLANC
ET FEU

## ORIGINE DE LA RACE

Cette race serait issue de croisements entrepris au IXe siècle entre courants locaux et lévriers hongrois. Quasiment disparue au début du XXe siècle, la race reprit de la vigueur, mais la petite variété est éteinte. D'une personnalité réservée, il s'épanouit en présence des enfants et en compagnie d'autres chiens.

**SPÉCIALITÉ LOCALE** C'est un chasseur typique de la région par sa morphologie et sa couleur. Son caractère est docile et sa voix mélodieuse.

# Treeing Walker coonhound

**ORIGINE** États-Unis
**HAUTEUR** 51 à 69 cm
**POIDS** 20,5 à 32 kg
**EXERCICE**
**TOILETTAGE**
**RECONNAISSANCE** AKC
**COULEUR** Blanc et feu, noir et blanc, tricolore

Baptisée du nom de son créateur, la race fut créée pour pister, courser et acculer dans les arbres le petit gibier, essentiellement le raton laveur, *racoon* en anglais.

NOIR
ET BLANC

JAUNE
ET BLANC

NOIR, BLANC
ET FEU

## ORIGINE DE LA RACE

Cette race descend d'un chien de chasse d'origine inconnue croisé au XIXᵉ siècle avec le fox-hound anglais de la famille Walker, résidente de l'État de Virginie. Le résultat fut ce chasseur enthousiaste, d'une rapidité impressionnante, presque capable de grimper aux arbres pour atteindre sa proie.

Parfaitement épanoui quand il est au travail, ce chien n'en est pas moins sociable avec les enfants et ses sem-blables. Chien de compagnie, il présente un fort besoin en activité et a tendance à se lancer sur la piste de la moindre odeur. Loyal, soucieux de plaire, il lui arrive de montrer un peu de nervosité et de n'avoir aucune notion des dangers de la route.

**INFATIGABLE** Même s'il ressemble à ses ancêtres fox-hounds, cette race montre un tempérament à part. La chasse n'est pas un travail pour ce chien, c'est toute sa vie !

# Whippet

**ORIGINE** Royaume-Uni
**HAUTEUR** 43 à 51 cm
**POIDS** 12,5 kg
**EXERCICE**
**TOILETTAGE**
**RECONNAISSANCE**
**COULEUR** Toutes couleurs

Ce petit greyhound est un champion de la vitesse. Son nom dériverait de l'expression anglaise *whip it*, « fouette cocher ! », ordre lancé par les parieurs à leur champion pendant les courses.

NOIR

CRÈME

BLEU

ROUGE/FEU

## ORIGINE DE LA RACE

Le whippet fut mis au point dans le nord de l'Angleterre au XIXᵉ siècle. La course au lièvre était autrefois un sport populaire, et le croisement entre fox-terriers et greyhounds, trop imposants pour cette activité, aboutit à cette race. Derrière son allure pleine de grâce et sa fine constitution, le whippet est un chasseur plein de vigueur, doté de la ténacité de son ancêtre terrier, sitôt qu'il relève une odeur. À la maison, il fait preuve de gentillesse, d'affection et se montre détendu avec les enfants et ses congénères, avec même une certaine tendance à l'indolence, surtout en hiver.

**SORTIR COUVERT** Une peau fine et près du corps, un poil fin et court lui offrent une piètre protection. L'hiver, un manteau est une nécessité.

# LES CHIENS DE SPORT

L'homme a attribué aux chiens des rôles en fonction de l'aide qu'il désirait obtenir de ce précieux auxiliaire. Chasse, garde ou compagnie, ces rôles étaient le prolongement de comportements naturels des races choisies. Cependant, le développement de la chasse créa de nouveaux besoins ; on rechercha des chiens capables d'agir contre leur nature. Les pointers et les setters savent lever le gibier, interrompre la traque et se mettre à l'arrêt ou se coucher pour permettre au chasseur de tirer, les spaniels débusquent le gibier de sa cachette, les retrievers retrouvent les proies abattues et les rapportent. Tous ces chiens sont polyvalents, parfaitement dressés, dociles et patients, qualités qui les rendent aptes à être d'excellents chiens de compagnie et d'assistance.

SOUPLESSE Un nez fin et une dent douce sont essentiels au labrador retriever à la chasse (p. 254-255) ; sa nature docile et son immense désir de plaire vont quant à eux avoir une importance majeure pour les maîtres non chasseurs.

# Cocker américain

**ORIGINE** États-Unis

**HAUTEUR** 36 à 38 cm

**POIDS** 11 à 12,5 kg

**EXERCICE**

**TOILETTAGE**

**RECONNAISSANCE** KC, FCI, AKC

**COULEUR** Noir, crème, rouge, brun ; uni ou avec taches blanches, moucheté de feu

Le cocker américain descend du type original, le cocker anglais. Ce sont des compagnons doux et affectueux, rarement employés comme chiens de travail.

NOIR         ROUGE/FEU         CRÈME         FAUVE ET BLANC         NOIR ET BLANC

## ORIGINE DE LA RACE

À l'origine semblable au cocker anglais, les éleveurs américains décidèrent de privilégier l'esthétique en créant un chien doté de poils plus longs, plus soyeux, au détriment de ses qualités de travail. Cette démarche aboutit en 1936 à une sécession et un groupe de passionnés fonda le club du cocker anglais d'Amérique. Ces chiens peuvent parfois souffrir d'une atrophie progressive de la rétine, maladie héréditaire mais non mortelle.

**SOINS DE BEAUTÉ** La robe dense et frangée au niveau de l'abdomen s'accompagne de risques d'alopécie et de séborrhée. Tailler les poils des oreilles permet de dégager le canal auditif.

# Chien d'eau américain

**ORIGINE** États-Unis

**HAUTEUR** 38 à 46 cm

**POIDS** 11,5 à 20,5 kg

**EXERCICE**

**TOILETTAGE**

**RECONNAISSANCE** FCI, AKC

**COULEUR** Foie, brun, ou chocolat noir

Reconnue sur le plan international, cette race n'en est pas moins rare hors des États-Unis où elle regroupe des auxiliaires de chasse. Il est difficile de connaître son taux de popularité, car la plupart des chiens de travail ne sont pas enregistrés.

## ORIGINE DE LA RACE

Nulle part il n'est fait mention de son origine exacte, mais comme les premiers colons débarquèrent avec leur compagnon, il est probable qu'il descende, entre autres, du retriever à poils bouclés et de l'épagneul d'eau irlandais. Ce chien officie depuis le XIXᵉ siècle comme chasseur et chien de ferme, tout particulièrement dans le Wisconsin, où il est l'un des emblèmes de l'État, et dans le Minnesota.

## CRITÈRES DE RACE

C'est un excellent « chien d'oiseau ». Par ailleurs bon nageur, le chien adore travailler en milieu aquatique, marécages, lacs et rivières. Sa nature docile et tolérante lui vaut d'être un gentil compagnon au sein d'une famille.

**ROBE FONCTIONNELLE** Les premiers épagneuls étaient classés selon leur terrain de prédilection, terre, champ ou eau. La robe imperméable de cette race le prédispose à agir en milieu aquatique.

# Braque de l'Ariège

**ORIGINE** France
**HAUTEUR** 61 à 66 cm
**POIDS** 25 à 30 kg
**EXERCICE**
**TOILETTAGE**
**RECONNAISSANCE** FCI
**COULEUR** Fauve pâle ou brun avec blanc

Cette race du Sud-Ouest est employée comme chien d'arrêt et rapporteur de lièvres et d'oiseaux. Sous son tempérament de chasseur, ce chien conserve un esprit farouchement indépendant.

## ORIGINE DE LA RACE

Cette race est issue de vieux braques français, type braque saint-germain, croisés au XIXe siècle avec des races méridionales. Le braque de l'Ariège manqua de disparaître au début du XXe siècle et il fallut toute la passion de chasseurs et l'implication d'éleveurs experts dans les années 1990 pour la préserver, même si elle demeure rare hors de sa région natale. Alerte et enthousiaste, ce chien a besoin d'une éducation ferme.

**COPIE CONFORME**
La race actuelle, robuste mais élégante, ressemblerait presque trait pour trait au type original. La robe est fauve orangé, marron, panaché ou moucheté de blanc, voire blanc truité.

# Barbet

**ORIGINE** France
**HAUTEUR** 46 à 56 cm
**POIDS** 15 à 25 kg
**EXERCICE**
**TOILETTAGE**
**RECONNAISSANCE** FCI
**COULEUR** Noir, gris, fauve, châtaigne, blanc, pie

Ce chien d'eau français doit son nom à la barbe qu'il porte au menton. Jadis le plus populaire d'Europe et ancêtre d'un certain nombre de races, ce chien d'eau est de nos jours relativement rare.

NOIR    GRIS    ROUGE/FEU    FAUVE

## ORIGINE DE LA RACE

Il en est fait mention dès le XVIe siècle, suscitant l'admiration dans la chasse au gibier d'eau, apte à rapporter les proies abattues et les flèches.

Ses ancêtres semblent être le briard, certaines races de griffons, l'épagneul d'eau irlandais ainsi que le caniche. Tolérant, affectueux, ce chien n'est pas pour autant recommandé comme chien d'intérieur.

**POIL FRISÉ** La robe à poil laineux et frisé offre une excellente protection contre l'eau froide, mais requiert un soigneux entretien.

**COCKER AMÉRICAIN** (p. 228) Cette race, et plus particulièrement la version fauve, accéda à la gloire en 1955 grâce au film de Walt Disney, *La Belle et le Clochard*. Elle fait toujours l'unanimité aux États-Unis.

## Épagneul bleu de Picardie

**ORIGINE** France
**HAUTEUR** 56 à 61 cm
**POIDS** 19 à 20 kg
**EXERCICE**
**TOILETTAGE**
**RECONNAISSANCE** FCI
**COULEUR** Noir et blanc

Malgré son nom, cette race présente plus de similitudes avec les setters qu'avec les épagneuls, dans son aspect comme dans son comportement. Elle est d'ailleurs apparentée au setter anglais par le jeu des sélections complexes des éleveurs.

### ORIGINE DE LA RACE

Il servit probablement de base à la création du setter anglais, ce dernier étant à son tour croisé avec des chiens de Picardie pour mettre au point cet épagneul, enregistré en 1870. Chien de sport alerte, il excelle tout particulièrement en milieu aquatique à l'arrêt et au rapport des bécassines. Joueur, il fait un chien de compagnie doux et affectueux, mais peu répandu hors de sa région d'origine.

**AIR DE FAMILLE**
Cette race relativement récente remonterait au XIXe siècle. Elle présente cependant de fortes ressemblances avec d'anciennes gravures de vieilles races de setters anglais. Le poil gris-noir moucheté donne une robe de teinte bleutée.

## Boykin spaniel

**ORIGINE** États-Unis
**HAUTEUR** 38 à 46 cm
**POIDS** 13,5 à 17 kg
**EXERCICE**
**TOILETTAGE**
**RECONNAISSANCE** AKC
**COULEUR** Foie, brun noir, chocolat

Ce spaniel brun à poil bouclé d'ascendance non déterminée, s'il n'est pas reconnu par l'ensemble des registres, continue de jouir d'une grande popularité comme chien d'eau dans son État natal de Caroline du Sud.

### ORIGINE DE LA RACE

Un spaniel trouvé aux États-Unis, en Caroline du Sud, au début du XXe siècle, par Alexander Lawrence White est à l'origine du boykin spaniel. L'homme confia l'animal, baptisé Dumpy, à son ami éleveur et partenaire de chasse, Lemuel Whitaker, dit Whit' Boykin. Spécialisé dans l'élevage de chiens de petite taille, adaptés à la chasse dans les marécages, il croisa Dumpy avec une femelle spaniel à poil bouclé, dont on ignorait l'origine. Chien de travail, le boykin spaniel a besoin de beaucoup se dépenser sous peine de se montrer destructeur, mais il est d'un tempérament amical et docile.

**TENUE DE BAIN** Excellent nageur, le boykin spaniel porte une robe bouclée ou ondulée, moins dense que celle de nombreux spaniels, et imperméable.

# Épagneul breton

**ORIGINE** France
**HAUTEUR** 48 à 51 cm
**POIDS** 16 à 18 kg
**EXERCICE**
**TOILETTAGE**
**RECONNAISSANCE** KC, FCI, AKC
**COULEUR** Noir et blanc, orange et blanc, foie et blanc, tricolore

L'épagneul breton s'impose depuis bien longtemps aux chasseurs comme la race de chien d'arrêt de type épagneul la plus compétente à l'arrêt et au rapport.

NOIR ET BLANC

JAUNE ET BLANC

NOIR, BLANC ET FEU

## ORIGINE DE LA RACE

Il a beau compter parmi les plus anciennes races de chiens d'arrêt, l'épagneul breton a bien manqué de disparaître au début du xxe siècle. Il doit sa survie à l'éleveur Arthur Enaud qui l'a revitalisé d'un sang neuf en procédant à de nouvelles sélections. Ce chien doit sa popularité à sa sociabilité affable envers les enfants et les autres chiens autant qu'à ses compétences sur le terrain de la chasse.

**COULEURS D'ORIGINE**
Aux États-Unis, le registre n'admet que les nuances brun et rouge, considérées comme couleurs typiquement françaises. En Europe, les instances admettent aussi le noir, couleur décrite par le standard original de la race en 1907.

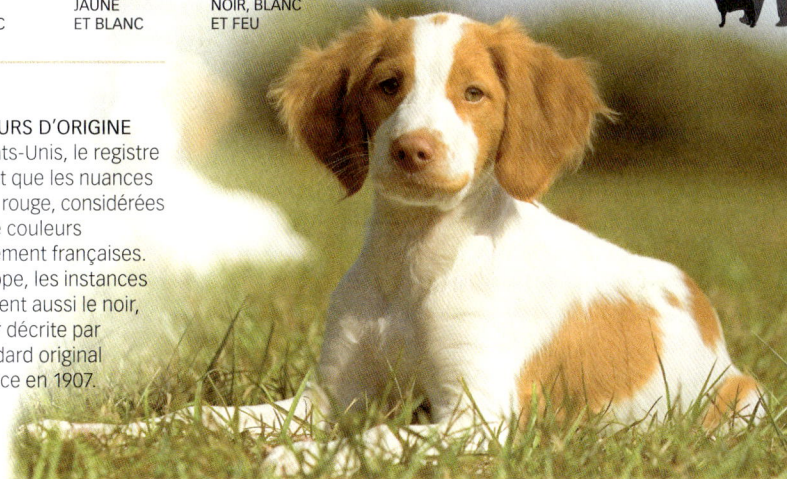

# Barbu tchèque

**ORIGINE** République tchèque
**HAUTEUR** 61 à 66 cm
**POIDS** 28 à 34 kg
**EXERCICE**
**TOILETTAGE**
**RECONNAISSANCE** FCI
**COULEUR** Brun, brun rouanné de blanc

Également appelé cesky fousek dans son pays d'origine, le barbu tchèque présente d'exceptionnelles qualités de chien d'arrêt pour opérer dans les bois comme dans les marais.

## ORIGINE DE LA RACE

Des chiens d'arrêt de Bohème à poil dur, semblables à cette race, accompagnaient déjà les chasseurs au xive siècle. Ces illustres chiens d'eau, comblés d'éloges au xviiie siècle, subirent tant les effets de la Première Guerre mondiale que l'on décida de le régénérer par l'apport de pointers allemands, race à laquelle il devait avoir lui-même contribué par le passé dans les années 1920. De nos jours très populaire dans sa patrie, il doit encore faire ses preuves dans les autres pays. Loyal, gentil avec les hommes, il reste habité par l'instinct de chasse, ce qui risque de compliquer toute cohabitation avec des petits animaux domestiques.

**TRIPLE ROBE** La robe consiste en un sous-poil doux et dense qui protège la peau de l'humidité, un poil dru près du corps, et des soies dures et droites au niveau du poitrail et sur le dos.

# Retriever de la baie de Cheasapeake

**ORIGINE** États-Unis
**HAUTEUR** 58 à 66 cm
**POIDS** 29 à 34 kg
**EXERCICE**
**TOILETTAGE**
**RECONNAISSANCE** KC, FCI, AKC
**COULEUR** Jaune, rouge-jaune, brun

Pieds palmés, robe fine et laineuse, légèrement huileuse, ainsi qu'une personnalité robuste et endurante distinguent ce chien d'eau exceptionnel.

ROUGE/FEU    FAUVE

## ORIGINE DE LA RACE

On entend parler de la race en 1807, à travers deux chiots rescapés du naufrage d'un navire anglais au large des côtes du Maryland. Le capitaine en fit don à ses sauveteurs, les présentant comme la progéniture de chiens terreneuves. Leurs qualités de chiens d'eau furent appréciées et leurs descendants furent croisés avec des retrievers locaux. Chien rustique et intelligent, il fera le bonheur d'une famille active.

**CAMOUFLAGE**
La couleur de robe doit se rapprocher au mieux de celle de son environnement de travail. Le standard de race évoque une « nuance brune, jonc ou herbe morte ».

# Clumber spaniel

**ORIGINE** Royaume-Uni
**HAUTEUR** 48 à 51 cm
**POIDS** 18 à 29,5 kg
**EXERCICE**
**TOILETTAGE**
**RECONNAISSANCE** KC, FCI, AKC
**COULEUR** Blanc avec marques citron à orange

Voici le plus massif du type épagneul, mais assez court sur pattes. En conséquence, le chien est assez lent, mais il montre un caractère moins chahuteur, déterminé et stoïque. La race doit son nom au chenil de Clumber Park, propriété du duc de Newcastle.

## ORIGINE DE LA RACE

Une hypothèse suggère que le duc de Noailles aurait expédié dans sa pension ses chers épagneuls pour les mettre à l'abri de la Révolution française. Une autre version encore parle d'une création britannique, issue de races de spaniels plus anciens.

**CALME CHASSEUR** Utilisé en meute pour débusquer le gibier à plumes, le clumber spaniel sait aussi bien se montrer calme à la maison.

# Retriever à poil bouclé

**ORIGINE** Royaume-Uni

**HAUTEUR** 64 à 69 cm

**POIDS** 32 à 36,5 kg

**EXERCICE**

**TOILETTAGE**

**RECONNAISSANCE** KC, FCI, AKC

**COULEUR** Noir, brun

Cette race britannique s'impose à la fois comme le plus grand des retrievers mais aussi, avec le retriever à poil plat, comme l'une des premières à avoir accédé à une reconnaissance officielle.

NOIR

BRUN NOIR

## ORIGINE DE LA RACE

Il semblerait que la race descende du chien d'eau anglais, qui a aujourd'hui disparu, ou du chien d'eau irlandais, et de croisements avec le labrador retriever, importé au Royaume-Uni par des pêcheurs. Employé à la chasse au gibier d'eau, le retriever à poil bouclé fut reconnu officiellement comme type au début du XIX^e siècle et présenté à son premier concours en 1860. Autrefois très populaire comme chien de travail et de compagnie, il est malheureusement aujourd'hui le plus rare des retrievers.

## CRITÈRES DE RACE

Comme tous les retrievers, le type poil bouclé est robuste et dynamique, débordant d'énergie. En tant que compagnon, il se montre calme, mais plein d'affection. Excellent gardien, il déteste rester seul et il a besoin de beaucoup se dépenser en extérieur. La race est sujette à l'entropion, à la dysplasie de la hanche et à l'épilepsie.

**SUR MESURE** Les fines boucles serrées nécessitent un démêlage par brossage en profondeur deux fois par semaine. La robe doit ensuite être humidifiée afin de défriser le poil, pour lui restituer son aspect bouclé. Une tenue imperméable idéale pour ce chien d'eau, au demeurant excellent nageur.

# Chien de perdrix de Drente

**ORIGINE** Pays-Bas
**HAUTEUR** 56 à 70 cm
**POIDS** 20,5 à 22,5 kg
**EXERCICE**
**TOILETTAGE**
**RECONNAISSANCE** FCI
**COULEUR** Blanc avec brun

Appelé drentsche patrijshond dans son pays, et plus familièrement le drente, cette race peu répandue représente un type historique, situé entre épagneul et pointer. Chasseur typiquement européen, il excelle à la fois comme chien d'arrêt et au rapport du petit gibier à plume et à poil.

## ORIGINE DE LA RACE

Elle se serait distinguée au xvie à partir de chiens d'arrêt espagnols, les spioenen, et serait apparentée au petit épagneul de Münster et à l'épagneul français. Ces chiens furent élevés en race pure durant des siècles dans la province de Drente, dans le nord-est des Pays-Bas. Au travail, le drente se montre infatigable et acharné, mais à la maison, il va faire preuve de calme et de douceur et s'épanouir comme compagnon, au sein d'une famille active, ou même à la ville.

**LANGAGE CODÉ** Un poil plus long couvre le cou, la poitrine, les oreilles, les membres et la queue. C'est une caractéristique de la race d'exprimer sa concentration par un mouvement rotatif de la queue, à la prise de l'odeur du gibier.

# Cocker anglais

**ORIGINE** Royaume-Uni
**HAUTEUR** 38 à 43 cm
**POIDS** 12 à 15,5 kg
**EXERCICE**
**TOILETTAGE**
**RECONNAISSANCE** KC, FCI, AKC
**COULEUR** Noir, crème, rouge, brun, uni ou avec blanc, tacheté feu

En France, on se réfère simplement à la race en parlant de cocker, l'une des races les plus populaires comme chien de compagnie, mais aussi un champion pour lever et rapporter le gibier.

| NOIR | ROUGE/FEU | FAUVE | FAUVE ET BLANC | NOIR ET BLANC |

## ORIGINE DE LA RACE

Le cocker, spécialiste de la chasse à la bécasse depuis le xvie siècle, accède à la reconnaissance au xixe siècle. Les lignées de travail et d'exposition ont divergé : le chien de travail, plus petit et avec un poil plus court, déborde d'énergie ; la robe du cocker d'exposition nécessite plus d'entretien, mais en revanche le chien a moins besoin de stimulation mentale et physique.

**COUSIN FRANÇAIS** C'est Paul Gaillard qui introduit le cocker anglais en France à la fin du xixe siècle pour lui servir de compagnon de chasse.

# Pointer anglais

**ORIGINE** Royaume-Uni

**HAUTEUR** 53 à 61 cm

**POIDS** 20 à 30 kg

**EXERCICE**

**TOILETTAGE**

**RECONNAISSANCE** KC, FCI, AKC

**COULEUR** Blanc et noir, foie, citron ou orange

Dans la plupart des registres, ce chien à la silhouette aristocratique est tout simplement inscrit sous le nom de pointer, mais cela peut prêter à confusion avec d'autres races de pointers.

FAUVE ET BLANC

NOIR ET BLANC

JAUNE ET BLANC

## ORIGINE DE LA RACE

À l'origine, les pointers opéraient en collaboration avec les lévriers à traquer le gibier débusqué. Avec le développement du fusil, ils travaillèrent en tandem avec les retrievers. Il semblerait que greyhounds, saint-huberts, setters, fox-hounds et même certaines races de bouledogues aient contribué à leur développement. Les pointers furent enregistrés au Royaume-Uni dès 1650. Chien d'arrêt très populaire au XVIIIe siècle, la race connut le même engouement aux États-Unis dans les années 1900.

Grâce à son odorat affûté et à large spectre, le pointer n'a pas son pareil pour débusquer le gibier à plumes. Partenaire de chasse plébiscité, il peut se targuer de beaux succès dans les épreuves de raid. Au titre de chien de compagnie, hormis son caractère grave et sensible, il fait preuve de docilité et de gentillesse.

**ATHLÈTE** Un juste équilibre entre puissance, énergie et rapidité est nécessaire au pointer pour chasser sur de longues distances une journée entière. Les éleveurs ont mis au point un athlète puissant et musclé, mais à la silhouette élégante.

# Setter anglais

**ORIGINE** Royaume-Uni

**HAUTEUR** 61 à 64 cm

**POIDS** 18 à 32 kg

**EXERCICE**

**TOILETTAGE**

**RECONNAISSANCE** KC, FCI, AKC

**COULEUR** Blanc et noir, orange, citron, ou foie, tricolore

Ce chien d'allure et d'aspect élégants s'impose à la chasse comme un fameux pisteur et rapporteur d'oiseaux, doublé d'un chien de compagnie paisible, parfaitement épanoui au sein d'une famille.

FAUVE
ET BLANC

NOIR
ET BLANC

JAUNE
ET BLANC

## ORIGINE DE LA RACE

Les premiers setters furent mis au point en France à partir d'épagneuls espagnols et français, ainsi que de croisements entre différents chiens d'eau, pointers et springers. La race actuelle apparut en Angleterre au XIXe siècle, et comporte deux lignées, l'une pour l'exposition, et l'autre pour le travail, de constitution plus légère, qui comprend notamment le setter de Liewellin.

**UNIFORME** Comme toutes les races de setters britanniques, le modèle anglais présente un poil long et soyeux, avec une moucheture ou une truiture caractéristiques de la robe, dites « belton » (du nom d'un bourg du Northumberland).

# Springer anglais

**ORIGINE** Royaume-Uni

**HAUTEUR** 48 à 51 cm

**POIDS** 22 à 25 kg

**EXERCICE**

**TOILETTAGE**

**RECONNAISSANCE** KC, FCI, AKC

**COULEUR** Foie et blanc, noir et blanc, tricolore

C'est l'une des races anglaises de chiens de chasse les plus anciennes, chien de travail et de compagnie populaire dans son pays, et chien d'exposition champion toutes catégories.

NOIR
ET BLANC

NOIR
ET FEU

## ORIGINE DE LA RACE

On reconnaît des chiens de ce type sur des peintures du XVIIe siècle, quand ils étaient utilisés à chasser le gibier à poil et pour la chasse aux oiseaux. La race n'accéda à la reconnaissance qu'en 1902 et fit ses débuts dans les épreuves de raid trois ans plus tard. On distingue aujourd'hui deux types de springers : les chiens de travail et ceux d'exposition, ces derniers ayant besoin d'exercice, au risque, malgré toute leur gentillesse, de se montrer destructeurs.

**SHOW ET RAID** Ci-contre un chien d'exposition, oreilles longues et pendantes, lèvres descendues, robe à couleur dominante. Le type raid, plus léger, porte un poil à frange plus court, plus dur, essentiellement blanc pour être plus visible.

# Field spaniel

**ORIGINE** Royaume-Uni

**HAUTEUR** 46 cm

**POIDS** 16 à 22,5 kg

**EXERCICE**

**TOILETTAGE**

**RECONNAISSANCE** KC, FCI, AKC

**COULEUR** Noir, foie, rouanné, uni ou avec marques feu ou petites taches blanches

Il est fréquent que les lignées de chasseurs divergent en variétés d'utilité et d'exposition, mais la lignée des chiens de travail disparut presque, menaçant même la légitimité de la race.

NOIR

BRUN NOIR

## ORIGINE DE LA RACE

Son ancêtre est le cocker anglais, et il fut officiellement reconnu à la fin du XIXe siècle. Son succès dans les concours fut instantané et dès lors, les éleveurs s'évertuèrent à concevoir un chien longiligne et plus lourd, multipliant les croisements avec des sussex spaniels, et même des bassets. Il en résulta un chien inapte au travail et sujet à toutes sortes de problèmes de santé. Dans les années 1950, la race était en voie d'extinction, et des passionnés la revitalisèrent à partir de croisements avec des cockers et des springers anglais. Ce chien demeure rare, mais sa gentillesse et son dynamisme lui valent une certaine popularité comme chien de compagnie.

ROBE DE SCÈNE Le field spaniel fut conçu alors que les expositions canines devenaient à la mode. La majorité des spaniels de travail arboraient une robe blanche avec une couleur, la robe unie étant la plus recherchée.

# Retriever à poil plat

**ORIGINE** Royaume-Uni

**HAUTEUR** 56 à 58 cm

**POIDS** 25 à 36 kg

**EXERCICE**

**TOILETTAGE**

**RECONNAISSANCE** KC, FCI, AKC

**COULEUR** Noir, foie

Ces chiens au poil noir luisant furent parmi les premiers retrievers à bénéficier de la reconnaissance de la commission des expositions dans leur pays d'origine. On assiste actuellement à leur retour comme chiens de compagnie.

NOIR

BRUN NOIR

## ORIGINE DE LA RACE

Conçue au milieu du XIXe siècle pour débusquer et rapporter, la race est le fruit de croisements entre petits terre-neuves, aujourd'hui disparus, et setters. Très populaire comme chien de garde-chasse, il frôla pourtant l'extinction après la Seconde Guerre mondiale. Excellent chasseur, chien d'exposition aux multiples médailles, il séduit comme compagnon par sa gentillesse et sa docilité.

DOUX ET BEAU Même si elle se fait rare dans les épreuves de raid ou comme chien de travail, la race est de plus en plus plébiscitée comme chien de compagnie, grâce à son intelligence et sa gentillesse.

SPRINGER ANGLAIS (p. 238) À l'origine chasseurs, conçus pour faire bondir (*to spring*, en anglais) le gibier à poil de sa cachette, ces chiens ont su aujourd'hui se reconvertir en chiens d'utilité et chiens de compagnie, la chasse étant devenue le loisir du week-end.

# Braque français type Gascogne

**ORIGINE** France

**HAUTEUR** 58 à 68 cm

**POIDS** 20 à 32 kg

**EXERCICE**

**TOILETTAGE**

**RECONNAISSANCE** FCI

**COULEUR** Châtaigne, uni ou avec blanc et feu

Cette race, l'une des plus anciennes de la catégorie survivant à ce jour, demeure confidentielle hors de sa région et se dispute la vedette avec son alter ego de type Pyrénées.

## ORIGINE DE LA RACE

Le braque français type Gascogne est l'un des premiers descendants de ces setters qui font leur apparition dès le Moyen Âge, avec notamment le chien d'Oysel, employé à lever les perdrix dans la chasse au filet. Après la Révolution française, les races britanniques connaissent un certain succès dans le nord de la France, tandis que des types anciens survivent dans le sud. Presque éteinte au début du XXe siècle, la race s'impose aujourd'hui, quoiqu'en effectif réduit, comme chien de travail et de compagnie. Intelligent, loyal et docile, c'est un chien hypersensible qui a besoin d'encouragement.

**STANDARD DE RACE** Le braque français est décrit au XVIIe siècle comme « un chien d'assez haute taille, de format robuste, tête grosse, oreilles longues, museau carré, nez gros, lèvres pendantes, cou épais, pelage blanc avec des taches brunes ».

# Braque français type Pyrénées

**ORIGINE** France

**HAUTEUR** 47 à 58 cm

**POIDS** 18 à 24 kg

**EXERCICE**

**TOILETTAGE**

**RECONNAISSANCE** FCI

**COULEUR** Châtaigne, uni ou avec blanc ou feu

Connu au XVIIIe siècle sous le nom de braque Charles X, le braque français se scinda en deux variétés dont le type Pyrénées, léger mais puissant. Ce chasseur fut le seul de la catégorie à s'implanter en Amérique du Nord.

## ORIGINE DE LA RACE

Le braque français, issu du cane da rete italien, se scinda en deux variétés, le type Gascogne et le type Pyrénées qui, plus petit, est mieux adapté au terrain montagneux. Doté du même tempérament affectueux que le Gascogne, le Pyrénées fait un compagnon idéal au sein d'une famille, docile et doux, mais sensible aux réprimandes.

**LÉGER** Chasseur rapide et souple, plus élégant et plus léger que le Gascogne, le type Pyrénées semble infatigable.

# Épagneul français

**ORIGINE** France

**HAUTEUR** 55 à 61 cm

**POIDS** 20 à 25 kg

**EXERCICE**

**TOILETTAGE**

**RECONNAISSANCE** FCI, AKC

**COULEUR** Blanc et brun, de cannelle à foie noir

Ancêtre des chiens d'arrêt, l'épagneul français descendrait du chien couchant du Moyen Âge, le fameux chien d'Oysel, et demeure pour tous les chasseurs, notamment de perdrix et de faisan, un auxiliaire inestimable.

### TENUE DE FRANCE
Le poil est généralement plat et soyeux, frangé à l'arrière des oreilles, des pattes, long et fourni sous la queue. La couleur traditionnelle est le blanc, à motifs marron.

À l'image d'autres races françaises, elle connut une période de désaveu: destituée au cours du XIXᵉ siècle par les races britanniques, elle dut sa survie à un abbé. Hors de France, elle demeura presque inconnue jusque dans les années 1970, lorsqu'elle fut introduite au Canada, où elle connaît actuellement une grande popularité comme chien d'oiseau.

## CRITÈRES DE RACE
D'aspect rustique, ce chien se révèle le compagnon idéal des promenades en campagne. Il sait faire preuve de silence à la maison et, n'aboyant que rarement, il convient à la vie en appartement. Gentil, docile, il montre comme beaucoup de chasseurs français une sensibilité exacerbée. Il a besoin d'être entouré d'affection et cajolé de mots doux pour s'épanouir.

## ORIGINE DE LA RACE
Elle remonte au XVIIᵉ siècle. Ce type de chien excelle à l'arrêt, si bas que le chien à l'époque est dit « couchant », facilitant ainsi au chasseur derrière lui le lancement du filet sur le gibier. Très répandu jadis auprès de l'aristocratie adepte de la chasse aux oiseaux, l'épagneul français suscite aujourd'hui encore l'admiration pour ses talents de leveur et de rapporteur, surtout dans la chasse à la perdrix et au faisan. Aucun terrain ne lui fait peur et, même s'il n'est pas le plus rapide des spaniels, il excelle à débusquer dans l'eau comme sur les terrains accidentés.

**TRAITS COMMUNS** Cette race serait apparentée au petit épagneul de Münster et au chien de perdrix de Drente. La théorie officielle veut que ce chien se soit répandu à partir de l'Espagne jusqu'en France et au-delà, mais pour certains, le type est fondamentalement danois.

# Braque allemand à poil court

**ORIGINE** Allemagne

**HAUTEUR** 59 à 64 cm

**POIDS** 20 à 25 kg

**EXERCICE**

**TOILETTAGE**

**RECONNAISSANCE** FCI, AKC

**COULEUR** Noir, brun ; uni ou avec blanc, tacheté, moucheté ou rouanné

Appelé deutsch kurzhaar en Allemagne, c'est l'élite du chien d'arrêt, un chasseur doté de tous les talents, débordant d'énergie, un sportif performant qui sait aussi bien débusquer que rapporter.

NOIR · BRUN NOIR · NOIR ET BLANC · JAUNE ET BLANC

## ORIGINE DE LA RACE

L'ancêtre du braque allemand à poil court faisait partie de ces pointers venus en Allemagne depuis la France et l'Espagne. Le perfectionnement des armes à feu obligea ce chien à élargir son registre de compétences au rapport. À la fin du XIXe siècle, l'Allemagne fut le cadre de sélections intenses au cours desquelles on procéda à des croisements de races françaises et britanniques avec le cheptel national, afin de créer un chien de chasse polyvalent.

**ASPECT** La robe peut être tachetée, rouannée ou mixte. Plus important, la constitution et la conformité au standard. Le chien doit être capable d'exécuter tout ou partie des activités de chasse.

**DENT DOUCE** Rapporteur autant que chien d'arrêt, le braque doit présenter un museau long, large, profond et robuste, de manière à transporter le gibier en douceur, sans l'entamer.

Il en résulta une lignée de braques allemands, dont la variété à poil court s'impose comme la plus aboutie. Ces chiens de chasse très populaires font preuve d'intelligence, d'indépendance et d'un fort esprit d'initiative.

## CRITÈRES DE RACE

Le braque allemand est loyal et affectueux, docile au dressage et dévoué à sa famille. Il a toujours été à la fois chien de chasse et chien de compagnie. Puissant, doté d'une énergie inépuisable, il a besoin de beaucoup se dépenser. Négligé, il risque de se montrer destructeur ou hyperactif ; dernier détail, c'est un artiste de la fugue.

# Chien d'Oysel allemand

**ORIGINE** Allemagne
**HAUTEUR** 41 à 51 cm
**POIDS** 20 à 30 kg
**EXERCICE**
**TOILETTAGE**
**RECONNAISSANCE** FCI
**COULEUR** Brun ou rouge ; uni ou avec blanc

Le deutscher wachtelhund, ou chien de caille allemand, est un chasseur polyvalent, particulièrement efficace sur les terrains difficiles – bruyères, bois et marais – pour pister et rapporter toutes sortes de gibiers.

## ORIGINE DE LA RACE

Elle nous vient de Bavière, où au XIXᵉ siècle le besoin se fit sentir d'un chien de recherche qui sache trouver et pister les odeurs, au sol et dans le vent, mais aussi débusquer, rabattre et rapporter le gibier à poil comme à plume. Chasseur émérite, docile et intelligent, ce chien peut aussi se révéler un compagnon affectueux qui garde cependant un fort besoin d'espace et d'exercice.

**ENTRE CONNAISSEURS** En Allemagne, ces chiens de taille moyenne à poil long continuent d'être élevés par les chasseurs eux-mêmes.

# Braque allemand à poil dur

**ORIGINE** Allemagne
**HAUTEUR** 61 à 66 cm
**POIDS** 27 à 32 kg
**EXERCICE**
**TOILETTAGE**
**RECONNAISSANCE** KC, FCI, AKC
**COULEUR** Brun, rouanné brun ou noir avec ou sans taches, rouanné clair

Le standard de race allemand pour le deutsch drahthaar évoque un chien doté de toutes les aptitudes pour la chasse en plaine, au bois et au marais, avant et après le coup de feu.

BRUN NOIR    NOIR ET BLANC    JAUNE ET BLANC

## ORIGINE DE LA RACE

Dérivée du braque allemand à poil court, cette race remonte au XIXᵉ siècle. Elle compte aussi parmi ses ancêtres le griffon korthals de Hessen et le pudel-pointer. Le but était de concevoir un chien d'arrêt volontaire, efficace et polyvalent, capable de travailler par tous les temps. La race fait l'unanimité dans son pays natal mais également hors de ses frontières, comme chasseur bien sûr, mais aussi comme chien de compagnie, grâce à son caractère gai et affectueux, même s'il se montre réservé avec les inconnus. Très actif, il a une certaine tendance à vagabonder en solitaire.

**INTEMPÉRIES** Le poil « fil de fer » du braque allemand est imperméable et lui permet de travailler sous les intempéries. La variété poil long, ou stichelhaar, est la moins répandue des deux.

## Golden retriever

**ORIGINE** Royaume-Uni
**HAUTEUR** 56 à 61 cm
**POIDS** 27 à 34 kg
**EXERCICE**
**TOILETTAGE**
**RECONNAISSANCE** KC, FCI, AKC
**COULEUR** Crème à jaune

Après avoir bénéficié d'un fort taux de popularité durant des années, le nombre de ces chiens a commencé à décliner. Mais ses compétences au travail et ses dispositions comme chien de compagnie n'en restent pas moins exceptionnelles.

### ORIGINE DE LA RACE

Née en Écosse dans les années 1860, la race émerge à partir de Nous, chiot doré issu d'une portée de retrievers noirs, et de Belle, de race tweed water spaniel, aujourd'hui éteinte. Le résultat du croisement fut en 1906 dans la catégorie « retrievers d'autres couleurs », et le golden accéda au rang de race à part entière quelques années plus tard. Comme c'est le cas avec tant d'autres chiens populaires, l'élevage intensif de ce chien affectueux et soucieux de plaire a mené dans certaines lignées à des complications de santé et des problèmes sur le plan du caractère.

**PLUS FORT** La sophistication des fusils au XIXe siècle impliquait la nécessité d'un rapporteur puissant, capable de ramener les oiseaux abattus sur de longues distances.

**NUANCES** Il existe différentes couleurs de robe en fonction du rôle du chien : épreuves de raid, travail, assistance et exposition. On note également un jaune plus foncé chez les sujets américains, en France toutes les nuances or ou crème, en Angleterre un crème léger.

# Setter gordon

**ORIGINE** Royaume-Uni
**HAUTEUR** 58 à 69 cm
**POIDS** 20,5 à 36 kg
**EXERCICE**
**TOILETTAGE**
**RECONNAISSANCE** KC, FCI, AKC
**COULEUR** Noir et feu

C'est un coureur endurant, élevé pour couvrir de longues distances sur les plateaux écossais, à la poursuite des grouses et des perdrix. Moins présent de nos jours comme chien de travail, il fait fureur dans les expositions et est très recherché comme compagnon.

**CHANGEMENT DE LOOK**
Connu dès le XVIe siècle en Angleterre et en Écosse, le setter gordon portait à l'origine une robe tricolore. Le blanc est aujourd'hui limité à une petite tache sur la poitrine.

## ORIGINE DE LA RACE

Le setter gordon excelle à l'arrêt (*set*, en anglais), et est doté d'un flair affûté. La race fut fondée par le duc de Richmond et Gordon, au début du XIXe siècle. La sophistication des armes à feu et le déclin de la population de perdrix au XXe siècle amenèrent les chasseurs à lui préférer les retrievers, meilleurs rapporteurs. Depuis, il occupe surtout une place de chien de compagnie. Loyal et docile, il peut être un peu remuant.

# Braque hongrois à poil court

**ORIGINE** Hongrie
**HAUTEUR** 56 à 61 cm
**POIDS** 22 à 28 kg
**EXERCICE**
**TOILETTAGE**
**RECONNAISSANCE** KC, FCI, AKC
**COULEUR** Châtaigne-or

Appelé rövidszörü magyar vizsla dans son pays, le braque hongrois à poil court a un peu délaissé le terrain de la chasse pour une vie plus paisible de chien de compagnie.

## ORIGINE DE LA RACE

Il est fait déjà mention de braques dressés pour la chasse au faucon au XIVe siècle. Appelée dans un premier temps chien de chasse jaune des Turcs, la race fut rebaptisée au XVIe siècle d'un mot d'ancien hongrois *vizsla* signifiant « chercher ». De nos jours, après avoir donné naissance à la version braque hongrois à poil dur, la race jouit d'une forte popularité chez elle comme à l'étranger.

**SILHOUETTE FAMILIÈRE**
Le vizsla fut employé au développement d'autres races à l'aspect similaire, notamment du braque allemand à poil court et du braque de Weimar. À leur tour, ces mêmes races servirent à régénérer le vizsla, dont l'effectif avait été sérieusement endommagé au XIXe siècle.

# Braque hongrois à poil dur

**ORIGINE** Hongrie
**HAUTEUR** 56 à 61 cm
**POIDS** 22 à 28 kg
**EXERCICE**
**TOILETTAGE**
**RECONNAISSANCE** KC, FCI, AKC
**COULEUR** Jaune

Cousin du braque hongrois à poil court, le drötzörü magyar vizsla est moins connu, même si sa popularité s'étend, notamment au Royaume-Uni, en Amérique du Nord et en Australie.

## ORIGINE DE LA RACE

Le braque hongrois à poil dur fut conçu au début du XXe siècle. Cherchant à concevoir un chien doté d'une robe plus épaisse et d'un bâti plus massif, capable de travailler par tous les temps, les éleveurs croisèrent le Vizsla avec le braque allemand à poil dur. Il est possible que certaines races de griffons, le pudelpointer et même le setter irlandais aient apporté leur contribution à la race. Excepté la robe, les deux variétés du braque hongrois sont identiques, présentant non seulement la même physionomie mais aussi le même caractère affectueux, doux, et joueur. De vrais chiens de famille !

**POIL COURT ET POIL DUR** La variété à poil dur est de nos jours considérée comme race à part entière, et même plus répandue que son cousin à poil court.

**SUCCÈS** Dénuée de sous-poil, la variété à poil dur n'est pas appropriée pour vivre en extérieur. Excellent rapporteur, la race semble toutefois davantage se diriger vers un destin de chien de compagnie.

# Setter irlandais rouge et blanc

**ORIGINE** Irlande
**HAUTEUR** 61 à 69 cm
**POIDS** 27 à 32 kg
**EXERCICE**
**TOILETTAGE**
**RECONNAISSANCE** KC, FCI, AKC
**COULEUR** Feu et blanc

Cette race, considérée comme le setter irlandais originel, donna le setter irlandais rouge. Un temps éclipsé par ce dernier, l'athlétique et énergique rouge et blanc a renoué peu à peu au fil des années avec la popularité, dans son pays comme à l'étranger.

## ORIGINE DE LA RACE

Avant le milieu du XIXᵉ siècle, quasiment toutes les races de chiens de chasse setters en Irlande portaient une robe rouge et blanche. Avec le développement des expositions canines, s'opposant au modèle en vigueur dans les épreuves de raid, les robes unies furent jugées plus esthétiques. Cette tendance fut également manifeste chez d'autres races de travail, le field spaniel et le springer anglais. Bientôt menacés de disparition, les sujets rouge et blanc furent heureusement sauvés par un homme d'église grand amateur de chiens, le révérend Noble Huston, du comté de Down, en Irlande du Nord.

À CHACUN SON CARACTÈRE Le setter rouge et blanc est un chasseur polyvalent, excellent au rapport comme à l'arrêt. Certains sujets font preuve de détermination, d'autres se montrent plus posés, mais tous sont affectueux, intelligents et débordent de vitalité.

# Setter irlandais rouge

**ORIGINE** Irlande
**HAUTEUR** 64 à 69 cm
**POIDS** 27 à 32 kg
**EXERCICE**
**TOILETTAGE**
**RECONNAISSANCE** KC, FCI, AKC
**COULEUR** Fauve-rouge

Également appelée tout simplement setter irlandais, la variété rouge, même si elle est la plus récente des neuf races canines natives d'Irlande, reste sans doute la plus courante.

## ORIGINE DE LA RACE

La robe unie émergea vers le XVIIIe siècle, mais ne réussit à s'imposer véritablement qu'au XIXe siècle. Conçu à partir de races d'épagneuls, de setters et de pointers, ce chien de chasse performant fait également un chien de recherche et d'assistance incomparable. Plus difficile à éduquer que d'autres chasseurs, il n'en est pas moins affectueux, doux et loyal comme compagnon.

**AU POIL** Chiots setters irlandais à robe à poil long et soyeux, couleur châtaigne. Un succès planétaire pour un chien doté de tous les talents.

# Épagneul d'eau irlandais

**ORIGINE** Irlande
**HAUTEUR** 53 à 61 cm
**POIDS** 20,5 à 29,5 kg
**EXERCICE**
**TOILETTAGE**
**RECONNAISSANCE** KC, FCI, AKC
**COULEUR** Brun noir

D'une physionomie totalement marginale au sein de la communauté des épagneuls, la race est la seule survivante des trois races de chiens d'eau autrefois répandues en Irlande.

## ORIGINE DE LA RACE

L'ancêtre du chien d'eau irlandais demeure anonyme, mais l'on évoque dans la création de la race l'apport de caniche, de barbet et de chien d'eau portugais. Leveur et rapporteur de talent, ce chien de travail fait aussi l'unanimité comme compagnon, à condition d'avoir un maître adepte des longues promenades. Son énergie peut toutefois rebuter, en dépit de son caractère aimant et loyal.

**TOUJOURS PRÊT**
À travailler et à se jeter à l'eau ! Ce chien adore le milieu aquatique, et c'est un nageur accompli qui a gagné dans les marécages son surnom de « Bogdog » (chien de marais).

# Braque italien

**ORIGINE** Italie

**HAUTEUR** 56 à 66 cm

**POIDS** 25 à 40 kg

**EXERCICE**

**TOILETTAGE**

**RECONNAISSANCE** FCI

**COULEUR** Blanc, blanc tacheté ou moucheté d'orange ou de châtaigne

Ce chien est très populaire dans son pays d'origine mais un peu moins à l'étranger. Certains le considèrent comme la race la plus ancienne des braques européens.

FAUVE ET BLANC

JAUNE ET BLANC

## ORIGINE DE LA RACE

Si cette race existe déjà au Moyen Âge, son origine exacte est inconnue. On suppose qu'elle est le résultat, comme le segugio italiano, d'un mélange de lévrier de course et de mastiff asiatique, ou de l'ancêtre du saint-hubert. Très à la mode durant la Renaissance, le braque italien fut le chien favori des Médicis, qui l'élevaient pour la chasse aux oiseaux au filet. Sa popularité accusa par la suite un sérieux déclin, jusqu'à passer tout près de l'extinction au début du xxe siècle. Depuis peu, il s'exporte aussi aux États-Unis, mais timidement. Reconnu officiellement au Royaume-Uni il y a vingt ans,

il ne compte encore qu'un effectif réduit, mais fait l'objet d'une véritable vénération pour ses aptitudes de chasseur autant que pour ses qualités de chien de compagnie.

## CRITÈRES DE RACE

Le braque italien se déplace à trot allongé, tête redressée et le nez haut, la truffe dépassant la ligne du dos à la chasse. Doux et affectueux, ce chien d'une loyauté à toute épreuve s'éduque facilement, mais peut parfois se montrer obstiné. Plein de vitalité, il lui arrive d'être un peu trop turbulent pour une vie en appartement et la compagnie des jeunes enfants.

**DEUX TYPES** Cette race compte deux types régionaux historiques, et même s'il n'existe qu'un seul standard de race, ces deux variantes sont encore d'actualité aujourd'hui. Les chiens piémontais sont plus légers de constitution, et plus clairs de robe, le braque lombard, quant à lui, est plus massif et porte un poil plus foncé.

# Petit chien hollandais de chasse

**ORIGINE** Pays-Bas

**HAUTEUR** 35 à 41 cm

**POIDS** 9 à 11 kg

**EXERCICE**

**TOILETTAGE**

**RECONNAISSANCE** KC, FCI, AKC

**COULEUR** Feu et blanc ; franges noires sur les oreilles

Kooikerhondje dans son pays d'origine, le petit chien hollandais de chasse au gibier d'eau fut sauvé de l'extinction par la baronne Van Hardenbroek Van Ammerstol après la Seconde Guerre mondiale.

## ORIGINE DE LA RACE

Cette race existe au moins depuis le XVIIe siècle, où elle pose fièrement sur des tableaux signés Rembrandt. Elle est élevée pour tenir un rôle similaire à celui du chien rouge de leurre anglais, aujourd'hui disparu, ou du retriever de la Nouvelle-Écosse, à savoir travailler patiemment mais en silence à rabattre les canards vers les chasseurs. Dans le cas du petit chien hollandais, il s'agissait non seulement de rabattre le gibier d'eau vers les fusils, mais surtout à l'intérieur d'une sorte de tunnel formé par les filets jetés sur un *kooi*, ou canal, dont l'extrémité était fermée après le passage des oiseaux. La race aujourd'hui n'en finit pas de gagner en popularité, même si son effectif est réduit du fait de problèmes de santé récurrents.

**LEURRE** La physionomie de la race est fonctionnelle. L'excellente visibilité du blanc agit comme un leurre. Certains petits chiens hollandais sont ainsi aujourd'hui encore utilisés pour leurrer les oiseaux, mais dans un but purement scientifique ou pour tester l'aptitude du chien.

**FONCEUR** Le petit chien hollandais est un hyperactif, agile et au tempérament joueur, il supporte par ailleurs très bien le froid et l'humidité. De caractère doux et sociable, surtout envers sa famille, il va par contre se montrer distant, voire bruyant, en présence d'inconnus.

# Labrador retriever

**ORIGINE** Canada
**HAUTEUR** 51 à 61 cm
**POIDS** 25 à 34 kg
**EXERCICE**
**TOILETTAGE**
**RECONNAISSANCE** KC, FCI, AKC
**COULEUR** Doré, chocolat, noir

Le labrador retriever est un chien de compagnie exceptionnel qui fait l'unanimité auprès du grand public.

NOIR          JAUNE          BRUN NOIR

## ORIGINE DE LA RACE

L'ancêtre du labrador retriever est le chien de Saint-Jones, précurseur du terre-neuve. Importé en Grande-Bretagne par les pêcheurs, ce chien était employé à ramener les filets sur le rivage. Les aptitudes de chien d'eau de la race sont aujourd'hui exploitées à rapporter le gibier d'eau en douceur. Baptisé labrador au début du XIXᵉ siècle, le retriever affirmait ainsi son origine canadienne et se distinguait de ses cousins, plus massifs et moins grands.

## CRITÈRES DE RACE

Son intelligence et sa nature docile ont élevé la race au premier rang des chiens d'assistance, et elle excelle par ailleurs comme chien renifleur ou encore en chien guide d'aveugle. Le chien dispose d'une faculté d'apprentissage étonnante; pour l'anecdote, certains savent glisser la carte bancaire de leur maître dans un distributeur automatique de billets! Chiens de famille gais et affectueux, doux et paisibles, ils font preuve d'une énergie sans limites… et d'un appétit féroce.

**TONS ET TENDANCES**
Les chiots arborant une robe brun et jaune furent finalement officiellement reconnus. Les variétés jaunes se sont par la suite éclaircies, jusqu'à devenir les crème clair d'aujourd'hui, les nuances « roux du renard » étant autorisées.

**COULEUR ORIGINALE**
Au tout début, la préférence allait au labrador retriever noir, mais les trois couleurs sont aujourd'hui également appréciées.

**QUE DU PLAISIR!** Comme pour toutes les races de sport, il existe des variétés distinctes pour l'exposition et le travail, les premières étant plus calmes que les secondes, qui ont davantage besoin de se dépenser.

# Grand épagneul de Münster

**ORIGINE** Allemagne
**HAUTEUR** 58 à 65 cm
**POIDS** 29 à 31 kg
**EXERCICE**
**TOILETTAGE**
**RECONNAISSANCE** KC, FCI, AKC
**COULEUR** Noir et blanc

Ce chien d'arrêt allemand de type épagneul a parfaitement réussi à s'exporter. Et s'il n'apparaît que rarement dans les expositions, c'est parce qu'il est très sollicité par les chasseurs qui apprécient ses multiples talents.

## ORIGINE DE LA RACE

Ce chien aurait une ascendance médiévale, mais aujourd'hui, la race que nous connaissons date du XIXᵉ siècle, et est issue de croisements également à l'origine des chiens d'arrêt allemands. Les croisements de sujets noirs et blancs avec des pointers à poil long firent émerger en 1920 une race distincte, baptisée tout exprès pour la distinguer du petit épagneul de Münster.

## CRITÈRES DE RACE

Les épreuves de raid montrent que la race doit encore évoluer pour faire ses preuves, ce qui ne saurait tarder car ce chien est extrêmement travailleur, très réceptif au dressage, et doté de réelles aptitudes non seulement à la traque, mais aussi à l'arrêt et au rapport. À la maison, il se comporte en compagnon sociable, calme et gentil avec les enfants et avec ses congénères.

**TRAITS DE RACE** La robe longue et dense permet au chien d'évoluer sans problème dans les couvertures végétales épaisses et lui procure une bonne isolation thermique. La tête doit afficher un noir uni, le reste du corps un poil tacheté ou moucheté.

# Retriever de la Nouvelle-Écosse

**ORIGINE** Canada

**HAUTEUR** 43 à 53 cm

**POIDS** 17 à 23 kg

**EXERCICE**

**TOILETTAGE**

**RECONNAISSANCE** FCI, AKC

**COULEUR** Rougeâtre ; uni ou marqué de blanc

Originaire de la côte est du Canada, le plus petit des retrievers appartient à la catégorie de chiens utilisés pour leur capacité à émettre des jappements évoquant le cri du canard.

ROUGE/FEU

JAUNE ET BLANC

## ORIGINE DE LA RACE

Les *tollers* sont dressés à provoquer la curiosité des canards en jouant au bord des rivières à rapporter les bouts de bois lancés par les chasseurs dissimulés. Le gibier d'eau intrigué par le manège finit invariablement par s'approcher… et le chasseur par tirer. Le retriever de la Nouvelle-Écosse rapporte alors les oiseaux tombés dans l'eau. La race naquit de croisements entre différents types de chiens de leurre importés au Canada par les colons britanniques. Calme et obéissant, ce chien est aussi un fabuleux compagnon de jeu qui adore se dépenser en pleine nature.

**PLEIN D'ARDEUR** Compact, mais de taille moyenne, il est doté d'une robe à poil imperméable mi-long, doublé d'un sous-poil doux et dense.

# Chien d'arrêt danois ancestral

**ORIGINE** Danemark

**HAUTEUR** 51 à 58 cm

**POIDS** 18 à 24 kg

**EXERCICE**

**TOILETTAGE**

**RECONNAISSANCE** FCI

**COULEUR** Blanc et brun

Le gammel dansk hønsehund, appelé aussi braque danois, est extrêmement populaire dans son pays et quasiment inconnu ailleurs, alors que c'est pourtant un chasseur hors pair doublé d'un compagnon affectueux.

## ORIGINE DE LA RACE

Elle est le fruit de croisements de chiens de chasse danois avec des braques latins importés du sud de l'Europe au XVIIe siècle. Au début du XVIIIe siècle, dans le nord du Danemark, Morten Bak procéda à des croisements de chiens tziganes, descendants probables de pointers, avec des chiens de ferme régionaux dérivés de chiens de chasse au flair. Il en résulta ce chien d'arrêt et de rapport, pisteur obstiné, compagnon loyal et affectueux. Comme la plupart des races de sa catégorie, le danois ancestral a besoin d'un maître adepte des longues promenades et du lancer de bâton.

**SURVIVANT** Robuste malgré son poil court et serré, ce chien est un sportif que rien n'arrête, ni la météo, ni les terrains difficiles, ni l'eau. Au bord de l'extinction après la Seconde Guerre mondiale, il est aujourd'hui l'une des races préférées des Danois.

# Braque de Burgos

**ORIGINE** Espagne
**HAUTEUR** 66 à 76 cm
**POIDS** 25 à 30 kg
**EXERCICE**
**TOILETTAGE**
**RECONNAISSANCE** FCI
**COULEUR** Foie et blanc

Le perdiguero de Burgos est l'ultime descendant d'une vieille race espagnole, et incarne un tournant dans l'histoire : l'évolution du chien de chasse au flair en chien d'arrêt.

## ORIGINE DE LA RACE

Ce chien résulterait d'un mélange entre le perdiguero de Navarro et le chien courant espagnol. La race survécut dans le nord de l'Espagne durant des siècles en tout petit effectif. Elle ne cesse aujourd'hui de gagner en popularité, le plus souvent utilisée à l'arrêt et au rapport des oiseaux et des lièvres, alors qu'elle était autrefois experte dans la chasse au gros gibier, comme le cerf. Doux, gentil, ce chien est obéissant une fois éduqué.

**POIDS LÉGER** Il a hérité du chien courant espagnol un nez fin et une peau élastique, mais non décollée. Il est plus léger qu'il n'en a l'air, très à l'aise sur terrain difficile.

# Braque portugais

**ORIGINE** Portugal
**HAUTEUR** 51 à 56 cm
**POIDS** 16 à 27 kg
**EXERCICE**
**TOILETTAGE**
**RECONNAISSANCE** FCI
**COULEUR** Jaune ou brun ; uni ou avec blanc

*Perdigueiro* signifie « chien de caille » en portugais. Ce chien d'arrêt a pour équivalent espagnol le perdiguero de Burgos.

ROUGE/FEU    FAUVE    JAUNE ET BLANC

## ORIGINE DE LA RACE

Elle demeure à ce jour incertaine, mais il semblerait que ce chien descende des chiens espagnols et qu'il soit par ailleurs l'ancêtre du pointer anglais. Réputé depuis le XIIIe siècle comme pisteur et chien d'arrêt, il fut d'abord utilisé dans la chasse au filet et au faucon, puis au fusil et comme rapporteur. Toujours très populaire au Portugal comme chasseur rusé et tenace, il fait un chien de famille affectueux et calme, mais il sera plus heureux comme chien de travail auprès d'un maître très actif.

**TENUE DE TRAVAIL** La robe présente un poil dense, de texture rêche, idéale comme tenue de protection. Le poil est plus court et de texture veloutée sur la tête et les oreilles.

# Braque saint-germain

**ORIGINE** France
**HAUTEUR** 54 à 62 cm
**POIDS** 18 à 26 kg
**EXERCICE**
**TOILETTAGE**
**RECONNAISSANCE** KC, FCI, AKC
**COULEUR** Blanc avec fauve

Rare hors de la région de Saint-Germain-en-Laye, avec chaque année à peine une centaine de rejetons déclarés, cette création royale demeure quasiment inconnue à l'étranger.

CHASSEUR NÉ Le braque saint-germain serait plus prévisible que le pointer, mais plus rapide que les autres braques français, avec un galop souple et équilibré. La race sert à la chasse et au rapport du faisan et du lapin.

## ORIGINE DE LA RACE

Les chiens de chasse orange et blanc existent en France depuis des siècles, comme les braques français. La Révolution française entama leur popularité, puis, au cours des années 1820, des braques locaux blanc et orange furent croisés avec des pointers anglais, cadeau du roi George IV. Les tensions politiques s'accentuant, ces chiens furent envoyés à Saint-Germain-en-Laye, qui donna son nom à la race. Les deux conflits mondiaux faillirent la rayer de la carte et aujourd'hui, elle ne survit que grâce à l'enthousiasme d'une poignée de passionnés.

## CRITÈRES DE RACE

Le braque saint-germain est un compagnon doux, loyal et affectueux. À la chasse, il fait preuve de vivacité et d'agilité sur tous les terrains, même s'il ne résiste pas au froid. Ces dernières années ont marqué un accroissement de la population, les éleveurs se concentrent sur le développement de ses aptitudes au travail, conscients de la nécessité d'injecter un sang neuf en provenance d'autres chiens d'arrêt.

FRANÇAIS
Il ressemble au pointer anglais, mais en plus léger, et sa robe orange et blanc est typiquement française. Une robe modérément truitée est tolérée.

# Petit épagneul de Münster

**ORIGINE** Allemagne
**HAUTEUR** 50 à 56 cm
**POIDS** 14 à 16 kg
**EXERCICE**
**TOILETTAGE**
**RECONNAISSANCE** KC, FCI, AKC
**COULEUR** Brun et blanc

Dite aussi petit Münsterländer, la race existe en deux variétés de tailles, fixées en Westphalie, en Allemagne. Ce chien n'est toutefois pas directement lié au grand épagneul de Münster et diffère de son cousin non seulement par la taille, mais aussi par son origine et sa couleur de robe.

## ORIGINE DE LA RACE

L'origine exacte du petit épagneul de Münster conserve certaines zones d'ombre. Au XIXᵉ siècle, le laxisme des lois sur la chasse et l'afflux de nouveaux chasseurs s'accompagnèrent en Allemagne d'une multiplication d'élevage de chiens d'arrêt et de rapporteurs. Des chiens de chasse polyvalents, les chiens d'Oysel, furent enregistrés à Münster. Mais il fallut quelques années de plus pour qu'un standard précisant ses caractéristiques soit établi. Aujourd'hui encore essentiellement employé à la chasse, ce chien fait un compagnon alerte et affectueux, épanoui au sein d'une famille active.

**ANCIENNE MODE** Élevé depuis les années 1920 en conformité à un standard rédigé par Friedrich Jungklaus, ce chien a gardé des caractéristiques jadis communes à tous les chiens de chasse européens.

**RARE** La race reste rare hors d'Allemagne. Seuls quelques sujets sont disponibles chaque année dans les différents pays d'Europe. Aux États-Unis, dès l'annonce d'une disponibilité, les chasseurs s'empressent de se manifester.

# Chien d'arrêt frison

**ORIGINE** Pays-Bas

**HAUTEUR** 48 à 55 cm

**POIDS** 19 à 25 kg

**EXERCICE**

**TOILETTAGE**

**RECONNAISSANCE** KC, FCI, AKC

**COULEUR** Noir, brun, ou orange, avec blanc

Appelé stabyhoun dans son pays, ce chien est un pisteur remarquable de type épagneul, aux arrêts fermes. En effet, *staby* signifie « arrêt », et *houn*, « chien ». Il reste rare en dehors des Pays-Bas.

FAUVE
ET BLANC

## ORIGINE DE LA RACE

Appartenant au patrimoine national hollandais, ce chien descend probablement d'épagneuls espagnols du XVIe siècle. Chien de chasse au service des fermiers, la race se distingue par sa docilité et sa polyvalence, ainsi que par ses réelles aptitudes de pisteur, d'arrêt et de rapporteur. Il a aussi sa place comme chien de compagnie, même si sa vitalité requiert un milieu familial actif.

SANTÉ La race jouit d'une santé et d'une constitution robustes. La queue à poil long et touffu n'est pas coupée. Même en présence d'un effectif relativement bas, les éleveurs renforcent les mesures pour éviter la consanguinité et tentent de remédier à un problème inné d'épilepsie.

# Sussex spaniel

**ORIGINE** Royaume-Uni

**HAUTEUR** 38 à 41 cm

**POIDS** 18 à 22,5 kg

**EXERCICE**

**TOILETTAGE**

**RECONNAISSANCE** KC, FCI, AKC

**COULEUR** Marron doré

Ce chien de type spaniel présente certaines caractéristiques propres à un chasseur, notamment sa façon de donner de la voix quand il suit une odeur. Il reste peu répandu en Europe.

## ORIGINE DE LA RACE

Elle fut conçue à la fin du XIXe siècle par M. Fuller, en quête d'un chien capable de travailler dans les sous-bois épais et broussailleux. Un terrain spécifique qui exigeait un chien relativement petit et qui sache se faire entendre pour indiquer sa position. L'aboiement n'étant alors pas un critère souhaitable chez les races de spaniels existantes, Fuller dut puiser pour sa sélection dans un vaste registre de chiens. Le sussex spa-

niel ne connut jamais réellement le succès et la race a quasiment disparu du Royaume-Uni. Aujourd'hui, ce chien jouit d'une certaine popularité aux États-Unis où il fait un compagnon affectueux, moins joueur cependant que ses semblables.

BAS ET LENT Court, le sussex spaniel a un dandinement caractéristique, et s'il n'est pas rapide, sa ténacité à la chasse est remarquable. Il doit être éduqué sans brusquerie.

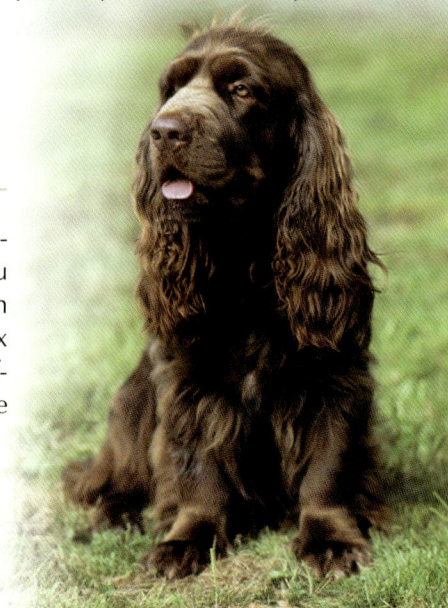

# Braque de Weimar

**ORIGINE** Allemagne
**HAUTEUR** 58 à 71 cm
**POIDS** 32 à 38,5 kg
**EXERCICE**
**TOILETTAGE**
**RECONNAISSANCE** KC, FCI, AKC
**COULEUR** Gris argenté

Le terme vorstehhund, « chien d'arrêt », s'est peu à peu détaché de cette race devenue aujourd'hui polyvalente, avec des individus aussi doués comme pisteur que comme rapporteur. On l'appelle parfois le fantôme gris, en raison de sa robe et de sa façon de se déplacer en silence.

## ORIGINE DE LA RACE

Le braque de Weimar est reconnaissable sur une œuvre du XVIIe siècle signée Van Dyck, époque où le chien était utilisé comme chasseur à la longe pour pister et stopper le gros gibier. Au début du XIXe siècle la race est plébiscitée par la cour de Charles-Auguste, grand duc de Saxe-Weimar-Eisenach, chasseur enthousiaste. Cette période est marquée par le déclin de la chasse au sanglier et au cerf, et on recherche davantage un chien d'arrêt pour la chasse au petit gibier. On procéda donc à des sélections et des croise-

ments de chiens de chasse avec des chiens d'oiseaux pour mettre au point la race.

## CRITÈRES DE RACE

Le braque de Weimar jouit du statut de chien de compagnie partout dans le monde. Un élevage intensif a conduit chez certaines lignées à l'émergence de défauts de caractère, comme l'agressivité et l'angoisse de la séparation. Mais en règle générale, le Weimar fait un compagnon alerte, intelligent et affectueux, mais plutôt réservé avec les inconnus.

**DEUX ROBES** Parallèlement à la robe à poil court, la plus répandue, il existe une variété à poil long et doux, légèrement ondulé.

**DOUBLE PERSONNALITÉ** Le surnom de fantôme gris lui vient de la couleur de sa robe mais aussi de son silence dans l'action, quand il chasse. En revanche, hors travail, le braque de Weimar déborde d'énergie et d'enthousiasme.

# Springer gallois

**ORIGINE** Grande-Bretagne
**HAUTEUR** 46 à 48 cm
**POIDS** 16 à 18 kg
**EXERCICE**
**TOILETTAGE**
**RECONNAISSANCE** KC, FCI, AKC
**COULEUR** Foie et blanc

Ce type épagneul plein d'énergie reste le springer anglais le moins populaire. Mais il remplit parfaitement les rôles de chasseur et de chien de compagnie.

## ORIGINE DE LA RACE

Le springer gallois accéda à la reconnaissance de part et d'autre de l'Atlantique au début du xxe siècle. Auparavant, le chien était assimilé au springer anglais, mais il s'agit bien de deux races distinctes. Le gallois est nettement plus léger et montre bien des similitudes avec l'épagneul breton. De plus, il manifeste une passion plus enthousiaste pour le milieu aquatique que la variété anglaise. À la différence d'un grand nombre d'autres races de chasse, il n'a pas évolué en lignées de travail et d'exposition, les mêmes chiens servant indifféremment sur les deux terrains. Quoique assez distant avec les inconnus, ce chien déborde d'affection et d'énergie envers sa famille.

**TYPE HISTORIQUE** L'existence de ce type de chien dès le xviiie siècle a été démontrée.

# Griffon d'arrêt à poil dur

**ORIGINE** France
**HAUTEUR** 56 à 61 cm
**POIDS** 22,5 à 27 kg
**EXERCICE**
**TOILETTAGE**
**RECONNAISSANCE** FCI, AKC
**COULEUR** Gris acier taché de brun, ou brun uni

Dite aussi korthals, du nom de son créateur, maître de chenil hollandais au xixe siècle, la race fut néanmoins déclarée française. La robe en fil de fer ne nécessite que peu d'entretien.

BRUN NOIR

## ORIGINE DE LA RACE

Cette race fut sélectionnée à la fin du xviie siècle par E. Korthals dans la province allemande de Hesse, en Allemagne, qui cherchait à mettre au point des braques allemands à poil court. L'homme travailla également au service du duc de Penthièvre, en France, où cette race fut adoptée. Importé aux États-Unis au début du xxe siècle, le griffon d'arrêt à poil dur déçut d'abord pour sa lenteur en terrain découvert, mais, la réduction des espaces dédiés à la chasse fit une place à ce chien docile et loyal, bien plus adapté à ces nouvelles configurations.

**RACE RUSTIQUE** Ce chien intelligent et affectueux, discret et posé à la maison, a besoin de beaucoup se dépenser.

BRAQUE DE WEIMAR (p. 262) Ce chien d'une rare élégance fait toujours son effet sur les terrains de chasse comme à la maison. Sa belle apparence lui permet d'être utilisé dans la publicité.

# LES CHIENS DE BERGER

L'une des caractéristiques du chien de berger
est sa nature robuste. Il fait preuve d'une énergie
considérable et d'une intelligence remarquable :
en effet, il doit anticiper les mouvements
de n'importe quel animal du troupeau dont il a la charge,
et savoir réagir en fonction. À ce jour, le membre
le plus réputé du groupe est le berger allemand.
Outre ses aptitudes au travail, ce chien a acquis
une solide réputation comme animal de compagnie
et jouit par ailleurs d'une excellente notoriété
dans les expositions canines. Il sait se rendre
tout aussi indispensable au service de la police
et des forces armées que des malvoyants.
De nombreuses races de bergers continuent
néanmoins d'être élevées exclusivement pour la gestion
des troupeaux, confinées pour beaucoup d'entre elles
sur leur terre natale.

BERGER BELGE (p. 272-273) Le tervueren, l'une des quatre variétés
de berger belge, se distingue de ses cousins par le type, la couleur
et la longueur de sa robe.

# Berger d'Anatolie

**ORIGINE** Turquie
**HAUTEUR** 70 à 80 cm
**POIDS** 41 à 64 kg
**EXERCICE**
**TOILETTAGE**
**RECONNAISSANCE** KC, FCI, AKC
**COULEUR** Toutes couleurs

Ce chien fut mis au point pour protéger les troupeaux. Race robuste, il supporte sans mal les étés caniculaires et les hivers glacials qui sévissent sur le plateau anatolien en Turquie.

NOIR    CRÈME    NOIR, BLANC ET FEU    BRINGÉ NOIR

## ORIGINE DE LA RACE

Il y a près d'un millénaire, de grands gardiens de troupeaux arrivèrent en Anatolie, amenés par des tribus turques venues d'Asie mineure. Issu de ces colons, le berger d'Anatolie présente des similitudes avec le chien de montagne des Pyrénées et le berger des Tatras. Il a conservé l'intelligence et le caractère possessif du gardien de troupeau.

## CRITÈRES DE RACE

Musclé, bien charpenté, rapide au besoin et endurant, ce chien a besoin de beaucoup se dépenser. Son instinct le pousse à défendre son foyer contre les inconnus, et s'il n'est pas prompt à l'attaque, une fois lancé, il ne lâche pas facilement, il faut donc rester vigilant. Il est nécessaire d'éduquer et de sociabiliser l'animal dès le plus jeune âge, car cette race a besoin d'un dominant et doit apprendre à se tenir à sa place. Il atteint sa maturité à quatre ans et dispose d'une longévité d'une dizaine d'années.

COULEUR La plus répandue est le fauve, et un masque noir, blanc et bringé est également courant. Le poil doux est mi-long à long, en fonction de la lignée, plus fourni au niveau du cou et de la queue.

HUMEURS Les oreilles traditionnellement coupées renforcent l'aspect imposant du chien, mais il est difficile d'analyser son humeur. Attachée haut, la queue du berger d'Anatolie est enroulée sur le dos; détendu, il la portera bas.

# Berger australien

**ORIGINE** Californie

**HAUTEUR** 45 à 58 cm

**POIDS** 16 à 32 kg

**EXERCICE**

**TOILETTAGE**

**RECONNAISSANCE** KC, FCI, AKC

**COULEUR** Bleu merle, noir, rouge merle, rouge ; avec ou sans taches blanches et fauve

Son nom ne l'indique pas, mais ce chien a été créé de toutes pièces aux États-Unis ! C'est pour cela qu'il est souvent appelé berger australien d'Amérique.

NOIR | NOIR ET BLANC | FEU ET BLANC | ROUGE/FEU | MOUCHETÉ BLEU AVEC FEU

## ORIGINE DE LA RACE

Au XIXe siècle, on chercha, dans les ranchs américains, un chien apte à travailler sous le torride climat californien. Parmi les races sélectionnées à l'origine se trouvaient des chiens d'Australie et de Nouvelle-Zélande, ainsi que des chiens venus de la région basque espagnole. Gardien de troupeau hors pair, la race excelle également comme chien de recherche et de secours, ainsi que comme renifleur dans la lutte contre le trafic de stupéfiants.

## CRITÈRES DE RACE

Robuste, intelligent et actif, le berger australien fait un chien de famille incomparable, mais il s'épanouira surtout à démontrer ses talents en épreuves d'agility et d'obéissance. L'ennui peut le rendre destructeur, et il risque d'exprimer son désarroi en mordillant les

**COULEURS** Chez les sujets à robe marquée de blanc, le poil autour des oreilles et des yeux devra être de couleur. Les poils blancs sont associés à des problèmes de vue et d'audition.

chevilles des uns et des autres comme il le ferait avec des moutons.

Sa robe à poil mi-long, droit à ondulé, ne requiert qu'un brossage occasionnel. Avec une durée de vie de 13 ans environ, ces chiens ne connaissent que peu de problèmes de santé. Cependant, comme chez d'autres races, le gène de la couleur merle est synonyme de risques d'affections auditives ou visuelles ; de plus, les rejetons de deux individus à queue écourtée pourront présenter une fragilité de la colonne vertébrale. Enfin, certaines lignées sont sujettes à la dysplasie de la hanche.

**ROBE** La robe est mi-longue à longue, le poil fourni à l'arrière des membres, et il possède une crinière et un jabot. La majorité des bergers australiens portent une queue naturellement courte, les autres sont traditionnellement écourtées.

# Colley barbu

**ORIGINE** Royaume-Uni
**HAUTEUR** 50 à 56 cm
**POIDS** 18 à 30 kg
**EXERCICE**
**TOILETTAGE**
**RECONNAISSANCE** KC, FCI, AKC
**COULEUR** Gris, noir, fauve, brun, uni ou avec blanc

Sa robe longue et son expression de douceur ne doivent pas abuser. Certes, le colley barbu est gentil et docile, mais c'est un animal plein de malice et d'énergie.

NOIR    CRÈME    GRIS    BRUN NOIR    NOIR ET BLANC

## ORIGINE DE LA RACE

Selon la légende, au début du XVIe siècle, un capitaine de navire polonais céda trois de ses chiens de troupeau polonais à un berger écossais contre un bélier et une brebis. Le colley barbu naquit des amours de ces chiens avec les races locales. La race a dû compter deux types de taille, la plus petite étant employée à garder les troupeaux dans les hauts plateaux, la plus massive œuvrant dans les plaines. Ces chiens sont décrits dans le registre des chiens d'Écosse paru à la fin du XIXe siècle comme lourdauds, rudes et dotés d'une texture de poil semblable à celle d'un paillasson. On y apprend cependant que le colley barbu pourrait avoir été impliqué dans la création du berger anglais ancestral.

La race faillit s'éteindre au début du XXe siècle et il fallut toute la passion d'une éleveuse britannique pour qu'elle amorce sa renaissance, après la Seconde Guerre mondiale. De nouveau officiellement reconnue dans les années 1960, la race telle que nous la connaissons aujourd'hui s'exporte dans le monde entier.

**AVEC LE TEMPS** Avec l'âge, la robe du colley change. Noir, bleu-gris, brun ou fauve à la naissance, elle s'éclaircit après un an en un gris ardoise ou un crème. À la maturité, elle s'assombrit pour atteindre un ton situé entre les deux.

**AMICAL** Une tête large, un museau court et des yeux bien écartés, débordant d'affection. La robe présente un poil long et hirsute, y compris au menton, avec une barbe fournie, typique de la race.

## Qu'est-ce qu'un colley?

Chez les Britanniques, le colley désigne un petit chien noir et blanc, que les Américains appellent colley à poil long. En français, le terme englobe toute une variété de chiens de berger, issus des hautes terres du nord de l'Angleterre et de l'Écosse. Le mot viendrait de l'écossais *col*, « noir », référence soit à la couleur du chien, soit à celle des moutons à tête noire ou d'un mot de celte ancien signifiant « utile ».

## CRITÈRES DE RACE

La robe, longue et rêche, exige un entretien régulier. Le poil de couverture dense et imperméable recouvre un sous-poil isolant et le colley barbu ne manquerait pour rien au monde sa promenade quotidienne. Réputée pour sa souplesse et son inépuisable énergie, la race est par ailleurs connue pour son tempérament enjoué, enthousiaste et malicieux. C'est le compagnon rêvé pour une famille. Intelligent, parfois forte tête, il se pliera volontiers au dressage et donnera le meilleur de lui-même en compétition. Même si elle est sujette à la dysplasie de la hanche, la race enfin jouit d'une bonne santé et d'une durée de vie d'environ 12 ans.

**CACHÉES** Attachées haut, les oreilles tombent très près de la tête, au point que chez un chien bien brossé il est impossible de les discerner sous le poil légèrement ondulé.

# Berger belge

**ORIGINE** Belgique

**HAUTEUR** 56 à 66 cm

**POIDS** 20 à 30 kg

**EXERCICE**

**TOILETTAGE**

**RECONNAISSANCE** KC, FCI, AKC

**COULEUR** Fauve avec masque ou charbonné, flammé noir

Sous cette étiquette, quatre variétés de chiens coexistent : le groenendael, le laekenois, le malinois et le tervueren. Autrefois gardien de troupeau, le berger belge a su élargir ses compétences.

NOIR  CRÈME  ROUGE/FEU  NOIR ET FEU

## ORIGINE DE LA RACE

Les chiens de berger se sont développés à partir de variétés locales sans faire l'objet d'un élevage, en raison de leur statut de chien de travail, et non de celui, plus prestigieux, de chien de chasse. À la fin du XIXe siècle, les éleveurs belges mirent au point une gamme de huit types bien spécifiques.

En 1891 eut lieu un rassemblement de 117 chiens parmi les meilleurs représentants des nombreuses races de berger dispersées à travers le pays, qui permit de procéder à une sélection des meilleurs sujets, puis le nouveau Club du chien de berger belge mit au point un standard de race avec trois variétés de robe, plus une quatrième reconnue

en 1897. Cependant, la race elle-même ne fut véritablement fixée que vers 1910. Les différents types et couleurs de robe du berger belge continuent de faire l'objet de vifs débats dans le cercle des experts, mais il n'y a en revanche aucune controverse en ce qui concerne la morphologie, le caractère et les compétences de la race.

**MALINOIS** Cette variété porte un poil court quasiment sur l'ensemble du corps, ras sur la tête et au bas des pattes. Le cou, l'arrière des cuisses et la queue sont frangés et fournis. La couleur est le fauve charbonné.

**LAEKENOIS** La robe est ici composée d'un poil dur et sec, sans panache au niveau de la queue. La couleur est le fauve, charbonné au niveau du museau et de la queue.

## CRITÈRES DE RACE

Le berger belge présente un tempérament docile et réceptif au dressage. Souvent employé auprès des forces de l'ordre, le tervueren montre en particulier des talents de renifleur exceptionnels. Étonnamment, le berger belge se plaît en appartement et se montre relativement calme comme chien d'intérieur, mais cela n'empêche pas son besoin de se dépenser au grand air. Le tervueren est sans doute le plus actif des quatre, mais tous manifestent le même enthousiasme à se rendre utiles.

Le groenendael reste le plus populaire, suivi du tervueren. Ces deux types parfois réputés un peu vifs sont moins adaptés que les autres comme chiens de compagnie. Le malinois à poil court, le plus léger, est moins répandu, mais le laekenois à poil bouclé demeure le plus rare. Tous présentent en tout cas une santé robuste, même s'ils sont sujets aux allergies cutanées, aux problèmes oculaires et à la dysplasie.

**TERVUEREN** Il est revêtu d'une robe à poil long fauve charbonné et d'un masque noir. Trois zones doivent présenter du noir : les oreilles, les paupières supérieures et les lèvres.

**GROENENDAEL** Ce type arbore un noir uniforme sans poil blanc. Le poil long et lisse recouvre l'ensemble du corps, formant une collerette et un jabot fournis.

# Berger de Bergame

**ORIGINE** Italie

**HAUTEUR** 56 à 61 cm

**POIDS** 26 à 38 kg

**EXERCICE** 🐕

**TOILETTAGE** ✂️

**RECONNAISSANCE** KC, AKC

**COULEUR** Unicolore ou taché de gris, noir, ou fauve ; quelques taches blanches admises

Similaire au briard français, cette race répond aux critères du bon chien de berger : des aptitudes cumulant la rapidité d'un chien de chasse et la puissance d'un chien de garde.

## ORIGINE DE LA RACE

Ce chien robuste et compact descend d'un type ancestral qui officiait il y a 2 000 ans dans les Alpes. Chien de garde, gentil avec les enfants, il peut se montrer dominant. Sa robe à longues mèches lui permet de résister au climat rigoureux des montagnes. La texture rêche de la robe, dite poil de chèvre, a tendance à former des amas et doit faire l'objet d'un bain régulier. Ce n'est pas un citadin.

**CHIOTS** La robe douce des chiots va à terme s'agglutiner en longues mèches, y compris en frange devant les yeux.

# Berger des Pyrénées

**ORIGINE** France

**HAUTEUR** 38 à 55 cm

**POIDS** 8 à 15 kg

**EXERCICE** 🐕

**TOILETTAGE** ✂️

**RECONNAISSANCE** KC, FCI

**COULEUR** Fauve, fauve ombré de noir, nuances de gris, arlequin, bringé, noir

Voici le plus petit des chiens de berger français : une petite boule d'énergie, toujours en éveil. Il existe sous deux variétés, le poil long et hirsute, et la version à face rase à poil mi-long.

NOIR  CRÈME  GRIS  BLEU  BRINGÉ NOIR

**FACE RASE** Moins protégé des frimas que son cousin à poil long, le berger à face rase ne s'adaptera pas pour autant aux climats chauds.

## ORIGINE DE LA RACE

Il fallut attendre le début du XX$^e$ siècle pour que la race soit reconnue. Le berger des Pyrénées à poil long porte une robe adaptée au travail en haute montagne. Le type face rase évolue quant à lui sur les contreforts pyrénéens comme chien de bouvier. Intelligent, réceptif au dressage, il adore les enfants. La race s'adapte à la vie en appartement, à condition de pouvoir se dépenser.

**TYPES** Il existait autrefois plusieurs types de bergers, chaque vallée possédant le sien, avec une robe et un aspect spécifiques.

# Border collie

**ORIGINE** Royaume-Uni

**HAUTEUR** 46 à 54 cm

**POIDS** 14 à 22 kg

**EXERCICE**

**TOILETTAGE**

**RECONNAISSANCE** KC, FCI, AKC

**COULEUR** Toutes couleurs unies ou panachées, jamais à dominante blanche

Ce chien intelligent et plein de vitalité mérite tous les éloges. Doté d'un maître actif et attentif, il s'épanouira sans peine, mais si le maître est absent ou peu actif, les problèmes s'accumuleront.

NOIR        CRÈME        GRIS        BLEU

## ORIGINE DE LA RACE

Conçue dans les paysages vallonnés des Borders, à la frontière entre l'Écosse et l'Angleterre, pour garder les troupeaux de moutons, la race jouit encore aujourd'hui d'une grande renommée pour ses aptitudes. Le border collie a été reconnu en 1915, mais il existe depuis le XVIIIe siècle.

C'est un chien d'une extrême intelligence, rapide et énergique. Le border collie est incontournable pour tous ceux que tentent les compétitions d'agility, ou aussi bien pour une famille tonique. D'un tempérament perfectionniste, le border collie est dévoué et très soucieux de plaire, donc réceptif au dressage. Un bémol pourtant, qui peut devenir un problème, son appétit insatiable d'exercice. Par ailleurs, laissé seul une grande partie de la journée en semaine, le chien va s'ennuyer, dé-

primer et exprimer sa tristesse en devenant destructeur. Privé d'attention, il réagira même en mordillant ici et là les chevilles de quiconque s'avisera d'approcher la maison.

ASPECT Si toutes les couleurs sont admises et qu'il existe une variété dite face rase, le border collie le plus répandu reste le sujet noir et blanc à poil long et dense, très isolant, mais nettement plus court chez le chiot.

## Champion

La race incarne à elle seule l'alternative rêvée aux concours un peu statique de beauté canine. Le border collie va se donner en effet à 200 % sur tous les parcours, tunnel, slalom, palissade, balançoire, mais aussi en classe d'obéissance comme en épreuves de raid. Quiconque envisage d'adopter un border collie devrait se demander s'il pourra suivre le rythme.

# Bouvier des Ardennes

**ORIGINE** Belgique

**HAUTEUR** 56 à 64 cm

**POIDS** 18 à 27 kg

**EXERCICE**

**TOILETTAGE**

**RECONNAISSANCE** FCI

**COULEUR** Toutes couleurs sauf blanc; souvent mélange de gris, noir et fauve

NOIR  GRIS

Dit aussi bargeot, le bouvier des Ardennes est un chien travailleur et efficace, rustique, au poil hirsute et dur, et qui doit à sa moustache et à sa barbiche une mine un peu rébarbative.

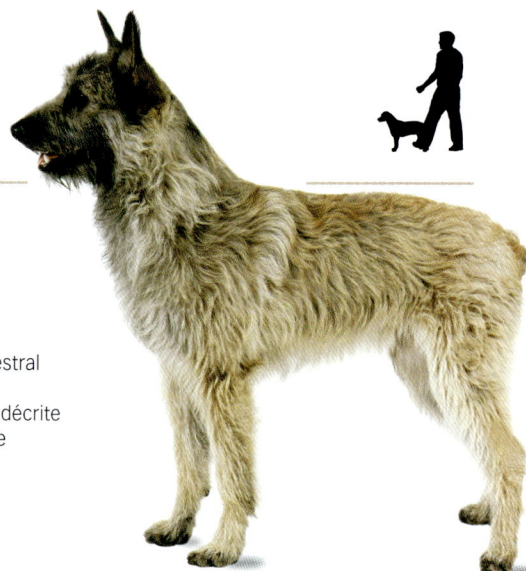

## ORIGINE DE LA RACE

Ce chien œuvre depuis des siècles en tant que conducteur de bestiaux. Suite à la raréfaction des exploitations laitières en Belgique, la race faillit disparaître, mais elle fut régénérée dans les années 1990. Il tient beaucoup du border collie, plein d'énergie, travailleur infatigable, et il a besoin de beaucoup se dépenser.

**TRAVAILLEUR** Gardien ancestral des troupeaux de bovins et de cochons, la race était décrite à la fin du XIXᵉ siècle comme un grand berger à poil dur.

**À LA DURE** Le bouvier des Ardennes se caractérise par une forte ossature, une musculature exceptionnelle et une tête puissante. Des qualités héritées de son emploi à des tâches rustiques, en terrain hostile et sous climat extrême.

# Bouvier des Flandres

**ORIGINE** Belgique

**HAUTEUR** 58 à 68 cm

**POIDS** 27 à 40 kg

**EXERCICE**

**TOILETTAGE**

**RECONNAISSANCE** KC, FCI, AKC

**COULEUR** Toute une gamme de tons unis

CRÈME  GRIS  ROUGE/FEU

Le bouvier des Flandres est le plus célèbre des gardiens de troupeaux belges. Proche de l'extinction, supplanté par les bétaillères, il doit sa survie à quelques éleveurs de bonne volonté.

## ORIGINE DE LA RACE

La race existait sans doute déjà au XVIIᵉ siècle. Elle servit comme chien de secours et agent de liaison durant la Première Guerre mondiale. Elle œuvre aujourd'hui au service des forces de l'ordre et comme chien guide. Calme et gentil avec les enfants, il lui arrive de se montrer dominant et requiert une éducation ferme.

**CHARPENTÉ** C'est le plus massif et le plus puissant des bouviers. Le poil de couverture, le sous-poil et la barbe doivent faire l'objet d'une coupe régulière.

# Briard

**ORIGINE** France
**HAUTEUR** 58 à 69 cm
**POIDS** 34 à 34,5 kg
**EXERCICE**
**TOILETTAGE**
**RECONNAISSANCE** KC, FCI, AKC
**COULEUR** Fauve, gris, ou noir

Voici une célébrité du pays de Brie, qui a su s'exporter avec le succès qu'elle mérite. Elle était jadis confondue avec le beauceron, dont elle était une variété, le « poil de chèvre ».

CRÈME          GRIS          FAUVE

## ORIGINE DE LA RACE

Réputé comme chien de berger depuis des siècles, il pourrait résulter de croisements entre deux autres races françaises, le beauceron et le barbet à poil long, toutes deux employées à améliorer sa physionomie, lorsque sa popularité explose, au milieu du XIXe siècle. Enrôlé par l'armée française pendant la Première Guerre mondiale, le briard servit comme agent de liaison, chien de garde et de recherche des soldats blessés. Aujourd'hui, le briard est un compagnon très apprécié, qui conti-nue par ailleurs d'exercer son métier de berger, de chien de police et de secours.

## CRITÈRES DE RACE

Les éleveurs ont travaillé à rendre le briard mieux adapté à un rôle de chien de compagnie. Socialisé dès le plus jeune âge, il fait un bon gardien et un chien de famille alerte, compagnon de jeu rêvé des adolescents. Laissé seul trop longtemps, il risque de laisser son instinct de dominant reprendre le dessus et se montrer territorial.

**COSTAUD** La taille et le poids de la race ont des implications à la fois sociales et sanitaires. Un briard peut bousculer un jeune enfant, et par ailleurs la race est sujette à la dysplasie de la hanche.

**GRAND AIR** Même s'il sait se montrer posé à la maison, le briard a besoin de beaucoup d'exercice pour maintenir son mental et son physique en bonne condition.

# Catahoula

**ORIGINE** États-Unis
**HAUTEUR** 50 à 66 cm
**POIDS** 18 à 45 kg
**EXERCICE**
**TOILETTAGE**
**RECONNAISSANCE** AKC
**COULEUR** Noir, feu, chocolat, bleu et rouge merle, jaune, blanc ; tacheté et/ou bringé

Le Louisiana Catahoula Leopard Dog doit son nom à une région de Louisiane. Sa robe mouchetée lui vaut le surnom de « chien léopard ». C'est un gardien de troupeau et un chien de chasse.

BLEU

NOIR ET FEU

MERLE Ce spécimen bleu merle présente un œil bleu, dit vairon. Comme pour d'autres races, cette coloration implique certaines complications sur le plan auditif.

DRESSAGE Très sportif, têtu, le catahoula requiert un maître expérimenté et ferme, qui sache lui manifester de l'attention et l'accompagner dans l'exercice. En l'absence de dominant, le chien peut devenir agressif.

## ORIGINE DE LA RACE

Des archives signalent son introduction en Louisiane par les colons au XVIᵉ siècle, mais des vestiges archéologiques laisseraient entendre que la race aurait pu être domestiquée il y a 7 000 ans. Historiquement, le catahoula travaillait en équipe à rassembler les cochons et les bovins égarés dans les marécages, mais il est tout aussi compétent à traquer le raton laveur. Relativement rare de nos jours, il bénéficie du soutien d'une poignée d'éleveurs qui organisent des expositions et des épreuves d'obéissance.

## CRITÈRES DE RACE

Le catahoula n'est pas adapté à un environnement urbain ou à une vie de famille. Intelligent mais obstiné, il reste un chien de travail dans l'âme, plus épanoui en extérieur, au sein d'un espace sécurisé. Bon gardien, il supporte mal la solitude.

# Berger catalan

**ORIGINE** Espagne

**HAUTEUR** 45 à 55 cm

**POIDS** 17,5 à 19 kg

**EXERCICE**

**TOILETTAGE**

**RECONNAISSANCE** FCI

**COULEUR** Mélange de fauve, brun rougeâtre, gris, noir et blanc

Intelligent et tonique, ce chien rustique originaire de Catalogne porte dans sa province le nom de gos d'atura català, et celui de perro de pastor catalán dans le reste de l'Espagne.

NOIR  CRÈME  ROUGE/FEU  BRINGÉ NOIR

## ORIGINE DE LA RACE

Conçue pour guider et garder les moutons dans les Pyrénées, la race se propagea au XVIIIe siècle à l'ensemble de la Catalogne, mais ne réussit jamais à s'imposer sur la scène internationale. D'une remarquable intelligence, ce chien apprend vite ; il sait aussi faire preuve d'initiative et affirmer son indépendance. En tant que chien de compagnie, il se montre dévoué et peut même s'adapter à la vie en appartement. Dans l'ensemble la race affiche une santé robuste et une excellente espérance de vie.

**MUE** Le long poil rude de cette race rustique opère une mue en deux phases. Première touchée, la partie antérieure du chien, qui semble alors s'être dédoublé.

# Berger du Caucase

**ORIGINE** Russie

**HAUTEUR** 64 à 75 cm

**POIDS** 45 à 70 kg

**EXERCICE**

**TOILETTAGE**

**RECONNAISSANCE** KC, FCI, AKC

**COULEUR** Zones de gris de diverses nuances, terre, blanc, brun rougeâtre, bringé ou taché

Cette race, sans doute la plus populaire de la région, est officiellement enregistrée dans son pays sous le nom de kavkazskaïa ovtcharka.

CRÈME  GRIS  ROUGE/FEU  BRINGÉ NOIR

## ORIGINE DE LA RACE

Connu depuis six siècles, ce chien bien charpenté se caractérise par son caractère volontaire et courageux. Employé comme défenseur de troupeaux, il ne convient pas à la vie de famille, ni à un environnement urbain et à la cohabitation avec d'autres animaux domestiques. Doté d'une santé robuste, avec une excellente espérance de vie, il est sujet à la dysplasie de la hanche, à l'obésité et aux problèmes cardiaques.

**DEUX TYPES** Ce grand chien du Caucase à poil long a un équivalent en plaine, plus léger et à poil court. La coupe des oreilles, autrefois systématique, tend aujourd'hui à disparaître.

# Berger d'Asie centrale

**ORIGINE** Russie et Asie centrale

**HAUTEUR** 60 à 70 cm

**POIDS** 36 à 50 kg

**EXERCICE**

**TOILETTAGE**

**RECONNAISSANCE** FCI, AKC

**COULEUR** Blanc, noir, gris, brun-gris, rouille, paille, parfois bringé, taché ou tacheté

De nationalité russe, enregistré sous le nom de stredneasiatskaia ovtcharka, ce chien est présent dans différentes régions d'Asie centrale, ce qui explique les variétés inhérentes à la race.

NOIR  CRÈME  GRIS  NOIR ET BLANC  BRINGÉ NOIR

## ORIGINE DE LA RACE

Ce chien massif bâti pour protéger les troupeaux est sans doute l'une des races les plus anciennes du continent. Elle est apparentée aux anciens types de molosses asiatiques, dont sont issues de très nombreuses races similaires en Europe. Courageux en cas de conflit, méfiant à l'égard des inconnus, ce chien ne convient pas à une vie de famille ni à un milieu urbain. La race est aujourd'hui sur le déclin.

**BAGARREUR** Sa constitution massive lui confère une allure lourde et courte. Les oreilles et la queue étaient coupées pour prévenir les blessures au travail ou au combat.

# Chien de berger croate

**ORIGINE** Croatie

**HAUTEUR** 40 à 50 cm

**POIDS** 13 à 16 kg

**EXERCICE**

**TOILETTAGE**

**RECONNAISSANCE** KC, FCI, AKC

**COULEUR** Noir, avec ou sans marques blanches

Connu sous le nom de hrvaski ovcar, ce berger accompli se trouve dans les régions du nord de la Croatie, à la frontière avec la Hongrie. La race pourrait être liée au berger hongrois mudi.

NOIR  NOIR ET BLANC

## ORIGINE DE LA RACE

Ce chien doté d'oreilles droites et d'une robe noire à poil bouclé fut décrit pour la première fois en 1374. Ses ancêtres émigrèrent probablement de Grèce ou de Turquie quelques siècles plus tôt. De santé robuste, parfaitement adapté à une existence active, ce chien peut parfois se montrer destructeur, voire mordant avec les enfants et les inconnus, et trop bruyant pour vivre en ville.

**ROBE BOUCLÉE** Cette race de taille petite à moyenne, alerte et intelligente, se distingue par la qualité de son poil. Court sur la tête et les membres, long et doux, ondulé voire bouclé partout ailleurs.

# Berger hollandais

**ORIGINE** Pays-Bas

**HAUTEUR** 55 à 63 cm

**POIDS** 29,5 à 30 kg

**EXERCICE**

**TOILETTAGE**

**RECONNAISSANCE** KC, FCI, AKC

**COULEUR** Brun plus ou moins intense ou bringé gris, de préférence avec masque noir

Cette race, nommée hollandse herdershond dans son pays, ne doit pas être confondue avec le schapendoes, parfois aussi appelé berger hollandais. Ce dernier, originaire du sud des Pays-Bas, est bien plus proche sur le plan géographique et génétique du berger belge.

## ORIGINE DE LA RACE

Cette race dynamique, connue dès le XIXᵉ siècle, fit l'objet au début du XXᵉ siècle d'une classification entre trois variétés de poil: court, long et dur. Enregistrée comme chien de berger, la race démontra par le passé ses multiples talents de chien de travail. De nos jours, le berger hollandais se rend utile à diverses tâches, notamment dans les rangs de la police et des forces de sécurité. Il est aussi ap-

précié pour son tempérament joueur et loyal comme chien de compagnie, au sein d'une famille active. Il demeure pourtant rare dans son pays et quasiment inconnu partout ailleurs.

**STYLES DE ROBE** Les trois variétés de robe (ici, un poil court) peuvent expliquer le défaut de popularité de ce chien comme race à part entière. Toutes les robes ont un poil rude et imperméable.

# Bouvier de l'Entlebuch

**ORIGINE** Suisse

**HAUTEUR** 48 à 50 cm

**POIDS** 25 à 30 kg

**EXERCICE**

**TOILETTAGE**

**RECONNAISSANCE** FCI, AKC

**COULEUR** Tricolore

Il existe quatre races de bouviers (sennenhund en Suisse), qui présentent tous une taille différente: l'Appenzell, le bernois et le grand bouvier suisse et le bouvier de l'Entlebuch. Ce dernier est le plus petit, mais arbore la même robe tricolore.

## ORIGINE DE LA RACE

Les races de ferme suisses ne furent pas officialisées avant le XIXᵉ siècle, leur origine reste donc des plus obscures. Il semblerait que le type ne soit pas étranger aux molosses romains. Sauvé de l'extinction par des éleveurs passionnés, l'Entlebuch est populaire dans son pays natal, mais presque inconnu partout ailleurs. Facile à vivre, intelligent et d'une santé robuste, ce chien risque de s'étioler en milieu urbain.

**DRÔLE DE QUEUE** À l'origine, cette race était confondue avec l'Appenzell, plus massif. La distinction s'est ensuite imposée sur la base de la queue fréquemment écourtée de l'Entlebuch.

# Berger finnois de Laponie

**ORIGINE** Finlande

**HAUTEUR** 43 à 54 cm

**POIDS** 27 à 30 kg

**EXERCICE** 🐎

**TOILETTAGE** ✂

**RECONNAISSANCE** FCI, AKC

**COULEUR** Noir, gris, brun foncé, marques blanches sur le cou, le poitrail et les pattes

Le lapinporokoira, en finlandais, chien rustique de garde et de berger, est originaire du nord de la Laponie où le peuple Sami l'utilisait pour garder les troupeaux.

| | | | |
|---|---|---|---|
| NOIR | BRUN NOIR | GRIS | JAUNE ET BLANC |

## ORIGINE DE LA RACE

Des chiens de ce type veillaient déjà sur les troupeaux de rennes il y a plusieurs siècles, et, au XVIIIe siècle, le naturaliste Linné mit en avant ses qualités, insistant sur le fait que sans eux, les rennes se disperseraient. Jusqu'au siècle dernier, le berger finnois de Laponie fut assimilé au chien finnois de Laponie. De nos jours, il voit sa survie menacée par le déclin des troupeaux de rennes et le développement des scooters des neiges.

Autrefois berger autant que chien de compagnie des tribus nomades, le berger finnois de Laponie s'adapte bien à une existence domestique. Parce qu'il donne de la voix avec enthousiasme, il n'est pas fait pour vivre en zone urbaine, et il a besoin de se dépenser à loisir. Il fera en outre un bon chien de garde.

**VIF** La race est réputée pour sa nature docile. Le berger finnois de Laponie apprend vite, retient bien, et fait preuve d'un certain zèle.

**ROBE NORDIQUE** Ce berger de taille moyenne de type spitz présente un corps allongé, une ossature et une musculature solides, mais sans jamais paraître lourd. La robe est adaptée au climat nordique, avec un poil de couverture long, fourni et raide, et un sous-poil fin et dense.

# Berger allemand

**ORIGINE** Allemagne
**HAUTEUR** 55 à 65 cm
**POIDS** 22 à 40 kg
**EXERCICE** 🐆
**TOILETTAGE** 🍴
**RECONNAISSANCE** KC, FCI, AKC
**COULEUR** Noir, gris, noir avec brun rougeâtre, brun ; marques jaunes à gris clair

La race a entre autres tâches servi comme soldat et joué la star à Hollywood. Le berger allemand a donné naissance à deux autres races, le berger de shiloh et le berger blanc suisse.

NOIR    GRIS    BRUN NOIR    NOIR ET FEU

**D'UN STANDARD À L'AUTRE**
Les standards de race ont évolué avec le temps, reconnaissant les spécimens plus petits, dotés d'un poil plus court et plus foncé.

## Berger de police

Le berger allemand servit dans l'armée lors de la Première Guerre mondiale et fut ramené dans leur patrie par les soldats britanniques et américains. Depuis, la race n'a cessé de prouver son intelligence et sa réceptivité au dressage, devenant un précieux auxiliaire des forces de l'ordre.

## ORIGINE DE LA RACE

On date généralement l'apparition du berger allemand aux années 1890, résultat de croisements réalisés par Max von Stephanitz, maître de Horand von Grafrath, le mâle fondateur, réputé pour compter parmi ses proches ascendants un croisement avec un loup. Une sélection rigoureuse de bergers de Thuringe légua à la race ses oreilles droites et son aspect lupoïde, et on employa pour leur tempérament et leur rapidité des bergers de Wurtemberg.

## CRITÈRES DE RACE

L'Amérique du Nord abrite aujourd'hui une race de berger distincte, le berger blanc américain, très différent des lignées européennes. Les chiens d'utilité résultent pour la plupart de lignées d'Europe de l'Est. Troubles digestifs et dysfonctionnement de la hanche demeurent un problème récurrent en dépit des efforts des meilleurs éleveurs. Bon chien de famille, le berger allemand doit néanmoins faire l'objet de vigilance.

**TOUJOURS PRÊT** Ses caractéristiques physiques donnent l'impression d'un chien alerte et toujours prêt à l'action.

BERGER ALLEMAND (p. 283) Le tempérament des chiots
dépend d'un travail de socialisation précoce et des origines
de la lignée. Certains sujets ont souffert de croisements
inconsidérés réalisés pour répondre à la demande du marché.

# Berger de Nouvelle-Zélande

**ORIGINE** Nouvelle-Zélande

**HAUTEUR** 50 à 60 cm

**POIDS** 25 à 36 kg

**EXERCICE**

**TOILETTAGE**

**RECONNAISSANCE** Néant

**COULEUR** Toutes couleurs

La race, dite huntaway, présente une originalité : le chien aboie pour rassembler quelques-uns des 45 millions d'ovins que compte la Nouvelle-Zélande et dont il a la charge.

NOIR

BRINGÉ NOIR

TRAVAIL D'ÉQUIPE Un élevage d'ovins ou de bovins profite généralement des services de cinq huntaways. Ces chiens peuvent travailler une journée entière sans fatigue et s'écarter jusqu'à 1,6 km du berger pour rabattre les bêtes

## ORIGINE DE LA RACE

Pour la plupart, les chiens de berger importés du Royaume-Uni vers la Nouvelle-Zélande accomplissaient leur tâche de conducteurs de moutons en silence, mais il arrivait qu'un chien donne de temps à autre de la voix. Cette particularité intrigua les bergers qui entreprirent des croisements à partir de chiens aboyeurs. Le labrador noir, le border collie et le berger allemand entrèrent parmi d'autres races au sein de leur sélection. Deux types de chiens émergèrent alors : ceux qui conduisaient les moutons et ceux qui les rabattaient et les rassemblaient pour les ramener, ces derniers étant les plus endurants. De plus en plus aujourd'hui, le huntaway démontre ses talents lors des épreuves de raid.

## CRITÈRES DE RACE

Rares hors de la Nouvelle-Zélande, ces chiens ne bénéficient à ce jour d'aucune reconnaissance officielle. Le plus souvent trop bruyant pour faire un bon chien de compagnie, le berger de Nouvelle-Zélande s'ennuierait à mener une existence oisive.

LA TÊTE D'ABORD Le huntaway se présente sous plusieurs couleurs et types de robes. En réalité, ce chien est surtout élevé pour sa santé robuste et ses aptitudes au travail.

# Berger d'Islande

**ORIGINE** Islande
**HAUTEUR** 31 à 41 cm
**POIDS** 24 à 26 kg
**EXERCICE**
**TOILETTAGE**
**RECONNAISSANCE** FCI, AKC
**COULEUR** Blanc avec nuances de feu à rouge, chocolat, gris ou noir

Ce petit spitz plein de tonus, l'unique race native d'Islande, dit aussi berger islandais, est reconnu dans son pays natal sous le nom de islenkur fjarhundur.

FAUVE

NOIR ET BLANC

JAUNE ET BLANC

## ORIGINE DE LA RACE

Les ancêtres de la race arrivèrent en Islande il y a plus d'un millénaire avec les premiers colons vikings, et ce chien de berger a en effet conservé quelque chose du buhund norvégien. Rapidement, ces chiens devinrent indispensables aux fermiers qui devaient survivre dans un milieu hostile. Une note datant de 1650 évoque « un type de chien ressemblant au renard » originaire d'Islande, dont certains représentants furent importés pour devenir très vite populaires auprès des bergers britanniques. À la fin du XIXᵉ siècle, la race manqua de disparaître, quasiment décimée par une épizootie de maladie de Carré, avant de frôler de nouveau l'extinction au siècle dernier. Aujourd'hui, la population en Islande semble stable, avec un effectif d'environ 200 bergers islandais de pure race.

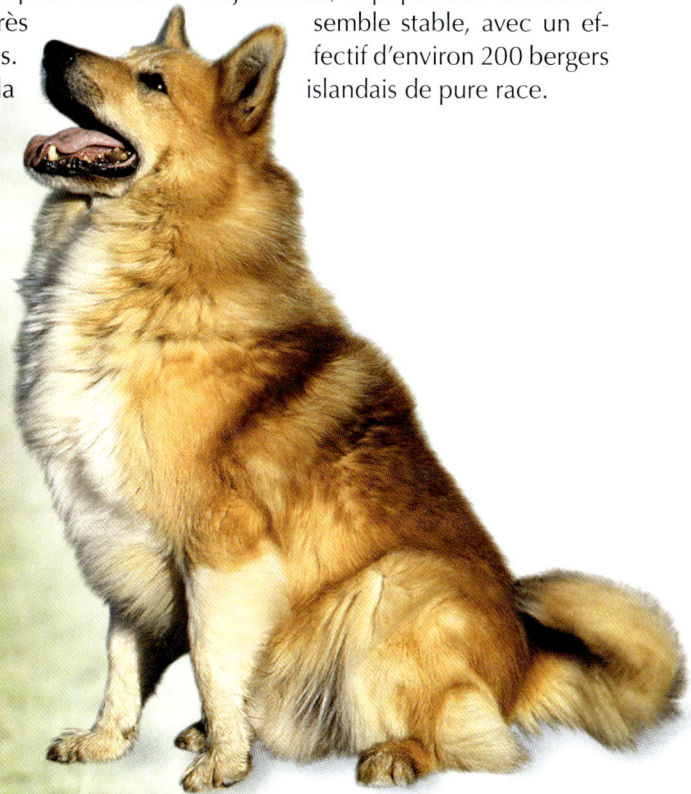

**ADAPTATION** Il existe deux types de robes, poil court et poil long, tous deux denses et extrêmement isolants. Les doubles ergots aux membres postérieurs sont particulièrement recherchés.

**TRAVAILLEUR** Élevé pour montrer sur le terrain agilité et robustesse, ce type spitz est sûr de lui, apte à travailler seul avec le troupeau, en donnant régulièrement de la voix, ce qui le rend inapte à une existence citadine.

## Berger du Karst

**ORIGINE** Slovénie

**HAUTEUR** 54 à 65 cm

**POIDS** 25 à 42 kg

**EXERCICE**

**TOILETTAGE**

**RECONNAISSANCE** FCI

**COULEUR** Gris ou sable, avec masque noir et gris, sable, ou fauve clair sur la tête

Reconnu sous le nom de kraski ovcar dans son pays, le berger du Karst existe aussi en France sous l'appellation berger d'Istrie.

### ORIGINE DE LA RACE

Ces gardiens de troupeaux massifs, descendants de molosses asiatiques, existent depuis des siècles dans le sud-est de l'Europe. Le type accéda officiellement à la légitimité au XXe siècle, sous le nom de berger d'Illyrie, avant de faire l'objet d'une nouvelle classification en 1968, qui distingua le berger du Karst et le berger de charplanina comme deux races historiques distinctes. Depuis peu, il fréquente les expositions européennes. Un caractère vaillant, une réelle méfiance à l'égard des inconnus et une forte tendance à défendre sa maison contre tout nouveau venu, autant de qualités qui le rendent impropre à la vie de famille ou comme compagnon urbain.

HARMONIE Ce chien montre des proportions harmonieuses, une santé robuste, et un maintien plein de fierté. Son trot est élégant et élastique.

## Komondor

**ORIGINE** Hongrie

**HAUTEUR** 65 à 90 cm

**POIDS** 40 à 60 kg

**EXERCICE**

**TOILETTAGE**

**RECONNAISSANCE** KC, FCI, AKC

**COULEUR** Ivoire

C'est la plus grande mais aussi la plus connue des races de bergers hongroises, sans doute en raison de son aspect. Le komondor est également l'une des seules races issue de ce pays à apparaître sur les registres internationaux.

### ORIGINE DE LA RACE

Fixée depuis plusieurs siècles, et issue des molosses importés dans la région il y a plus d'un millénaire, cette race de berger impressionne par son gabarit et sa forte charpente. La robe présente un poil touffu et feutré, long et ondulé ou cordé, qui nécessite un entretien régulier. Gardien vigilant, le komondor s'impose davantage en tant que chien de campagne que comme chien urbain.

VISIÈRE La frange arborée par la race ne constitue pas un handicap, mais sert à protéger les yeux en filtrant les rayons du soleil.

# Lancashire-heeler

**ORIGINE** Royaume-Uni
**HAUTEUR** 25 à 30 cm
**POIDS** 3 à 6 kg
**EXERCICE**
**TOILETTAGE**
**RECONNAISSANCE** KC, FCI, AKC
**COULEUR** Noir et feu, foie et feu

Également connue sous l'appellation ormskirk heeler, la race a hérité une partie de son nom de sa tendance à mordiller et à pincer quand cela s'avère nécessaire le talon (*heel*, en anglais) du bétail qu'il a sous sa garde.

## ORIGINE DE LA RACE

Avant la mécanisation, le Royaume-Uni comptait d'innombrables races de heelers. Presque toutes s'éteignirent au cours du xxe siècle, dont le lancashire-heeler. La race actuelle, encore rare, est en fait une recréation mise au point à partir du welsh corgi pour le type et du Manchester-terrier pour la couleur. Jamais employé dans son rôle historique, ce chien montre un tempérament alerte proche de celui du terrier.

Compagnon dynamique et vif, gardien bruyant, il n'est pas le plus réceptif au dressage, et sa manie du mordillement le rend incompatible à la cohabitation avec les jeunes enfants.

**ALERTE** Petit mais costaud, ce chien présente une physionomie alerte et tonique, avec sa queue attachée haut recourbée sur le dos et son allure affairée et allègre.

# Berger de la Maremme et des Abruzzes

**ORIGINE** Italie
**HAUTEUR** 60 à 73 cm
**POIDS** 30 à 45 kg
**EXERCICE**
**TOILETTAGE**
**RECONNAISSANCE** KC, FCI, AKC
**COULEUR** Blanc

La race est originaire du centre de l'Italie. Il semblerait qu'il ait autrefois existé deux races, une abruzzes à poil long et une maremme à poil court, mais depuis cinquante ans elles ne font plus qu'une.

## ORIGINE DE LA RACE

Elle appartient à un groupe de bergers blancs qui s'étend du kuvasz de Hongrie jusqu'au berger des Pyrénées. Tous ces types descendent de bergers asiatiques parvenus en Europe il y a plus d'un millénaire qui se répandirent progressivement à l'ouest. Le maremme est l'un des plus petits spécimens du type, qui hors de ses frontières reste encore rare. Ce chien est un vrai berger, et sa vigilance et sa vivacité en font un excellent gardien. Il reste farouchement indépendant. Les éleveurs britanniques ont d'ailleurs travaillé, avec succès, à mettre au point des individus dotés d'un tempérament plus en accord avec l'idée que l'on se fait du chien de compagnie.

**TENUE DE MONTAGNE** La robe est longue et fournie, d'une texture rêche, imperméable, et doublée d'un sous-poil dense en hiver.

# Mudi

**ORIGINE** Hongrie

**HAUTEUR** 36 à 51 cm

**POIDS** 8 à 13 kg

**EXERCICE**

**TOILETTAGE**

**RECONNAISSANCE** FCI, AKC

**COULEUR** Noir, bleu merle, gris, fauve, brun

Rare, cette race hongroise ne jouit pas encore du même prestige que le puli, le komondor ou le pumi. Très alerte, mais réceptif au dressage, ce chien mérite cependant un plus large public.

NOIR        GRIS

## ORIGINE DE LA RACE

Le type mudi est le résultat, entre le XVIII^e et le XIX^e siècle, de croisements entre bergers hongrois et races allemandes, mais sa conformation ne fut fixée qu'au début du XX^e siècle. D'autre part, il fallut attendre 1930 pour que le docteur Dezso Fenyest établisse la distinction entre mudi, puli et pumi.

**PHYSIQUE** La tête cunéiforme et les oreilles dressées viendraient d'une influence récente de chiens allemands de type spitz. Ses yeux légèrement effilés donnent à ce chien une expression un peu casse-cou. Selon le standard, la race se caractérise par un pas trottinant.

## CRITÈRES DE RACE

Alerte, très intelligente, cette race rustique et avide d'apprendre est employée comme chien de ferme, mais aussi comme chien de recherche et de secours en Finlande. Le mudi est adapté aussi à un rôle de chien domestique, et ce malgré une tendance à manifester bruyamment son enthousiasme et un besoin important en exercice physique et mental. C'est probablement à son aspect brut et sans superflu, ainsi qu'à son histoire sans noblesse que la race doit de n'être pas davantage appréciée.

# Buhund norvégien

**ORIGINE** Norvège
**HAUTEUR** 41 à 46 cm
**POIDS** 24 à 26 kg
**EXERCICE** 🐕
**TOILETTAGE** ✂
**RECONNAISSANCE** KC, FCI, AKC
**COULEUR** Froment, rouge, noir

Cette race alerte et énergique, appelée berger norvégien, est surtout connue comme chien de ferme et de chasse, mais son nom (venant de *bu* qui signifie « berger ») dévoile d'autres qualités.

NOIR    ROUGE/FEU    FAUVE

## ORIGINE DE LA RACE

Le terme générique buhund existe depuis plusieurs siècles. Le type actuel demeura largement ignoré jusqu'au début du xxᵉ siècle, lors de la première exposition réservée au buhund, dans les années 1920, à Jaeren. La variété la plus aboutie esthétiquement se serait développée dans cette région côtière du sud-ouest de la Nor-vège, et l'élite de ces chiens aurait servi à la fondation de la race. Le buhund s'est par la suite exporté avec succès, notamment en Australie – au climat pourtant radicalement différent –, comme chien de troupeau. Le buhund officie avec le même talent au service de la police et comme chien d'assistance.

## CRITÈRES DE RACE

Ce chien loyal s'impose comme l'une des races de type spitz les plus réceptives au dressage. Sa vive intelligence explique son caractère obstiné. Bon gardien, patient, il peut être laissé seul. De santé robuste, son espérance de vie est d'une dizaine d'années; il peut avoir des problèmes héréditaires au niveau des yeux et de la hanche.

**TYPE SPITZ** Cette race compacte d'ossature légère a tout du spitz, oreilles droites, expression alerte, pieds ovales et nets, queue attachée haut enroulée sur le dos. Imperméable, le poil de couverture est dur et couché, le sous-poil doux et laineux.

# Berger anglais ancestral

**ORIGINE**  Royaume-Uni

**HAUTEUR**  56 à 60 cm

**POIDS**  29,5 à 30 kg

**EXERCICE**

**TOILETTAGE**

**RECONNAISSANCE**  KC, FCI, AKC

**COULEUR**  Gris, bleu,
avec marques blanches

Connue sous le nom de bobtail (« queue écourtée »), la race du berger ancestral anglais cache sous sa physionomie de peluche toute la loyauté et l'affection du chien de compagnie.

GRIS

BLEU

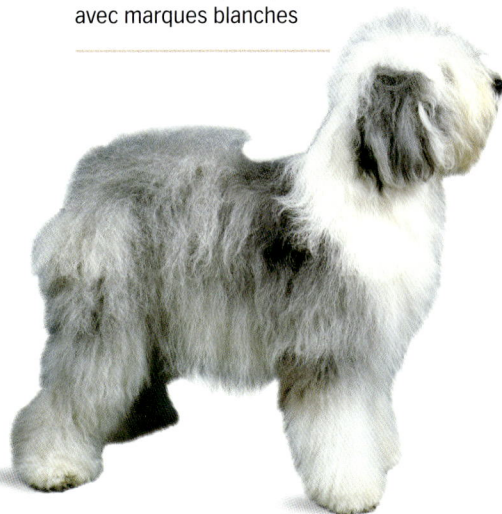

## ORIGINE DE LA RACE

Issu de premières sélections effectuées au XIXe siècle, menées dans le sud-ouest de l'Angleterre, il semblerait que l'anglais ancestral descende de races continentales, du briard notamment, ou même du berger polonais de plaine, ou encore du lévrier écossais. À ses débuts chien au tempérament agressif, il est devenu grâce aux sélections un chien de famille docile, et un excellent gardien.

**HIRSUTE** Trapu et musclé, de santé robuste, il présente un mouvement en roulis. Une coupe mensuelle est nécessaire.

# Berger polonais de plaine

**ORIGINE**  Pologne

**HAUTEUR**  41 à 51 cm

**POIDS**  14 à 16 kg

**EXERCICE**

**TOILETTAGE**

**RECONNAISSANCE**  KC, FCI, AKC

**COULEUR**  Toutes couleurs

Enregistré dans son pays sous le nom de polski owczarek nizinny, le berger polonais de plaine jouit aujourd'hui d'une réelle popularité en Pologne et partout en Europe.

NOIR

CRÈME

GRIS

BLEU

NOIR
ET BLANC

## ORIGINE DE LA RACE

Elle remonte au moins au Moyen Âge, et serait le résultat de croisements probables entre des bergers asiatiques à poil cordé importés dans la migration de peuplades vers l'ouest, il y a plus d'un millénaire. Ce chien est un bon compagnon, mais ne nécessite pas moins, comme toutes les races de bergers, beaucoup d'exercice pour se maintenir en bonne santé et garder le moral.

**PUISSANCE ET HARMONIE**
La double robe fournie est superbe à condition de faire l'objet d'un brossage soigné. Grâce à une qualité de poil hautement isolant, cette race est parfaitement adaptée au grand froid mais ne supporte pas les climats chauds. Tout dans la morphologie, de la truffe à la queue, est fort, carré, compact.

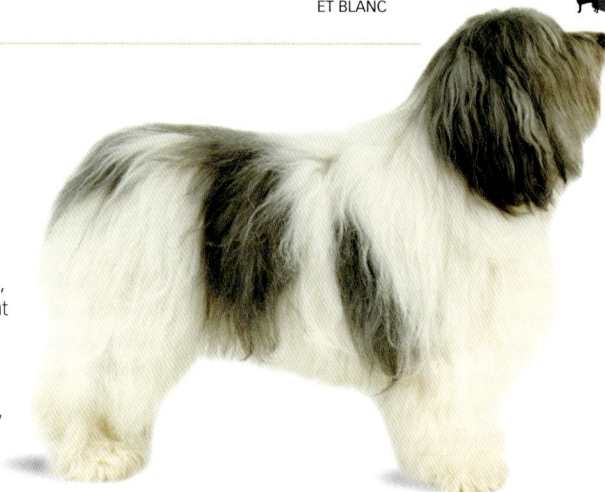

# Puli

**ORIGINE** Hongrie

**HAUTEUR** 36 à 45 cm

**POIDS** 10 à 15 kg

**EXERCICE**

**TOILETTAGE**

**RECONNAISSANCE** KC, FCI, AKC

**COULEUR** Noir, noir avec nuances rouille ou grises, fauve avec masque noir, blanc

Ce petit chien vif et alerte, berger historique, est la plus connue des races hongroises. Il a réussi sa reconversion en chien de compagnie, sans doute aidé par sa robe spectaculaire.

NOIR    CRÈME    JAUNE

## ORIGINE DE LA RACE

Ses ancêtres sont sans doute parmi ces grands gardiens de troupeaux venus en Hongrie avec les Magyars. On préférait alors les chiens noirs, faciles à repérer parmi les moutons. Le puli se distingua très vite par ses talents de conducteur de troupeaux, le komondor, plus massif, servant quant à lui à la garde du bétail. De nos jours chien de compagnie docile et bon gardien, il aime les épreuves d'obéissance.

**ROBE CORDÉE**
Une fois le poil de couverture séparé en fines cordelettes, pas besoin de brossage quotidien, mais en revanche un bain régulier suivi d'un séchage s'impose. Le puli s'adapte à de nombreux climats et montre un vrai talent de nageur, ce qui lui vaut le nom de chien d'eau de Hongrie.

# Pumi

**ORIGINE** Hongrie

**HAUTEUR** 36 à 45 cm

**POIDS** 10 à 15 kg

**EXERCICE**

**TOILETTAGE**

**RECONNAISSANCE** KC, FCI, AKC

**COULEUR** Noir, nuances de gris, brun, blanc

Avec sa queue recourbée et ses oreilles en pompon, le pumi arbore une physionomie plutôt enjouée, que vient confirmer un tempérament fougueux et alerte.

NOIR    GRIS    BRUN NOIR

## ORIGINE DE LA RACE

Enregistré en 1815, le pumi descend du puli et de chiens allemands de type spitz, ainsi que de terriers. Un métissage audacieux dont le résultat est un chien plein d'énergie, formidable conducteur de gros bétail, doté d'une persévérance inépuisable. La race fait un excellent gardien, et est bien adaptée à la vie citadine. Il ne convient pas aux personnes souhaitant un compagnon paisible et posé.

**TOUFFE** Cette race expressive ne passe jamais inaperçue. On entretient à la main le poil mi-long, bouclé ou ondulé.

BERGER ANGLAIS ANCESTRAL (p. 292) Chiot ou chien, le bobtail aime le confort, mais va se dépenser sans compter une fois dehors. Il conservera son tempérament joueur tout au long de sa vie.

# Berger roumain des Carpates

**ORIGINE** Roumanie

**HAUTEUR** 59 à 73 cm

**POIDS** 36 à 50 kg

**EXERCICE**

**TOILETTAGE**

**RECONNAISSANCE** FCI, AKC

**COULEUR** Nuances de fauve clair avec noir, avec ou sans marques blanches

Il existe trois types de berger roumain, dont deux sont enregistrés par la FCI sous le nom de ciobanesc romanesc. Le troisième type, bucovina, n'est pas encore reconnu.

FAUVE

FAUVE ET BLANC

## ORIGINE DE LA RACE

Le type Carpates du berger roumain, autrefois appelé zavod, émergea spontanément dans le sud de la Roumanie. À l'image de nombreuses races de bergers, le type demeura dans l'ombre jusqu'au XXe siècle où, en 1931, on décida de faire du chien de berger roumain le plus représentatif une race nationale : ce fut ce descendant de chiens venus de l'Est. En 1934, des chiens de troupeaux originaires de Rucar faisaient l'objet du tout premier standard du type, rédigé en ces termes : « une sorte de berger des Carpates gris archaïque ».

Modifié, réactualisé et remanié, le standard aboutit à la fin du XXe siècle à la dilution de la race en toute une gamme de couleurs. Les éleveurs voulurent ramener le type à ses racines, et vers 2002, un standard bien plus rigoureux prit le relais, fondé sur la description

**LOUP** La race est conçue pour développer une constitution et une tête lupoïdes, en accord avec la description originale rédigée en 1930. Au XXe siècle, elle tendait à évoluer vers le type plus lourd du molosse.

tion originale. Aujourd'hui encore, ces éleveurs passionnés continuent de travailler à l'amélioration du berger des Carpates, en recourant à des chiens de la région d'origine. La race néanmoins demeure encore rare.

## CRITÈRES DE RACE

Malgré sa grande taille, la race est aussi agile que vigoureuse. Chien de garde loyal et courageux, il se montre à la maison équilibré et calme, compagnon idéal au sein d'une famille, et de plus en plus citadin dans son pays.

# Berger roumain de Mioritza

**ORIGINE** Roumanie

**HAUTEUR** 65 à 75 cm

**POIDS** 45 à 65 kg

**EXERCICE**

**TOILETTAGE**

**RECONNAISSANCE** KC, FCI, AKC

**COULEUR** Blanc, gris, blanc et noir, blanc et gris

Enregistré par la FCI sous le nom de ciobanesc romanesc, jadis connu sous le nom de Barac, le berger roumain de Mioritza est l'autre type de berger roumain.

GRIS

NOIR ET BLANC

## ORIGINE DE LA RACE

On ne sait pas avec précision à quel moment ce chien fit son apparition en Roumanie. Serait-il arrivé avec les Celtes il y a 2 000 ans ? Il semble plus probable qu'il ait été utilisé par les peuples turcs il y a environ un millénaire. La race présente une forte ressemblance avec le berger polonais de plaine et les types russes ovtcharka. Chien de grande taille, musclé et agile, mais jamais lourd, le berger roumain se développa naturellement pour donner le type que nous connaissons aujourd'hui.

## CRITÈRES DE RACE

Décrit dans son standard comme un chien vigoureux et impressionnant, le Mioritza présente une physionomie hors normes qui a sans aucun doute contribué à l'explosion de sa popularité, dans son pays natal comme ailleurs. Réputé comme excellent chien de troupeau, le Mioritza est loyal et courageux. Calme et équilibré, il fait un incomparable chien de compagnie pour une famille. Néanmoins, élevé pour défendre son troupeau, il peut se montrer méfiant à l'égard des inconnus. Exercice et entretien de la robe requièrent un réel engagement de la part du maître.

DU MUSCLE Le standard de la race évoque les aspects musculeux de la race, une constante chez tous les types de bergers roumains. La robe est constituée d'un poil long, rêche et abondant, court et plat au niveau de la tête et sur l'intérieur des membres.

# Colley à poil long

**ORIGINE** Royaume-Uni

**HAUTEUR** 50 à 60 cm

**POIDS** 18 à 30 kg

**EXERCICE**

**TOILETTAGE**

**RECONNAISSANCE** KC, FCI, AKC

**COULEUR** Sable, sable et blanc, bleu merle, tricolore

C'est l'une des races les plus populaires au monde, trop élégante pour le dur labeur de gardien de troupeau, même si elle en conserve les aptitudes.

BLEU

NOIR, BLANC ET FEU

## ORIGINE DE LA RACE

Longtemps simple chien de berger écossais, il existait en deux variétés : poil long et poil court, plus rare. Il était alors plus petit qu'aujourd'hui, doté d'une robe moins touffue et d'un museau plus court. Des croisements avec des barzoïs créèrent un chien plus grand, plus élancé, aujourd'hui indissociable de la célèbre Lassie.

## CRITÈRES DE RACE

Son intelligence en fait un chien de secours et d'assistance très recherché, sa loyauté et sa gentillesse un des chiens de compagnie préférés du public. Attention aux problèmes inhérents à la race, notamment une anomalie au niveau des yeux et une fragilité des hanches.

**QUESTION DE ROBE** Le colley à poil long est actif et a besoin de beaucoup se dépenser ; l'entretien de sa robe exige énormément d'entretien. En Europe, le colley à poil long et le colley à poil dur sont reconnus comme deux races distinctes, en revanche, ils ne forment qu'une seule race aux États-Unis.

# Berger de Charplanina

**ORIGINE** Région des Balkans

**HAUTEUR** 56 à 60 cm

**POIDS** 25 à 36 kg

**EXERCICE** 🐕

**TOILETTAGE** ✂️

**RECONNAISSANCE** FCI, AKC

**COULEUR** Noir, gris, feu, ou blanc, uni ou panaché

Sarplaninac, chien de berger yougoslave ou encore berger d'Illyrie, le standard de la FCI ne manque pas d'appellations pour désigner le berger de Charplanina.

| NOIR | GRIS | ROUGE/FEU | NOIR, BLANC ET FEU |
|------|------|-----------|--------------------|

## ORIGINE DE LA RACE

Il semble que la race soit apparue dans les Balkans, à 2 700 m d'altitude, il y a plus de 2 000 ans, avant même le berger du Karst. Les conflits successifs qui ont agité les Balkans ont fortement entamé son effectif sur sa terre natale, mais la race a su s'exporter aux États-Unis, où elle est plébiscitée pour ses qualités de berger ainsi que de gardien. Elle n'est pas adaptée à la vie de famille ni à un environnement urbain.

GRAND AIR La robe touffue isolante et le type « molosse » destinent la race à une vie en plein air. Chien de garde vigilant et courageux, le charplanina, foncièrement non agressif, chaleureux envers ses maîtres, ira à la confrontation s'il sent son territoire menacé.

# Schapendoes néerlandais

**ORIGINE** Pays-Bas

**HAUTEUR** 40 à 50 cm

**POIDS** 14,5 à 15,5 kg

**EXERCICE**

**TOILETTAGE**

**RECONNAISSANCE** FCI

**COULEUR** Toutes couleurs

Le berger des Pays-Bas, parfois surnommé « does », est un gabarit léger, déborde d'énergie et de malice. Gardien de troupeau historique, il s'est aujourd'hui reconverti en chien de compagnie.

NOIR        GRIS        BLEU        NOIR ET BLANC

## ORIGINE DE LA RACE

On ne dispose d'aucun document mentionnant avec précision l'émergence de la race faisant partie des nombreux chiens de berger locaux. Il semblerait que le schapendoes soit apparenté au schafpudel allemand, aujourd'hui disparu, et à d'autres races à poil long comme le briard, au berger polonais de plaine, au bergamasque et au berger anglais ancestral.

Au cours de la Seconde Guerre mondiale, un éleveur nommé Toepel réunit quelques spécimens rescapés du type au bord de l'extinction. Après la guerre, un club vit le jour et c'est dans les années 1970 que la race fut finalement fixée et le livre des origines clos, fermé à tout croisement ultérieur en dehors de la lignée. En dépit de son caractère sociable et de sa santé robuste, la race demeure cependant rare, y compris dans son pays.

## CRITÈRES DE RACE

Le standard du schapendoes évoque une personnalité gaie, attentive et loyale, qualités idéales pour un chien de compagnie, d'autant que la race se montre sociable envers ses semblables et gentille avec les enfants. Comme la plupart des races de bergers, le schapendoes a besoin de beaucoup d'exercice et de stimulation pour garder le moral. Coureur plein d'endurance, il se révèle aussi un sauteur remarquable, franchissant apparemment sans effort tous les obstacles. À condition de pouvoir lui offrir la possibilité de se dépenser sans compter tous les jours, il s'adaptera parfaitement à la vie citadine. Enfin, sa robe à poil long et dense nécessite un entretien quotidien pour conserver son volume.

**TROMPEUR** Sous l'abondance de poils hirsutes se cache en réalité un petit chien, bien moins massif qu'il n'y paraît, d'où ses performances en vitesse et en saut, et une remarquable agilité.

# Berger des Shetland

**ORIGINE** Royaume-Uni

**HAUTEUR** 35 à 37 cm

**POIDS** 6 à 7 kg

**EXERCICE**

**TOILETTAGE**

**RECONNAISSANCE** KC, FCI, AKC

**COULEUR** Sable, noir et blanc, noir et feu, tricolore, bleu merle

Ressemblant à un colley à poil long en réduction, la race jouit d'une grande popularité, autant comme chien de compagnie que dans les expositions.

NOIR · NOIR ET BLANC · NOIR ET FEU · NOIR, BLANC ET FEU

## ORIGINE DE LA RACE

Autrefois appelé berger nain écossais, le berger des Shetland est la copie en miniature du colley à poil long qui s'expliquerait par des croisements de colleys à poil long avec des chiens plus petits. L'un de ces croisements concerne sans doute la race aujourd'hui éteinte du yakin islandais, importé par des pêcheurs. La race, fixée au XVIIIe siècle, était alors utilisée pour rassembler et garder les troupeaux de moutons shetland. Il occupera cette fonction exclusive jusqu'au XXe siècle, quand il suscita l'intérêt des éleveurs qui le firent reconnaître officiellement, en 1919.

## CRITÈRES DE RACE

Gentil envers les enfants, amical avec ses congénères, il fait un compagnon idéal et un bon chien de ville. Mais derrière son élégance se cache un esprit vif et curieux. Très réceptif au dressage, le berger des Shetland montre d'excellentes aptitudes pour la conduite du bétail, mais sait aussi pister et garder. Par ailleurs, il est l'une des meilleures races en épreuves d'obéissance. Il est capital de l'occuper à différentes activités pour qu'il ne sombre pas dans l'ennui et se montre destructeur. La race est de santé robuste malgré quelques problèmes oculaires héréditaires possibles.

**BROSSAGE** Un brossage régulier est primordial, après humidification du poil afin de faciliter l'opération. Le sous-poil dense et isolant fait l'objet d'une mue deux fois par an, périodes où le brossage s'avère plus que nécessaire.

# Berger de shiloh

**ORIGINE** États-Unis
**HAUTEUR** 70 à 80 cm
**POIDS** 36 à 59 kg
**EXERCICE**
**TOILETTAGE**
**RECONNAISSANCE** Néant
**COULEUR** Noir, nuances de noir et de crème à rouge, uni ou taché ; blanc

C'est une version géante du berger allemand, conçue comme un hommage aux racines lupoïdes de la race, qui reste rare, même aux États-Unis.

NOIR    CRÈME    BRUN NOIR

## ORIGINE DE LA RACE

Dans les années 1970, l'éleveur de bergers allemands Tina Barber décide de mettre au point des spécimens conformes aux premiers standards de la race, des chiens grands, aux yeux noirs, intelligents, de santé robuste et équilibrés. Elle instaura ensuite un standard distinct pour le berger de shiloh, du nom de son chenil. Depuis, de multiples associations rivales ont vu le jour, attirées par ce « dérivé » très lucratif d'une race éminemment populaire. La démarche de Tina Barber se fonde sur des exigences rigoureuses, et elle redoute que les principaux registres ne s'y conforment pas ; de ce fait, les amateurs se verraient forcés à une enquête fastidieuse pour savoir exactement ce qu'ils achètent.

**CHIEN-LOUP** La parenté du berger allemand est vague, mais semble avoir englobé des hybrides loups. Le shiloh revendique sa teneur lupoïde par d'autres aspects.

# Berger slovaque

**ORIGINE** Slovaquie
**HAUTEUR** 55 à 70 cm
**POIDS** 30 à 45 kg
**EXERCICE**
**TOILETTAGE**
**RECONNAISSANCE** FCI
**COULEUR** Blanc

C'est un chien de montagne typique, originaire des hautes vallées des Tatras, dans les Carpates. La race porte différents noms, cuvac de Slovaquie mais aussi tatras cuvac, le terme slovaque *cuvac* (« entendre ») désignant sa nature de gardien vigilant.

**MONTAGNARD**
Une forte ossature et un épais pelage, deux atouts essentiels pour survivre dans les conditions hostiles des massifs d'Europe centrale. Un gabarit impressionnant, similaire à plusieurs égards au Kuvasz hongrois.

## ORIGINE DE LA RACE

Acteur majeur de l'économie rurale des monts Tatras, ce chien alerte, courageux et vigoureux sert depuis au moins le XVIIe siècle comme gardien, guide et protecteur des troupeaux contre les ours et les loups. La race doit sa survie après la Seconde Guerre mondiale aux efforts du docteur Hruza. Ce chien n'est pas réellement fait pour une vie de famille ou le milieu urbain.

# Colley à poil court

**ORIGINE** Royaume-Uni

**HAUTEUR** 50 à 60 cm

**POIDS** 18 à 30 kg

**EXERCICE**

**TOILETTAGE**

**RECONNAISSANCE** KC, FCI, AKC

**COULEUR** Sable, sable et blanc, bleu merle, tricolore

En Europe, le colley à poil court et le colley à poil long sont considérés comme deux races distinctes, à la différence des États-Unis.

CRÈME

BLEU

NOIR, BLANC ET FEU

## ORIGINE DE LA RACE

Au plus fort de la mode du colley à poil long, dans les années 1860, il arrivait que des portées présentent des chiots à poil court. Puis, en 1873, naquit un mâle tricolore à poil court, nommé Trefoil, qui fut considéré comme le père fondateur de la race actuelle. Dans les années 1950, Solo of Sheil, superbe colley à poil court importé aux États-Unis, se tailla en quelque sorte une place d'étalon, apparaissant sur le pedigree de la plupart des colleys à poil court américains, ainsi que sur quelques autres à travers le monde.

## CRITÈRES DE RACE

Le colley à poil court manifeste les mêmes loyauté, intelligence et vigueur que son équivalent à poil long. À la séparation des races cependant, la personnalité de la race divergea elle aussi. Ainsi, le colley à poil court se montre nettement plus réservé, parfois aussi certains spécimens se montrent un peu accrocheurs. Élevé en effectif réduit comparativement au poil long, mieux vaut néanmoins prendre toutes les précautions avant d'acquérir un chiot, les problèmes oculaires et les affections de la hanche étant récurrents chez le poil court.

HISTORIQUE Les premières lignées de colleys d'exposition, croisées avec des barzoïs, se séparèrent des lignées de travail. Depuis, le colley à poil court ne s'est guère écarté de sa physionomie du XIXe siècle, tandis que la robe du colley à poil long est devenue plus abondante.

# Berger de Russie méridionale

**ORIGINE** Russie
**HAUTEUR** 63 à 90 cm
**POIDS** 50 à 75 kg
**EXERCICE** 🐕
**TOILETTAGE** 🖌🖌🖌
**RECONNAISSANCE** KC, FCI, AKC
**COULEUR** Blanc, blanc et jaune, paille, gris, blanc et gris, tacheté de gris

Dite aussi youjak de Crimée, ou ioujnorousskaïa ovtcharka dans son pays, cette race au caractère équilibré et déterminé exerce depuis des siècles ses talents de berger et de gardien.

## ORIGINE DE LA RACE

Pour certains, la race descendrait de chiens barbus évoluant dans la région à la Préhistoire. D'autres prétendent que les chiens de berger européens importés au XVIIIe siècle firent l'objet de croisements avec des lévriers et des bergers du Caucase, afin d'améliorer leur aptitude à affronter les grands prédateurs. Il en résulta ce chien de campagne fort et massif, très nerveux, voire agressif.

RACINES Les sélections d'autres races de troupeaux d'Europe occidentale tentent d'aboutir à des tempéraments plus calmes. Le berger de Russie méridionale ressemble à nombre d'entre eux, mais reste marqué par son histoire de berger, avec un caractère tenace, suspicieux, territorial et hyperactif.

# Chien suédois de Laponie

**ORIGINE** Suède
**HAUTEUR** 45 à 51 cm
**POIDS** 19,5 à 20,5 kg
**EXERCICE** 🐕
**TOILETTAGE** 🖌🖌🖌
**RECONNAISSANCE** KC, FCI
**COULEUR** Noir, brun, parfois panaché de blanc

Ce petit chien intelligent, gai et plein de tonus, svensk lapphund dans son pays, descendant du premier spitz, officie comme berger des Lapons depuis des siècles.

NOIR

BRUN NOIR

## ORIGINE DE LA RACE

Voici le chien de troupeau historique des peuples de Laponie, qui travaillait à la conduite des rennes, s'attaquant au loup et démontrant ses qualités de chasseur en acculant le petit gibier. À cause du bouleversement du mode de vie du peuple Sami au siècle dernier, la race marqua un ralentissement avant d'être régénérée dans les années 1960. De nos jours, elle jouit d'une popularité comme chien de compagnie.

PUR LAPON Presque toujours noir unicolore, ce type spitz arbore la robe isolante des races confrontées au froid extrême.

# Spitz des Visigoths

**ORIGINE** Suède

**HAUTEUR** 30 à 35 cm

**POIDS** 11 à 15 kg

**EXERCICE**

**TOILETTAGE**

**RECONNAISSANCE** KC, FCI, AKC

**COULEUR** Gris et brun, plus foncé sur le dos et marques claires ou blanches

Le nom suédois de la race, västgötaspets, indique avec précision sa région d'origine, le Västergöland, dans le sud-ouest du pays. En France, la race est aussi appelée vallhund suédois.

GRIS    BRUN NOIR    JAUNE ET BLANC    NOIR ET BLANC

## ORIGINE DE LA RACE

Elle remonte au Moyen Âge et semble être liée au welsh corgi, même si la chronologie des deux races reste encore confuse. En effet, ces conducteurs de troupeau miniatures pourraient bien tous les deux descendre de bassets d'Europe continentale.

Comme d'autres races de bouviers, son utilité déclina après la Seconde Guerre mondiale, et il se raréfia. Deux éleveurs le sauvèrent de l'extinction, mais la race demeure rare.

## CRITÈRES DE RACE

Ces chiens conducteurs de bétail furent élevés pour courir tout autour des troupeaux et pour pincer les talons des vaches si nécessaire, tout en esquivant les coups de sabots. D'où leur rapidité et leur caractère volontaire et obstiné. Excellent au travail, le spitz des Visigoths reste réservé aux maîtres aguerris, son énergie et sa vivacité étant incompatibles avec une vie de famille ou un environnement urbain.

**FORTE PERSONNALITÉ** Une race parmi les plus petites du genre canin, mais la détermination et la vivacité d'un grand !

# Berger des Tatras

**ORIGINE** Pologne
**HAUTEUR** 60 à 80 cm
**POIDS** 38 à 59 kg
**EXERCICE**
**TOILETTAGE**
**RECONNAISSANCE** FCI, AKC
**COULEUR** Blanc

Dit aussi berger de Podhale, ainsi que polski owczarek podhalanski dans son pays, le berger des Tatras est à la montagne ce que le berger polonais est à la plaine. Il est par conséquent plus lourd, plus puissamment musclé et mieux équipé contre les prédateurs.

## ORIGINE DE LA RACE

D'origine médiévale, la race est typique de ces gardiens de troupeaux à robe blanche qui abondent alors en Europe de l'Est, tandis que plus au sud, la préférence va à un type similaire, le berger d'Anatolie. Tous ces chiens descendent des grands molosses d'Asie parvenus en Europe un millénaire plus tôt.

La race frôle l'extinction après la Seconde Guerre mondiale. Revitalisée par le Kennel club polonais et exportée aux États-Unis dans les années 1980, la race n'en demeure pas moins rare hors de ses frontières.

## CRITÈRES DE RACE

Excellent gardien, il patrouille, aboie bruyamment s'il détecte quelque chose d'anormal et défend au besoin son territoire. Des qualités incompatibles avec une vie citadine. Il s'entend bien avec les enfants, mais n'est pas un chien de famille et a besoin d'un maître aguerri qui lui donne, avec douceur, une éducation ferme.

**ROBE TATRAS** Agile et active, la race adore galoper et se dépenser. Le sous-poil isolant fait l'objet d'une mue abondante deux fois par an, période qui requiert un brossage plus intense ; les chiens maintenus en intérieur perdent leur poil tout au long de l'année.

# Tornjak

**ORIGINE** Balkans
**HAUTEUR** 60 à 70 cm
**POIDS** 37 à 50 kg
**EXERCICE**
**TOILETTAGE**
**RECONNAISSANCE** FCI
**COULEUR** Blanc avec noir, tricolore

La race est enregistrée par la FSI sous le nom de berger de Bosnie-Herzégovine et de Croatie. On leur préférera Tornjak, plus neutre.

NOIR ET BLANC

NOIR, BLANC ET FEU

## ORIGINE DE LA RACE

Les chiens de montagne de ce type font l'objet de descriptions dès le XIᵉ siècle, descendants probables des types molosses asiatiques. Les érudits les désignaient par l'expression latine *canis montanus*, les autochtones préférant les appeler tornjak, dérivé de *tor*, littéralement « enclos à mouton ». Avec leur robe à poil long et dense, leur constitution robuste, ces chiens disposaient de qualités innées pour garder les troupeaux sur les pâturages de haute montagne, ce qui leur permit de survivre durant des siècles, sans aucune altération. Semblables au berger roumain de type bucovina, toujours en attente de reconnaissance, ils forment un type propre pour l'essentiel concentré sur l'Europe du Sud-Est.

Longtemps ignorée hors de son pays, la race s'est vue récemment attribuer un nouveau standard, établi en 2007. Une poignée de chiens sont maintenant élevés aux États-Unis.

## CRITÈRES DE RACE

Calme, au port altier, le chien fait un gardien courageux et résolu, naturellement méfiant à l'égard des inconnus. Adulte, il ne se lie pas facilement hors de son cercle familial, et un travail de socialisation s'impose dès le plus jeune âge. Le tornjak est intelligent, enthousiaste, apprend vite et enregistre bien. Peu adapté à une vie citadine, il s'épanouira pleinement en s'occupant à la campagne.

**FAUX GROS** Il a beau être grand et puissant, le tornjak n'en est pas moins leste et rapide. La robe à poil long et fourni, parfaitement isolante, le fait paraître plus massif qu'il ne l'est en réalité, surtout en hiver. Le poil ne retient pas la poussière, mais un brossage fréquent et en profondeur s'impose.

# Welsh corgi

**ORIGINE** Royaume-Uni

**HAUTEUR** 25 à 32 cm

**POIDS** 9 à 12 kg

**EXERCICE**

**TOILETTAGE**

**RECONNAISSANCE** KC, FCI

**COULEUR** Rouge, sable, fauve, noir et feu, blanc admis (P.), toutes couleurs (C.)

Même si le pembroke et le welsh corgi restent des races distinctes, ils présentent de nombreuses similitudes, résultat de croisements entre les deux, menés jusqu'au siècle dernier.

NOIR   ROUGE/FEU   NOIR ET BLANC   NOIR, BLANC ET FEU   BRINGÉ NOIR

## ORIGINE DE LA RACE

Les corgis ont pu arriver avec les Celtes il y a 2 000 ans ou descendre du cheptel de spitz des Visigoths amené par les Vikings il y a un peu plus d'un millénaire. Son nom, *corgi*, signifie en gallois chien de travail ou chien de garde.

À l'origine conducteur de bestiaux, ou *heeler* pour sa tendance à mordiller le talon des bêtes récalcitrantes, ce type de chien se trouve au siècle dernier réduit au chômage avec la motorisation du transport du bétail. Sa popularité sera restaurée lorsque la reine Élisabeth II d'Angleterre acquiert son premier corgi.

## CRITÈRES DE RACE

Les *heelers* devaient faire preuve d'un certain courage et d'un entêtement tout aussi impressionnant pour oser s'attaquer aux chevilles du bétail, leur petite taille et leur vivacité leur permettant d'échapper aux coups de sabots. Ce sont ces mêmes qualités qui en font des compagnons alertes et pleins de vie, parfois un peu trop entêtés et accrocheurs peut-être pour un rôle de chien de famille.

**CARDIGAN CORGI** Le type cardigan arbore de grandes oreilles et un museau moins effilé que le pembroke, mais jamais carré. La robe se compose d'un poil dur, court à mi-long.

**PEMBROKE CORGI** Solidement bâti, mais plus petit que le cardigan, le pembroke présente une tête qui rappelle celle du renard et porte un poil mi-long. Le type présente souvent une queue naturellement courte, les spécimens à longue queue étant autrefois écourtés.

# Berger blanc suisse

**ORIGINE** Suisse
**HAUTEUR** 55 à 66 cm
**POIDS** 25 à 40 kg
**EXERCICE**
**TOILETTAGE**
**RECONNAISSANCE** FCI
**COULEUR** Blanc

Inscrit depuis peu comme nouvelle race dans le livre des origines suisse, le weisser schweizer schäferhund, ou berger blanc suisse, a des origines internationales. La race descend d'une lignée de bergers allemands blancs conçus en Amérique du Nord.

## ORIGINE DE LA RACE

Le gène récessif responsable de la naissance de sujets de couleur blanche fut présent chez le berger allemand au début du XIXe siècle. Dans l'Allemagne nazie obsédée par la pureté des races, la robe blanche devint un défaut éliminatoire. Après la Seconde Guerre mondiale, les registres outre-Atlantique adoptèrent ce standard, les spécimens de couleur claire étant d'office éliminés ou considérés comme indésirables. Certains éleveurs américains s'opposèrent à cette règle et entreprirent de concevoir dans les années 1970 des chiens blancs. À la même époque, des chiens issus de lignées américaines et canadiennes furent importés en Suisse, où le type est enregistré depuis 1991 comme race à part entière. Aujourd'hui en effectif raisonnable, réparti également à travers l'Europe, la race est inscrite sur l'appendice du L.O.S., le livre des origines suisse.

## CRITÈRES DE RACE

Le berger blanc ressemble presque trait pour trait au berger allemand. Mêmes forces – intelligence, loyauté et courage –, et mêmes faiblesses : problèmes d'articulations et gastro-intestinaux, et des individus parfois peureux ou au contraire agressifs.

**NOIR ET BLANC** La peau noire sur le museau et le bord des yeux rajoute non seulement au charme de la race, mais la protège aussi des coups de soleil. La robe est dense, avec une longueur de poil mi-long, le sous-poil fourni, le poil de couverture lisse et dru.

# LES CHIENS DE TRAVAIL

La classification des races canines varie selon les pays, et les trois principales autorités cynologiques (FCI, KC et AKC) ne se recoupent pas complètement. Il en est de même dans le temps, car les rôles attribués aux chiens ont beaucoup évolué : en effet, si à une période de l'histoire, la majorité des races ancestrales ont fait office d'une manière ou d'une autre de chiens de travail, ce qualificatif s'applique généralement aujourd'hui aux chiens de garde et de secours, ainsi qu'aux chiens de traîneau. Dans les pages qui suivent sont réunies un certain nombre de races dont la fonction a évolué au fil du temps, exemple avec le chien d'eau romagnol, lagotto romagnolo, à l'origine chasseur rapporteur de gibier d'eau, plus tard reconnu comme race truffière.

MALAMUTE D'ALASKA (p. 313) Le malamute, l'une des races de travail les plus anciennes, présente l'aspect typique lupoïde du spitz d'une race de chien de traîneau. Élevé pour le travail depuis des millénaires, ce chien se caractérise par une énergie et une endurance exceptionnelles.

## Chien de montagne de l'Atlas

**ORIGINE** Maroc
**HAUTEUR** 53 à 60 cm
**POIDS** 23 à 35 kg
**EXERCICE**
**TOILETTAGE**
**RECONNAISSANCE** KC, FCI, AKC
**COULEUR** Blanc, rouge, noir, noir et blanc

Également appelée aïdi, cette race rustique occupe un rôle historique de gardien de troupeaux, et peut servir de chien de garde ou de chasseur pisteur.

NOIR          CRÈME          ROUGE/FEU          NOIR ET BLANC

### ORIGINE DE LA RACE

Connu depuis le Moyen Âge, ce chien s'apparente à d'autres races blanches de gardiens de troupeaux du sud de l'Europe issues des molosses venus d'Asie lors des invasions barbares. On lui prête une parenté avec le chien turc d'akbash. Voyageant avec les tribus nomades d'éleveurs, il sert depuis des siècles à la garde des campements et du bétail. Comme chasseur, il était souvent utilisé avec le sloughi ; le premier pistait le gibier au flair, le second traquait et rabattait la proie. Protecteur, courageux, ce chien est meilleur gardien que compagnon au sein d'une famille, et préfère la campagne à la ville.

**ROBE QUATRE-SAISONS** La fourrure à poil épais sert de protection efficace contre les morsures des chacals et les nuits glaciales du désert, par ailleurs le aidi supporte bien le soleil brûlant.

## Akbash

**ORIGINE** Turquie
**HAUTEUR** 70 à 85 cm
**POIDS** 41 à 55 kg
**EXERCICE**
**TOILETTAGE**
**RECONNAISSANCE** AKC
**COULEUR** Blanc crémeux

Issu de l'ouest de la Turquie, le chien d'akbash, ou coban kopegi, se rapproche d'autres types de molosses blancs : le berger d'Anatolie de l'est de la Turquie mais aussi les races de montagne pyrénéenne de France et d'Espagne.

### ORIGINE DE LA RACE

Elle remonte à l'Antiquité : c'est l'un des premiers chiens de protection de bétail. Le chien d'akbash, mot turc signifiant « tête blanche », en bon gardien, aboie après toute anomalie, patrouille consciencieusement et peut se révéler mordant avec ses congénères. Peu adapté à la vie de famille et à la ville, il requiert un maître expérimenté.

**DIAPHANE** Le blanc est depuis des temps immémoriaux la couleur fétiche des gardiens de troupeaux. Le chien d'akbash porte quelques plages de teinte biscuit sur les oreilles et la crête dorsale. On distingue deux variétés de longueur de poil, mi-long et long.

# Akita

**ORIGINE** Japon

**HAUTEUR** 60 à 70 cm

**POIDS** 34 à 50 kg

**EXERCICE**

**TOILETTAGE**

**RECONNAISSANCE** KC, FCI, AKC

**COULEUR** Blanc, blanc et rouge, fauve, ou bringé ; toutes couleurs (États-Unis)

La plus grande des races japonaises est originaire de la province d'Akita, sur l'île de Honshu. Après un rôle de chien de chasse, réservé à la famille impériale, l'akita a su s'exporter en Occident.

FAUVE ET BLANC

JAUNE ET BLANC

BRINGÉ NOIR

## ORIGINE DE LA RACE

Ce grand spitz, emblème de la nation nippone, fut employé à la chasse et au combat jusqu'au XIXe siècle. Il fut sauvé de l'extinction après la Seconde Guerre mondiale au prix de nombreux croisements, avec le berger allemand notamment, censés restaurer la race historique. Ce sont des chiens hybrides qui furent ramenés aux États-Unis. Loyal, l'akita doit faire l'objet d'une éducation ferme et d'un maître aguerri.

**DIFFÉRENCES**
L'akita américain est plus grand que les lignées issues du Japon et d'Europe et existe sous différentes couleurs de robe, du rouge fauve au sésame, ou au blanc bringé.

# Malamute d'Alaska

**ORIGINE** États-Unis

**HAUTEUR** 58 à 65 cm

**POIDS** 34 à 39 kg

**EXERCICE**

**TOILETTAGE**

**RECONNAISSANCE** KC, FCI, AKC

**COULEUR** Blanc avec nuances de gris ou rouge

Ce chien de traîneau, préféré de l'Amérique du Nord durant plusieurs millénaires, doit son nom à la première tribu inuit à l'avoir domestiqué. Il participa à de nombreuses expéditions polaires.

NOIR ET BLANC

JAUNE ET BLANC

## ORIGINE DE LA RACE

C'est l'une des plus anciennes races canines de la planète. Intelligent, porteur infatigable, le malamute est également doté d'un tempérament loyal et affectueux. Beaucoup d'exercice est nécessaire pour lui éviter l'ennui, cause d'agressivité.

**STANDARD FONCTIONNEL** Le gabarit du malamute doit être en conformité avec son travail de chien de traîneau au sein d'une meute.

# Esquimau américain

**ORIGINE** États-Unis

**HAUTEUR** Au-delà de 38 cm

**POIDS** 9 à 16 kg

**EXERCICE**

**TOILETTAGE**

**RECONNAISSANCE** AKC

**COULEUR** Blanc

Ce descendant du spitz est toujours en attente de reconnaissance. Il existe en trois tailles, standard, miniature et nain, toutes trois dotées de l'énergie typique du chien de traîneau.

## ORIGINE DE LA RACE

Malgré son nom, cette race n'a aucune parenté avec les chiens esquimaux ou inuits, mais descend de chiens blancs type spitz issus du spitz allemand, importés par les colons européens. La race changea d'identité lors de la Première Guerre mondiale. En dépit de son petit gabarit, ce chien a su imposer le respect comme champion d'agility et d'épreuves d'obéissance. Gardien vigilant – et bruyant ! –, il ne sera guère au goût d'éventuels voisins. Certains sujets se montrent parfois timides et excessivement agressifs, mais en règle générale, l'esquimau américain est affectueux et attaché à sa famille.

BLANC COMME NEIGE Ce petit chien de santé robuste a une espérance de vie d'une bonne dizaine d'années. La double robe dense est facile d'entretien, mais le blanc a tendance à brunir au coin des yeux.

# Bouvier d'Appenzell

**ORIGINE** Suisse

**HAUTEUR** 48 à 58 cm

**POIDS** 25 à 32 kg

**EXERCICE**

**TOILETTAGE**

**RECONNAISSANCE** KC, FCI, AKC

**COULEUR** Tricolore

Rare, le appenzeller sennenhund nous vient d'un canton montagneux, au nord-est du pays helvète. Ce chien est l'un des quatre chiens de ferme helvètes tricolores sauvés de l'extinction au siècle dernier.

## ORIGINE DE LA RACE

La charpente robuste de l'Appenzell suggère une parenté avec les molosses romains, mais sa petite queue biscornue évoque une influence spitz plus nordique. Décrit en 1853 comme « employé pour garder la ferme et rassembler le troupeau », il servait aussi à tracter de petites carrioles. Aujourd'hui encore, la race accomplit à merveille son rôle de chien de ferme et c'est un gardien accompli.

LIENS DE FAMILLE L'Appenzell descend du bouvier d'Entelbuch, du bouvier bernois et du grand bouvier suisse. Si tous les trois partagent la robe tricolore, ils se différencient en revanche par leur taille, leur constitution et la nature de leur rôle historique en tant que chien de travail.

# Dogue argentin

**ORIGINE** Argentine
**HAUTEUR** 60 à 58 cm
**POIDS** 35 à 45 kg
**EXERCICE**
**TOILETTAGE**
**RECONNAISSANCE** KC, FCI, AKC
**COULEUR** Blanc

Sa peau près du corps laisse deviner la musculature de ce type molossoïde à la silhouette athlétique. Élevé pour chasser, parfois utilisé au combat, le dogue argentin demeure rare, malgré un cercle de passionnés.

## ORIGINE DE LA RACE

La race vit le jour dans la province de Cordoba, vers 1930. Le docteur Antonio Nores Martinez procéda à des croisements de chiens de combats locaux issus de mastiffs, bouledogues et bull-terriers avec des races reconnues, dont le dogue allemand et le boxer. Il en résulta des chiens employés à la chasse au gros gibier qui très vite se firent remarquer pour leur courage dans les combats de chiens. C'est aussi un excellent chien de garde. Son tempérament dominateur et sa ténacité nécessitent un maître ferme et expérimenté, et ne le destinent assurément pas à un rôle de chien de famille ou à une vie citadine.

BATTANT Dans les pays où la pratique est autorisée, le dogue argentin porte les oreilles écourtées pour réduire les risques de blessure au combat et donner au chien un aspect plus agressif.

CHIEN DANGEREUX ? La législation impose de tenir un dogue argentin muselé et en laisse. Pourtant, bien éduqué, il se montre fidèle et affectueux.

# Bouvier australien

**ORIGINE** Australie

**HAUTEUR** 43 à 51 cm

**POIDS** 16 à 20 kg

**EXERCICE**

**TOILETTAGE**

**RECONNAISSANCE** FCI, KC, AKC

**COULEUR** Bleu ou bleu moucheté, avec marques feu ou noires, moucheté rouge

Voici un chien adapté à des conditions rudes. Gardien d'exception, il porte aussi le nom de heeler australien, « talonneur », en raison de sa tendance à pincer les bêtes qu'il a sous sa responsabilité.

ROUGE/FEU

TACHETÉ BLEU AVEC FEU

## ORIGINE DE LA RACE

Les chiens européens importés au début du XIXe siècle eurent des difficultés à s'adapter au climat. La race fut mise au point à partir de croisements de dingos, très résistants à la chaleur, avec diverses races britanniques, dont le colley à poil court et un chien conducteur de bestiaux, le smithfield, aujourd'hui disparu. Il a sans doute aussi quelque chose du dalmatien et du kelpie. Cette race, dotée d'une for-

midable énergie, d'une détermination et d'une intelligence remarquables, est méfiante à l'égard des inconnus. Autant de caractéristiques qui font de ce chien un gardien fiable mais un compagnon de famille problématique.

**HÉRITAGE** La coloration bleue est le legs de races britanniques, le rouge vient du dingo. La FCI reconnaît une version du bouvier australien dite « courte queue ».

# Kelpie

**ORIGINE** Australie

**HAUTEUR** 43 à 51 cm

**POIDS** 11 à 20 kg

**EXERCICE**

**TOILETTAGE**

**RECONNAISSANCE** FCI, AKC

**COULEUR** Noir, bleu, rouge, fauve, chocolat, noir et feu, rouge, rouge et feu

Le plus populaire des chiens de travail australien a su s'exporter avec succès à travers le monde. Berger incomparable, il a su séduire par ses qualités de gardien, son énergie et son entrain au travail.

NOIR

BLEU

ROUGE/FEU

BRUN NOIR

NOIR ET FEU

## ORIGINE DE LA RACE

Si le kelpie a été croisé au dingo, cela n'a jamais été reconnu et l'extrême docilité de la race met en doute cette théorie. En réalité, des colleys originaires du nord de l'Angleterre ont contribué à l'élaboration de la race, notamment à partir d'une chienne nommée Kelpie, qui transmit aussi son nom à la race australienne. Le kelpie est un travailleur zélé et enthousiaste. Considérée comme le border

collie australien, la race requiert un engagement sans faille de son maître et un mode de vie actif et stimulant. Un kelpie qui s'ennuie va avoir tendance à mordiller et à se montrer destructeur.

**BEAUTÉ ET BESOGNE** De nos jours, le kelpie se distingue entre lignée de travail et lignée d'exposition. Les éleveurs de kelpies pour la garde des troupeaux se soucient peu d'esthétique.

# Pinscher autrichien

**ORIGINE** Autriche

**HAUTEUR** 36 à 51 cm

**POIDS** 12 à 18 kg

**EXERCICE**

**TOILETTAGE**

**RECONNAISSANCE** FCI, AKC

**COULEUR** Nuances de jaune à rouge, noir et feu, généralement avec blanc

## ORIGINE DE LA RACE

L'origine de ce parent du pinscher moyen (allemand) remonte au moins au XVIIIᵉ siècle. Il excella comme ratier et gardien, avant de voir sa population décliner de manière dramatique malgré les efforts consentis par quelques éleveurs au siècle dernier. Aujourd'hui encore gardien vigilant et bruyant, sa nature suspicieuse et sa tendance à l'agressivité devraient l'empêcher d'accéder à la popularité comme chien de compagnie.

La race porta jusqu'en 2000 le nom de pinscher autrichien à poil court. C'est un chien de ferme polyvalent.

FAUVE

NOIR ET FEU

PEU DE CHANGEMENT Cette race trapue et vive est quasiment inchangée par rapport aux individus portraiturés au XVIIIᵉ siècle.

# Fila de Saint-Miguel

**ORIGINE** Portugal

**HAUTEUR** 36 à 51 cm

**POIDS** 12 à 18 kg

**EXERCICE**

**TOILETTAGE**

**RECONNAISSANCE** FCI, AKC

**COULEUR** Bringé gris, fauve, ou fauve avec superposition de noir

## ORIGINE DE LA RACE

Lorsque l'archipel des Açores fut découvert en 1429, il n'abritait pas de grands mammifères. Très vite, les colons ressentirent le besoin de chiens robustes et intelligents pour garder un bétail prompt à s'égarer dans la nature. Le fila de Terceira, issu de chiens de travail espagnols, fut alors croisé avec des types mastiffs. Il en résulta cette race au début du XIXᵉ siècle, chien à vaches typique, tenace et futé, qui se

Également appelé bouvier des Açores, le fila est un mélange d'évolution naturelle, due à son isolement géographique, et de développement contrôlé à partir d'un cheptel importé.

GRIS

BRINGÉ NOIR

révéla par ailleurs excellent gardien des maisons. Parfois méfiant à l'égard des inconnus, le fila de Saint-Miguel, éduqué et socialisé dès le plus jeune âge, fait un compagnon amical et docile.

RUSTIQUE Traditionnellement, la queue et les oreilles du fila de Saint-Miguel étaient coupées. Une pratique censée le protéger des blessures dans son travail de bouvier, mais qui permettait aussi d'accentuer son aspect agressif dans son rôle de gardien.

# Beauceron

**ORIGINE** France
**HAUTEUR** 60 à 70 cm
**POIDS** 30 à 40 kg
**EXERCICE** 🐎
**TOILETTAGE** 🖌
**RECONNAISSANCE** KC, FCI, AKC
**COULEUR** Noir et feu ; gris, noir, et feu

Appelé aussi berger de Beauce, le beauceron a été investi de différents rôles en fonction des époques, tour à tour gardien et conducteur de troupeau, chasseur, policier et militaire, au grade d'agent de liaison ou de détecteur de mines.

## ORIGINE DE LA RACE

Les toutes premières descriptions d'un chien similaire au beauceron remontent à 1578. Il fallut néanmoins attendre le XIXᵉ siècle pour que le briard à poil long et le beauceron à poil court soient dûment distingués. Berger intrépide quoiqu'un peu accrocheur, le beauceron, à la suite d'une sélection rigoureuse, évo-

lua jusqu'à présenter un caractère plus malléable. Intelligent, sérieux et facile à dresser, il excelle en agility comme en épreuves d'obéissance, fait un chien de garde vigilant et un compagnon fort agréable. De santé robuste, la race vit entre 10 et 12 ans. Néanmoins, certaines lignées sont sujettes à la dysplasie et aux torsions gastriques.

**TOUT FEU** À la fin du XIXᵉ siècle, le beauceron fut baptisé bas-rouge, à cause de la couleur feu marquant l'extrémité de ses pattes. Hautes et tombantes, les oreilles sont encore écourtées dans certains pays.

# Bouvier bernois

**ORIGINE** Suisse
**HAUTEUR** 58 à 70 cm
**POIDS** 40 à 45 kg
**EXERCICE**
**TOILETTAGE**
**RECONNAISSANCE** KC, FCI, AKC
**COULEUR** Tricolore

Le berner sennenhund est le plus grand des quatre chiens de montagne tricolores suisses, et l'unique à poil long. Historiquement utilisé à la garde des moutons et comme chien de trait, il est aujourd'hui un bon chien de compagnie.

## ORIGINE DE LA RACE

L'origine de cette race est si ancienne qu'elle demeure obscure, mais les molosses asiatiques des légions romaines comptent certainement parmi ses ancêtres. Menacé par les races importées, le bouvier bernois, avec l'Appenzell, l'Entelbuch et le grand bouvier suisse, dut sa survie aux efforts d'un groupe d'éleveurs emmenés par le professeur Albert Heim. Tout en puissance, mais d'un tempérament affec-

tueux, ce chien est patient et loyal. Malheureusement, nombre de chiots décèdent touchés par le cancer. L'espérance de vie de la race a récemment décliné et n'excède pas aujourd'hui les sept ans.

**IMPOSANT** En dépit de son gabarit et de sa constitution massive, le bouvier bernois fait preuve d'une agilité et d'une rapidité étonnantes. La race est sujette à la dysplasie de la hanche et aux torsions gastriques.

# Chien d'élan norvégien noir

**ORIGINE** Norvège
**HAUTEUR** 43 à 49 cm
**POIDS** 17 à 18 kg
**EXERCICE**
**TOILETTAGE**
**RECONNAISSANCE** FCI
**COULEUR** Noir

Plus petit et plus énergique que le chien d'élan norvégien gris, le norsk elghund sort descend certainement d'un ancêtre différent. Spitz typique, la race porte une robe à poil court et serré.

## ORIGINE DE LA RACE

On considérait le chien d'élan norvégien comme l'une des races les plus anciennes, jusqu'à ce que des analyses génétiques prouvent en fait sa récente recréation. Il doit en être de même en ce qui concerne la race noire, dans un premier temps désignée comme race à part entière à la fin du XIX$^e$ siècle, encore non reconnue par certains registres. Chasseur historique, capable de traquer et d'acculer le gibier, ce

chien se révéla par ailleurs excellent gardien. Si la race est rare de nos jours, elle demeure bien présente en Scandinavie, employée à ses activités traditionnelles.

**TOUT EN JAMBES** La version noire du chien d'élan norvégien est dotée de membres plus longs que ceux de son alter ego gris et d'une longueur de corps moins profonde. Une constitution plus légère, plus longiligne, en fait une race plus agile et plus rapide.

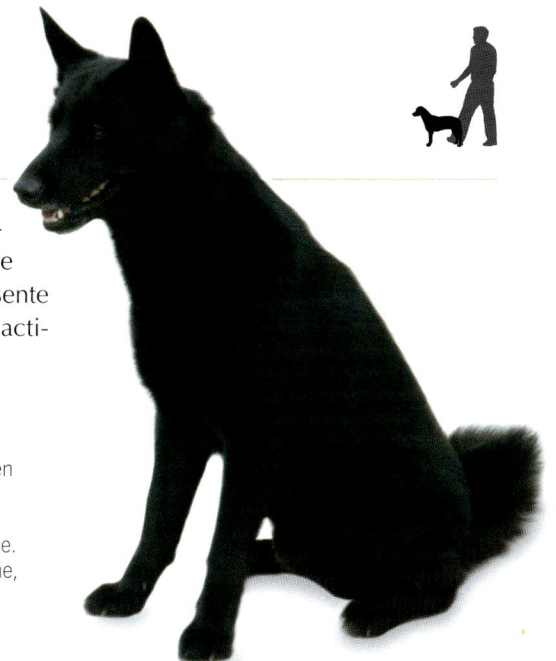

# Terrier noir russe

**ORIGINE** Russie
**HAUTEUR** 66 à 77 cm
**POIDS** 40 à 65 kg
**EXERCICE**
**TOILETTAGE**
**RECONNAISSANCE** KC, FCI, AKC
**COULEUR** Noir

Ce chien noir, appelé aussi tchiorny-terrier, n'a de terrier que le nom. Taillée sur mesure pour servir dans les rangs de l'armée rouge, la race s'est exportée dès la glasnost, dans les années 1980.

## ORIGINE DE LA RACE

Dans les années 1940, le Red Star Kennel moscovite procéda à des croisements de diverses races, rottweiler, terrier airedale et schnauzer allemand, pour mettre au point un chien massif, robuste et vigoureux, doté d'une vive intelligence et d'une excellente adaptabilité. Même si une reconnaissance plus étendue implique que ce chien est désormais élevé pour un tempérament plus posé, il demeure d'un caractère méfiant et prompt à réagir, qualités qui le désignent davantage comme gardien que comme chien de compagnie.

**ÉPANOUISSEMENT** La race fut dans un premier temps exclusivement élevée pour ses aptitudes, sa santé et son tempérament, avec peu d'attention pour l'esthétique. De nos jours plus séduisant et plus cohérent, le terrier noir russe semble ne rien avoir perdu de ses qualités dans le processus.

**PROFIL D'ANCÊTRE** La tête, d'aspect rustique et relativement large, dénote clairement l'influence du schnauzer et celle de l'airedale au niveau de l'abondance du poil, des moustaches et de la barbiche.

**ÉQUILIBRE** D'ossature et de constitution massives, le terrier noir russe n'en est pas moins doté d'un physique parfaitement équilibré.

# Boxer

**ORIGINE** Allemagne
**HAUTEUR** 53 à 63 cm
**POIDS** 24 à 32 kg
**EXERCICE**
**TOILETTAGE**
**RECONNAISSANCE** KC, FCI, AKC
**COULEUR** Nuances de fauve, bringé ; uni ou avec blanc

Plébiscitée pour ses qualités, la race fut entretenue par la communauté des chasseurs. Elle fait l'objet aux États-Unis d'otectomie, mais on préférera ce chien au naturel : intelligent, joueur, mais entêté.

ROUGE/FEU  FAUVE  BRINGÉ NOIR

## ORIGINE DE LA RACE

Le boxer a pour ancêtre direct le petit bullenbeisser aujourd'hui disparu. La tâche de ce type de chien consistait à maîtriser et à maintenir le gros gibier dans sa gueule jusqu'à l'arrivée des chasseurs, d'où son museau large et court. Ce n'est qu'à la fin du XIXe siècle que des éleveurs mirent au point ce type d'aspect noble et puissant à des fins d'exposition. Très réceptif au dressage, populaire auprès des forces de l'ordre et de l'armée, le boxer n'en est pas moins un merveilleux chien de famille, doté d'un naturel exubérant, joueur et affectueux.

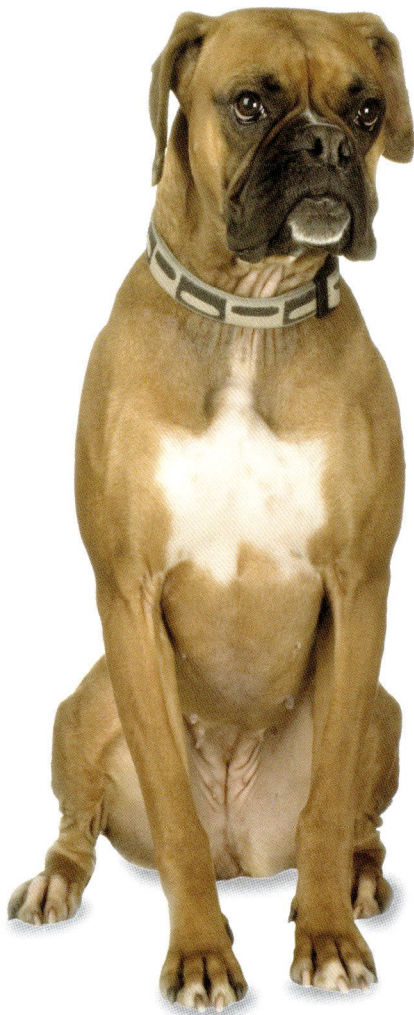

**CAUDECTOMIE** La tradition voulait que la queue du boxer soit coupée, pratique abandonnée en Europe. On redoutait que la queue laissée au naturel apparaisse sous diverses formes et aucun standard n'existait sur ce point, lacune aujourd'hui comblée, avec un standard recommandant une queue haute mais non recourbée d'épaisseur modérée.

**SUREXCITÉ** Le boxer adore sauter et seule une éducation ferme, donnée en douceur, saura le faire tenir en place.

# Fila brasileiro

**ORIGINE** Brésil

**HAUTEUR** 60 à 75 cm

**POIDS** 40 à 50 kg

**EXERCICE**

**TOILETTAGE**

**RECONNAISSANCE** FCI, AKC

**COULEUR** Toutes couleurs unies ; quelques marques blanches

Surnommée le « mastiff brésilien », ce chien jouit d'une excellente réputation de gardien de troupeau et de maison, mais aussi de chasseur de gros gibier.

ROUGE/FEU     FAUVE     BRUN NOIR     BRINGÉ NOIR

## ORIGINE DE LA RACE

Elle fut élaborée au XIXe siècle, à partir de races introduites par les conquistadors : mastiffs anglais et espagnols, associés au saint-hubert. Le fila brasileiro excellait à chasser le gros gibier, maintenant la proie en respect ou si besoin l'attaquant à la gorge, technique qu'il reprenait à l'identique quand il s'agissait de retrouver des esclaves en fuite. De nos jours, cette race molossoïde brésilienne existe dans son pays

**DES GOÛTS ET DES COULEURS** Les standards de race recommandent toute couleur unie, avec marques blanches sur les pieds, le poitrail et à la pointe de la queue, avec ou sans masque noir.

sous des lignées divergentes, inscrites sur différents registres. En l'absence de standard, chaque fermier éleva ses filas en fonction de ses besoins, du moins jusqu'à l'apparition du premier standard, en 1946.

## CRITÈRES DE RACE

Parfois considéré comme dangereux, ce chien développe cependant un attachement et une loyauté indéfectibles pour ceux qu'il va rencontrer lorsqu'il est chiot. Méfiant envers les inconnus, parfois jusqu'à l'agressivité, il sera docile correctement éduqué.

# Bulldog anglais

**ORIGINE** Royaume-Uni

**HAUTEUR** 60 à 75 cm

**POIDS** 40 à 50 kg

**EXERCICE**

**TOILETTAGE**

**RECONNAISSANCE** FCI, AKC

**COULEUR** Unicolore fauve, rouge, bringé, ou avec masque noir ou blanc

Icône outre-Manche, ce chien puissant de type molossoïde passe pour être le plus affable et le plus doux des chiens de compagnie.

JAUNE ET BLANC

BRINGÉ NOIR

## ORIGINE DE LA RACE

Le terme *bulldog* décrit depuis le XVIIᵉ siècle des croisements de mastiffs et de terriers. Élevés pour se battre et attraper les taureaux à la gorge dans des affrontements alors très en vogue, les types de l'époque présentaient la même mâchoire courte et large que les bullenbeissers allemands. Ces chiens, plus légers et plus athlétiques que la race actuelle, avaient un vrai tempérament de combattant.

Au XIXᵉ siècle, suite à l'interdiction ce genre de combat, des éleveurs sauvèrent la race de l'oubli en créant un nouveau type de chien, plus lourd, mais plus gentil.

## CRITÈRES DE RACE

Le bulldog actuel est réputé pour sa gentillesse et sa patience. Il est vrai que la race souffre de problèmes cardiaques et de troubles respiratoires récurrents. Dernièrement, des éleveurs ont entrepris un programme de sélection afin d'éliminer les traits physiques les plus caractéristiques du bulldog, responsables de ces pathologies. Il devrait désormais pouvoir espérer une meilleure santé et une espérance de vie plus importante, avec un tempérament sans doute plus alerte, mais toujours aussi affectueux.

**GROSSE TÊTE** La large tête du bulldog explique le grand nombre de naissances par césariennes. Les plis profonds de la face nécessitent un entretien vigilant sous peine de problèmes cutanés.

BULLDOG (p. 323) Une physionomie souriante, une stature débonnaire et une allure bonhomme ont permis à ce chien affectueux et doux de compter parmi les races canines les plus populaires.

# Broholmer

**ORIGINE** Danemark

**HAUTEUR** 70 à 75 cm

**POIDS** 40 à 70 kg

**EXERCICE**

**TOILETTAGE**

**RECONNAISSANCE** FCI

**COULEUR** Jaune à rouge doré, noir ;
marques blanches permises

Ce berger molossoïde doit son nom au comte de Sehested de Broholm, grand maître des chasses royales danoises au XVIIIᵉ siècle.

NOIR      ROUGE/FEU      FAUVE

## ORIGINE DE LA RACE

La race descend du chien danois ancestral, conçu à partir du dogue anglais, vers le milieu du XVIᵉ siècle, et tomba presque dans l'oubli au XVIIIᵉ siècle. Le comte de Sehested restaura le type en race pure et son effectif augmenta. Au début du XXᵉ siècle, la race déclina de nouveau, puis la Seconde Guerre mondiale acheva de mener le broholmer au bord de l'extinction.

Dans les années 1970, un noyau d'éleveurs passionnés, appuyé par le Kennel club danois, s'est regroupé en « société pour la reconstruction du broholmer » et a décidé de régénérer la race à partir de croisements des meilleurs spécimens authentifiés avec des mastiffs et des bâtards du type. Ce travail fut reconnu par les grands registres dans les années 1980.

## CRITÈRES DE RACE

Le broholmer actuel est d'un tempérament calme, suffisamment amical pour faire un bon chien de famille, mais assez vigilant pour monter la garde, l'un de ses rôles historiques avec celui de compagnon de chasse dans la traque au cerf. Avec un millier d'individus enregistrés, ce chien semble sur la bonne voie, et devrait d'ici peu parvenir à un effectif cohérent et certifié conforme.

**BONNE COULEUR** Le broholmer original existait en nuances fauves doublées d'un noir intense, mais le rouge resta toujours la couleur la plus populaire. La race reconstruite manqua longtemps d'une lignée noire, jusqu'à ce qu'un type mastiff noir sélectionné avec soin participe en 1997 à un croisement.

# Bullmastiff

**ORIGINE** Royaume-Uni
**HAUTEUR** 61 à 69 cm
**POIDS** 41 à 59 kg
**EXERCICE**
**TOILETTAGE**
**RECONNAISSANCE** KC, FCI, AKC
**COULEUR** Fauve, jaune, rouge, ou bringé

À l'origine chien de garde-chasse, cette race imposante exerce souvent ses talents comme chien de sécurité ou au service des forces de l'ordre.

ROUGE/FEU    FAUVE    BRINGÉ NOIR

## ORIGINE DE LA RACE

Elle voit le jour à la fin du XVIIIe siècle, résultat de croisements entre bulldogs et mastiffs. La combinaison entre la ténacité et la rapidité du bulldog avec le gabarit et la puissance du mastiff aboutit à un chien aux exceptionnelles aptitudes de gardien, doté d'une voix profonde. Le bullmastif n'a pas son pareil pour repousser les intrus, au besoin les jeter à terre, peu coutumier des assauts furieux irréfléchis. Du fait de son entêtement, le dressage peut se révéler complexe, mais un bullmastiff correctement socialisé se montrera loyal et posé, appréciant la compagnie.

**ROBE DE L'EMPLOI** Pour un chien de garde-chasse, la tenue camouflage de la robe bringée était courante. Aujourd'hui, le bullmastiff se trouve surtout en rouge clair ou jaune.

# Chien de Canaan

**ORIGINE** Israël
**HAUTEUR** 48 à 61 cm
**POIDS** 16 à 25 kg
**EXERCICE**
**TOILETTAGE**
**RECONNAISSANCE** KC, FCI, AKC
**COULEUR** Blanc, sable, brun, ou noir ; uni ou avec blanc

Développé en tant que race en Israël où il occupe le rang de chien national, le chien de Canaan descend de chiens parias évoluant au Moyen-Orient depuis la nuit des temps.

NOIR    FAUVE    BRUN NOIR    NOIR ET BLANC

## ORIGINE DE LA RACE

Des vestiges issus de fouilles archéologiques et des textes anciens prouvent l'ancienneté de la race. Dans les années 1930, Rudolphina Menzel, dresseuse et éleveuse autrichienne, fut sollicitée pour concevoir une race destinée aux colons juifs. Il en résulta ce chien, élaboré à partir de chiens sauvages. Loyale envers ses proches, distante avec les autres, la race sert aussi bien de berger que de garde, travaillant aussi avec l'armée et au service des non-voyants.

**TYPE ANCESTRAL**
Les restes de plusieurs centaines de chiens semblables au Canaan ont été mis au jour dans une nécropole phénicienne, à Ashkelon. Par ailleurs, des types identiques apparaissent sur une sculpture d'Alexandre le Grand, au Liban.

# Dogue des Canaries

**ORIGINE** Espagne

**HAUTEUR** 55 à 65 cm

**POIDS** 38 à 59 kg

**EXERCICE** 🐕

**TOILETTAGE** 🪮

**RECONNAISSANCE** FCI, AKC

**COULEUR** Fauve, bringé toutes nuances

Dit presa canario, ou dogo canario, ce chien de chasse, de garde et de combat est originaire des îles de Tenerife et de la Grande Canarie.

FAUVE

BRINGÉ NOIR

## ORIGINE DE LA RACE

La race est présente dans l'archipel des Canaries depuis le XVIIIe siècle au moins. Le dogue des Canaries, jadis appelé chien de terre, serait le résultat de croisements entre le majorero, un chien de bétail endémique, avec des molosses et d'autres types de chiens étrangers importés par les voyageurs et les colons. Sa population accusa un sérieux déclin au cours du XXe siècle et la race frôla même l'extinction après l'interdiction des combats de chien, dans les années 1940, avant que des éleveurs n'entreprennent avec succès de le sauver.

## CRITÈRES DE RACE

Ce chien imposant, élevé pour agresser et dominer, possède un fort instinct de gardien. Un tempérament qui nécessite un maître expérimenté et ferme, et un travail de socialisation poussé. Le dogue des Canaries ne partage pas volontiers son toit avec les autres animaux domestiques et il n'est pas véritablement destiné à une vie de famille.

**BONNE CAUSE** Le dogue des Canaries, athlétique, tout en puissance, fait l'objet dans certains pays d'otectomie, pratique qui permet de lui donner un aspect plus agressif. Le dressage de maîtres irresponsables et son emploi à des combats illégaux ne font rien pour arranger sa cause.

# Cane corso

**ORIGINE** Italie
**HAUTEUR** 60 à 68 cm
**POIDS** 40 à 50 kg
**EXERCICE**
**TOILETTAGE**
**RECONNAISSANCE** FCI, AKC
**COULEUR** Noir, nuances de gris ou fauve, bringé

La race est d'abord un gardien, comme l'indique son nom, dérivé du latin *cohors*, littéralement « protecteur, gardien des fermes ». Il peut être utilisé comme chien de troupeau et de chasse.

NOIR    GRIS    FAUVE    BRINGÉ NOIR

## ORIGINE DE LA RACE

Le cane corso descend en droite ligne du molosse de la Rome antique. Les spécimens les plus légers de ce type servaient comme chiens d'attaque au service de l'armée, mais aussi comme chasseurs de gros gibier. Ce chien est mentionné dès la fin du XVIᵉ siècle, et sa présence à travers l'ensemble du pays est aujourd'hui avérée, en particulier en Italie méridionale, où sa population est importante. Posé, intelligent, le cane corso est loyal et se montre très protecteur envers son territoire et ses proches. Un maître aguerri et une éducation ferme permettront de tempérer sa méfiance à l'égard des étrangers.

**ROBUSTE** Autrefois, sa queue était écourtée et ses oreilles taillées. La race souffre des mêmes problèmes de santé propres aux autres races de grands chiens, au niveau des articulations notamment.

# Chien de la Caroline

**ORIGINE** États-Unis

**HAUTEUR** 55 cm

**POIDS** 13 à 18 kg

**EXERCICE**

**TOILETTAGE**

**RECONNAISSANCE** AKC

**COULEUR** Blanc avec taches ; nuances de jaune, orange, fauve et rouge

Très rare, cette race semblable au dingo a su attirer l'attention des scientifiques du fait de son comportement et de son profil ADN, différents de la plupart des chiens domestiques.

ROUGE/FEU    FAUVE

## ORIGINE DE LA RACE

Une population de chiens sauvages dans les marécages de Caroline suscita la curiosité d'un spécialiste de l'étude des origines des chiens sauvages ancestraux, qui découvrit que le chien de Caroline se situerait sur les branches les plus lointaines de l'arbre phylogénétique : ils pourraient en effet descendre de ceux qui accompagnèrent les premiers hommes en Amérique du Nord. Élevés localement pour leurs aptitudes de gardiens de troupeau, ils furent par ailleurs employés à la chasse. De nos jours encore à l'état semi-sauvage, la race nécessite une socialisation dès le plus jeune âge et reste plutôt réservée mais loyale envers sa famille humaine la plus proche.

**PRIMITIF** La constitution robuste, les oreilles droites et le poil dense et court sont caractéristiques du chien sauvage.

# Chinook

**ORIGINE** États-Unis

**HAUTEUR** 53 à 61 cm

**POIDS** 29,5 à 41 kg

**EXERCICE**

**TOILETTAGE**

**RECONNAISSANCE** AKC

**COULEUR** Doré

L'effectif de cette race extrêmement rare conçue pour tracter les traîneaux subit un net déclin à mesure que diminua le besoin en sa force et en sa détermination, nécessaires à sa fonction. Elle doit sa survie à la passion de quelques éleveurs américains.

## ORIGINE DE LA RACE

Arthur Walden entreprit de créer au début du XXe siècle une race puissante mais docile. Le père fondateur de cette race, Chinook, fit ainsi l'objet de croisements avec des bergers belges et allemands, et probablement avec des huskies. Si la population des premiers chinooks atteignit des records, la race frôla l'extinction dans les années 1980. Rétablie, elle consiste en des chiens dociles et polyvalents, mais très actifs, tour à tour chiens de ski, auxiliaires de handicapés, tracteurs de carrioles et qui excellent au harnais.

**PHYSIONOMIE** Le père fondateur du chinook est sans doute le résultat d'un croisement avec un bâtard jaune ou un type mastiff, d'où la physionomie de la race, distincte de la plupart des chiens de traîneaux.

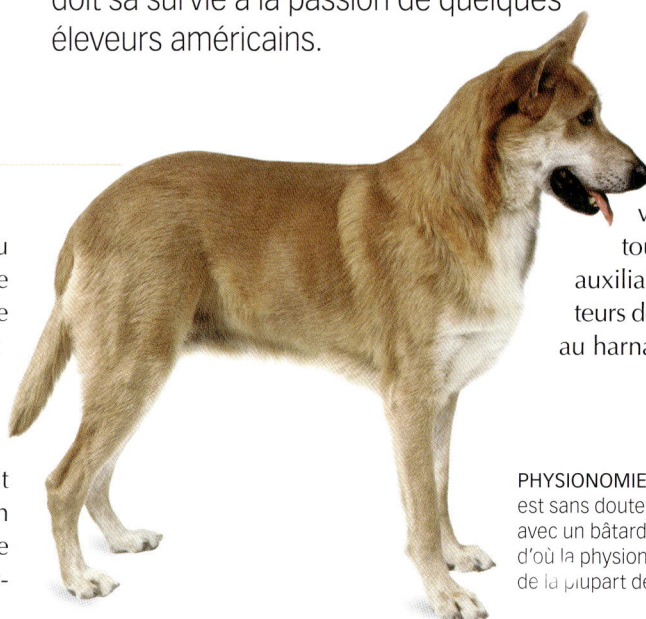

# Chow-chow

**ORIGINE** Chine

**HAUTEUR** 45 à 56 cm

**POIDS** 20 à 32 kg

**EXERCICE**

**TOILETTAGE**

**RECONNAISSANCE** KC, FCI, AKC

**COULEUR** Blanc, beige, fauve, rouge, bleu, noir

À poil long ou court, le chow-chow ne ressemble à aucun autre chien. Cette race, parmi les plus anciennes, connut au fil des siècles différents emplois et diverses fortunes.

NOIR        CRÈME        ROUGE/FEU

## ORIGINE DE LA RACE

Le chow-chow fut utilisé en Asie il y a 2 000 ans à la chasse, au trait et à la garde, et sa fourrure comme sa chair se vendaient à prix d'or. Importé de Chine en Occident au XIXᵉ siècle, il y fut baptisé chow-chow, expression employée par les capitaines de navires anglais qui désignaient ainsi les cargos en provenance de Chine.

## CRITÈRES DE RACE

Cette race de type spitz reste aujourd'hui parfaitement à la hauteur de son rôle ancestral de gardien, mais elle est peu utilisée par les Occidentaux. En dépit des efforts des éleveurs pour mettre au point un chien doté d'un tempérament plus posé, adapté à une vie de famille, le chow-chow a conservé son caractère indépendant, obstiné et légèrement méfiant. Il lui faut donc un maître expérimenté et une socialisation dès le plus jeune âge.

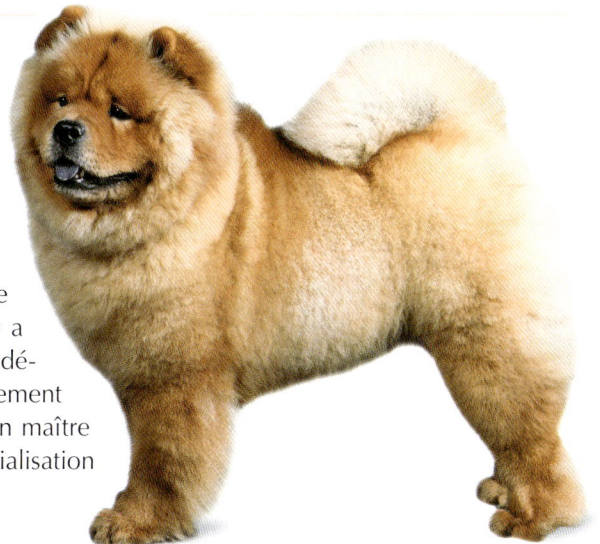

SOUS SURVEILLANCE Le chow-chow est sujet à des problèmes d'articulations et à l'entropion. Par ailleurs, la robe doit faire l'objet d'un entretien régulier et vigilant, la mue étant constante et particulièrement abondante.

LANGUE NOIRE C'est l'une des particularités de cette race, un trait dominant récurrent même après croisements avec d'autres races : la langue, les lèvres, le palais et les gencives sont noirs.

# Caniche à poil cordé

**ORIGINE** Allemagne

**HAUTEUR** 24 à 60 cm

**POIDS** 20 à 32 kg

**EXERCICE** 🐕

**TOILETTAGE** ✂️

**RECONNAISSANCE** KC, FCI, AKC

**COULEUR** Toutes couleurs unies

Certains débattent encore sur la légitimité de cette race, la robe de tous les caniches pouvant former des cordelettes qu'un coup de brosse efface. Mais depuis un siècle, chaque type est différencié.

CRÈME          FAUVE          BRUN NOIR

## ORIGINE DE LA RACE

Le caniche à poil cordé se distingue de ses pairs par des aspects moins superficiels qu'une question de robe. Celle-ci est de texture plus fine que celle du bouclé, et il semble que le type descende plus d'une lignée de chasseurs que de bergers. Au XIX\ e siècle, la robe cordée était à la mode, sans que l'on se demande si le port de cordelettes huilées traînant jusqu'au sol était ou non confortable pour l'animal. Certains organismes, comme la FCI et l'AKC, continuent d'inclure dans le standard général du caniche un chapitre réservé à toutes les tailles du type cordé, mais de nos jours la variété est devenue une rareté, qui ne se présente guère plus que dans la taille la plus élevée du caniche standard.

**CORDELETTES** La robe abondante et laineuse de texture fine et serrée forme des cordelettes d'une longueur d'environ 20 cm. Après le shampoing, il convient de procéder à un rinçage en profondeur puis de sécher consciencieusement la robe au sèche-cheveux.

## CRITÈRES DE RACE

Intelligent, équilibré, le caniche à poil cordé montre un tempérament docile, aussi bon chien de famille que gardien de la maison, le gabarit le plus grand du type étant aussi le plus calme. Comme tous les caniches, le type cordé affectionne les jeux sportifs, et a un goût certain pour l'eau. Doté d'une espérance de vie remarquable, il est sujet à des problèmes de santé héréditaires, affections thyroïdiennes et dysplasie de la hanche entre autres.

# Chien-loup tchécoslovaque

**ORIGINE** République tchèque et Slovaquie
**HAUTEUR** 60 à 75 cm
**POIDS** 20 à 35 kg
**EXERCICE**
**TOILETTAGE**
**RECONNAISSANCE** FCI
**COULEUR** Blond à gris argenté avec masque clair, poil clair au cou et au poitrail

La race ressemble beaucoup au loup, car elle est le résultat de croisements de chiens avec des loups. Ce virage fortement marqué dans l'évolution canine a des conséquences mitigées.

## ORIGINES DE LA RACE

L'histoire commence en 1955, avec le croisement expérimental d'un berger allemand et d'un loup des Carpates. On comprit alors qu'il était possible d'obtenir et d'élever une descendance autant par le croisement loup/chienne que par le croisement chien/louve. À partir de 1965, on décida de nouveaux croisements pour améliorer les aptitudes au travail du berger allemand, génétiquement plus proche des mastiffs, des boxers et des autres races de garde que des chiens de berger. Le chien-loup tchécoslovaque accéda à la reconnaissance officielle au titre de race nationale au sein de l'Union soviétique en 1982, et à celle de la FCI en 1999.

## CRITÈRES DE RACE

Les animaux sauvages domestiqués ont toujours bénéficié d'une certaine fascination de la part du public, mais la législation en ce domaine est stricte; les hybrides constituent une alternative idéale et légale. Mais tout n'est pas toujours facile non plus, l'aspect sauvage ne va pas en effet sans caractéristiques sauvages, moins souhaitables. Vif, courageux et vigoureux, le chien-loup tchécoslovaque est aussi très indépendant, plutôt rétif au dressage, peu adapté au milieu urbain et à la vie de famille, et méfiant à l'égard des chiens inconnus. Un travail de socialisation est indispensable dès le plus jeune âge.

**SAUVAGE** Cette race ne ressemble pas seulement au loup, elle en a le comportement, avec un fort instinct de meute et une légère tendance à aboyer. Ce chien s'ennuie facilement et requiert une éducation stimulante et structurée.

# Dalmatien

**ORIGINE** Croatie ou Inde

**HAUTEUR** 54 à 61 cm

**POIDS** 25 à 30 kg

**EXERCICE**

**TOILETTAGE**

**RECONNAISSANCE** KC, FCI, AKC

**COULEUR** Blanc avec noir et tacheté foie

Instantanément identifiable, célèbre pour cent et une raisons, le dalmatien s'est distingué tour à tour comme chasseur, gardien de troupeau, ratier et même comme chien de coche.

## ORIGINE DE LA RACE

Des chiens de ce type existaient en Dalmatie, la Croatie actuelle, il y a environ 4 000 ans. Par ailleurs, le braque du Bengale, un chien similaire originaire d'Inde, était connu en Occident au XVIIIe siècle. On ne sait pas quel est l'ancêtre véritable de la race que nous connaissons aujourd'hui. Le dalmatien connaît des problèmes de santé récurrents et a besoin d'une éducation précoce.

**ATHLÈTE** Sa robe blanche tachetée de noir et sa renommée attirent de nombreux maîtres, mais peu parmi eux sont préparés à la bonne gestion de cet athlète doté d'une incroyable énergie, auquel il faut au minimum trois promenades par jour.

# Dansk gardhund

**ORIGINE** Danemark/Suède

**HAUTEUR** 30 à 40 cm

**POIDS** 12 à 14 kg

**EXERCICE**

**TOILETTAGE**

**RECONNAISSANCE** AKC

**COULEUR** Blanc et rouge, blanc et noir, tricolore

Cette race a excellé au fil du temps comme ratier, berger, mais aussi comme chien de famille et de garde. Son rôle aujourd'hui est essentiellement celui de chien de compagnie.

NOIR | JAUNE ET BLANC | CRÈME | ROUGE/FEU | NOIR ET BLANC

## ORIGINE DE LA RACE

Autrefois, les chiens de ferme comme celui-ci affluaient en Europe, leur population déclinant à mesure de l'avancée de l'agriculture industrielle. Après avoir frôlé l'extinction, la race fut revitalisée à la fin du XXe siècle grâce aux efforts conjoints des éleveurs suédois et danois, et reconnue avec la double nationalité. Toujours rare, il n'a reçu jusqu'ici hors de sa région natale que l'agrément confidentiel de quelques clubs.

Alerte, curieux et d'un naturel joueur, ce chien apprend vite. Affectueux, il n'a souvent qu'une chose en tête, attirer l'attention de ses proches.

**COUPE NATURELLE** Jeune, son allure est un peu désarticulée et il faut attendre trois ans pour qu'il développe sa constitution compacte d'adulte. La queue est longue ou absente, mais jamais coupée, pratique illégale dans son pays.

# Dobermann

**ORIGINE** Allemagne

**HAUTEUR** 60 à 70 cm

**POIDS** 30 à 40 kg

**EXERCICE**

**TOILETTAGE**

**RECONNAISSANCE** KC, FCI, AKC

**COULEUR** Noir, brun, bleu, ou fauve, avec feu

Cette race porte le nom de son créateur, le percepteur allemand Friedrich Ludwig Dobermann, chargé de la gestion de la fourrière d'une petite ville de Thuringe. Chien de garde et de défense, il s'illustre aussi dans les rangs de l'armée et de la police.

## ORIGINE DE LA RACE

Le dobermann compte plusieurs ancêtres, parmi lesquels le pinscher, le dogue allemand, le beauceron et le rottweiler.

À cause de mauvaises sélections, certaines lignées développèrent une forte tendance à l'agressivité, alors que d'autres se montrèrent au contraire excessivement craintives. La race fut ensuite définitivement fixée par l'apport de sang de terrier noir et feu et sans doute de greyhound. Inadapté à une vie de famille, le dobermann ne doit pas pour autant en être réduit à un rôle de chien de garde. Il a un fort besoin de présence et d'échanges, et de la fermeté d'un maître expérimenté. La race est sujette à quelques problèmes de santé, compression médullaire cervicale, maladie de Willebrand, entre autres.

STYLES DE DOBERMANNS Les chiens européens s'affichent à l'état naturel, longue queue et oreilles longues, accolées à la joue, les sujets américains font encore l'objet de caudectomie et les oreilles sont taillées en pointe.

# Dogue de Bordeaux

**ORIGINE** France
**HAUTEUR** 58 à 68 cm
**POIDS** 45 à 55 kg
**EXERCICE** 🐾
**TOILETTAGE** 🪮
**RECONNAISSANCE** KC, FCI, AKC
**COULEUR** Nuances de fauve

Cette race française, l'une des plus anciennes, se composait autrefois de trois types distincts : le parisien, le toulousain et le bordelais. Au bord de l'extinction après la Seconde Guerre mondiale, elle est aujourd'hui en plein essor.

## ORIGINE DE LA RACE

Issue de molosses asiatiques croisés avec des types anglais et espagnols, la race fut employée au combat et à la chasse. Menacée de disparition, elle fut restaurée dans les années 1960. Gardien de premier ordre, le dogue de Bordeaux a bénéficié de sélections qui ont adouci son caractère et il fait aujourd'hui un compagnon calme et loyal.

**PUISSANCE BRUTE**
Un chien trapu tout en puissance, de la tête, courte et large, à la queue, très épaisse à la base. La robe est à poil court et lisse et le chien arbore un masque noir ou rouge, toujours plus foncé que la couleur dominante.

# Laïka

**ORIGINE** Russie
**HAUTEUR** 56 à 64 cm
**POIDS** 18 à 23 kg
**EXERCICE** 🐕
**TOILETTAGE** 🪮🪮
**RECONNAISSANCE** FCI
**COULEUR** Unie, panachée, ou tiquetée de blanc, gris, noir, rouge et brun

Enregistrée plus précisément sous le nom de Laïka de Sibérie orientale, cette race de chien de travail, rare hors de ses frontières, nous vient des immensités boisées au nord de l'Oural.

| NOIR | GRIS | BRUN NOIR | BRINGÉ NOIR |

## ORIGINE DE LA RACE

La Sibérie disposait d'un cheptel naturel de chiens de type spitz, élevés pour la chasse et le trait au XIXᵉ siècle. Au milieu du XXᵉ siècle, un biologiste russe rédigea un standard de race pour ces chiens. Essentiellement chien rural de chasse et de garde, le laïka ne s'adapte pas facilement à d'autres cadres de vie. La double robe constituée d'un poil de couverture dur et droit et d'un sous-poil dense et souple requiert un entretien régulier.

**FORCE SIBÉRIENNE**
Cette race puissante à l'ossature solide compte quelques variantes, dont des chiens de traîneaux, plus légers, ou de chasse, à la musculature plus développée. Ces derniers n'ont pas leur pareil pour acculer le gibier en attendant les chasseurs, en se signalant par des aboiements constants.

# Mastiff

**ORIGINE**  Royaume-Uni

**HAUTEUR**  70 à 75 cm

**POIDS**  75 à 85 kg

**EXERCICE**

**TOILETTAGE**

**RECONNAISSANCE**  KC, FCI, AKC

**COULEUR**  Nuances de fauve

Le mot mastiff viendrait de l'anglo-saxon *masty*, « puissant ». Imposant et lourd, le chien séduisit les armées romaines qui l'enrôlèrent comme chien de guerre.

**TRANQUILLE** Derrière son aspect imposant, le mastiff est un gentil géant. Bien éduqué et socialisé, il montre même une certaine tendance à l'indolence, mais l'exercice s'impose pour éviter l'obésité.

## ORIGINE DE LA RACE

Ce sont les marchands phéniciens qui l'auraient importé en Europe dès le vi[e] siècle av. J.-C. Il est rare, du fait sans doute de son besoin en un espace vital à la hauteur de sa stature et de son appétit vorace. Il serait imprudent d'envisager une cohabitation avec de tout jeunes enfants. Sujet aux problèmes articulaires et aux torsions gastriques, sa longévité est d'une dizaine d'années.

# Chien de la Serra da Estrela

**ORIGINE**  Portugal

**HAUTEUR**  60 à 72 cm

**POIDS**  30 à 50 kg

**EXERCICE**

**TOILETTAGE**

**RECONNAISSANCE**  KC, FCI

**COULEUR**  Fauve, jaune, louvet, parfois panaché de blanc

Également connue sous le nom de chien de montagne portugais, cette race à toison abondante jouit d'une réputation de gardien de troupeau féroce et vigilant.

GRIS          BLEU

## ORIGINE DE LA RACE

Voilà des siècles que le chien de montagne portugais arpente les plaines et les massifs du Portugal pour protéger les troupeaux contre les loups. L'évolution de l'agriculture et l'éradication des loups l'ont forcé à se reconvertir comme chien de compagnie. À condition de recevoir une éducation ferme et de pouvoir se dépenser, il fait un compagnon et un gardien idéal en milieu rural.

**RUSTIQUE** Le pelage dense protégeait la race contre le froid et les blessures lors des affrontements avec les loups. À l'image d'autres grands chiens, il est sujet à la dysplasie de la hanche.

# Eurasier

**ORIGINE** Allemagne
**HAUTEUR** 48 à 60 cm
**POIDS** 18 à 32 kg
**EXERCICE**
**TOILETTAGE**
**RECONNAISSANCE** KC, FCI
**COULEUR** Toutes les couleurs, à l'exception du blanc et du foie

Toujours rare hors de son pays natal, cette race à fourrure dense de type spitz a une physionomie de chien de traîneau, mais préfère de loin la chaleur et le confort de la maison !

GRIS    BLEU    FAUVE    BRUN NOIR    BRINGÉ NOIR

## ORIGINE DE LA RACE

Si elle rappelle ces chiens nordiques connus depuis des siècles, la race est pourtant relativement récente. À la fin des années 1960, l'éleveur allemand Julius Wipfel entreprit un croisement entre une femelle spitz-loup et un mâle chow-chow. Il en résulta un chien baptisé loup-chow, à son tour croisé avec le samoyède. Le standard de la race fut officiellement inscrit sur le registre de la FCI en 1973.

## CRITÈRES DE RACE

Intelligent, l'eurasier se montre parfois obstiné et peu réceptif au dressage. Éduqué en revanche avec rigueur dès son plus jeune âge par un maître ferme et compréhensif, il va s'attacher très fortement à celui-ci, au risque d'ignorer toute autre personne. Sa réserve frôle parfois la timidité et il est d'un naturel plutôt calme, aboyant rarement.

**TYPE SPITZ** Bien proportionnée, cette race de taille moyenne est dotée d'une ossature moyenne. La robe présente un poil long, doublé d'un sous-poil dense. La queue enfin est enroulée sur le dos ou le côté quand l'eurasier est excité.

# Spitz finlandais

**ORIGINE** Finlande
**HAUTEUR** 38 à 50 cm
**POIDS** 14 à 16 kg
**EXERCICE** 🐕
**TOILETTAGE** ✂️
**RECONNAISSANCE** KC, FCI, AKC
**COULEUR** Nuances de fauve

Le chien national de Finlande porte le nom de suomenpystykorva dans son pays d'origine. Ce petit spitz plein d'entrain et de vivacité est vite devenu un chien de compagnie apprécié en Finlande, mais aussi à l'étranger.

## ORIGINE DE LA RACE

Ce chien aux origines incertaines fut probablement introduit en Finlande par les premiers colons et utilisé à la chasse des siècles durant, car le spitz reste un chien de chasse apprécié. Au XIXe siècle, lors de l'inscription de ces chiens au Livre des origines, la plupart des spécimens pris en compte venaient des régions orientales et septentrionales du pays. Lorsqu'une partie de la Carélie fut cédée à l'Union soviétique, ces chiens prirent le nom de laïka carélo-finnois. Compagnon pour un maître actif, ce chien indépendant se révèle inadapté à la vie de famille, également trop bruyant pour vivre sereinement en milieu urbain.

**RACE RUSTIQUE** Chien actif, heureux en pleine nature, le spitz finlandais n'a rien oublié de son passé de chasseur, à l'époque où le chien était utilisé pour traquer le petit gibier et donner de la voix afin d'alerter les chasseurs.

# Schnauzer géant

**ORIGINE** Allemagne

**HAUTEUR** 60 à 70 cm

**POIDS** 32 à 35 kg

**EXERCICE**

**TOILETTAGE**

**RECONNAISSANCE** KC, FCI, AKC

**COULEUR** Noir, poivre et sel

Connue en Allemagne sous le nom de riesenschnauzer, cette race fait le lien entre le schnauzer moyen et le schnauzer nain. Chien puissant, doté d'un instinct dominateur, ses admirateurs estiment qu'il mérite largement le temps et l'énergie que son maître devra lui consacrer.

## ORIGINE DE LA RACE

Utilisé en Allemagne dès le Moyen Âge comme chien de conduite des troupeaux, ce chien fut pour la première fois présenté sous le nom de schnauzer russe chasseur d'ours. Si le coût d'entretien d'un tel animal peut conduire aujourd'hui certains maîtres à lui préférer un chien de taille plus réduite, le schnauzer géant connut son heure de gloire à la fin du XIXᵉ siècle, comme chien de boucher, utilisé à la conduite du bétail. Territorial et dominateur, le schnauzer géant se révèle inadapté à la vie de chien de famille et peut se montrer destructeur lorsqu'il s'ennuie ou manque d'activité. Excellent chien de garde ou de sport, il exige un maître expérimenté. Il est néanmoins fragile, souvent affecté par le cancer et des problèmes de torsion gastrique ou de dysplasie de la hanche.

**NÉ POUR DOMINER** Tout chez le chien, de sa constitution robuste à sa tête osseuse et puissante, inspire le respect. La tradition voulait que la queue du chien soit écourtée, une tendance toujours d'actualité en Amérique du Nord, où les oreilles du chien sont aussi taillées en pointe. Les éleveurs européens privilégient un aspect plus naturel.

# Dogue allemand

**ORIGINE** Allemagne
**HAUTEUR** 79 à 92 cm
**POIDS** 50 à 80 kg
**EXERCICE**
**TOILETTAGE**
**RECONNAISSANCE** KC, FCI, AKC
**COULEUR** Fauve, bringé, bleu, noir, blanc avec marques noires ou bleues

Ce grand chien, parfois appelé à tort grand danois, fut autrefois utilisé à la chasse, à la guerre et à la garde.

NOIR        BLEU        BRINGÉ NOIR

## ORIGINE DE LA RACE

Ce chien à l'origine incertaine pourrait être un descendant de mastiffs introduits en Europe par les Alains au V^e siècle. Destinés à la chasse au sanglier, à l'ours et au loup, ces chiens furent croisés avec des lévriers afin d'associer l'agilité à la puissance. Une sélection associant plusieurs types de chiens conduisit à la fin du XIX^e siècle à la création d'une nouvelle race canine allemande, reconnue sous le nom de dogue allemand.

## CRITÈRES DE RACE

Le dogue allemand fait aujourd'hui figure d'affectueux géant, détendu avec les enfants et ses congénères, calme et relativement tranquille lorsqu'il se retrouve au sein de son foyer. Sa taille reste néanmoins un handicap dans un appartement trop exigu. Si les adultes se montrent dignes et réservés, les chiots font preuve d'une énergie débordante. À noter, le dogue allemand est connu pour baver exagérément.

QUESTION DE TAILLE La grande taille de ce chien l'expose plus particulièrement aux problèmes d'articulation, aux blessures de la queue, au cancer des os et aux maladies cardiaques. Une alimentation inadaptée peut aussi entraîner un risque de torsion gastrique. L'espérance de vie du dogue allemand ne dépasse généralement pas les dix ans.

# Grand bouvier suisse

**ORIGINE** Suisse

**HAUTEUR** 60 à 72 cm

**POIDS** 59 à 61 kg

**EXERCICE**

**TOILETTAGE**

**RECONNAISSANCE** FCI

**COULEUR** Tricolore

Chien de montagne et bouvier suisse, classé dans le groupe des molosses, le chien est le plus grand représentant des quatre races actuelles de bouviers suisses, à savoir le bouvier bernois, le bouvier d'Appenzell et le bouvier d'Entlebuch.

## ORIGINE DE LA RACE

Les différentes lignées de bouviers suisses, descendants probables de mastiffs romains, se retrouvèrent menacées d'extinction vers la fin du XIXe siècle. En 1909, Albert Heim contribua au renouveau de ces races quand il se vit présenter un bouvier bernois à poil court et reconnut en ce chien un survivant du mâtin des bouchers. Albert Heim réussit à retrouver suffisamment de spécimens pour maintenir et perpétuer la race du grand bouvier suisse. Aujourd'hui élevé en Europe et en Amérique du Nord, ce chien calme a accédé au statut de chien de compagnie en dépit de son tempérament territorial et de sa méfiance envers les étrangers.

**GRAND ET ACTIF** Imposant, le chien n'en est pas moins agile et grand amateur d'exercice. La race se révèle sensible aux problèmes articulaires, au risque de torsion gastrique, et à l'entropion.

# Chien du Groenland

**ORIGINE** Groenland (Danemark)

**HAUTEUR** 56 à 64 cm

**POIDS** 30 à 32 kg

**EXERCICE**

**TOILETTAGE**

**RECONNAISSANCE** KC, FCI, AKC

**COULEUR** Toutes les couleurs

Ce chien robuste et vigoureux est avant tout bâti pour l'exercice. Sous son expression amicale et « souriante » se cache un chien au tempérament énergique qui ne connaît qu'un seul maître.

CRÈME    BRUN NOIR    FAUVE ET BLANC    JAUNE ET BLANC

## ORIGINE DE LA RACE

Le chien du Groenland serait l'une des plus anciennes races au monde. Il évolua dans un isolement relatif dans une région occupée par ses ancêtres depuis 12 000 ans. Utilisée comme chien de chasse et de bât, la race vit le nombre de ses représentants décliner au fil de l'évolution du mode de vie et du développement du transport motorisé. Inadapté à la vie de famille, ce chien fera preuve d'une certaine méfiance envers les étrangers. En l'absence d'exercice à la hauteur de son énergie, le chien du Groenland sombrera dans l'ennui. Compagnon idéal pour un maître actif, sa popularité ne cesse de grandir auprès des amateurs de nature et de grand air.

**UN MODÈLE D'ADAPTATION** Adapté à la survie en milieu hostile, le chien du Groenland arbore une robe dense à poil long, serré droit et rude, doublé d'un sous-poil isolant dense et laineux.

# Hovawart

**ORIGINE** Allemagne
**HAUTEUR** 58 à 70 cm
**POIDS** 25 à 41 kg
**EXERCICE**
**TOILETTAGE**
**RECONNAISSANCE** KC, FCI, AKC
**COULEUR** Jaune, noir, noir et jaune

Son nom vient d'un mot allemand signifiant « gardien de ferme », tâche accomplie par le chien des siècles durant. On le trouve aujourd'hui en Europe et en Amérique du Nord.

NOIR          FAUVE          NOIR ET FEU

## ORIGINE DE LA RACE

Son ancêtre fut reconnu au XIIIe siècle sous le nom de hofwarth, mais la race s'éteignit. Au début du XXe siècle, une nouvelle race voit le jour, sélectionnée à partir de croisements entre chiens de ferme du nord et du sud de l'Allemagne, mais aussi l'apport probable d'autres races, dont le berger allemand. Chien réservé, très attaché à son maître, le hovawart est une race élégante.

**SUJET SENSIBLE**
Un programme d'élevage sélectif et rigoureux a permis de limiter chez ce chien relativement grand et lourd les problèmes de dysplasie de la hanche. Choisissez soigneusement l'éleveur si vous souhaitez acquérir un sujet sain.

# Kai

**ORIGINE** Japon
**HAUTEUR** 45 à 55 cm
**POIDS** 16 à 18 kg
**EXERCICE**
**TOILETTAGE**
**RECONNAISSANCE** KC, FCI, AKC
**COULEUR** Bringé, bringé noir, bringé rouge

Comme beaucoup de races indigènes, le kai a été désigné emblème national au Japon. Une race également connue sous les noms de kai inu, tora inu et kai tora-ken. Le terme *inu* signifie « chien » et *tora* « tigre ».

## ORIGINE DE LA RACE

Il faudra attendre les années 1930 pour que le Japon reconnaisse et apprécie ce chien local, notamment grâce au travail effectué par l'éleveur Haruo Isogai. Le kai tire son nom d'une région montagneuse isolée où la race se développa. Encore rare, même au Japon, le kai se distingue par sa robe bringée. Très attaché à son maître, il se montrera parfois méfiant et réservé envers les étrangers.

**CHASSEUR ET GARDIEN**
Bien équilibré, de constitution robuste, ce chien de montagne polyvalent était utilisé pour le gardiennage et la chasse. C'est un chien apprécié pour son courage et son intelligence.

# Chien d'ours de Carélie

**ORIGINE** Finlande/Russie

**HAUTEUR** 48 à 58 cm

**POIDS** 20 à 23 kg

**EXERCICE**

**TOILETTAGE**

**RECONNAISSANCE** KC, FCI, AKC

**COULEUR** Noir, généralement avec du blanc

Également baptisé karjalankarhukoïra, ce chien robuste et puissant est originaire de la province de Carélie, en majeure partie passée sous domination soviétique au cours du XXᵉ siècle.

NOIR          NOIR ET BLANC

## ORIGINE DE LA RACE

L'origine de la race est obscure, mais le chien serait apparenté au laïka russo-européen. Des chiens de ce type accompagnèrent les colons partis à la découverte de la Finlande, il y a plusieurs siècles de cela. Vivant de la chasse, ces colons privilégiaient les chiens suffisamment grands et solides pour mettre en déroute les prédateurs comme l'ours, le loup ou le lynx, mais aussi pour traquer le gros gibier, comme l'élan. Cette race populaire au XXᵉ siècle déclina et les chiens d'ours de Carélie actuels descendraient d'une quarantaine d'individus à peine. Elle est élevée aujourd'hui en Europe et en Amérique du Nord. Intrépide et déterminé, ce chien inadapté à la vie citadine ou de famille se révèle un compagnon idéal en zone rurale.

**INSTINCT DE CHASSEUR**
Fidèle compagnon des amateurs de chasse en Finlande, Suède et Norvège, où le chien est utilisé pour traquer le gros gibier, comme l'élan, le chien d'ours de Carélie est un véritable chasseur dans l'âme.

**EXCEPTION RÉGIONALE** Par bien des côtés, le chien d'ours de Carélie fait figure de spitz scandinave type. Seule la couleur noire et blanche de la robe paraît inhabituelle et le distingue d'autres races du même groupe, comme le spitz finlandais.

# Spitz allemand

**ORIGINE** Allemagne
**HAUTEUR** 43 à 45 cm
**POIDS** 25 à 30 kg
**EXERCICE**
**TOILETTAGE**
**RECONNAISSANCE** KC, FCI, AKC
**COULEUR** Mélange de gris, noir et crème

Reconnu par de nombreux organismes sous le nom de keeshond, ce chien est enregistré par la FCI sous l'appellation de spitz allemand, race qui inclut également le loulou de Poméranie ou le spitz-loup.

## ORIGINE DE LA RACE

Tous les chiens allemands de type spitz descendent de l'ancien torfhund ou chien des tourbières. C'est peut-être l'une des plus anciennes races d'Europe centrale et l'ancêtre de tous les autres types spitz. Ces chiens furent utilisés comme gardiens ou ratiers en Allemagne et dans le sud des Pays-Bas. Suffisamment calme et doux pour s'adapter à une vie de famille, sa vi-vacité et sa méfiance lui confèrent toutes les qualités requises pour un bon gardien. C'est un chien populaire, au tempérament fougueux, exigeant une certaine fermeté dans son éducation et un dressage adapté.

**ROBE LUXURIANTE** La race présentait autrefois différentes nuances de robe selon la région d'origine du chien. La couleur de cette épaisse robe à poil double s'est aujourd'hui uniformisée. Un brossage quotidien s'impose.

# Jindo coréen

**ORIGINE** Corée
**HAUTEUR** 41 à 58 cm
**POIDS** 10 à 20 kg
**EXERCICE**
**TOILETTAGE**
**RECONNAISSANCE** Néant
**COULEUR** Rouge ou noir, uni ou avec des marques blanches, noir et feu, blanc

Proche du shiba japonais, ce chien indépendant, emblématique de Corée, fait l'objet d'une exportation qui est soumise à réglementation.

NOIR    ROUGE/FEU    BLANC ET NOIR    JAUNE ET BLANC    NOIR ET FEU

## ORIGINE DE LA RACE

Ce chien primitif de type spitz, compact, vif et sain, évolua dans l'isolement sur l'île de Jindo. C'est un chien apprécié pour son intelligence, sa détermination et sa loyauté: en Corée, des légendes évoquent des jindos coréens ayant parcouru des kilomètres pour retourner auprès de leur maître après avoir été vendus à de nouveaux propriétaires. Peu adapté à la vie de famille ou au milieu urbain, ce chien fera la joie d'un maître expérimenté.

**COULEURS DE ROBE** En Corée, seuls sont reconnus les spécimens à robe blanche et rouge à feu, ce qui explique que ces couleurs soient aujourd'hui les plus répandues. La palette de couleurs acceptées était autrefois plus large et intégrait les robes à poil noir, noir et feu ou rouge et blanc.

# Labradoodle

**ORIGINE** Australie

**HAUTEUR** 33 à 65 cm

**POIDS** 10 à 40 kg

**EXERCICE**

**TOILETTAGE**

**RECONNAISSANCE** Néant

**COULEUR** Large gamme de couleurs unies

Référence en matière d'hybridation, phénomène de mode pour certains, le labradoodle est considéré dans son pays d'origine comme un chien de pure race, décliné en trois tailles.

| NOIR | CRÈME | BLEU | JAUNE | BRUN NOIR |

## ORIGINE DE LA RACE

Dans les années 1990, l'éleveur Wally Conron commença à croiser des labradors et des caniches, afin de créer un chien d'assistance non-allergène, dont la robe conserverait les caractéristiques de celle du caniche et dont le tempérament associerait l'intelligence et la docilité du labrador. Les spécimens rencontrés aujourd'hui sont souvent issus de la première génération et présentent des caractéristiques très variables.

**QUALITÉ DE ROBE** La qualité de poil de la robe du caniche est loin d'être fixée chez les premiers spécimens de labradoodles. Selon le standard australien, la robe doit arborer un poil simple.

# Chien d'eau romagnol

**ORIGINE** Italie

**HAUTEUR** 35 à 48 cm

**POIDS** 11 à 16 kg

**EXERCICE**

**TOILETTAGE**

**RECONNAISSANCE** KC, FCI, AKC

**COULEUR** Blanc, marron, orange, blanc avec marques marron ou orange

Race confidentielle au nombre de représentants peu élevé, le chien d'eau romagnol est décliné en deux variétés distinctes, chien d'utilité et chien de compagnie.

| BRUN NOIR | JAUNE ET BLANC |

## ORIGINE DE LA RACE

Cette race ancienne fut sélectionnée pour la chasse au gibier d'eau. À l'assèchement des marais, il trouva une nouvelle utilité en devenant chien truffier. Doté d'une longue espérance de vie, énergique et affectueux, le chien d'eau romagnol réunit toutes les qualités du chien de famille, à condition de ne pas le placer dans un environnement urbain.

**ENTRETIEN DES BOUCLES** Certains se contentent de tondre la robe du chien deux fois dans l'année. Afin d'éviter que le poil finisse par s'emmêler, mieux vaut opter pour un peignage régulier. Le brossage friserait le poil comme celui d'un caniche et la robe perdrait son aspect bouclé caractéristique.

# Landseer

**ORIGINE** Canada/Allemagne/Suisse
**HAUTEUR** 66 à 71 cm
**POIDS** 50 à 68 kg
**EXERCICE**
**TOILETTAGE**
**RECONNAISSANCE** KC, FCI, AKC
**COULEUR** Noir et blanc

Dans beaucoup de registres, le nom de landseer renvoie simplement à une variété de terre-neuve à robe pie. La FCI reconnaît néanmoins le landseer comme une race à part entière ou de « type continental européen ».

## ORIGINE DE LA RACE

La race vit le jour à Terre-Neuve, suite à des croisements entre chiens locaux, chiens d'eau et mastiffs importés par des pêcheurs. Alors que le robuste terre-neuve semblait faire l'unanimité, les éleveurs continuèrent malgré tout à sélectionner un type de chien plus léger et plus proche du modèle original. C'est ainsi que vit le jour le landseer, un doux géant parfaitement adapté à la vie de famille.

**SUJET D'INSPIRATION** Maintes fois mis en scène par le peintre animalier anglais Edwin Landseer, le terre-neuve, sans doute un landseer, inspira également le portrait de la chienne Nana dans *Peter Pan*.

# Leonberg

**ORIGINE** Allemagne
**HAUTEUR** 65 à 80 cm
**POIDS** 45 à 75 kg
**EXERCICE**
**TOILETTAGE**
**RECONNAISSANCE** KC, FCI, AKC
**COULEUR** Crème à rouge, avec un masque noir

Le chien tire son nom d'un village du Bade-Wurtemberg, où cette race fut créée à partir de croisements entre races traditionnelles. En dépit des protestations des éleveurs, la publicité faite autour du leonberg réussit à hisser ce chien au rang de symbole.

## ORIGINE DE LA RACE

Au début du XIXe siècle, un conseiller municipal de Leonberg, Heinrich Essig, sélectionna cette race majestueuse à partir de croisements entre terre-neuve et saint-bernard. La force, le calme, la loyauté et l'obéissance du chien finirent par jouer en sa faveur. Chien de famille populaire, le leonberg est doté d'une espérance de vie assez courte, comme beaucoup de chiens de grande taille, et souvent affecté par le cancer.

**ASPECT LÉONIN** Le créateur du leonberg aurait dit-on été inspiré par l'emblème héraldique de sa ville, le lion. Les premiers chiens présentaient pourtant une robe à poil blanc et noir, résultant de croisements avec un terre-neuve de type landseer.

LEONBERG (p. 347) Comme beaucoup de races modernes issues de croisements, ce chien sélectionné à partir de races ancestrales ne fut pas considéré comme une réelle nouveauté à son apparition. Peu facile à élever, il reste encore assez rare.

# Mâtin napolitain

**ORIGINE** Italie

**HAUTEUR** 60 à 75 cm

**POIDS** 50 à 75 kg

**EXERCICE**

**TOILETTAGE**

**RECONNAISSANCE** KC, FCI, AKC

**COULEUR** Noir uni, bleu, gris, fauve à rouge uni ou bringé

Ancêtre de nombreuses races de mâtins, ce chien se caractérise par l'épaisseur de sa peau lâche et plissée, un trait hérité de son passé de chien de combat.

NOIR    GRIS    BLEU    ROUGE/FEU    BRINGÉ NOIR

## ORIGINE DE LA RACE

Ce chien est le descendant le plus direct du grand molosse romain décrit au Ier siècle, mentionnant ce parfait chien de garde domestique. Proche de l'extinction dans les années 1940, la race fut sauvée grâce aux efforts de deux cynophiles passionnés. Protecteur et dominateur, le mâtin napolitain se révèle un excellent gardien, à condition de bénéficier d'un dressage à l'obéissance et d'une socialisation précoces.

## BEAUTÉ INTÉRIEURE
Ce chien vorace et baveur ne fait pas toujours la fierté de son maître. La coupe des oreilles et de la queue semble aujourd'hui délaissée, au profit d'une apparence plus naturelle, du moins en Europe.

# Chien chantant de Nouvelle-Guinée

**ORIGINE** Nouvelle-Guinée

**HAUTEUR** 35 à 38 cm

**POIDS** 8 à 14 kg

**EXERCICE**

**TOILETTAGE**

**RECONNAISSANCE** AKC

**COULEUR** Nuances de rouge, avec ou sans marques blanches, noir et feu

La race doit son nom à cette faculté unique de modulation de son aboiement. Ce chien à peine sorti de l'état sauvage, probablement proche parent du dingo, reste une véritable curiosité.

ROUGE/FEU    NOIR ET FEU

## ORIGINE DE LA RACE

Ce chien appartenait à la faune endémique de la région. C'est une race ancienne, qui prospère isolément depuis près de 6 000 ans. La race ne se rencontre plus à l'état sauvage depuis le XXe siècle, mais fut sauvée de l'extinction grâce à un programme de reproduction en captivité. Encore rare, ce chien intelligent et plein de vivacité demande un vrai investissement de la part de son maître.

**L'APPEL DE LA NATURE** Ce chien à la fois robuste et élégant ressemble à un renard. Socialisé assez tôt, il se montrera affectueux envers son maître, mais aura tendance à se tenir à distance et à faire preuve d'agressivité envers ses congénères. Le dressage ne parvient pas toujours à tempérer son instinct de chasseur prédominant.

# Terre-neuve

**ORIGINE** Canada
**HAUTEUR** 66 à 71 cm
**POIDS** 50 à 69 kg
**EXERCICE** 🐕
**TOILETTAGE** 🖌🖌🖌
**RECONNAISSANCE** KC, FCI, AKC
**COULEUR** Noir, marron, blanc et noir

BRUN NOIR    NOIR ET BLANC

D'anciens molosses de Méditerranée orientale sont à l'origine de toutes les races actuelles de type molossoïde, dont on fit des chiens de combat et des chiens de garde et de berger.

FORCE DE LA NATURE Le terre-neuve a de vrais talents de sauveteur. La force et la résistance du chien furent aussi mises à l'épreuve durant la guerre, pour tracter munitions et ravitaillement.

## ORIGINE DE LA RACE

L'origine incertaine du terre-neuve justifie toutes les légendes sur son compte. Parmi ses ancêtres possibles ont été mentionnés des chiens indiens, des chiens d'ours introduits par les Vikings ou encore le labrador. Des croisements, au XVIIIe siècle, entre chiens indigènes et mastiffs accompagnant des pêcheurs de passage ont aussi été évoqués.

Quoi qu'il en soit, le terre-neuve se révéla un compagnon précieux pour les pêcheurs qui l'utilisaient pour tracter leur bateau, haler les filets sur le rivage ou rapporter ce qui tombait à l'eau. Il a su sans problème s'adapter au rôle de chien de compagnie, populaire et apprécié pour la douceur de son caractère.

# Spitz de Norrbotten

**ORIGINE** Suède
**HAUTEUR** 40 à 47 cm
**POIDS** 12 à 15 kg
**EXERCICE** 🐕
**TOILETTAGE** 🖌
**RECONNAISSANCE** FCI, AKC
**COULEUR** Toutes couleurs

ROUGE/FEU    FAUVE    FAUVE ET BLANC    NOIR ET BLANC    JAUNE ET BLANC

Connue dans son pays d'origine sous le nom de norrbottenspets et en Finlande sous celui de pohjanpystykorva, cette race suédoise est l'équivalent du spitz finlandais.

## ORIGINE DE LA RACE

Au XVIIe siècle, le chien était utilisé à la chasse aux écureuils, recherchés pour leur fourrure. Plus petit que la majorité des autres races scandinaves de type spitz, il ressemble au buhund norvégien. La race frôla l'extinction au lendemain de la Seconde Guerre mondiale et reste rare, y compris dans son pays d'origine. Actif et déterminé, le spitz de Norrbotten est loin d'être un compagnon de tout repos. Chasseur dans l'âme, il saura néanmoins utiliser ses talents dans d'autres domaines, comme la garde ou le tractage de charges.

ŒIL VIF ET QUEUE EN PANACHE Intrépide, alerte et toujours en mouvement, ce chien sûr de lui et intelligent est enjoué. La robe présente un poil court, mais un sous-poil dense assure à cette race rustique une remarquable résistance au froid.

# Chien norvégien de macareux

**ORIGINE** Norvège
**HAUTEUR** 31 à 39 cm
**POIDS** 5,5 à 6,5 kg
**EXERCICE**
**TOILETTAGE**
**RECONNAISSANCE** KC, FCI, AKC
**COULEUR** Blanc nuancé de noir, gris, fauve à rouge

Ce chien de chasse originaire de Norvège avait pour mission de déloger les macareux de leurs nids, perchés à flanc des falaises abruptes de l'île de Væroy, dans l'archipel des Lofoten.

NOIR
ET BLANC

JAUNE
ET BLANC

## ORIGINE DE LA RACE

La race fut employée à la chasse au macareux dès les XVIe siècle. Isolé, le chien évolua en montrant certains traits d'adaptation uniques, comme ses oreilles dressées capables de se rabattre afin d'obturer le conduit auditif. La souplesse de la nuque permet à la tête de s'incliner nettement vers l'arrière, les membres antérieurs s'écartent largement et des doigts supplémentaires à chaque pied le stabilisent. Tout ceci permettait au chien d'accéder aux endroits les plus exigus ou de se maintenir en équilibre sur d'étroites crêtes rocheuses.

## CRITÈRES DE RACE

Le chien sortit de l'anonymat vers 1930. Lorsque les chasseurs de macareux cessèrent leur activité au profit de la pêche, la race déclina et, en dépit des efforts des éleveurs et de l'exportation de quelques spécimens, il reste rare. Compagnon vif et enjoué, il peut souffrir de problèmes digestifs.

**SOURCE DE PROFITS** Un livre d'histoire naturelle, rédigé en 1753, mentionnait à propos du chien norvégien de macareux que « leurs prises enrichissent les fermiers bien plus que le travail des champs. »

# Chien de berger de Majorque

**ORIGINE** Espagne
**HAUTEUR** 62 à 73 cm
**POIDS** 35 à 40 kg
**EXERCICE**
**TOILETTAGE**
**RECONNAISSANCE** KC, FCI, AKC
**COULEUR** Noir

Officiellement reconnu sous le nom catalan de ca de bestiar, « chien de troupeaux », le chien de berger de Majorque reste une race confidentielle, rarement rencontrée en dehors de l'Espagne.

## ORIGINE DE LA RACE

Ce chien de ferme, qui partage quelques ancêtres avec le dogue de Majorque, connut une évolution différente de ce dernier. Sa physionomie évoque celle du cao de castro laboreiro portugais avec qui le chien est probablement apparenté. Résistant à la chaleur, ce type de chien de travail, élevé dans les fermes, se rencontre partout en Espagne, mais les sujets de pure race restent rares. En Amérique du Sud, où la race fut exportée, le chien est employé pour ses qualités de gardien. Chien d'utilité avant tout, le berger de Majorque, généralement agressif et territorial, peut chercher à dominer son maître.

**LONGUEUR DE ROBE** La race est officiellement reconnue sous deux variétés de robe, à poil long ou court, mais exclusivement de couleur noire. La variété à poil long pourrait bientôt s'éteindre.

# Dogue de Majorque

**ORIGINE** Espagne
**HAUTEUR** 52 à 58 cm
**POIDS** 30 à 38 kg
**EXERCICE**
**TOILETTAGE**
**RECONNAISSANCE** FCI, AKC
**COULEUR** Bringé, fauve, noir

Le dogue de Majorque, chien à taureau, fut officiellement inscrit au livre des origines espagnol en 1929. Ce chien de taille moyenne, de type molossoïde, fait preuve d'un indéniable talent de gardien.

JAUNE    BRINGÉ NOIR

## ORIGINE DE LA RACE

Le chien descendrait de mastiffs espagnols exportés au XIIIe siècle vers les Baléares où ils faisaient office de chiens de chasse et de garde, mais aussi de chiens de combat. Au XVIIIe siècle, des croisements avec des dogues britanniques ou espagnols améliorèrent les performances du chien, à l'époque utilisé dans les combats de chiens contre des taureaux. La race connaîtra un certain déclin jusqu'aux années 1980. Aujourd'hui moins féroce que son ancêtre, ce chien déterminé et difficile à dresser ne supportera pas la présence de congénères au sein du foyer.

**TAILLÉ POUR LE COMBAT** Ce chien typiquement molossoïde, à poitrine large, doté d'une tête massive, notamment chez le mâle, présente un museau en cône large et tronqué qui lui permettait au combat de se saisir fermement son adversaire.

# Caniche (standard)

**ORIGINE** Allemagne

**HAUTEUR** 38 à 60 cm

**POIDS** 20 à 32 kg

**EXERCICE** 🐕

**TOILETTAGE** ✂✂✂

**RECONNAISSANCE** KC, FCI, AKC

**COULEUR** Toutes couleurs unies

Le nom de la race dérive du vieux français « canichon » qui désignait un jeune canard en duvet. Ce rapporteur de gibier se révèle un adorable compagnon.

| NOIR | CRÈME | BLEU | FAUVE | BRUN NOIR |

## ORIGINE DE LA RACE

Connu dès le Moyen Âge en Allemagne, le caniche descend d'ancêtres asiatiques arrivés avec les invasions barbares. Officiellement française, la race fera l'objet d'une sélection qui distinguera trois tailles : standard, miniature et naine. Chien intelligent et réceptif au dressage, il devra son immense popularité à son talent de chasseur de truffe. Ce chien robuste, sain, compétent et polyvalent, se montre très éloigné de l'image de jouet en peluche renvoyée par le caniche nain.

**TOILETTE LÉONINE** L'esthétisme de cette toilette avait pour objectif initial de limiter la résistance de la robe dans l'eau, tout en laissant intacts et isolés du froid le poitrail et les articulations des membres.

**COUPE COURTE** Cette tonte intégrale, non autorisée en exposition, facilite l'entretien de la toison au quotidien et redonne au chien un peu de sa dignité naturelle.

**QUESTION DE TAILLE** Pour la FCI, la taille du caniche standard est supérieure de 8 cm aux autres registres.

# Chien d'eau portugais

**ORIGINE** Portugal
**HAUTEUR** 43 à 57 cm
**POIDS** 16 à 25 kg
**EXERCICE**
**TOILETTAGE**
**RECONNAISSANCE** KC, FCI, AKC
**COULEUR** Noir, blanc, ou marron, noir ou marron avec taches blanches

Ce chien d'eau, dont l'aspect évoque celui de certaines races de chiens de chasse à poil ondulé, œuvra aux côtés des pêcheurs du littoral, d'où son autre nom de chien de pêcheur portugais.

NOIR  BRUN NOIR  FAUVE ET BLANC

## ORIGINE DE LA RACE
Ce type de chien existe depuis le Moyen Âge. Nageur et plongeur émérite, il était autrefois utilisé sur tout le littoral portugais, travaillant en mer à rapporter les nasses endommagées, à rabattre le poisson dans les filets ou encore comme agent de liaison entre les bateaux et le rivage. À terre, il servait à garder les embarcations et leurs cargaisons. L'évolution de l'industrie de la pêche sonna le déclin de la race.

## CRITÈRES DE RACE
Ce chien impétueux et intelligent, soucieux de plaire à son maître, est réceptif au dressage. Doté d'une incroyable énergie, le chien d'eau portugais exigera un maître attentif et actif. Supportant difficilement la solitude, l'ennui peut le pousser à adopter une attitude destructrice. Un test de la gangliosidose à GM1 sera pratiqué chez les chiots, sachant que cette maladie neurodégénérative se révèle fatale.

RUSTIQUE ET VOLONTAIRE Race robuste, aux proportions harmonieuses, le chien d'eau portugais doit dégager une impression de force et une expression éveillée. La robe se décline en deux variétés, à poil court et crépu formant des mèches dites en cylindres, ou à poil long ondulé. Deux robes denses et fournies, dépourvues de sous-poil.

# Mâtin des Pyrénées

**ORIGINE** Espagne

**HAUTEUR** 72 à 80 cm

**POIDS** 55 à 75 kg

**EXERCICE**

**TOILETTAGE**

**RECONNAISSANCE** FCI

**COULEUR** Blanc avec gris, jaune, brun, noir, argenté, beige clair, sable ou marbré

Utilisé dans les fermes comme chien de troupeau et de garde, le mâtin des Pyrénées affrontait les ours et les loups. Ce chien robuste, réceptif au dressage, se révèle un excellent gardien.

FAUVE ET BLANC

NOIR ET BLANC

JAUNE ET BLANC

## ORIGINE DE LA RACE

Il y a plusieurs siècles, les marchands phéniciens importèrent en Espagne les premiers mastiffs originaires d'Asie. Ces chiens se développèrent et se virent confier la garde des troupeaux et des habitations. De grande taille, doté d'un instinct protecteur et d'une ténacité à toute épreuve, ce chien est inadapté à la vie citadine. Parfois agressif vis-à-vis de ses congénères, il sait néanmoins contrôler sa puissance.

**RACE CONFIDENTIELLE**
Ce chien solide et de stature imposante ne doit pas donner une impression de lourdeur. Il est l'une des rares races de type molossoïde, malheureusement éclipsée par le chien de montagne des Pyrénées avec lequel il est souvent confondu.

# Chien de montagne des Pyrénées

**ORIGINE** France

**HAUTEUR** 65 à 80 cm

**POIDS** 55 à 75 kg

**EXERCICE**

**TOILETTAGE**

**RECONNAISSANCE** KC, FCI, AKC

**COULEUR** Blanc, blanc avec taches grises, jaune pâle ou orange limitées

Originaire des Pyrénées françaises, ce chien imposant, intrépide et intelligent, de type molossoïde, se retrouve au XVIIe siècle chien de garde à la cour du roi Louis XIV qui lui donne le titre de chien royal de France.

FAUVE ET BLANC

**CRITÈRES DE SÉLECTION**
La taille et le poids du chien le rendent inapte à la vie citadine. Comme toutes les grandes races, il est sensible aux problèmes articulaires.

## ORIGINE DE LA RACE

Probable descendant d'anciens mastiffs asiatiques, ce chien fut dès le Moyen Âge affecté à la garde des troupeaux et des fermes. La race, qui frôla l'extinction au début du XXe siècle, est aujourd'hui établie à travers toute l'Europe et l'Amérique du Nord. La sélection de la race a participé à atténuer sa méfiance naturelle et à adoucir son tempérament.

# Chien de Rhodésie à crête dorsale

**ORIGINE** Afrique du Sud

**HAUTEUR** 60 à 69 cm

**POIDS** 32 à 36 kg

**EXERCICE** 🐕

**TOILETTAGE** 🪮

**RECONNAISSANCE** KC, FCI, AKC

**COULEUR** Froment clair à rouge froment

Seule race autochtone du sud de l'Afrique officiellement reconnue, ce chien se caractérise par une crête de poil poussant dans le sens inverse du pelage. Cette caractéristique était considérée comme unique jusqu'à la découverte du chien thaïlandais à crête dorsale.

## ORIGINE DE LA RACE

Au XIXᵉ siècle, des chiens à crête dorsale, utilisés à la chasse par les Hottentots, furent croisés avec des chiens courants et des mastiffs importés par les colons. La race issue de ces croisements fut dédiée à la chasse au lion. Les chiens travaillaient en général à deux ou à trois pour traquer le gibier. L'évolution des mentalités et le souci de préservation de la faune sauvage conduisirent le chien de Rhodésie à crête dorsale à changer de statut pour adopter celui de chien de compagnie ou de garde. Digne et loyal, il peut se montrer distant envers les étrangers, mais possessif envers son maître, et préférera ne pas avoir à partager son foyer avec des enfants trop bruyants ou d'autres animaux.

**CRITÈRES DE SÉLECTION** Le premier standard du chien de Rhodésie à crête dorsale, rédigé dans les années 1920, se fondait sur celui du dalmatien. L'accent était mis sur l'agilité et l'élégance de ce chien particulièrement endurant et rapide.

# Rottweiler

**ORIGINE** Allemagne
**HAUTEUR** 58 à 69 cm
**POIDS** 41 à 50 kg
**EXERCICE** 🐕
**TOILETTAGE** 🪥
**RECONNAISSANCE** KC, FCI, AKC
**COULEUR** Noir et feu

À l'origine chien de troupeau, plus tard chien de garde, puis enrôlé au service de l'armée et de la police, le rottweiler n'a jamais assumé le rôle de chien de combat. Cette légende fait partie des préjugés parfois défavorables et souvent injustes dont la race fait l'objet.

## Chien dangereux ?

Le rottweiler est un chien intelligent, particulièrement réceptif au dressage. Bien socialisé, le rottweiler saura se montrer très doux. Il n'en reste pas moins protecteur par instinct, intrépide et volontaire.

### ORIGINE DE LA RACE

Les ancêtres du rottweiler étaient probablement des mastiffs introduits par les Romains qui empruntèrent la voie militaire qui traversait la cité de Rottweil, dans le sud de l'Allemagne. Ce chien de ferme populaire travailla un temps comme gardien dans les abattoirs et les entrepôts où il faisait aussi office de chien de trait. La population de rottweilers déclina au XIXᵉ siècle, mais la race fut sauvée de l'extinction en montrant ses talents de chien policier.

**SOCIALISATION** L'environnement au sein duquel seront élevées des races de chiens comme le rottweiler influera considérablement sur le comportement de l'animal adulte. Un chiot au contact des humains, habitué à jouer, sera très différent d'un chiot destiné à devenir un chien de garde et élevé à l'extérieur.

Aujourd'hui reconnu pour ses qualités de gardien, le rottweiler rencontre moins de succès dans le rôle de chien de compagnie. Sa taille et son poids suffisent à justifier ce choix et expliquent le manque d'enthousiasme suscité par cette race auprès de familles avec de jeunes enfants.

**PROBLÈME DE TAILLE** Sa morphologie massive et puissante expose le rottweiler à des problèmes de dysplasie, souvent inévitables chez les races d'une telle envergure. La queue, autrefois traditionnellement écourtée, est aujourd'hui laissée à l'état naturel, du moins en Europe.

# Laïka russo-européen

**ORIGINE** Russie/Finlande
**HAUTEUR** 51 à 58 cm
**POIDS** 21 à 23 kg
**EXERCICE**
**TOILETTAGE**
**RECONNAISSANCE** FCI
**COULEUR** Noir, gris, blanc, poivre et sel, bicolore

Très proche du chien d'ours de Carélie, le laïka russo-européen doit son existence en tant que race à une querelle historique portant sur le statut de sa région d'origine, la Carélie.

NOIR    GRIS

## ORIGINE DE LA RACE

Ce chien de type spitz fut introduit en Carélie il y a plusieurs siècles. Il était utilisé à l'époque à la chasse au gros gibier, comme l'élan, mais aussi à la défense contre les prédateurs comme l'ours, le loup ou le lynx. Lors de la Seconde Guerre mondiale, les Russes prirent le contrôle de la majeure partie de ce territoire occupé par la Finlande. Les chiens locaux furent répartis entre les deux pays, mais les Russes ignorant l'existence d'une race finlandaise décidèrent de baptiser laïka ce type de chien, pour marquer sans ambiguïté l'origine exclusivement russe du chien. Aujourd'hui, ce chien de chasse puissant et énergique reste avant tout un chien d'utilité, encore rare.

RACE RUSTIQUE Le laïka russo-européen, dont le nom est tiré du mot russe *latji*, qui signifie « aboie », est resté fidèle aux tâches qui lui étaient autrefois dévolues et n'a guère évolué.

# Chien-loup de Saarloos

**ORIGINE** Pays-Bas
**HAUTEUR** 60 à 76 cm
**POIDS** 36 à 41 kg
**EXERCICE**
**TOILETTAGE**
**RECONNAISSANCE** FCI, AKC
**COULEUR** Ombré gris à noir, brun clair à foncé ou blanc à crème

Si beaucoup de races ont été croisées avec des loups, elles ont plutôt cherché en Europe à faire oublier cet héritage. Sauf peut-être ce chien, qui revendique haut et fort cette paternité.

GRIS    FAUVE

## ORIGINE DE LA RACE

L'éleveur Leendert Saarloos cherchait à créer un chien d'utilité résistant aux maladies et commença à croiser des bergers allemands avec des loups, dans les années 1920. Il devint vite évident que son chien-loup européen se rapprochait bien plus du loup que du chien de travail. Reconnue après la mort de Saarloos, la race fut baptisée en hommage à son créateur. Plus facile à dresser que le chien-loup tchécoslovaque, c'est un excellent gardien, qui reste néanmoins inadapté au rôle de chien de compagnie.

CHIEN ET LOUP L'hybridation n'est pas sans soulever des questions éthiques, non seulement sur la part sauvage encore présente chez ces animaux dits de compagnie, mais aussi sur la possibilité de « contamination » de lignées de loups sauvages menacés d'extinction.

# Saint-Bernard

**ORIGINE** Suisse

**HAUTEUR** 65 à 90 cm

**POIDS** 45 à 80 kg

**EXERCICE**

**TOILETTAGE**

**RECONNAISSANCE** KC, FCI, AKC

**COULEUR** Blanc avec des taches rouge-brun ou manteau rouge-brun

Race nationale suisse, le saint-bernard est un chien massif et imposant. Ces chiens rejoignirent la Suisse en traversant probablement l'ancien col du Grand-Saint-Bernard qui coupait les Alpes pennines.

## L'ORIGINE DE LA RACE

Le saint-bernard descendrait de races de chiens de ferme suisses, dont l'ancêtre serait le mastiff de montagne, introduit par les Romains. En 1049, une communauté de chanoines fonde sur le col alpin un hospice, sous l'impulsion de saint Bernard de Menthon. Depuis la fin du XVIIe siècle, ces hospitaliers élevaient des mastiffs utilisés comme chiens de garde pour ouvrir des passages dans la neige. Ces chiens gagneront leur réputation de chiens sauveteurs après 1800, année du franchissement du col par les armées napoléoniennes.

UNE RACE, DEUX VARIÉTÉS La race se décline en deux variétés; celle à poil court est dotée d'une double fourrure et dédiée au travail dans la neige. La variété dite à poil long présente en réalité un poil mi-long, droit ou légèrement bouclé, susceptible de se couvrir de glace sous l'action du froid.

## CRITÈRES DE RACE

Sous son aspect austère, le saint-bernard se révèle un chien doux, amical, loyal et obéissant. Sa stature en fait un chien inadapté à la vie en appartement, même s'il fait preuve de beaucoup de délicatesse dans ses mouvements. Comme de nombreux de grands chiens, le saint-bernard est sensible aux risques de torsion gastrique et aux douleurs articulaires.

MATURITÉ TARDIVE Les grands chiens comme le saint-bernard parviennent à maturité physique vers l'âge de 18 mois seulement. Le maître devra veiller à limiter les exercices chez le jeune chien encore en pleine croissance osseuse.

# Samoyède

**ORIGINE**  Nord de la Russie/Sibérie
**HAUTEUR**  46 à 56 cm
**POIDS**  23 à 30 kg
**EXERCICE**
**TOILETTAGE**
**RECONNAISSANCE**  KC, FCI, AKC
**COULEUR**  Blanc, crème, blanc et biscuit

Affectueusement surnommé sammy dans son pays d'origine, ce chien avenant fut le compagnon de travail des Samoyèdes, éleveurs nomades de troupeaux de rennes. La race portait autrefois le nom de bjelkier ou voinaika.

## ORIGINE DE LA RACE

Les Samoyèdes, peuple nomade qui occupait la Sibérie il y a 2 000 ans, partageaient leur vie avec des chiens d'utilité, comme le malamute d'Alaska ou le chien suédois de Laponie. Ces chiens gardaient les troupeaux de rennes, tiraient parfois les traîneaux et dormaient aux côtés de leurs maîtres à qui ils tenaient chaud. Dans les années 1890, l'explorateur et pionnier norvégien Fridtjof Nansen s'élança à la tête d'un équipage de 28 samoyèdes à la conquête du pôle Nord. Cette aventure augmenta la renommée de la race, adoptée par d'autres explorateurs célèbres, dont Amundsen, qui atteignit le pôle Sud en 1911.

## CRITÈRES DE RACE

Ce chien a toujours vécu en étroite complicité avec l'homme et est devenu un animal de compagnie amical et proche de son maître. D'un tempérament équilibré, ce chien adapté à une vie familiale exige un environnement et des activités à la hauteur de son énergie. Le samoyède peut souffrir d'affections rénales congénitales.

**À L'ÉPREUVE DU FROID** La robe du samoyède présente un poil de couverture double masquant un sous-poil doux et laineux. La pigmentation noire de la peau le protège de la réverbération solaire importante sur la neige.

**LE MEILLEUR AMI DE L'HOMME** Ce chien à l'expression souriante, avec ses commissures de lèvres légèrement retroussées, montre une nature avenante empreinte de gentillesse. C'est un compagnon affectueux bien plus qu'un chien de garde.

# Schipperke

**ORIGINE** Belgique
**HAUTEUR** 22 à 33 cm
**POIDS** 3 à 8 kg
**EXERCICE**
**TOILETTAGE**
**RECONNAISSANCE** KC, FCI, AKC
**COULEUR** Noir

De taille modeste, mais robuste, cet énergique petit spitz, traditionnellement considéré comme un chien de travail, a connu son heure de gloire au XIX$^e$ siècle sous l'impulsion de la reine Marie-Henriette de Belgique.

## ORIGINE DE LA RACE

L'origine de cette race et l'utilisation qui en était faite restent obscures. Le chien est jadis recommandé pour la chasse au petit gibier, à l'image de certains terriers. Une polémique divise aujourd'hui les experts quant à la signification réelle du terme *schipperke*: « petit capitaine », en référence à son passé de chien de péniche, ou « petit berger », sachant que le chien partage

**FORMAT RÉDUIT** Le schipperke est un véritable concentré d'énergie, facile à dresser. Sans caudectomie, la queue sera longue, plus ou moins recourbée selon les critères du standard.

un ancêtre avec le berger belge, bien plus imposant?

## CRITÈRES DE RACE

Ce chien polyvalent rend plausibles toutes les hypothèses concernant son origine. Sa réputation de chien de péniche en fait un compagnon idéal pour les plaisanciers ou les marins chevronnés. Sur les péniches, il veillait à éradiquer les nuisibles. Chien de garde sur les navires, sa petite taille ne limite en rien la puissance de son aboiement et sa détermination. Le schipperke peut aussi faire preuve d'agressivité envers ses congénères.

# Shar-peï

**ORIGINE** Chine

**HAUTEUR** 45 à 50 cm

**POIDS** 20 à 27 kg

**EXERCICE**

**TOILETTAGE**

**RECONNAISSANCE** KC, FCI, AKC

**COULEUR** Toutes couleurs unies, à l'exception du blanc

En Chine, le nom de la race fait référence au poil dur de la robe et signifie « peau de sable ». Dans les années 1980, il conquiert le public occidental séduit par l'aspect unique de ce chien.

NOIR    GRIS    BLEU    ROUGE/FEU    FAUVE

## ORIGINE DE LA RACE

La race aurait existé il y a plus de deux millénaires, à l'époque où le chien était utilisé à la garde des troupeaux et à la chasse. Menacée d'extinction sous le régime communiste, la race a retrouvé toute sa vitalité dans les années 1970, suite à des exportations en provenance de Hong Kong. Le shar-peï est prédisposé à certaines pathologies d'ordre congénital, d'où l'intérêt d'une sélection rigoureuse de l'élevage.

**ROBE DE COMBATTANT** Le shar-peï se présente sous deux longueurs de robe, celle à poil court et celle à poil un peu plus long, ou « bear coat ». L'élasticité de la peau et le poil dur hérissé de la robe participent à la protection du chien lors des combats.

# Shiba

**ORIGINE** Japon

**HAUTEUR** 34 à 41 cm

**POIDS** 7 à 11 kg

**EXERCICE**

**TOILETTAGE**

**RECONNAISSANCE** KC, FCI, AKC

**COULEUR** Rouge, sésame rouge, noir et feu, blanc

Le shiba (ou shiba inu) est la plus petite de toutes les races japonaises, comme l'indique son nom : *shiba* signifie « petit » et *inu* signifie « chien ».

ROUGE À FEU    NOIR ET FEU

## ORIGINE DE LA RACE

Présents au Japon depuis des millénaires, les chiens de petite taille semblables au shiba étaient utilisés à la chasse au petit gibier et aux oiseaux. Les spécimens de pure race se raréfièrent, à la suite de croisements avec des chiens de chasse anglais importés au XIXᵉ siècle. Un travail de préservation de la race se mit en place dans les années 1920. Ce chien calme et loyal peut se montrer distant envers les étrangers.

**DOUBLE PERSONNALITÉ** Quelle que soit sa couleur, le shiba présente un motif de robe particulier, qualifié de *urajiro* ou « fond blanc ». La robe montre un poil blanchâtre au niveau du ventre, ainsi que des plages plus claires sur les côtés du museau et au niveau des joues.

# Shikoku

**ORIGINE** Japon
**HAUTEUR** 43 à 55 cm
**POIDS** 15 à 20 kg
**EXERCICE**
**TOILETTAGE**
**RECONNAISSANCE** KC, FCI, AKC
**COULEUR** Sésame noir ou sésame rouge

Cette race appartient au groupe des chiens japonais de taille moyenne. Le nom de cette race fait référence à l'île de Shikoku et plus précisément à la province de Kochi où se rencontre le plus grand nombre de ses représentants.

## ORIGINE DE LA RACE

Le shikoku appartient à un groupe de chiens primitifs de type spitz, incluant d'autres anciennes races de chiens japonais, comme l'akita, l'hokkaido, le spitz japonais, le kai, le kishu et le shiba. Utilisé durant des siècles à la chasse au gros gibier, comme le cerf ou le sanglier, le shikoku frôla l'extinction au début du xxe siècle, avant d'être déclaré « monument » en 1937. Du point de vue historique, la race présente trois variantes régionales au sein de la province de Kochi, distinguant l'awa, l'hata et le hongawa. De toutes ces variantes, le hongawa, géographiquement le plus isolé, conservait le plus haut degré de pureté et participa donc à la perpétuation de la race. Le shikoku reste néanmoins un chien rare, y compris au Japon, et seuls quelques éleveurs participent à le faire connaître à l'étranger.

**DOUBLE PERSONNALITÉ** Cette race aux traits plus affirmés que ceux des autres chiens japonais se montre particulièrement alerte, mais cache sous sa curieuse physionomie une certaine tendance à l'obstination. Énergique et actif à l'extérieur, le shikoku peut se révéler étonnamment calme au sein de son foyer.

## CRITÈRES DE RACE

Les propriétaires de shikoku s'accordent à voir en lui un chien encore très proche de la nature. Loyal et soumis à son maître, il sait se montrer amical avec les étrangers, bien que généralement méfiant et parfois agressif envers ses congénères. Intelligent, actif et joueur, ce chien idéal pour une personne très active aura besoin d'exercices variés, à la hauteur de son énergie. Chasseur dans l'âme, il est encore utilisé au Japon à la chasse au sanglier. Même dressé dès son plus jeune âge, le shikoku lancé sur la piste d'un animal se montrera souvent sourd au rappel à l'ordre de son maître.

# Husky sibérien

**ORIGINE** Sibérie
**HAUTEUR** 50 à 60 cm
**POIDS** 16 à 27 kg
**EXERCICE** 🐕
**TOILETTAGE** ✂️
**RECONNAISSANCE** KC, FCI, AKC
**COULEUR** Toutes couleurs

Ce représentant poids-plume des races de chiens de traîneau est bien plus populaire en Alaska que dans son pays d'origine. La race fut un must dans les compétitions d'attelage.

NOIR    GRIS    FAUVE ET BLANC    JAUNE ET BLANC

## ORIGINE DE LA RACE

La race fut utilisée par les Tchouktches de Sibérie comme chien de traîneau et chien de garde des troupeaux de rennes. C'est en effet l'une des plus anciennes races connues. Introduit en Alaska par les marchands de fourrure, il prit part à des courses d'attelage et fut notamment utilisé par Peary, en 1909, lors de son expédition vers le pôle Nord. La race accéda à la notoriété en 1925 en participant à une mission de sauvetage en Alaska sur 1 085 km, effectuée en un temps record de cinq jours et demi, et qui permit d'éradiquer une épidémie.

## CRITÈRES DE RACE

Plus léger que la plupart des autres chiens de traîneau, le husky sibérien présente une allure apparemment facile et une énergie à revendre. Ce chien exige une activité à la hauteur de ses qualités. Supportant difficilement la solitude, au risque de se montrer destructeur, il est enjoué et fait généralement preuve d'un tempérament affectueux et amical.

**VIVACITÉ** Le husky sibérien est un chien sociable et doux, particulièrement intelligent et espiègle, exigeant un maître à la hauteur de son entrain.

**ASPECT ET PHYSIONOMIE** Les représentants de cette race présentent souvent des yeux vairons, dont un bleu, ou les deux yeux bleus, mais ce n'est pas une généralité. La robe présente un poil double et épais, droit, mais exigeant un brossage assidu en période de mue.

**CHIENS DE TRAÎNEAU** Dans les courses de traîneaux, le husky sibérien a cédé sa place au malamute d'Alaska, jugé plus rapide. Toujours performant pour tracter des charges modérées sur de longues distances, le husky reste populaire auprès des adeptes de ski-joëring.

# Chien d'eau espagnol

**ORIGINE** Espagne

**HAUTEUR** 40 à 50 cm

**POIDS** 14 à 22 kg

**EXERCICE**

**TOILETTAGE**

**RECONNAISSANCE** KC, FCI, AKC

**COULEUR** Blanc, noir, châtaigne, blanc et noir, blanc et marron

En Espagne, cette race est la dernière d'une longue lignée de chiens d'eau regroupant le perro turco, le laneto, le perro de lanas, le perro patero, le perro rieado, le churro et le barbeta.

NOIR

BRUN NOIR

NOIR ET BLANC

## ORIGINE DE LA RACE

L'existence de ce chien à poil bouclé de texture laineuse remonte au XII$^e$ siècle. Certaines hypothèses postulent sur son introduction par des négociants turcs ou depuis l'Afrique du Nord. Utilisé à la garde des troupeaux itinérants, à la chasse au gibier d'eau ou au halage des bateaux, comme le chien d'eau portugais, ce chien intelligent et polyvalent sera toujours prêt à travailler, mais se montrera vite agacé par les enfants.

**DÉCOUVERTE RÉCENTE** Ce chien de travail largement utilisé en Andalousie resta ignoré jusque dans les années 1980.

# Chien thaïlandais à crête dorsale

**ORIGINE** Thaïlande

**HAUTEUR** 58 à 66 cm

**POIDS** 23 à 34 kg

**EXERCICE**

**TOILETTAGE**

**RECONNAISSANCE** FCI, AKC

**COULEUR** Noir, bleu, rouge, fauve très clair

Récemment découvert en Thaïlande, ce chien primitif a été baptisé chien thaïlandais à crête dorsale en référence à sa crête de poils poussant en sens inverse du reste du pelage.

BLEU

ROUGE À FEU

FAUVE

**UN AIR DE FAMILLE**
Il est fort probable que ce chien soit proche du chien de l'île de Phu Quoc, au Viêt Nam, qui présente une crête le long de l'échine.

## ORIGINE DE LA RACE

Le chien a toujours été apprécié pour ses talents de chasseur, mais aussi comme chien de compagnie et de garde. Le chien doit probablement sa survie à son isolement qui le protégea de croisements avec des races étrangères. Récemment reconnu à l'étranger, ce chien énergique et indépendant, à l'instinct protecteur, peut se montrer agressif envers les étrangers. Une race à déconseiller aux amateurs.

# Kyi apso

**ORIGINE** Tibet
**HAUTEUR** 63 à 70 cm
**POIDS** 32 à 41 kg
**EXERCICE**
**TOILETTAGE**
**RECONNAISSANCE** Néant
**COULEUR** Toutes couleurs

Cette race compte parmi les plus rares au monde. Elle est originaire de la région du mont Kailash, considérée comme sacrée par les religions hindoue, bouddhiste, jaïniste et bön.

GRIS    FAUVE    BRUN NOIR    NOIR ET BLANC    NOIR ET FEU

## ORIGINE DE LA RACE

Le kyi apso avait pour mission la garde des troupeaux et des habitations. Inconnu dans le monde jusqu'à la fin du xxᵉ siècle, il fallut attendre l'arrivée des Occidentaux pour que ces chiens réussissent à quitter clandestinement le pays. Le kyi apso se caractérise autant par son aboiement profond et bruyant que par sa double fourrure grossière. Peu adapté à la vie citadine, ce travailleur énergique exige attention et activité. Le chien livré à lui-même peut se montrer destructeur, mais il appréciera un repos bien mérité aux côtés de son maître. Gardien dans l'âme, il se montrera instinctivement méfiant envers les étrangers.

TÊTE ET QUEUE Le poil hirsute au niveau de la tête fait paraître cette dernière bien plus volumineuse que ce qu'elle est en réalité. La queue bien garnie forme un cercle parfait.

# Dogue du Tibet

**ORIGINE** Tibet
**HAUTEUR** 63 à 71 cm
**POIDS** 64 à 82 kg
**EXERCICE**
**TOILETTAGE**
**RECONNAISSANCE** KC, FCI, AKC
**COULEUR** Noir, noir et feu, gris, gris et feu, jaune

Ce chien imposant porte le nom tibétain de do-khyi signifiant « chien attaché », en référence à son passé de chien de garde.

NOIR    GRIS    FAUVE    NOIR ET FEU

## ORIGINE DE LA RACE

Cette race ancestrale était utilisée par les bergers nomades à la garde des troupeaux et des habitations au sein des communautés sédentarisées et plus particulièrement des monastères. Des chiens apparentés à cette race ont accompagné les tribus lors de leurs migrations vers l'ouest, et se trouvent à l'origine de toutes les races de dogues européennes. Le dogue du Tibet gagna l'Occident au xixᵉ siècle, où la race se généralisa, sans jamais connaître une réelle popularité. Protecteur, courageux, méfiant envers les étrangers, ce gardien accompli se montre néanmoins trop indépendant et imposant pour s'adapter à une vie de famille.

PUISSANCE Au Tibet, les représentants de la race sont imposants et féroces. Marco Polo décrivait ces chiens « aussi grands que des singes et à la voix aussi puissante que celle d'un lion ».

# Tosa

**ORIGINE** Japon
**HAUTEUR** 55 à 65 cm
**POIDS** 86 à 90 kg
**EXERCICE**
**TOILETTAGE**
**RECONNAISSANCE** KC, FCI, AKC
**COULEUR** Rouge, feu, abricot, noir, bringé

Son nom fait simplement référence à la province japonaise où la race a vu le jour. Ce chien est parfois surnommé mastiff japonais, chien de combat japonais, voire même sumo.

NOIR    ROUGE/FEU    FAUVE    BRINGÉ NOIR

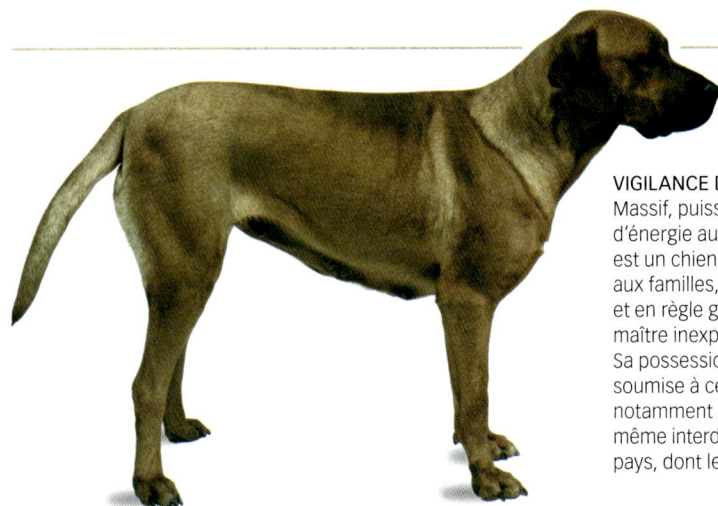

**VIGILANCE DE RIGUEUR**
Massif, puissant, débordant d'énergie au combat, le tosa est un chien déconseillé aux familles, en zone urbaine et en règle générale à tout maître inexpérimenté. Sa possession reste soumise à certaines règles, notamment en France, voir même interdite dans plusieurs pays, dont le Royaume-Uni.

## ORIGINE DE LA RACE
L'origine des chiens de combat japonais remonte au XIVe siècle, mais le tosa apparut plus tardivement, au XIXe siècle. Un chien local de type spitz, apparenté au shikoku, fut croisé avec un mastiff occidental afin de développer l'énergie et l'instinct de combattant du tosa. La race connut son heure de gloire au Japon dans les années 1920, mais reste souvent accueillie avec réticence dans les autres pays.

# Laïka de Sibérie occidentale

**ORIGINE** Sibérie
**HAUTEUR** 52 à 64 cm
**POIDS** 18 à 23 kg
**EXERCICE**
**TOILETTAGE**
**RECONNAISSANCE** KC, FCI, AKC
**COULEUR** Blanc, poivre et sel, toutes les nuances de rouge et de gris, noir

Ce chien est le plus populaire de tous les laïkas russes. Excellent chien de chasse, utilisé pour forcer le petit gibier, le laïka de Sibérie occidentale est aussi un remarquable chien de traîneau.

GRIS    ROUGE/FEU

## ORIGINE DE LA RACE
Ce chien descend de deux lignées distinctes, celle du puissant hanti et du longiligne mansi. Le laïka de Sibérie occidentale accéda à la reconnaissance en 1947. Si les chasseurs russes tendent aujourd'hui à privilégier des races étrangères, les Nord-Américains semblent avoir adopté cette race nordique. Au rôle de chien de compagnie, le laïka préférera celui de chien de chasse ou de travail.

**QUESTIONS DE COULEURS** Les nuances brunes sont acceptées, mais le standard écarte les robes trop semblables à celles du laïka russo-européen.

# Chien d'eau frison

**ORIGINE** Pays-Bas

**HAUTEUR** 55 à 59 cm

**POIDS** 15 à 20 kg

**EXERCICE**

**TOILETTAGE**

**RECONNAISSANCE** KC, FCI, AKC

**COULEUR** Noir uni ou marron/foie, noir ou marron, avec des taches blanches

La race, appelée également wetterhoun, qui signifie « chien d'eau » en dialecte frison, est à l'origine spécialisée dans la chasse à la loutre.

NOIR

BRUN NOIR

NOIR ET BLANC

## ORIGINE DE LA RACE

Le chien d'eau frison a probablement été développé à partir d'un ancien type de chien d'eau aujourd'hui éteint, considéré comme l'ancêtre de plusieurs races modernes d'épagneuls. Comme le stabyhoun, qui participa à sa sélection, il vit le jour en Frise, province du nord des Pays-Bas, il y a près de quatre siècles. À l'origine utilisé pour contrôler la population de loutres qui entraient en compétition avec les pêcheurs, le chien d'eau frison révéla plus tard ses talents de pisteur de petites proies et de nuisibles, mais aussi ses qualités de chien de garde dans les fermes.

Ce chien rural, populaire dans son pays, reste encore méconnu partout ailleurs.

## CRITÈRES DE RACE

Rustique et compétent, ce chien est toujours utilisé pour débusquer et rapporter le gibier, sur la terre ferme comme dans l'eau. Intelligent, mais appréciant une certaine indépendance, le chien d'eau frison aura besoin d'un dressage précoce et d'un maître expérimenté, sachant faire preuve de fermeté. Ce chien avant tout rural, réservé envers les étrangers, supportera mal le confinement et le contact avec la foule.

UN CHIEN RUSTIQUE Le corps entier présente une robe à boucles épaisses, à l'exception de la tête et des pattes, où le poil est plus court. L'imperméabilité de la robe est assurée par un poil huileux, de texture grossière.

# BIBLIOGRAPHIE ET LIENS INTERNET

## OUVRAGES DE RÉFÉRENCE

*333 Races de chiens*, V. Rossi, De Vecchi, 2005

*Bébé chien*, Rachael Hale, Fetjaine, 2007

*Bien éduquer mon chien*, Collectif, Artémis, 2008

*Chien agressif ? La solution existe !*, F. Desachy, De Vecchi, 2007

*Chiens*, Yann Arthus-Bertrand, Éditions du Chêne, 2005

*Choisir, éduquer, comprendre et soigner son chien*, Bruce Fogle, Patricia Hoden White, Hachette, 2009

*Comme un chien, Propos et réflexions sur le chien, l'humain et le lien qui les unit*, Collectif, Éditions Le Jour, 2007

*Comprendre son chien*, David Alderton, Broquet, 2008

*Créer son élevage de chien*, Delphine Sauzay, Rustica, 2004

*Des chiens des champs*, Jean-François et Marie-José Courreau, Gulf Stream, 2003

*Des chiens des villes*, Jean-François et Marie-José Courreau, Gulf Stream, 2003

*Des chiens et des humains*, Dominique Guillo, Le Pommier, 2009

*Entretien du chien*, Collectif, Artémis, 2007

*Fais le beau ! Révélez la star cachée dans votre chien*, Kyra Sundance, Hors Collection, 2009

*Guide du chien*, David Sands, Marabout, 2003

*Guide pratique du comportement du chien : votre chien vous parle !*, Dr Edith Beaumont-Graff, Dr Nicolas Massal, Eyrolles, 2006

*L'Agility*, D. Desquets, Bornemann, 2001

*L'Alimentation des chiens*, Géraldine Blanchard, Bernard-Marie Paragon, France Agricole, 2008

*L'Éducation mentale du chien*, A.Hallgren, De Vecchi, 2007

*Le Click-training, éduquer votre chien de façon positive et ludique*, Monika Sinner, Éditions Eugen Ullmer, 2007

*Larousse du chien et du chiot : races, comportements, soins*, Dr Pierre Rousselet-Blanc, Joël Blanc, Larousse, 2006

*Le Chien et son humain de compagnie. Savoir vivre ensemble*, Odette Eylat, Dervy, 2009

*Le Chien, un loup civilisé*, Évelyne Teroni, Jennifer Cattet, Éditions Le Jour, 2004

*Le Comportement du chien et ses troubles*, Dr Alain Weiss, Éditions Med'Com, 2002

*Le Langage du chien*, Valeria Rossi, De Vecchi, 2009

*Le Toilettage au bout des doigts*, Michel Georgel, Audreco Conception, 2007

*Les Massages (c'est aussi) pour les chiens*, Kerstin Haase, Leduc S. Éditions, 2008

*Mémo-Métier Toiletteur Animalier*, Pierre Granger, Éditions MCBG, 2008

## LIENS UTILES

En plus des liens renvoyant aux instances officielles et aux organisations détaillées page suivante, voici quelques sites Internet généraux sur les chiens.

Vous trouverez de nombreux sites de passionnés – notamment des éleveurs – concernant une race en particulier. N'hésitez pas à les contacter pour obtenir des informations précises, acheter un chiot ou vous renseigner sur les qualités d'une race précise.

www.aniwa.com

*Actualités, élevages et sélections, dossiers pratiques, portraits, résultats d'expositions…*

www.attentionauchien.com

*Les différentes races, l'anatomie du chien, l'âge du chien, mais aussi une boutique et un annuaire des sites concernant le chien.*

www.chien.com

*Le mode francophone des chiens. Tout sur les chiens : races, standards, photos, annonces, alimentation, santé, éducation du chien et du chiot, sport canin. Annuaires : éleveurs, clubs, pensions, toiletteurs. Calendrier : concours et expositions.*

www.chiensderace.com

*Toutes les races de A à Z, adresses utiles, agenda, petites annonces…*

# ADRESSES UTILES

## POUR LA FRANCE

### INSTANCES OFFICIELLES
COMMISSION NATIONALE D'ÉDUCATION
ET D'AGILITY (CNEA)
1a, rue de Coussac
67610 La Wantzenau
03 88 96 22 10
www.france-agility.com

*Totes les informations nécessaires pour
participer aux concours canins et effectuer
des stages de dressage, ainsi que des conseils
d'éducation.*

FÉDÉRATION CYNOLOGIQUE
INTERNATIONALE (FCI)
Place Albert Ier
6530 Thuin Belgique
+32 71 59 12 38
www.fci.be

*La Fédération cynologique internationale
est l'organisation canine mondiale. Elle est
composée de 84 pays membres et partenaires
sous contrat (un membre par pays) qui
émettent chacun leurs pedigrees et forment
leurs juges. La FCI garantit la reconnaissance
mutuelle des juges et pedigrees au sein
de ses pays membres.*

SOCIÉTÉ CENTRALE CANINE (SCC)
155, avenue Jean-Jaurès
93535 Aubervilliers Cedex
01 49 37 54 00
www.scc.asso.fr

*Pour tous les renseignements concernant :
les adresses des clubs de race, de dressage
et d'agilité, la liste des portées disponibles
par race dans votre département, le tatouage,
le pedigree et ses modalités d'inscription
au LOF (Livre des origines français),
la confirmation…*

### ASSOCIATIONS ET FONDATIONS
FONDATION 30 MILLIONS
D'AMIS
BP 107, 3, rue de l'Arrivée
75749 Paris Cedex 15
01 45 38 70 06
www.30millionsdamis.fr

*Cette fondation, créée en 1982, lutte
contre les abandons, l'expérimentation
animale et les trafics d'animaux, en tâchant
de sensibiliser l'opinion et de faire évoluer
les lois.*

FONDATION BRIGITTE-BARDOT
28, rue Vineuse
75116 Paris
01 45 05 14 60
www.fondationbrigittebardot.fr

*La fondation agit sur le terrain
et juridiquement en France et à l'étranger
pour défendre les animaux sauvages
et domestiques.*

HANDI'CHIEN
137 bis, rue Nationale
75013 Paris
01 45 86 58 88
anecah.free.fr

*L'association nationale pour l'éducation
de chiens d'assistance pour handicapés
est une association à but non lucratif dont
l'objct social et humanitaire consiste
à éduquer et à remettre gratuitement
des chiens d'assistance à des personnes
atteintes d'un handicap moteur.*

SOCIÉTÉ PROTECTRICE
DES ANIMAUX (SPA)
39, bd Berthier
75847 Paris Cedex 17
01 43 80 40 66
www.spa.asso.fr

*Reconnue d'utilité publique, la SPA mène
des actions de terrain pour que la législation
progresse en faveur des animaux.C'est aussi
l'un des plus grands réseaux français
d'adoption.*

### VÉTÉRINAIRE
ÉCOLE NATIONALE
VÉTÉRINAIRE D'ALFORT
7, avenue du Général-de-Gaulle
94701 Maisons-Alfort
01 43 96 71 00
Urgences : 01 43 96 23 23
www.vet-alfort.fr

## À L'ÉTRANGER

AMERICAN KENNEL CLUB (AKC)
260 Madison avenue
New York, NY 10016
États-Unis
+ 1 (919) 233 9767
www.akc.org

*Fondée en 1884, c'est la plus importante
fédération canine des États-Unis, dont
la principale mission est la promotion
et l'amélioration du cheptel des races
canines aux États-Unis.*

THE KENNEL CLUB
1-5 Clarges Street
Londres, W1Y 8AB
Royaume-Uni
+ 44 (0) 870 606 6750
www.thekennelclub.org.uk

*Fondé en 1873, le Kennel club s'emploie
à promouvoir les races au Royaume-Uni.
Le site de la fédération propose
des informations pratiques.*

# GLOSSAIRE

## A

**Agility** Discipline sportive composée de parcours d'obstacles, ouverte à tous les chiens (races ou bâtards), qui s'organise en championnats régionaux, nationaux et internationaux.

**Allèle** Paire de gènes localisée à un endroit précis d'un chromosome, contrôlant un trait particulier, comme celui du poil long.

**Allure** On distingue trois allures chez le chien : le pas, la plus lente, le trot, qui est l'allure du chien de chasse ou de troupeau, et le galop.

**Anorchidie** Désigne chez le mâle l'absence totale de testicules.

**Anourie** Absence de queue naturelle.

**Anurie** Absence d'émission d'urine causée par un dysfonctionnement rénal ou due à un obstacle dans les voies urinaires.

## B

**Barbe** ou **barbiche** Poil épais et plus long sous le menton.

**Bâtard** Désigne un chien issu de deux races différentes supposées pures, ou d'un chien de race pure et d'une femelle indéterminée, ou inversement.

**Bicolore** Désigne une robe composée de deux couleurs distinctes.

**Blépharite** Inflammation des paupières de nature infectieuse, allergique ou traumatique.

**Bobtail** Désigne un chien à queue écourtée. C'est également l'autre nom du berger anglais ancestral.

**Bouton** L'oreille est dite en bouton lorsque le pavillon retombe vers l'avant, l'extrémité retombante couvrant le pavillon.

**Bracelet** Tonte du caniche préservant un bracelet de poils au niveau du bas des pattes, souvent associé au pompon à l'extrémité de la queue.

**Bréviligne** Type morphologique caractérisé par un stop nettement marqué, une ligne de chanfrein plus courte que la ligne de front, un profil concave et des formes générales compactes et massives (molosses ou petites races de compagnie).

**Bringé** Couleur d'une robe aux tons fauves, rouges ou sable rayée de bandes verticales de poils noirs.

## C

**Caudectomie** Coupe de la queue à des fins utilitaires ou esthétiques.

**Chaleur** Chez la chienne, période correspondant au moment favorable à l'accouplement.

**Chanfrein** Partie antérieure de la tête, de la base du front au nez.

**Charbonné** Couleur d'une robe à fond clair, fauve ou sable, ombrée de noir, de marron ou de bleu.

**Chauve-souris** Qualifie la forme des oreilles de certains chiens, comme chez le bouledogue français, droites et arrondies au sommet, larges à la base, pavillon vers l'avant.

**Chien d'oiseau** Désigne l'ensemble des chiens employés pour la chasse aux oiseaux.

**Classe Champions** Classe réservée dans une exposition aux chiens de plus de 15 mois déclarés champions de beauté nationaux des pays affiliés à la FCI et champions internationaux de la FCI.

**Collerette** Zone de poils plus longs autour du cou.

**Confirmation** Examen qui permet au chien d'obtenir son pedigree, au terme duquel est déclarée sa conformité aux critères de la race définis par le standard.

**Corniaud** Désigne un chien issu de races indéterminées, eux-mêmes issus de corniauds ou de bâtards.

## D

**Dentition** Le chien adulte a 42 dents que l'on compte par mâchoire, supérieure (au nombre de 20), et inférieure ou mandibule (au nombre de 22).

**Dôme** Qualifie la forme du crâne ; on emploie aussi l'expression « en pomme ».

**Dos** Partie supérieure du tronc du chien, du garrot à la queue, en passant par la colonne vertébrale.

**Double poil** ou **double fourrure** Pelage formé du sous-poil recouvert d'un poil plus long et plus épais, rendant la peau invisible lorsqu'on écarte le poil du dessus.

**Duvet** Poil secondaire ou sous-poil.

**Dysplasie de la hanche** Affection congénitale touchant essentiellement les races de grande taille. C'est un développement anormal de la tête fémorale et de la cavité articulaire de la hanche qui l'entoure.

## E

**Encolure** Partie du corps qui relie la tête au tronc.

**Épillet** Épi des graminées, de petite taille, pouvant pénétrer dans une oreille, une narine ou un membre et pouvant provoquer des complications de santé, notamment chez les chiens de chasse.

**Ergot** Saillie cornée placée derrière la patte du chien.

**Étoile** Marque blanche en tête ou sur le poitrail aux contours plus ou moins réguliers.

**Exposition canine** Les expositions canines sont l'occasion de juger, de classer et de sélectionner les chiens pour préserver et améliorer les races. On distingue plusieurs types d'expositions, multiraces ou monoraces, organisées par les sociétés canines régionales, la société centrale canine et les clubs.

## F

**Flamme** Bande blanche étroite et effilée sur la tête.

**Foie** Couleur de robe brun rougeâtre.

**Fouet** Autre nom de la queue.

## G

**Garrot** Partie du corps englobant l'encolure, le dos et le plat des épaules. La hauteur au garrot correspond à la taille du chien.

**Génotype** Patrimoine génétique héréditaire d'un organisme vivant.

**Gestation** Elle dure entre 59 et 63 jours chez la chienne.

**Grignard** Se dit d'un chien dont le maxillaire inférieur dépasse le maxillaire supérieur. Synonyme de prognathisme inférieur.

# I

**Incisive** Les incisives centrales sont dites « pinces », celles immédiatement latérales sont « mitoyennes » et les plus latérales sont appelées « coins ».

**Intact** Un chien qui n'a pas été stérilisé.

# L

**L.O.F.** Le livre des origines français. Registre sur lequel figure tout chien dont les parents sont de pure race, titulaires d'un pedigree, et qui a réussi l'examen de confirmation.

**Longiligne** Le stop est absent, la ligne de chanfrein longue, le profil convexe, les formes générales élancées et les pattes longues (lévriers, certains colleys et terriers).

**Lupoïde** Chien à tête triangulaire, oreilles droites et museau allongé et étroit.

# M

**Macroure** Désigne un chien doté d'une queue entière ; une queue longue dépasse la pointe du jarret, une queue moyenne atteint la pointe du jarret.

**Manteau** Couleur du pelage plus foncée sur le dos que sur le reste du corps.

**Marron** Qualifie un chien domestiqué retourné à la vie sauvage, pour des raisons diverses.

**Masque** Couleur sur la face plus foncée.

**Mauvaise haleine** Elle est notamment due à la présence de tartre, aggravée dans certains cas par l'affection purulente des gencives.

**Médioligne** Chien présentant un stop marqué, des lignes de front et de chanfrein égales et parallèles, des formes générales équilibrées (chiens de chasse, chiens de berger).

**Merle** Robe à taches sombres sur fond clair, le plus souvent gris. La robe est dite arlequin pour les chiens français, bleu merle pour les chiens britanniques.

**Molossoïde** Désigne un chien à corps massif, à tête massive, ronde ou cuboïde, à oreilles petites et tombantes, à museau court et aux lèvres longues et épaisses.

**Moucheté** Désigne une robe panachée présentant des mouchetures, petites taches foncées sur fond blanc.

# N

**Niveau** Museau de niveau, museau dont les mâchoires inférieure et supérieure sont de longueur identique.

## O

**Obéissance/Obedience** Discipline d'assouplissements et exercices d'obéissance comprenant, entre autres épreuves, le rapport d'objets avec saut de haie, l'envoi en avant puis couché, etc.

**Obé-rythmée** Abréviation d'obéissance rythmée, sport dans lequel chien et maître présentent une chorégraphie en musique.

**Otectomie** Coupe des oreilles effectuée sous anesthésie, à des fins utilitaires ou esthétiques ; cette pratique est interdite en France.

**Ovariectomie** Stérilisation définitive de la chienne par ablation chirurgicale des ovaires.

## P

**Particolore** Robe composée de deux couleurs ou plus, bien distinctes.

**Pedigree** Document délivré par la SCC et qui témoigne de l'inscription du chien au L.O.F.

**Poil de garde** Poil primaire latéral qui favorise l'isolation thermique.

**Poil de jarre** Poil primaire principal, dru et long, qui donne sa couleur au pelage.

**Prognathisme** Saillie en avant des os maxillaires.

## R

**Race** Subdivision de l'espèce canine désignant des sujets ayant en commun un certain type héréditaire englobant des particularités morphologiques, physiologiques et psychiques, sans oublier la texture et la couleur du poil.

**Retrempe** Action de croiser une race avec un élément extérieur à cette race dans le but de renforcer certains caractères de la race en question.

**Rouannée** Désigne une robe présentant un mélange intime de poils blancs et fauves, ou de trois couleurs (parmi le blanc, le rouge, le noir et le marron).

## S

**Sole** Partie cornée de la plante du pied qui désigne aussi parfois les coussinets.

**Sous-poil** Poil doux et fin situé sous le poil de garde.

**Standard** Ensemble des caractères qui définissent une race auquel un chien doit se conformer.

**Stop** Point sur la tête qui marque la séparation entre le crâne et la face, plus ou moins net en fonction des races.

## T

**Tiqueté** Poil mélangé portant de petites mouchetures ou des truitures.

**Tonneau** Terme parfois utilisé pour définir la cage thoracique du chien.

**Truiture** Petite tache claire sur fond clair.

## V

**Vairon** ou **hétérochromie** Des yeux sont vairons lorsqu'ils ne présentent pas la même couleur, du fait d'une absence de pigmentation de l'iris.

**Vocalise** Le registre vocal du chien s'affine avec l'âge, avec une vocalisation extrême chez les chiens courants notamment ; on distingue le grognement (menace, peur), la plainte (peur, douleur), le jappement (jeu) ou l'aboiement (alerte).

## Z

**Zain** Robe de couleur unique, dénuée de poils blancs.

**Zoonose** Ensemble des maladies animales transmissibles à l'homme (rage, parasitose, tuberculose, pasteurellose…).

# INDEX DES RACES

Les folios en gras renvoient aux fiches.

# INDEX GÉNÉRAL

# REMERCIEMENTS

**Studio Cactus et l'auteur tiennent à exprimer leurs remerciements** à Candida Frith-Macdonald, pour la rédaction des textes sur les races et son précieux concours au projet. Merci par ailleurs à Laura Watson, maquettiste, à Sharon Cluett, conceptrice, à Jennifer Close et Jo Weeks pour leur travail de conception éditoriale, à Sharon Rudd pour le suivi éditorial, à Pénélope Kent pour la réalisation de l'index anglais, à Peter Bull pour les illustrations graphiques et à Robert Walker pour la recherche iconographique. Enfin, un merci tout particulier à Tracy Morgan, de Tracy Morgan Animal Photography et à ses assistantes, Stella Carpenter et Sally Berge-Roose.

**Studio Cactus et Tracy Morgan** remercient par ailleurs vivement les maîtres des chiens dont les photographies apparaissent dans cet ouvrage. Merci enfin aux maîtres présents à l'Eurodog Show 2007, à Zagreb, en Croatie, de nous avoir autorisés à photographier leur chien pour la réalisation de cet ouvrage.

# CRÉDITS PHOTOGRAPHIQUES

Légendes : cd = ci-dessus, b = bas, c = centre, g = gauche, d = droite, h = haut

Jacqueline Abromeit 163 (hg) ; Jerri Adams 18 (h) ; alexan 55 182 (h), 182 (bg) ; Amrita 97 (b) ; David Anderson 39 (h) ; Animal Photography 190 (h), 190 (b), 191 (b), 196 (hg), 197, 220 (b), 221, 224 (bd), 232 (h), 236 (h), 243 (h), 258 (bg), 263 (b), 287 (g), 287 (d), 288 (h) ; Utekhina Anna 81 (h), 82 (h), 87 (b) ; Annette 143 (hg) ; Anyka 37 (h) ; Yuri Arcurs 55 (b) ; Attsetski 22 (g) ; Teresa Azevedo 36 (h) ; Galina Barskaya 49 (c) ; Charlene Bayerle 58 (b) ; Fred Bergeron 38 (b) ; Bierchen 49 (b) ; Casey K Bishop 87 (h) ; Aleksander Bochenek 33 (h) ; Aleksander Bochenek 313 (bd) ; Emmanuelle Bonzami 28 (h), 40-41, 151 (bd), 329 (h) ; Jennie Book 58 (b) ; Kanwarjit Singh Boparai 73 (hg) ; Pavel Bortol 114 (h), 114 (b) ; Joy Brown 29 (b), 96 (b), 117 (h) ; ChipPix 96 (h) ; Lars Christensen 341 (g) ; Mary E Cioffi 49 (h), 69 (b), 78 (h) ; Stephen Coburn 39 (b) ; Stephanie Coia 12 (h) ; Matthew Collingwood 71 (b), 313 (bg) ; Corbis 183 (b), 188 (h), 189 (h), 193 (hg), 193 (b), 208 (b), 223 (h), 229 (h), 242 (h), 242 (b), 243 (h), 257 (h), 274 (h), 303 (d) ; Jay Crihfield 142 (b) ; Diane Critelli 82 (bg) ; Jack Cronkhite 106 (b) ; Waldemar Dabrowski 11 (bd), 60 (h), 127 (b), 146 (h), 166, 202-203, 225 (b), 283 (h), 284-285, 333 (bd) ; Jeff Dalton 61 (bd), 240-241 ; Nicholas Peter Gavin Davies 123 (h) ; Lindsey Dean 20 (b) ; Julie DeGuia 264-265 ; Tad Denson 27 (hg), 73 (hd), 351 (hd) ; DK Images 191 (h), 196 (h), 200 (h), 211 (h), 216 (h), 217 (h), 217 (b), 257 (b), 259 (h), 302 (h), 319 (b), 330 (h), 335 (bd), 350 (h), 351 (b), 359 (h), 368 (bd) ; Olga Drozdova 16 (h) ; Max Earey 310 ; Ecoprint 11 (cb) ; Ecoprint 17 ; Kondrashov Mlkhail Evgenevich 21 (h) ; Johannes Flex 62 (h) ; Sonja Foos 133 (h) ; Jean Frooms 22 (bd), 32 (b), 90-91 ; Alex Galea 35 (h) ; Anna Galejeva 55 (c) ; Kirk Geisler 93 (b) ; Kirk Geisler 254 (bg) ; Getty Images 129 (h), 129 (b), 134 (b), 139 (h), 146 (hg), 146 (hd), 178 (b), 220 (h), 222 (b), 225 (h), 312 (h), 314 (h), 337 (h), 342 (b) ; Joe Gough 33 (b), 63 (bl), 66-67 ; HANA 54 (h) ; Susan Harris 19 (h) ; Margo Harrison 80 (h) ; Jeanne Hatch 103 (hd) ; Jostein Hauge 31 (b) ; Nicholas James Homrich 52 (b) ; Nicholas James Homrich 363 (bd) ; Cindy Hughes 73 (h) ; Sergey I 63 (h), 80 (b) ; Aleksey Ignatenko 298 (bg) ; ingret 151 (bg) ; iofoto 59 (cg), 59 (bl), 59 (bd), 130 (h), 143 (hd), 154 (bd) ; Eric Isselée 23 (cdgg), 26 (hc), 29 (h), 35 (b) ; 38 (h), 74 (h), 79 (h), 81 (c), 81 (b), 82 (bd), 117 (h), 139 (b), 151 (g), 174 (cdgg), 178 (h), 275 (h), 300 (h), 300 (b), 319 (h), 321 (bg), 321 (bd), 323 (h), 334 (hg), 338 (cdll), 341 (d), 360 (h) ; istock 169 (h) ; JD 86 (h) ; JD 156 (b) ; Michael Johansson 106 (h) ; Verity Johnson 24-25 ; Neil Roy Johnson 89 (h) ; Glen Jones 26 (hd) ; Ingvald Kaldhussater 347 (h) ; Laila Kazakevica 22 (cdd) ; Cynthia Kidwell 101 ; Rolf Klebsattel 283 (hg) ; James Klotz 195 (h) ; Abramova Kseniya 88 (b), 378 ; Erik Lam 115 (h), 254 (h), 314 (b), 342 (h), 350 (hg), 350 (hd) ; Vitalij Lang 46 (b) ; Carrieanne Larmore 119 (bd) ; Jim Larson 124-125 ; Michael Ledray 108 (h) ; Laurie Lindstrom 181 ; Jaroslav Machacek 104 ; Sean MacLeay 176-177 ; MalibuBooks 74 (bg) ; Marc Henrie 140 (b), 153 (h), 155 (h), 209 (h), 212, 214 (h), 235, 279 (h), 329 (h), 337 (b), 339, 356 (h), 356 (b) ; Patrick McCall 102 ; Michelle D Milliman 44 (b) ; Pedro Jorge Henriques Monteiro 92 ; Joseph Moore 21 (b) ; Phil Morley 78 (b) ; Tom Nance 83 (b) ; Michal Napartowicz 165 (h) ; Michal Napartowicz 345 (h) ; N Joy Neish 97 (h) ; NHPA 2-3, 4-5, 8, 36 (h), 42, 70, 71 (h), 89 (h), 94 (h), 94 (b), 95, 121 (h), 123 (b), 136, 160-161, 226, 261 (h), 266, 336 (h) ; Andrey Nikiforov 34 ; Niserin 79 (b) ; Iztok Noc 45 (b), 76, 93 (h), 275 (b), 366-367 ; Rhonda O'Donnell 83 (h), 131 (h), 358 (b) ; OgerCo

343 (h) ; OlgaLis 348-349 ; Jason X Pacheco 32 (h) ; Pavrita 57 (h) ; Steven Pepple 164 (h) ; Andrey Perminov 120 (h) ; Maxim Petrichuk 331 (bg) ; Petspicture 65 (h), 277 (d) ; Photos.com 111 (cg), 134 (h), 135 (h), 138 (h), 245 (b), 303 (g), 354 (bd), 357 (b), 358 (c), 363 (h), 369 (d) ; pixshots 26 (b), 112-113, 173 (h), 251 (hg) ; plastique 45 (h) ; Kateryna Potrokhova 30 (bg) ; Glenda M Powers 12 (b), 27 (h) ; Rick's Photography 100 ; Robynrg 56 (b), 59 (h) ; Mike Rogal 312 (b) ; RTimages 54 (b) ; Robert Sarosiek 14-15 ; Emily Sartoski 255 ; David Scheuber 53 (h) ; Adriana Johanna Maria Schrauwen-Rommers 79 (c) ; Oskar Schuler 55 (h) ; Rebecca Schultz 358 (h) ; Alistair Scott 47 (h) ; Kristian Sekulic 68 (b), 247 ; Micha Shiyanov 74 (bd) ; Shutterspeed Images 16 (b) ; Shutterstock.com 44 (h), 46 (h), 56 (h), 62 (b), 316 (h), 365 (h) ; Natalia Sinjushina & Evgeniy Meyke 230-231 ; Ljupco Smokovski 37 (b) ; Spauln 68 (h) ; Eline Spek 75, 253 (h), 253 (b), 324-325 ; Sklep Spozywczy 115 (bd) ; Radovan Spurny 302 (b) ; Nikolay Starchenko 6 ; Debbie Steinhausser 11 (bg) ; Claudia Steininger 27 (d), 64 (g), 375 ; Vendla Stockdale 69 (h) ; Werner Stoffberg 86 (b) ; Gemmav D Stokes 158 (h) ; stoupa 254 (bd) ; Kathleen Struckle 294-295 ; Studio Cactus 52 (h), 53 (cd), 53 (bd), 57 (bg), 60 (bcdgg), 61 (hg), 61 (hc), 61 (c), 65 (bc), 65 (bd), 120 (b), 126 (h), 141 (bg), 141 (bd), 143 (h), 149 (b), 150 (h), 152 (h), 152 (b), 154 (h), 157 (bg), 157 (bd), 158 (b), 162 (hg), 162 (hd), 171 (h), 171 (b), 173 (b),175 (h), 175 (b), 179 (bg), 179 (bd), 180 (cdgg), 184 (h), 184 (b), 185 (bg), 185 (bd), 188 (bg), 188 (bd), 189 (h), 194 (bg), 194 (bd), 198 (cdgg), 199 (b), 204-205 (cdgg), 206 (cdgg), 210 (cdgg), 215 (cdgg), 234 (bg), 234 (bd), 237 (b), 238 (h), 238 (b), 244 (h), 244 (b), 245 (hg), 245 (hd), 248-249 (cdgg), 250, 251 (hd), 256, 260 (h), 260 (b), 261 (b), 262 (h), 263 (h), 268-269 (cdgg), 271 (hd), 272-273, 274 (bg), 274 (bd), 276 (b), 277 (g), 279 (b), 280-281 (cdgg), 282 (g), 282 (d), 289 (b), 290-291 (cdgg), 292 (b), 293 (bg), 293 (bd), 296-297 (cdgg), 299 (h), 304 (h), 305 (h), 305 (b), 306-307 (cdgg), 309 (g), 309 (d), 313 (hg), 313 (hd), 315 (cdgg), 318 (g), 320 (cdgg), 322 (h), 322 (b), 323 (h), 326 (g), 326 (d), 328 (cdgg), 340 (cdgg), 347 (h), 351 (hg), 352 (cdgg), 355 (g), 355 (d), 357 (h), 360 (bg), 360 (bd), 363 (bg), 368 (bg), 370 (bg), 370 (bd) ; Lorraine Swanson 103 (b) ; Graham Taylor 64 (bd) ; Albert H Teich 103 (hg) ; Cappi Thomson 11 (ca) ; Nikita Tiunov 383 ; Dragan Trifunovic 19 (b) ; Nikolai Tsvetkov 48 (h) ; Julie Turner 50-51 ; April Turner 56 (c) ; Hedser van Brug 88 (h), 195 (b), 218-219 ; Simone van der Berg 31 (h) ; Krissy VanAlstyne 63 (hg) ; Emily Veinglory 53 (bg) ; vnlit 138 (bg), 138 (bd) ; Gert Johannes Jacobus Vrey 13 ; Jennifer A Walz 18 (b) ; Elliott Westacott 61 (bg), 72 (h) ; Wheatley 65 (bg) ; Aaron Whitney 47 (b), 234 (hg) ; Andrew Williams 233 (h) ; Cindi Wilson 144-145 ; Wizdata Inc 130 (h) ; Wojciechpusz 165 (b) ; Jun Xiao 384 ; Jeffrey Ong Guo Xiong 308 (bg) ; Lisa F Young 48 (b), 98-99 ; Lisa F Young 84-85 ; Ryhor M Zasinets 327 (h) ; Dusan Zidar 57 (bd), 72 (b) ; Zimmytws 262 (b) ; Artur Zinatullin 182 (bd) ; Yan Zommer 30 (bd) Zuzule 28 (b)
Toutes les autres photographies © Tracy Morgan Animal Photography

Première de couverture, en h, de g à d : Claudia Steininger (1) ; Zuzule (2) ; Mary E. Cioffi (3) ; Joy Brown (4). En b, de g à d : Stoupa (1) ; Waldemar Dabrowski (2) ; Cindi Wilson (3) ; Jim Larson (4).
Quatrième de couverture, en h, de g à d : Jeffrey Ong Guo Xiong (1) ; Johannes Flex (2) ; Steven Pepple (3) ; NHPA (4). En b, de g à d : Sean MacLeay (1) ; Iztok (2) ; Waldemar Dabrowski (3) ; NHPA (4)